高等学校信息管理与信息系统系列教材

管理信息系统

Management Information Systems

廖述梅 沈波 杨波 刘炜 编著

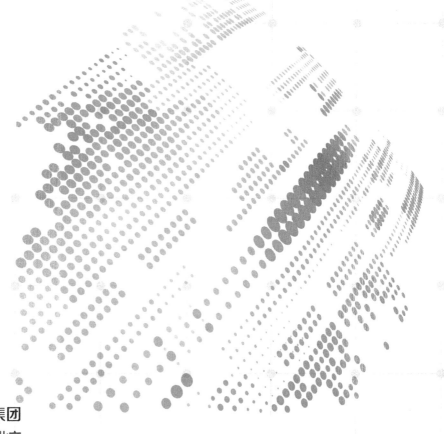

中国教育出版传媒集团

高等教育出版社·北京

内容提要

本书是高等学校信息管理与信息系统系列教材之一。本书结合管理信息系统的相关理论，全面系统地介绍了管理信息系统的基本概念、技术基础和开发与管理方法等。本书共分 10 章，主要内容包括管理信息系统概述、管理信息系统与企业竞争优势、管理信息系统基础设施、企业信息系统应用、智能信息系统、电子商务、管理信息系统开发、管理信息系统管理、管理信息系统安全、信息道德和社会责任。本书重点突出，概念清晰，注重培养学生理论联系实际的能力，每章章首均有本章学习要求、章末均有思考题，便于学生掌握所学的知识。

本书可作为高等学校信息管理与信息系统专业和经济管理类专业本科生或研究生的教材，也可供从事管理信息系统开发及应用的技术人员学习和参考。

图书在版编目（CIP）数据

管理信息系统／廖述梅等编著 . -- 北京：高等教育出版社，2023. 3（2024.7 重印）
ISBN 978-7-04-059662-5

Ⅰ．①管…　Ⅱ．①廖…　Ⅲ．①管理信息系统-高等学校-教材　Ⅳ．①C931.6

中国国家版本馆 CIP 数据核字（2023）第 005794 号

Guanli Xinxi Xitong

策划编辑	刘 艳	责任编辑	刘 艳	封面设计	李卫青	版式设计	徐艳妮
责任绘图	李沛蓉	责任校对	刘丽娟	责任印制	赵义民		

出版发行	高等教育出版社	网　址	http://www.hep.edu.cn
社　址	北京市西城区德外大街 4 号		http://www.hep.com.cn
邮政编码	100120	网上订购	http://www.hepmall.com.cn
印　刷	北京中科印刷有限公司		http://www.hepmall.com
开　本	850 mm×1168 mm　1/16		http://www.hepmall.cn
印　张	22.5		
字　数	480 千字	版　次	2023 年 3 月第 1 版
购书热线	010-58581118	印　次	2024 年 7 月第 2 次印刷
咨询电话	400-810-0598	定　价	46.00 元

前　言

随着大数据、云计算、区块链等信息技术迅速发展和广泛应用，新的商业模式不断出现，推动着数字经济蓬勃发展。为了适应数字经济的发展，企业依托管理信息系统实现数字化转型，以高质量发展应对市场环境变化已成为必然。管理信息系统是一门涉及管理科学、信息科学、系统科学、计算机科学等学科的综合性课程。随着信息技术的飞速发展，管理信息系统的建设者和管理者，不但需要认识技术和系统本身，而且需要具有对企业中的各种资源和人员进行协调、统筹的能力。与此同时，信息技术不断推陈出新，也使管理信息系统的概念、理论、技术和方法发生了巨大的变化。认识和了解管理信息系统的基本理论与方法，灵活运用各种信息系统解决管理和决策中的实际问题，已成为信息时代企业各类管理人员的重要任务。这些都对"管理信息系统"课程教学提出了新的要求。本书就是在这样的背景下编写而成的。

本书是信息管理与信息系统国家级一流本科专业建设点的建设成果之一。本书共包括 10 章：第 1 章主要介绍了管理信息系统的基本概念、理论基础和发展历程；第 2 章主要介绍了管理信息系统与企业、企业战略、企业竞争优势、价值链模型等之间的关系；第 3 章主要介绍了管理信息系统基础设施的定义、组成要素和发展趋势；第 4 章介绍了企业信息系统应用，重点介绍了企业运营类管理信息系统和财经类信息系统，如企业资源规划系统、供应链管理系统、客户关系管理系统、金融信息系统、会计信息系统；第 5 章主要介绍了智能信息系统，如商务智能系统、决策支持系统、知识管理系统；第 6 章主要介绍了电子商务的概念、商业模式、技术和社交电子商务；第 7 章主要介绍了管理信息系统的开发方法和开发过程；第 8 章主要介绍了管理信息系统的管理问题，包括开发管理、运行管理、安全管理和评价；第 9 章介绍了管理信息系统安全，重点介绍了信息安全的概念、相关技术和法律法规；第 10 章主要介绍了管理信息系统涉及的信息道德和社会责任。本书具有以下特点。

（1）内容全面，覆盖管理信息系统的整个生命周期及其各类应用。本书不仅介绍了管理信息系统的基本概念和开发与管理方法，还介绍了管理信息系统的智能应用，如商务智能系统、决策支持系统和知识管理系统等。同时为了突出信息技术人员的责任和安全意识，介绍了信息安全和信息道德。

（2）与时俱进，反映新技术、新模式。本书不仅介绍了对管理信息系统发展影响巨大的新一代信息技术，如人工智能、物联网、云计算、大数据、区块链等，还介绍了新的电子商务模式，如社交电子商务。

（3）理论与案例相结合，注重管理信息系统的实际应用。本书以企业数字化转型为背景，给出了很多案例及思考题，有利于教师以案例驱动的方式展开相关知识点的教学。

本书由江西财经大学信息管理学院廖述梅、沈波、杨波、刘炜编著。其中，第1章、第9章和第10章由沈波执笔，第2章、第3章由刘炜执笔，第7章和第8章由杨波执笔，第4章到第6章由廖述梅执笔，最后由廖述梅对全书进行统稿和审定。

在本书撰写的过程中，我们参考了国内外许多学者的著作和论文，在此谨向各位作者表示衷心的感谢。由于管理信息系统的发展日新月异，加之编者水平有限，书中难免有疏漏之处，恳请同行专家和广大读者批评指正。

作者
2022 年 6 月

目 录

第 1 章　管理信息系统概述

本章学习要求
1. 理解管理的概念和管理理论的发展。
2. 熟悉信息科学的主要理论基础。
3. 掌握管理信息系统的特点和结构。
4. 了解管理信息系统的发展历程。

当今世界正在经历百年未有之大变局，新一轮科技革命和产业变革深入发展，对全球经济结构产生了深远的影响，我国正加快数字经济、数字社会、数字政府建设，以数字化转型整体驱动生产方式、生活方式和治理方式变革。管理信息系统在组织中的作用日益凸显，管理者更需要理解管理信息系统的演变和管理信息系统赋能组织的路径。

1.1　管理、信息和信息系统

1.1.1　管理和管理科学

1. 管理的定义

管理活动作为人类的基本活动，广泛存在于社会生活的各个领域。管理是人类共同劳动的产物。在多人集体劳动的前提下，为了使劳动有序进行，获得所期望的劳动成果，人们就必须搞好协作，并进行组织与协调，于是产生了管理。中国的长城、埃及的金字塔、古罗马的引水渠等工程建设，如果没有有效的管理，就不可能完成。

综合起来，可以将管理理解为在一定范围内对人员和事务的安排与处理。随着社会的发展，对管理的定义也在不断变化。例如，泰勒认为，管理是一门建立目标，然后用最好的方法使他人尽最大努力来实现该目标的艺术；法约尔认为，管理是计划、组织、指挥、协调和控制；西蒙认为，管理就是决策；韦伯认为，管理就是协调活动。这些观点虽然在认识上有所差别，但都丰富和发展了管理理论，对于人们加深对管理的认识大有裨益。

管理，是指管理者在特定的环境下有目的地对所管辖范围内的组织资源进行计划、组织、领导、控制等，协调组织资源与组织活动，以完成既定的组织目标。

管理是一个普遍存在的现象。大到一个国家，小到一个企业、一个家庭，乃至一个人都需要管理，都需要明确自己的目标，并对资源进行有效的配置。资源配置的方法不同、效果不同，目标实现的程度也不同。

管理者的任务就是利用已有的和可以争取到的各种资源，包括人、财、物、技术等，以最少的投入去获得最大的产出。管理适用于任何一个组织，适用于各级组织的主管人员。

2. 管理理论的发展阶段

20 世纪以来，管理理论层出不穷，管理流派纷繁复杂，技术革新、组织变革和对人性的认识导致管理领域发生多次巨变。可以将管理学过去 100 多年的发展历史划分为以下 4 个阶段。

（1）科学管理阶段（1901 年至 1940 年）

在这一阶段，"规模经济"是社会经济的核心特征，科学管理应运而生。围绕科学管理理论和原则，经济人假设成为激励模式的主旋律，并且出现了各种管理实践和方法。"科学管理之父"弗雷德里克·泰勒于 1911 年出版的《科学管理原理》，标志着管理正式从"经验化"走向"科学化"。

（2）人本管理阶段（1941 年至 1970 年）

在这一阶段，研究人性动机的各种理论应运而生，"社会人"这一崭新的概念代替了"经济人"。"范围经济"成为经济发展的核心模式，多元化的并购成为组织发展的战略选择，由此推动管理理论不断演变和革新。

（3）精益管理阶段（1971 年至 2000 年）

这一阶段的突出特点是"以客户为中心"，其管理视角从组织内部转向组织外部。以精益管理为基础，让臃肿的大型组织变得灵活，发挥小型团队的创造力，构建"以客户为中心"型组织，成为这一阶段的主旋律。管理革命的主角从美国转移到日本，以丰田为代表的亚洲企业第一次引领了管理革命。在这一阶段，全球进入了知识经济和信息技术时代，组织迎来了第三次管理革命。

（4）价值共生阶段（2000 年至今）

技术革命一直是重塑管理的核心因素，这些技术革命正在颠覆传统经济，催生新经济、新管理。人工智能、区块链、云计算、大数据、边缘计算等技术的发展与应用，不断重塑组织的商业模式和管理模式。互联网消除了距离的限制，组织去中心化成为趋势，组织将从"流程型组织"向"生态型组织"转型；物联网的兴起让万物互联互通成为可能，连接力成为组织的核心竞争能力，这将重塑组织的生产方式、价值创造模式。本阶段的核心理念是"价值共生""人的价值是第一位的"。这个阶段需要一个新的以共同创造价值为中心的新型管理体系。

3. 管理的职能

按照具体工作的开展阶段，可以将管理的职能分为计划、组织、领导、控制四项。

（1）计划

计划是管理者用来识别并选择恰当的目标和行动方案的过程，它包括三个步骤：① 决定组织所要追求的目标；② 决定为实现这些目标所需要采取的行动方案；③ 决定如何分配组织资源以实现组织目标。管理者计划的优劣决定着组织的效率和效果，也就是组织的绩效水平。战略是最重要的一种计划，它是一组关于组织追求什么样的组织目标、采取什么样的行动方案，以及如何使用资源实现组织目标的决策。

（2）组织

管理的组织职能是指管理者在所有成员之间建立能够互动与合作的工作关系，以实现组织目标。组织职能的内容之一，就是管理者根据员工各自承担的工作任务，将他们分配到各个部门工作。在组织过程中，管理者还要在不同的个人和部门之间分配职权和职责。此外，管理者还要决定如何最有效地协调组织资源，尤其是人力资源。组织的结果是创设组织结构———一种能够协调和激励组织成员，使之协同工作，以实现组织目标的正式的工作及其汇报关系体系。组织结构决定了一个组织能在多大程度上利用自身的资源创造产品和服务。随着组织的发展，组织结构需要不断调整。

（3）领导

在领导过程中，管理者不仅要为组织成员描述一个明晰的发展前景，还要激发他们的活力，使员工明白自己在实现组织目标的过程中所发挥的作用。领导一般是指运用权力、影响力、观察力、说服力以及沟通技巧来协调个人和群体的行为，使他们的活动和努力步调一致。领导者还要鼓励员工向高层次发展。领导的结果是培养积极主动和服从指挥的组织成员。

（4）控制

为了确保组织目标及据此制订的行动方案得以顺利实现，管理者必须自始至终地根据目标派生出来的控制标准，对组织各项活动的进展情况进行检查，若发现或预见到有偏差则及时采取措施予以纠正。在控制过程中，管理者要评估组织完成目标的程度，并采取相应的行动以保持或者改善组织的业绩。

以上管理职能构成了管理者的四项基本工作。从理论上说，这些管理职能是按照一定的顺序发生的。简言之，对于管理人员来说，合乎常理的第一步工作是制订计划，然后是建立组织结构、配备人员，接着是领导和指挥员工付诸行动，最后是控制整个局面，使之朝着既定目标前进。这四个步骤便构成了管理工作不断循环的过程。

计划、组织、领导和控制这四项管理职能是管理者的基本工作。不论是在管理等级的哪个层次，还是在组织的哪个部门，有效的管理都意味着成功地进行决策并履行这四项职能。

4. 管理科学

管理科学是研究管理活动过程及其规律的科学，如严密计划、定量计算、全面评价、优化决策等。

管理科学首先对研究对象进行定义和分析，其次建立起基本假设和原理。管理科学需要解决的是，在这些基本假设和原理之上，组织怎样做才能提高绩效，达成目标。管理科学的主要目标是使组织能够承担恰当的风险。为了达到这一目标，它所采取的主要措施是：提供各种有关风险和期望的知识；确定获得预期成果所需要的各种资源；动员能够做出贡献的各种力量；衡量成果是否达到了预期目标，并为及时改正错误或修正不恰当的决策提供手段。

管理人员希望管理科学能够提供一种最好的方案，但管理科学能做的只是提供若干种不同的方案。这些方案没有一种是尽善尽美的，每一种方案都有自己的风险、不确定性、局限性和成本，但至少能满足管理人员的某些要求。管理科学的目的是帮助管理人员进行诊断，即帮助管理人员更深入地认识问题并形成一定的看法，而不是开处方，更不是灵丹妙药。

在具体的管理活动中，管理人员除了要有管理科学知识之外，还要有随机应变、周密计算、经验判断、当机立断等能力，以解决个性化问题。

1.1.2 信息和信息科学

1. 信息的基本概念

"信息"一词在我国历史上出现得很早，五代南唐时期的李中在其《暮春怀故人》中就有"梦断美人沉信息，目穿长路倚楼台"的诗句，而信息作为一个科学概念被广泛使用则是近代的事情。信息普遍存在于自然、社会和人类思维活动之中，它是物质形态及其运动规律的体现。随着科学技术的发展，人们逐步认识到信息的巨大价值，并将其与物质、能源并列，视为社会发展的三大资源。

关于信息，人们从不同的角度去理解和解释它。1948 年，信息论的创始人香农在论文《通信的数学原理》中指出，信息是用来消除随机事件发生的不确定性的东西。一般认为，信息是人们对于客观事物的存在方式或运动状态的直接或间接的描述。或者说，信息是反映客观事物存在方式或运动状态的，可以在人与人之间传递的消息、情报、指令、数据或信号。

可以将信息界定为由信息源发出的、被使用者接收和理解的各种信号。作为一个社会概念，信息是指可以为人类共享的一切知识，或者从客观现象中提炼出来的各种消息之和。信息并非事物本身，而是表征事物之间联系的消息、情报、指令、数据或信号。一切事物，包括自然界和人类社会，都在发出信息；我们每个人每时每刻都在接收信息。在人类社会中，信息往往以文字、语言、图形、图像、声音、视频等形式出现。

信息具有以下几个特征。

（1）事实性

信息是对客观事物属性的描述，事实性是其第一属性。不符合实际情况的信息不但没有价值，而且可能造成巨大的损失。

（2）时效性

信息的时效性是指信息从产生、发送、接收、加工到使用的整个时间间隔。时间间隔越短，时效性越高，反之时效性越低。信息的时效性历来都是各种组织追求的重要目标。

（3）共享性

共享性是指主体可以在与其他主体共享信息的情况下，不减少对信息的使用。信息不同于物质和能量，在使用上不存在直接的排他性，与他人分享信息并不会减少自身的信息拥有量。信息的共享性是其区别于有形物体的一个重要特征。信息的共享性使得信息可以被共同占有、共同享用。在信息传递的过程中，信息既可以为信源和信宿所共同拥有，也可以被众多信宿同时接收和利用。

（4）价值性

信息是经过加工并对人的行为产生影响的数据，它产生于消耗劳动，因而是有价值的。另外，信息使用后能够对使用者的行为产生影响，使行为结果比没有该信息时更优，两者之间的差值就是信息的价值。

（5）变换性

信息是可变换的，可以用不同的方法和载体来对其进行描述，比较典型的变换方法有压缩、图形化等。从变换性可知，信息可以根据使用者的不同而表现出不同的形态，从而更好地为使用者服务。

（6）传播性

信息产生以后，总是力图向外传播。信息中心的密度越高、周围的梯度越大，信息传播得就越快。这也可以用来解释为什么耸人听闻的消息总是传播得特别快。5G、物联网、大数据、云计算等新一代信息技术为信息传播提供了技术基础。

（7）等级性

信息的等级性又称为层次性，与信息接收者的层次有关。例如，在企业中，与管理者的层次相对应，可以将信息分为高层、中层、基层三个层次。不同级别的信息，在内容、来源、精度、加工方法、使用频率、使用寿命和保密程度等方面都有所不同。

（8）不完全性

关于客观事实的信息是不可能被完全收集到的，这与人们认识事物的程度有关，也与人们为获得信息所付出的成本有关。因此，对信息的收集不能以掌握所有信息为目标，而应该以收集成本合理的、可获得的信息为目标。

2. 信息科学

信息科学是以信息为主要研究对象、以信息的运动规律和应用方法为主要研究内容、以计算机等技术为主要研究工具、以扩展人类的信息功能为主要研究目标的一门新兴的综合性学科。它是信息论、系统论、控制论与计算机、人工智能等学科互相渗透、互相结合而形成的。

信息科学的中心问题是阐明信息的本质，探讨信息在人类认识和实践的过程中发挥作用的基本规律，即人类通过外部的信息来认识世界，通过主体的控制信息来改造世界。它包括基础理论（信息学）、应用理论（信息论、系统论、控制论）、工程技术（如检测、通信、计算机和控制技术等）以及自身独特的方法论（信息方法、功能准则和整体准则）。信息科学的兴起，使以物质和能量为中心的传统科学观念，转变为以信息、物质和能量为中心的现代科学观念。

信息科学与自然科学中的生物学、心理学，以及社会科学中的社会学、经济学和管理学等融合，形成了一些新兴的学科领域，如生物信息学、信息经济学等。

信息论、系统论和控制论是信息科学的主要理论基础。

（1）信息论

信息论有狭义和广义之分。狭义信息论是香农早期的研究成果，它以编码理论为中心，主要研究信息系统模型、信息度量、信息容量、编码理论及噪声理论等。

广义信息论又称为信息科学，主要研究以计算机处理为中心的信息处理的基本理论，包括评议、文字处理、图像识别、学习理论及其各种应用。广义信息论包括狭义信息论的内容，但其研究范围却广泛得多，是狭义信息论在各个领域的应用和推广，因此它的规律也更一般化，适用于各个领域。

信息论的研究内容主要包括以下几个方面。

① 信源和熵：一般将信源限制为具有某一先验概率的随机过程；熵是对信源平均不确定性的度量。

② 无失真信源编码定理（香农第一定理）。如果编码后信源序列的信息传输速率不小于信源的熵，则可以实现无失真编码，反之则不存在无失真编码。例如，英文字母加空格共有 27 个符号，如果不编码，则每个符号必须用 5 比特的二元符号来表示。但是根据研究，其信源的熵约为 1.4 比特/符号，因此根据香农第一定理，存在某种信源编码方式，使得每个符号仅用 1.4 个二元符号就能无失真传输。

③ 关于信道容量与信息的可靠传输。有噪信道编码定理（香农第二定理），即只要信息传输速率小于信道容量，就总可以找到一种编码方式，使得当编码序列足够长时信息传输的错误概率任意小；反之，不存在使信息传输错误概率任意小的编码方式。

④ 限失真信源编码定理（数据压缩的理论基础）。限失真信源编码定理（香农第三定理），即对于任何失真度 $D \geqslant 0$，只要编码序列足够长，就总可以找到一种编码方式，使得当编码后的信息传输速率大于或等于 $R(D)$ 时编码的平均失真度 $d \leqslant D$，其中 $R(D)$ 称为信息率失真函数。该定理可以等价描述为：如果对任何失真度 $D \geqslant 0$，编码的平均失真度 $d \leqslant D$，那么编码后信息传输速率大于或等于 $R(D)$。因此，$R(D)$ 是满足失真信源编码条件的最小平均码长。

（2）系统论

一般认为，1948 年生物学家贝塔朗菲出版的《生命问题》一书，标志着系统论的问世。虽然系统论源于对生物系统的研究，但是它适用于各种组织和整个社会。贝塔朗菲和其他系统论的奠基人的观点主要包括以下几个方面的内容。

首先，一个有生命的系统和一个非生命的系统是不同的。前者是一个开放的系统，需要与外界进行物质、能量和信息的交换。后者只有与外界隔绝，才能保持其独立性和稳定性。例如，一瓶纯净的氧气，一旦瓶盖被打开，就和周围环境中的空气相混合，不再是纯氧了。

其次，一个封闭系统总是朝着熵增加的方向变化，即从有序变为无序。一个复杂的系统，如生命体，或者一个企业、一个组织，一旦成为一个封闭系统，就会越来越糟糕。相反，一个开放的系统，因为可以和周围环境进行物质、能量和信息交换，有可能引入所谓的"负熵"，因此会变得更加有序。

最后，贝塔朗菲认为，一个有生命的系统，其功能并不等于每一个局部功能的总和，或者说将每一个局部功能都研究清楚了，并不等于将整个系统都研究清楚了。例如，熟知人体每一个细胞的功能，并不等于研究清楚了整个人体的功能。相反，系统多出了一个部分，系统整体的功能未必会增强，而系统减少一个部分，其相应的功能也未必会失去。

① 系统的概念。系统无处不在。自然界和人类社会存在着多种多样的系统。例如：

一辆汽车、一架飞机、一列火车、一台计算机、一个校园网，各是一个系统；

一项工程、一本教科书、一篇文章、一首歌曲、一张中药处方，各是一个系统；

一个国家、一个研究机构、一个企业、一所学校、一家医院、一支乐队、一个家庭，各是一个系统；

银河系、太阳系、地球、大森林、动植物群落，也各是一个系统。

系统是由相互联系、相互作用的诸多要素组成的具有特定功能的复合体。这个"复合体"又称为"整体"或"总体"；"要素"又称为"元素""部分""局部"或"零部件"，在一定的意义上又称为"子系统"。系统整体与构成系统的部分是相对而言的，可以将系统中的某些部分看成是该系统的子系统，而整个系统又可以成为一个更大规模系统的一个组成部分或者子系统。例如，一辆汽车的发动机、一个企业的某一条生产线、一所大学的某一个学院等，各是一个子系统；而一辆汽车对于一个车队、一架飞机对于一个航空公司、一个企业对于国民经济系统、一所大学对于全国的或地区的高等教育系统，都是一个组成部分或者一个子系统。

② 系统的一般特征。系统一般具有以下特征。

整体性。整体性是系统的核心。系统是由相关要素构成的整体，为了维护系统的整体功能，要运用系统优化原理来设计系统，而系统的最优状态并不要求其每个子系统都处于最佳状态，而只要求整个系统功能的优化。

关联性。组成系统的各要素之间存在着密切的联系。这些联系包括结构联系、功能联系、因果联系等。它们决定了整个系统的运行机制，是构筑一个系统的基础。

目的性。系统的整体性和关联性都围绕着一个共同的目标，即有一定目的性，不能实现系统既定目标的系统就没有存在的必要。开发出来的信息系统如果未能达到原定的系统目标，那么就是一个失败的信息系统。

层次性。系统的层次性体现在：一个系统可以分解成若干个组成部分，如果这些组成部分是一个个子系统，那么还可以进一步将这些子系统再划分成一些功能模块，以此类推，可以将一个系统逐层分解，这就是系统的层次性。

正是系统的这种层次性，使得人们在开发信息系统的过程中可以采用系统分解的方法，先将系统分解成若干个功能相对独立的子系统，再分别予以开发。

环境适应性。一个系统不是独立存在的，它置于一个组织之内，即在一个环境中，系统只有与环境相互作用、相互影响，进行物质、能量、信息交换才会有生命力。不能适应环境变化的系统是没有生命力的。

（3）控制论

控制论，诞生于美国数学家维纳在20世纪40年代末发表的《控制论：或关于在动物和机器中控制和通信的科学》。此后，维纳又出版了《人有人的用处：控制论与社会》。在这两部著作中，维纳用统一的观点讨论了动物、机器和人的通信与控制活动，将信息的概念纳入控制论，并将控制论与人的认识活动、动物的感知活动联系起来。

控制论是在信息反馈理论的基础上建立和发展起来的，反馈在控制论中有着重要的作用。一条信息由信息发出者发出后，接收者会产生诸如满意或不满意等反应。反馈过程将这些反应集中起来，并进行分析、筛选、加工和处理，再根据实际情况对控制系统进行合理调整。由此认为，控制机制是通过信息反馈达到控制目的的。控制必须具备三个基本要素，即主体（施控者）、客体（受控者）和媒介（传递者）。这三个要素构成了一个整体，在一定的环境下该整体具有控制功能，这就是一个控制系统。

1.1.3 信息系统的基本概念

1. 信息系统的定义

信息系统是集计算机技术、网络技术、现代通信技术和各种软件技术，以及相关理论与方法的应用于一体，提供信息服务的人机系统。它通过对信息进行采集、处理、存储、管理、检索和传输，向有关人员提供有用的信息。

2. 信息系统的概念结构

信息系统是由信息源、信息处理器、信息用户、信息存储器和信息管理者组成的。信息系统的概念结构如图1-1所示。

3. 信息系统的功能

为了满足用户的信息需求，信息系统需要进行大量的信息处理工作，其基本功能概括起来有以下8个方面。

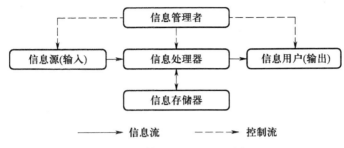

图 1-1 信息系统的概念结构

（1）信息采集

任何信息系统都要有实际的信息内容。信息系统的第一步工作就是从信息源中采集信息。根据信息源的不同，可以把信息采集工作分为原始信息采集和二次信息采集两个部分。信息采集是指把分布在各地、各部门的有关信息收集起来，并转化成信息系统所需的形式。信息采集有多种方式和手段，如人工录入、网络获取、传感器自动采集等。

（2）信息传输

信息传输是指将从采集点采集到的信息传送到处理中心，以及将经过加工的信息传送到使用者手中或存储起来。

（3）信息处理

一般来说，信息系统需要对收集到的信息进行某些处理和加工，以便得到更符合用户需要、方便用户使用或更能反映事物本质的信息。信息处理包括信息的排序、分类、归并、查询、统计、预测、模拟、仿真以及各种处理方式。对信息进行处理是信息系统的核心功能。

（4）信息存储

信息系统如果没有信息存储的功能，就无法突破时间与空间的限制，发挥提供信息、辅助管理和支持决策的作用。信息存储是指信息系统对进入系统、经过加工形成的对管理有用的信息进行存储和保管。当需要存储的信息量很大时，就必须借助于一定的存储技术，即将存储分为物理存储和逻辑组织。物理存储是指把信息存储在适当的介质上；逻辑组织是指依据信息的内在逻辑联系和使用方式把信息组织成合理的结构。

（5）信息检索

信息无论存储在何种介质上，都应该便于用户查询，信息检索的方法应该简单、易于掌握且使响应时间尽可能短。要实现信息检索，一般要运用数据库技术，数据库的组织方式和检索方法决定了信息检索速度的快慢。

（6）信息管理

一个信息系统需要处理大量的信息（数据），要加强对这些信息的管理。信息管理包括：规定需要采集的信息的类型、名称、代码等；规定存储信息的介质，以及信息的逻辑组织方式；规定信息的保存时间、传输方式、使用权限等。

（7）信息输出

信息系统要实现系统的价值，就必须具备向信息使用者提供信息的手段或机制。信息输出就是系统向信息使用者提供信息的手段，是信息系统与使用者的接口或界面。信息输出的形式应该根据向使用者提供的信息的情况和使用者自身的情况来确定。

（8）信息反馈

对于信息输出的结果，信息使用者需要及时进行反馈，以便尽早发现问题、解决问题。根据信息反馈情况，结合管理工作的需要，信息管理者要及时对信息采集、信息传输、信息处理等过程进行修正，使信息系统能适应管理决策的需要，成为进行科学管理、严格执行计划的有力工具。

4. 信息系统的处理方式

一般来说，信息系统的处理方式有以下三种。

（1）批处理方式

批处理方式把信息系统的所有业务活动、任务都集中在一段时间内处理，并将其数据文件建立在外部存储介质上。批处理方式与人工系统相比，提高了效率，加快了速度、降低了成本、规范了工作流程等。

（2）实时处理方式

实时处理方式即联机处理方式。利用这种方式，可以将需要处理的数据随时通过终端设备输入计算机，计算机接收到数据后立即调用相应的程序进行编辑和校正，待数据无误后再对其进行处理。实时处理是一种对数据进行随时存取、联机访问的处理方式，使用成本高，对数据安全性、完整性的要求也比较高。有些业务必须使用实时处理方式，如流水线生产作业、航空公司的订票业务、银行的客户存取款业务等。

（3）分布式处理方式

企业主要采用分布式处理方式来处理位于不同地理位置的部门的业务。企业可以在各个部门分别设置若干台小型或微型计算机，而在总部设置一台起着信息管理作用的中心计算机，这样就形成了一个计算机网络。企业各个部门通过各自的计算机录入数据，并进行一些简单的数据处理工作，复杂的业务则通过网络交由中心计算机去处理。各个部门的计算机随时向中心计算机传送数据，中心计算机接收到数据后进行处理，然后再将处理结果返回给各个部门的计算机。各个部门的计算机接收到处理结果后，对本地数据库进行修正，产生最终用户所需要的输出结果。分布式处理方式的最大优点是可以共享数据库、可靠性高、成本低、灵活性大。客户-服务器模式就是一种典型的分布式处理方式。

5. 信息系统的发展

（1）人工信息系统

在计算机尚未诞生的年代，人们传递信息的工具主要有口头语言、烽火台、千里马、纸介质和电报等。那时的信息系统主要是人工信息系统，如古代的烽火台报警信息系统、驿站信息传递系统，近代的电报系统等，在这些信息系统中人是主体。

（2）人机信息系统

随着计算机技术的发展和普及，人们开始使用计算机技术支持的信息系统，即利用计算机技术支持组织的运行、管理和决策。这个时期的信息系统既利用了计算机技术，也需要人工配合。人与机器的协调和配合，构成了人机系统。

（3）网络信息系统

网络信息系统即基于网络的信息系统。20世纪末，网络技术的飞速发展，使计算机化的人机信息系统快速朝着网络化的方向迈进，也使经济进入全球化的时代。企业面临市场需求多样化、竞争激烈化、知识增值化所带来的挑战。企业必须依靠信息技术整合核心竞争力，对内通过企业内部网进行业务流程再造，对外通过外联网和互联网进行供应链管理及开展电子商务。

（4）未来的信息系统

随着信息技术的发展，信息系统还会因为信息获取技术（如传感器技术、数据库技术）、信息处理技术、信息传输技术（通信技术、网络技术）、信息集成技术等的发展而得到更快速的发展（如光计算、量子计算等技术的采用）。

6. 为什么需要信息系统

随着信息时代的到来，信息技术的广泛应用已经深入组织的基本活动，信息技术对组织生存和成长的影响越来越大。组织，尤其是企业的经营环境正面临以下三个方面的变化。

（1）从大规模生产到个性化生产

在传统工业时代，大众市场比较繁荣，企业强调集中内部资源、扩大生产规模以满足市场需要。企业通常会按照自己预测的需求大批量生产产品，然后将产品卖给消费者。消费者在购买产品时看似有多种选择，实际上最终买到的产品并不一定是最适合的。此外，企业很难预测消费者需求的变化，这容易造成供应量过剩。随着互联网的发展，消费者可以通过互联网与企业进行信息共享和信息沟通，消费者的作用越来越大，价值链和需求链的推动力来自消费者，而不是来自企业。在数字化时代，消费者按照自己的需求定制个性化产品。定制将是未来主流的商业模式，它具有个性化、多品种、小批量、快速反应、平台化协作的特点。因此，企业要能够对不断变化的市场做出快速反应，并以最快的速度生产出满足用户需求的"个性化产品"，从而赢得竞争优势，扩大市场份额。

（2）从以产品为中心到以客户为中心

在传统的工业时代，企业关注如何扩大生产规模、提高生产效率、降低生产成本，以生产出更多的产品，企业之间的竞争完全是产品的竞争。在信息时代，主动权在消费者手里，消费者的选择权非常大，他们可以在互联网上看到所有产品及其价格，然后从中选择。这个时代不再是以产品为中心，而是以客户（即消费者）为中心，这是一个非常大的转变。企业如果不能因时而变，仍坚持以产品为中心，那么就可能随着时间的推移而被淘汰。现在，企业关注的是如何在更短的时间内满足客户的多元化需求，如何在提高个性化服务水平的同时降低成本。客户是"上帝"，有了客户就有了市场；有了市场，企业才有生存和发展的空间。赢得客户信赖是企业保持竞争力的重要因素之一。很多企业正借助于互联网采取反向行动，从客户需求链开始，实时、动态、全面地收集老客户、新客户以及潜在客户的信息，利用大数据分析客户的需求、对产品的改进意见，以及产品的销售流向等，并通过互联网以最快的速度将信息和服务推送给客户，用最好的服务赢得客户，赢得市场。

（3）从区域竞争到全球化竞争

20 世纪 90 年代以来，信息技术的快速发展与广泛应用，为国际化企业集团的全球经营创造了条件。企业可以通过网络快速而全面地掌握市场动态信息；发达的物流运输业进一步加强了供应商、制造商以及分销商之间的联系。企业间时空距离的缩短，极大地加速了市场的全球化进程，使全球范围内的企业正逐步融合在一个统一的大市场之中。分布在各地的企业合作生产一种产品成为必然趋势，企业在全球制造和市场竞争中必须加强与其他企业的合作，建立面向任务的动态联盟。企业运营所需要的订单、支付凭证和资金流动都可以全天候地完成，信息技术的发展使得世界经济的发展步伐明显加快。国际化企业集团积累了雄厚的资金，掌握了先进的管理思想，拥有具有先进科技知识的出类拔萃的人才，以及独具特色的产品和服务，它们用信息技术武装起来在全球扩张，从全球经济增长中获益匪浅。企业从区域竞争转向全球化竞争的趋势日益显现。

信息技术的发展和渗透为国际化企业集团带来了新的机会。依托互联网的信息系统，世界范围内的客户可以得到 24 小时不间断的服务。通过在其他国家寻找低成本的供应商，国际化企业集团可以在全球范围内生产产品与提供服务，从而极大地降低了成本。

1.2　管理信息系统概述

1.2.1　管理信息系统的定义

1. 管理信息系统的基本概念

早在 1985 年，管理信息系统（management information system，MIS）的创始人戈登·戴维斯（Gordon B. Davis）给出了一个比较完整的管理信息系统定义：管理信息系统是一个使用计算机硬件和软件，手工作业，分析、计划、控制和决策模型，以及数据库的人机系统。它能提供信息，支持组织的运行、管理和决策。

我国学者也给出了有关管理信息系统的定义，该定义的核心是：管理信息系统是一个人机系统，而不是一个单纯的机器系统；是一个以人为主导、强调决策的重要性和实施目标的系统；是一个以实现管理增效为目的的系统；在管理的功能上有高、中、低三层，即战略决策层、经营管理层和执行管理层，每个层次都应有明确的分工。

总之，管理信息系统是一个利用先进的信息处理技术和信息处理工具，收集、加工和处理信息，提供决策支持，实现管理功能和目标的系统。

2. 管理信息系统的功能

一般来说，管理信息系统包括以下 6 个功能。

（1）数据处理功能

数据处理功能包括数据的收集、输入、传输、存储、加工处理和输出。

（2）事务处理功能

事务处理功能是指随着事务的发生而需要对数据进行处理。事务处理功能是在数据处理的基础上完成的。

（3）计划功能

计划功能是指合理地安排组织各职能部门的计划，并按照不同的管理层次提供相应的计划报告。

（4）控制功能

控制功能是指对计划的执行情况进行监督、检查，比较执行情况与计划之间的差异，并分析原因，辅助管理人员对计划执行者进行监督和检查。

（5）预测功能

预测功能是指运用数学、统计或模拟等方法，根据收集到的大量历史数据预测未来。

（6）辅助决策功能

辅助决策功能是指运用数学模型及时推导出有关问题的最优解，辅助各级管理人员进行决策。

1.2.2 管理信息系统的特点

管理信息系统是为管理服务的信息系统。只有掌握了管理信息系统的特点，深入了解管理信息系统，才能开发出一个高效、可靠的管理信息系统。

1. 管理信息系统是一个人机系统

在管理信息系统中，各级管理人员既是系统的使用者，又是系统的组成部分，所以管理信息系统必然是一个人机系统。根据这一特点，在开发管理信息系统的过程中，只有正确界定人在管理信息系统中的地位和作用，充分发挥人和计算机各自的长处，才能使管理信息系统的整体性能达到最优。

2. 管理信息系统是一个综合系统

管理信息系统是一个对组织进行全面管理的综合系统。在开发一个管理信息系统时，要先根据用户需求逐步开发应用于组织不同部门的子系统，然后将这些子系统综合起来，最终达到运用管理信息系统进行综合管理的目标，从而为管理决策服务。

3. 管理信息系统是一个动态系统

管理信息系统是一个有生命周期的软件产品。一个组织的内部和外部环境都会随着时间的推移而发生变化，管理信息系统也随时会有不能满足当前要求的部分存在，所以在管理信息系统运行过程中要对其进行维护，以适应组织内部和外部环境的变化，尽量延长其生命周期。但管理信息系统的生命周期终将会结束，在旧的管理信息系统生命周期结束时，需要在新的环境和条件下开发新的管理信息系统，如此循环往复。

4. 管理信息系统是一个反馈系统

管理信息系统还具有反馈功能，反馈是一种用来改变输入或处理的输出。也就是说，反馈可以用来修正输入的数据，或者改变处理过程。反馈对于管理人员和决策者来说是很重要的。例如，制订销售计划时要不断地根据市场的实际情况和反馈对计划做出必要的修改，以使计划得到更好的执行；否则，计划就难以执行或无法执行。

5. 管理信息系统是一个开放系统

管理信息系统是一个既有输入又有输出的开放系统。它不可能与外部环境相隔绝。管理信息系统不仅要能够对外部环境进行分析并采取行动去适应外部环境，还要能够在一定程度上推动和改造外部环境。管理信息系统与外部环境之间的关系如图 1-2 所示。外部环境是组织外部各种因素的综合，包括用户、供应商、政府机构、股东和竞争者。管理信息系统接收来自外部环境的各种输入，经过处理、分类、整理、计算等过程，产生相应的输出，从而对环境产生影响。

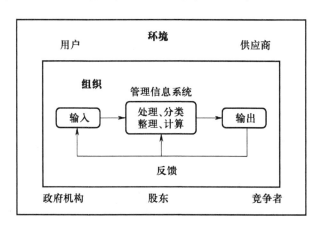

图 1-2　管理信息系统与外部环境之间的关系

6. 管理信息系统是为管理决策服务的系统

要充分发挥管理信息系统在管理中的作用，就必须运用现代管理方法和技术手段，尤其是企业管理信息系统，具有管理、决策和预测的功能。在开发企业管理信息系统时，不仅要熟悉和掌握先进的信息技术，还要融入现代管理思想和方法，思考如何改善组织结构，再造业务流程，提高信息管理的成效和企业经营效率，更好地为管理决策服务。

1.2.3 管理信息系统的结构

1. 管理信息系统的概念结构

管理信息系统是一个能对组织进行全面管理的人机系统。管理信息系统综合运用信息技术、管理方法和检测技术，与现代管理思想、方法和手段相结合，辅助管理人员进行管理、决策。管理信息系统的概念结构如图1-3所示。管理信息系统通过信息收集系统采集组织外部环境的各种信息，再用问题处理系统进行处理，然后将需要长期保存的信息通过信息存储系统存储起来；管理信息系统的用户在会话和信息收集系统的支持下，利用管理决策系统进行决策；信息管理机构负责系统与外部决策用户之间的协调工作。

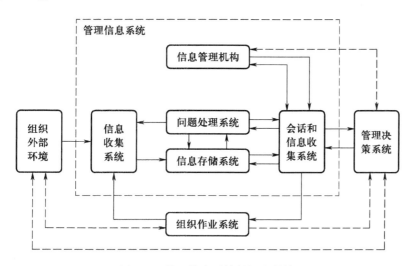

图1-3 管理信息系统的概念结构

2. 管理信息系统的功能结构

一个管理组织可以分为若干个部门，而各个部门又具有一定的功能，因此管理信息系统可以按照管理组织的功能来建立。管理信息系统（以制造企业管理信息系统为例）的功能结构如图1-4所示。从功能结构的角度看，一个典型的制造企业管理信息系统可以分为生产子系统、后勤子系统、财务会计子系统、人力资源子系统、市场销售子系统和信息管理子系统。

3. 管理信息系统的综合结构

管理信息系统的综合结构可以从纵向和横向两个角度来认识，如图1-5所示。纵向结构主要涉及组织的基本功能，包括市场销售、生产、后勤、人力资源、财务会计、信息处理和顶层管理；横向结构从组织管理层面可以分为业务处理、作业管理、战术管理和战略管理。管理信息系统同时还需要有相应的公用数据文件、专用文件等基础数据，以及模型库、公共程序和数据库管理系统等公用程序的支持。

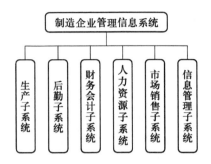

图 1-4　制造企业管理信息系统的功能结构

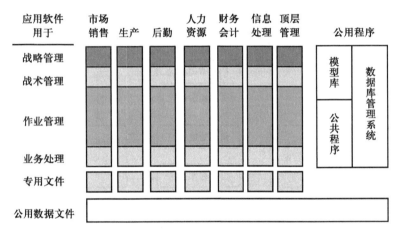

图 1-5　管理信息系统的综合结构

1.3　管理信息系统的发展历程

1.3.1　管理信息系统的发展过程

20 世纪 60 年代，计算机主要用于开展各种数据量大、重复性工作多、操作简单的事务性工作，以提高工作效率。这一阶段就是电子数据处理阶段，它还可以再分为单项数据处理和数据综合处理两个阶段。在电子数据处理阶段，计算机可以帮助人们进行一些比较复杂的管理任务（如库存控制、产品销售、物资采购等）。

随着计算机处理事务效率的提高，企业积累了大量数据，并希望计算机系统能够再增加预测、控制、汇总报告等功能，以满足企业运营的需求。与此同时，随着数据库技术的发展，可以将许多业务数据按照业务职能加以集成，并由数据库统一管理。这样便产生了诸如人事管理信息系统、销售管理信息系统、库存管理信息系统等多种应用领域的管理信息系统，使得管理信息系统可以及时收集和处理基层业务部门的数据，大大增强了其应用能力。这时管理信息系统可以根据企业的需求建立决策模型，自动生成中层和高层管理人员所需要的各种专题报表，使他们可以随时了解各个部门、各个岗位的业务动态，为管理决策提供服务。

影响管理信息系统发展的因素有两个：一个是信息技术的发展；另一个是信息技术与管理融合所带来的需求。应用领域不断拓展、与管理者的信息需求越来越贴近、参与企业管理的程度不断加深，使得管理信息系统能够在适宜的时间将适宜的信息内容，以适宜的形式送到适宜的决策者手中。

1. 事务处理系统

事务处理系统（transaction processing system，TPS）是用来记录和处理企业日常事务，如销售订单处理、薪酬管理、货物运输管理等的信息系统。在管理活动中，它能够回答"发生了什么"的问题，其处理事务的方式有两种：批处理和实时处理。例如，很多零售店用电子付款机获取销售数据，然后通过网络将数据传送给相应的计算机，计算机收到数据后对其进行批处理或实时处理。

事务处理系统对于企业而言非常重要，它停止运行就会导致整个企业瘫痪，甚至影响与该系统相连的其他企业。常见的事务处理系统有快递公司的包裹追踪系统、航空公司的机票预订系统、银行的支付系统等。事务处理系统的优点是可以帮助企业获得有效、准确的信息，提高管理效率，降低运营成本，提升业务水平。其缺点是只能针对某个具体事件进行数据的输入输出。随着技术的发展和市场环境的变化，事务处理系统越来越难以满足企业的需要。

2. 管理信息系统

管理信息系统能够对一个企业的信息进行全面管理，它综合利用计算机硬件、软件、网络和其他办公设备，对信息进行收集、传输、加工、存储、更新和维护。管理信息系统面向企业的所有管理人员，覆盖了企业的所有业务内容，它将企业中的数据和信息集中起来，快速处理，统一使用，帮助管理人员了解业务的日常运行情况，并利用科学管理方法，通过预测、计划、管理、调节和控制等手段为他们提供决策支持。管理信息系统处理的都是日常事务，对中层管理人员的帮助最大，可以认为是为中层管理人员服务的一类特定的信息系统。管理信息系统主要处理的是常规问题，这些问题一般是预先设定的，并且有一套确定的回答程序。此处的管理信息系统是狭义的理解，广义的管理信息系统是指所有用于解决管理问题的信息系统。

3. 经理信息系统

经理信息系统（executive information system，EIS）是为企业高层管理者定制的决策支持系统，使高层决策者能够集中处理相关的决策数据与信息。它拥有多种数据资源，包括大量的外部数据资源，可以协助高层决策者处理一些不确定性问题，以支持他们进行调度决策、战略控制和危机管理等复杂任务。

4. 决策支持系统

决策支持系统（decision support system，DSS）在人和计算机交互的过程中帮助决策者探索可能的方案，并结合个人的智力资源和计算机的计算能力改进决策的质量。决策支持系统主要为处理半结构化管理问题的决策者提供服务，它为决策者提供准确及时的信息及相关解决方案，能够降低他们处理和分析信息的成本，使决策者专注于做最需要决策智慧和经验的事情。决策支持系统以管理信息系统所管理的信息为基础，是管理信息系统在功能上的延伸。经过长期的探索，决策支持系统形成了以数据库、模型库、知识库三库为核心的体系结构和系统建设方法。

5. 知识管理系统

知识管理系统（knowledge management system，KMS）对一个企业的知识与技能进行捕获，然后将这些知识与技能集成起来进行共享，以帮助企业实现更大的效益，最终提高企业的竞争力。知识管理系统的目的是高效地管理企业的知识资产，为企业的知识创新、知识共享和知识应用提供帮助。知识管理系统是支持企业进行知识管理实践的工具与技术。

6. 商务智能系统

面对日益增长的海量数据，企业迫切需要从数据中挖掘出有价值的信息和知识服务于决策。随着信息技术的不断发展，大容量存储、并行处理器以及数据挖掘、数据仓库等技术逐渐成熟，促进了商务智能系统（business intelligence system，BIS）的发展，为解决企业的这一迫切需求提供了可能。商务智能系统可以运用数据挖掘、数据仓库等技术来处理和分析商业信息，并提供个性化的解决方案来帮助用户解决复杂的商业问题，有助于企业决策者面对复杂多变的市场环境做出敏捷的反应和更好、更合理的商业决策。

综上所述，事务处理系统、管理信息系统、经理信息系统、决策支持系统、知识管理系统以及商务智能系统代表了信息系统发展的不同阶段，它们之间既存在一定的关联性，又存在一定的差别。事务处理系统是面向日常业务的信息系统；管理信息系统和经理信息系统是面向管理的信息系统；决策支持系统是面向决策的信息系统，它在企业中可以是一个独立的系统，也可以作为管理信息系统的一个高层子系统而存在；知识管理系统用于管理企业的知识资产；商务智能系统与经理信息系统、管理信息系统、决策支持系统类似，都是为了提高企业决策的效率和有效性，但是在使用对象、数据分析与知识发现能力、处理非结构化决策等方面商务智能系统具有显著优势。

1.3.2　管理信息系统的发展趋势

1. 管理信息系统面临的社会挑战

数字化时代，信息技术和管理信息系统的发展极大地提高了企业的管理水平，进一步提高了其管理效率，促进了社会的经济增长。

管理信息系统不仅是一个技术系统，也是一个社会系统。管理信息系统的应用与环境是不可分割的。管理信息系统的应用不仅依赖信息技术的复杂性、用户需求的多样性和信息资源的密集性，还依赖管理思想、管理制度、管理方法、权力结构和组织结构。管理信息系统主要面临以下几个方面的挑战。

① 如何进一步提高科学管理水平，为管理信息系统的应用创造有利条件？

② 如何利用信息技术促进企业管理？

③ 如何加强企业文化建设，提高员工能力和素质，使他们能够适应信息技术应用和企业转型的挑战？

④ 政府部门如何制定政策，促进其信息化（即电子政务）的发展？

2. 管理信息系统面临的企业内部挑战

管理信息系统面临的企业内部挑战包括以下几个方面的内容。

① 战略性的商业挑战，即企业如何利用信息技术来改造和完善组织结构。

② 全球化的挑战，即企业如何理解经济全球化环境下的商业和系统需求。

③ 管理信息系统投资的挑战，即企业如何确定管理信息系统的商业价值。

④ 企业寿命、产品生命周期和争夺用户时间窗口不断缩短，企业如何利用管理信息系统来应对技术创新速度加快的趋势？

3. 管理信息系统面临的技术挑战

管理信息系统面临的技术挑战包括以下几方面的内容。

① 现代管理信息系统在不同的硬件和软件平台上运行，需要解决数据转换等技术问题。

② 多种管理信息系统处在不同的生命周期，存在数据集成和数据交换问题。

③ 如何从技术上消除多种系统在网络中运行存在的不稳定因素和不安全因素？

④ 如何针对管理思想的发展、用户需求的多变性和多样性，建设合适的管理信息系统？

案例分析

A 酒店管理公司的信息系统

某个夏天，A 酒店管理公司的信息技术（IT）团队一直处于紧张的工作中。该公司的新酒店将在当年 9 月开业，在此之前所有的信息技术设施都要布置好，后台的信息系统也要经过严格的测试，一旦开业就可以将它们投入运营。由于新酒店的商业模式与原来不一样，因此信息系统的很多细节并不能简单地从原来的系统中复制过来。

新酒店定位于高端酒店。从经济型连锁酒店进军高端酒店市场，A 酒店管理公司筹备了两年多。最初让决策层萌生开高端酒店想法的是客户的反馈信息，在大量客户通过该公司的网站或酒店前台的反馈表询问有没有高端酒店后，A 酒店管理公司对市场进行了考察，认为高端酒店不但是一个新的利润增长点，而且北京、上海等大城市由于经常举办展会，商务人群对高端酒店的需求量很大。

A 酒店管理公司自创立以来积累的会员，不仅为其贡献了 50% 以上的订房率，而且在其拓展新商业模式时，提供了大量的潜在用户。会员系统是一座"金矿"。在前台，通过对会员数据进行挖掘，找到了企业新的利润增长点，并通过与合作伙伴建立联盟，扩大了会员规模；在后台，着力于业务系统的风险防范，使各业务体系运行在一个安全的环境之中，为前台提供稳定的保障。

A 酒店管理公司一直在思考如何通过会员数据扩大销售渠道。会员数据的挖掘对于辅助管理层进行决策分析和业务预测有很大的作用。其信息技术团队将很多精力都放在不断完善会员系统上。不久之后，A 酒店管理公司信息技术团队准备了近 1 年的新会员系统上线了。新上线的会员系统已经是会员系统的第二次升级了。该会员系统定义了若干个客户类型，如会员、非会员、长住、会议、旅游、中介等。任何有查询权限的人在该公司的信息系统中都能查询到该公司任何一个酒店、任何一天的客户构成情况。通过分析每个酒店的客户构成和全公司的客户构成，A 酒店管理公司可以分析客房价格和市场状况，并判断哪部分客户最为重要，同时据此针对当地市场开展一些行之有效的推广活动。

在收集与分析客户数据的基础上，为了更好地抓住各区域市场的细分客户，A 酒店管理公司对管理架构进行了调整。以前，该公司的管理架构非常扁平，总部之下便是位于不同城市的分公司，但是随着经营规模的不断扩大，总部很难再承担对各城市分公司的管理工作，因此该公司增加了管理的层级，在总部之下设立了东、南、西、北和华中 5 个管理大区，每个管理大区管理约 300 家酒店；在管理大区之下再按照地理位置设立更细分的管理区域，每个管理区域管理 90~120 家酒店；在管理区域之下才是城市管理层级，其管理 30~40 家酒店。在增加了大区和区域这两个管理层级后，A 酒店管理公司的管理更加贴近市场。

基于会员系统和酒店业务系统对数据的分析和预测，A 酒店管理公司的管理层可以制订更加灵活的市场策略。例如，对于一些旅游城市，在旅游旺季时提高房价，在淡季时则推出一些促销活动。另外，每个酒店的位置不同，客源也不同，一些位置好的酒店，散客带来的收益最高，而一些位置较偏的酒店，则更多地依赖会员以及口碑来提高入住率。

会员在订房时可以享受一些价格优惠，使得他们支付的房价并不是最高的，这是由于他们有较高的忠诚度，为 A 酒店管理公司贡献了 50% 以上的入住率且带来了口碑，从而使 A 酒店管理公司无须投入太多的推广费用，就能获得高质量的商务人群。不过，A 酒店管理公司维护一个会员的成本，虽然从前台看并不多，无非是一张会员卡的成本，但是后台的运营费用却非常高。会员要想查询自己的积分并兑换奖励，以往需要打该公司的 800 电话。这不但使中央系统的压力很大，而且使该公司需要支付每天 1 万多元的电话费。新会员系统上线后，将会员积分查询等权限下放到了每个酒店，会员可以通过酒店前台直接查询积分并兑奖励，新客户也可以在酒店前台直接申请入会，这就降低了中央系统的压力，并且省去了大量的电话费。

此外，新会员系统还给客户带来了很多便利。A 酒店管理公司的目标客户为 40 岁以下的白领和中小型企业商务客人，他们的知识层次较高且对互联网应用得非常熟练。如今，他们持会员卡就可以在入住的酒店前台查询积分并兑换奖励，无须拨打电话以及等待反馈。从该公司的酒店业务系统中可以看到，在该公司客户中会员占了

50%，而由中介渠道引来的客户不超过 10%，这意味着该公司无须将更多的利润分给中介渠道。正是因为 A 酒店管理公司维护了大量忠诚客户，才逐渐使得中介成为次要渠道。那些记录有客户真实姓名、年龄以及消费次数的会员信息，成为拓宽营销渠道的有力筹码。

目前，A 酒店管理公司还和相关银行共同发行了联名信用卡，持有联名信用卡的客户订房可以享受比较优惠的订房价格。无论是管理架构的调整，还是会员系统的升级，A 酒店管理公司都是以客户为中心。

A 酒店管理公司不仅在前台着力于规模化扩张，还在后台进行深耕，利用信息系统做好深度服务。当企业的运营十分依赖信息系统时，对信息系统进行规范化管理和监控，防范风险，势在必行。

目前，A 酒店管理公司的核心业务，包括客房预订和入住、会员维护、运营数据分析和预测等业务，都运行在信息系统之上。对信息系统进行规范化管理和监控的核心就是风险防范。为此，该公司成立了信息系统规划委员会，由首席执行官（CEO）、首席运营官（COO）、首席财务官（CFO）、首席信息官（CIO）以及相关部门的总监组成，该委员会在对信息系统进行监控的同时，还负责制定标准化的业务流程，并将这些流程用信息系统管理起来，实现规范化管理和监控。

信息系统可以将标准化业务流程落到实处，有利于防范和降低企业风险。对于每个业务流程，该公司的信息系统规划委员会要做的事情就是将其与信息系统接口的部分抽取出来，并制定一套完善的标准，管理这些流程，使每个流程都有章可循。在后台，针对每个核心业务的管理审批流程都实现了透明化，信息系统可以记录管理审批流程的每一步是由谁做的、是由谁校验的，以及是如何反馈到业务部门的。

经过规范化管理和监控，A 酒店管理公司每个新开业的酒店，其业务系统都可以实现全过程、自动化的管理，业务系统可以显示这个新开业的酒店位于哪个城市的哪个区域，是直营还是特许，有多少间客房，以及具体开业日期。该公司的信息技术团队根据这些信息，会在新酒店开业前清空相关数据库，并且做好密钥，通过这个密钥，新开业酒店的管理者可以看到本酒店的经营情况。此外，信息技术团队还会向新开业的酒店开放会员系统等。

企业发展到一定阶段，拼的就是后台，谁的后台信息系统做得好，谁的决策就更精准，市场策略的制订和实施就会更迅速。

结合上述案例，并查阅相关资料，分析和回答以下问题。

1. A 酒店管理公司在运营中主要使用了哪些信息系统？这些信息系统的输入、输出和处理过程分别是什么？

2. 随着移动互联网的发展，对于酒店行业来说，可以使用哪些新兴信息技术和信息系统来进行客户管理和提升决策效率。

3. 分析信息系统是如何帮助企业实现商业价值的，以及这些商业价值应该如何去衡量。

思考题

1. 什么是信息系统？ 信息系统的主要功能有哪些？
2. 如何理解管理信息系统与管理之间的关系？
3. 管理信息系统的主要特点有哪些？
4. 管理信息系统各发展阶段的典型系统有哪些？
5. 在信息时代管理信息系统将面临哪些挑战？ 如何去迎接这些挑战？

第 2 章　管理信息系统与企业竞争优势

本章学习要求
1. 理解管理信息系统与企业的关系。
2. 了解管理信息系统对企业战略的影响。
3. 理解波特五力分析模型。
4. 了解价值链模型对企业增值过程的支持。

信息时代，信息技术已经成为企业生存的必要条件，激烈的市场竞争使全球企业都在向数字化企业转型。运用信息技术，以及基于信息技术的管理信息系统，可以使企业运作得更加高效，将企业的竞争力与盈利能力提升到新的高度。

2.1　管理信息系统与企业的关系

管理信息系统和企业之间是相互影响、相互作用的。应用管理信息系统是企业经过慎重考虑做出的选择，而且企业的业务环境、组织结构以及文化都会对管理信息系统的应用产生直接的影响，因此企业影响着管理信息系统。反之，企业实施管理信息系统，往往会产生新的组织结构、新的业务模式以及更加优化的业务流程。因此，管理信息系统又影响着企业。企业管理者在决定应用管理信息系统时，必须清楚地了解企业与管理信息系统、企业战略和管理信息系统战略之间的关系，只有这样才能确定企业需要怎样的信息技术、应该建设具有何种功能的管理信息系统。

2.1.1　企业对管理信息系统的影响

下面从企业的经营领域、战略定位和目标，企业所处的环境以及企业文化三个方面来分析企业对管理信息系统的影响。

1. 企业的经营领域、战略定位和目标

管理信息系统的功能和技术特点要能够适应企业的经营领域、战略定位和目标。例如，对于一个生产企业而言，其管理信息系统应当具有较高的集成性，使物料、生产、库存、销售等各个要素紧密地联结成一个整体，从而实现更高效的运作和更低的成本；而对于一个以资本运作为核心的投资控股型企业而言，由于企业的整体业务结构经常会因为并购、出售等投资行为而发生变化，因此其管理信息系统通常集成性不高，而是侧重于对投资分析的支持。此外，企业在不同的发展阶段，对管理信息系统也会产生不同的需求。例如，对于一个处于快速扩张、抢占市场阶段的企业而言，其管理信息系统应当具有良好的可扩展性。

2. 企业所处的环境

企业所处的环境包括客户、供货商、社会需求、信息、资源等。企业要想实现目标，就必须适应所处的环境。由此可见，企业需要具备学习能力，只有这样才能在适应环境的过程中不断发展。在信息时代，信息技术的发展使企业所处的环境更容易发生变化，这就给企业带来了巨大的压力。企业如果不能适应外部环境的变化，就很容易走向衰落。例如，摩托罗拉在 20 世纪 90 年代时曾经是非常有竞争力的移动通信公司，其产品在当时的全球移动设备市场上具有很高的市场占有率，一度是该领域产品设计和技术的领先者。但是随着移动设备向着小型化和智能化的方向发展，该公司没有及时地转变策略，仍然坚持原有的发展方向，导致用户快速流失，最后不得不出售移动业务。

3. 企业文化

企业文化是指在一定的条件下，企业在生产经营和管理活动中所创造的具有该企业特色的精神财富和物质形态。它包括企业愿景、文化观念、价值观念、企业精神、道德规范、行为准则等。简言之，企业成员共有的价值观和行为规范称为企业文化。每个企业都有自己独特的文化。例如，"硬汉"型企业文化鼓励内部竞争和创新，鼓励冒险，具有竞争性强、产品更新快的特点；"努力工作尽情享受"型企业文化将工作与娱乐并重，鼓励员工完成风险较小的工作，具有竞争性不强、产品比较稳定的特点；"赌徒型"企业文化具有在周密分析的基础上孤注一掷的特点，以及投资大、激进的特点。"过程型"企业文化着眼于如何做，不强调工作反馈，难以衡量员工所做的工作，具有按部就班的特点。企业文化对于管理信息系统的引进往往是一个制约因素，管理信息系统可以用来支持现有的企业文化，也可能与之相抵触。当与现行的企业文化相抵触时，管理信息系统往往难以发挥应有的作用，不能在短时间内改变企业文化。经验表明，企业文化的变化比技术变化更需要时间。因此，在引进管理信息系统之前应对其与企业文化之间的关系进行深入研究。

2.1.2　管理信息系统对企业的影响

随着信息技术在各领域的广泛应用，企业对信息技术和管理信息系统的依赖越来越强，管理信息系统已经成为企业运行和决策的重要支撑。在激烈的市场竞争环境中，越来越多的企业试图通过管理信息系统来提高竞争力。事实证明，管理信息系统会在经济、组织结构、业务模式、管理方式等方面对企业产生影响，极大地优化企业的运行机制。

1. 经济方面的影响

对于管理信息系统在经济方面对企业的影响，可以利用交易成本理论和代理理论进行分析。随着信息技术的发展，信息技术已经成为企业重要的生产要素，正在替代传统的资本、劳动力和其他形式的资源。以前需要人工进行的工作越来越多地被信息技术所代替。例如，信息技术降低了资本的相对成本：银行柜员服务被自动柜员机所取代，越来越多的人通过电子商务平台购物，电子付款机提高了商店的收银效率等；信息技术也降低了信息成本：人们可以通过互联网和社交媒体轻松地获取大量信息；信息技术还降低了实体资源的成本：企业可以通过互联网与业务伙伴一起构建数字化的虚拟企业，开展研发、营销等活动，不再需要相对昂贵的实体建筑物和机器等。

根据交易成本理论（transaction cost theory），企业和个人总是在寻求降低交易成本的方法，然而利用市场机制进行信息搜寻、交易谈判等商业活动是昂贵的。企业利用基于互联网的管理信息系统，能够以更低的交易成本参与市场活动。交易成本降低，使得越来越多的企业可以减少员工人数，缩减企业规模，将非核心业务外包给合作伙伴，从而降低运营成本，并将自己的精力集中于核心业务。

根据代理理论（agency theory），任何企业都可以被看作从自身利益出发的员工间契约关系的集合，而不是一个统一的、利益最大化的实体（Jensen and Meckling，1976）。企业的管理者（委托人）需要经常监督和管理员工（代理人），当公司的规模和业务范围逐渐增大时，代理成本也会随之上升。信息技术可以降低企业获取和分析信息的成本，使管理者更容易监管数量众多的员工，从而降低了企业的代理成本。例如，利用指纹考勤、基于位置的服务等技术可以对员工的出勤情况进行实时监督。

信息技术降低了企业的交易成本及代理成本，因此企业所需要的管理者将越来越少，而每个员工的平均收益将越来越高，企业的运营成本降低了，利润空间也就增大了。

2. 组织结构的影响

（1）信息技术使企业组织结构扁平化

在信息时代，受经济全球化的影响，企业需要更加灵活的组织结构来提高反应能力、创新能力和团队合作能力，以应对激烈的市场竞争。反应能力关系到企业是否能够及时满足客户的需求；创新能力是企业竞争力高低的标志，直接关系到企业竞争力的强弱；而团队合作是员工为实现企业目标而表现出来的自愿合作和协同努力的态度，只有团队成员自觉自愿，企业的创造力才能被真正激发出来。

传统企业的组织结构是基于劳动分工理论的科层制组织结构，它是一个等级分明的权力金字塔。20世纪80年代以前，在市场相对稳定、信息相对匮乏的环境下，这种组织结构发挥了重要的作用。然而，随着计算机时代和全球化时代的到来，这种组织结构出现了效率不高、发展缓慢、缺乏竞争力等问题。因此，自20世纪90年代以来，一些大型企业开始减少组织层级，向组织结构扁平化方向发展。

无论是在学界还是在业界，越来越多的人开始支持信息技术使企业组织结构扁平化的观点。信息技术能够帮助企业扩大信息的传播范围，使高层管理者可以管理和控制更多的员工。高层管理者还可以向低层级员工授权，使知识和信息在组织中广泛传播，这样就形成了分散化的决策机制，管理效率也得到了提高，从而使组织结构扁平化。例如，传统金融机构增设了自动柜员机，开展了网上银行服务和移动业务，使得传统的组织结构发生了变化，实体营业厅的数量大幅度减少。

（2）信息技术产生虚拟企业

虚拟企业又称为动态联盟，最初是由美国理海大学于 1991 年在报告《21 世纪制造企业研究：一个工业主导的观点》中提出的。

随着市场竞争日益加剧，越来越多的企业意识到仅凭整合内部资源已经难以在快速变化的市场中抓住机遇，于是它们开始将注意力转向企业外部，而经济全球化与信息技术的迅速发展为企业间跨越行业、跨空间、跨时间的合作提供了契机。

虚拟企业通常由一个对市场机遇具有敏锐识别能力且具有某种核心能力的、被称为盟主的协作企业发起，由若干个具有不同资源与优势的企业为了共同开拓市场、共同应对竞争组建而成。虚拟企业的成员依托信息技术和信息网络，可以分布在不同的地域甚至世界上的不同角落，它们依靠因特网、企业内部网，以及支持异地协同工作的管理信息系统共享技术与信息，分担费用，联合开发产品或提供服务。虚拟企业没有中央办公室，也没有正式的组织框架，更不像传统组织那样具有多层次的组织结构。

虚拟企业是企业之间的一种合作，而企业之间的合作并不是一个新概念，自从人类有了组织活动它就存在，伙伴关系、合资企业、战略联盟及特许经营等都属于企业之间的合作。但是，利用信息技术实现企业之间的合作却是一个新尝试。正是由于运用了信息技术，企业之间的合作突破了空间和时间的限制，范围更广，形式更多；也正是由于运用了信息技术，虚拟企业这种组织结构得到了越来越广泛的应用，也越来越受到人们的重视。

（3）信息技术驱动企业向数字化转型

信息技术极大地降低了企业在全球范围内的运营和交易成本。例如，一些互联网公司，如阿里巴巴和字节跳动等，可以在多个国家和地区成功地复制自己的商业模式和服务。因此，从某种意义上讲，信息技术推动了全球化，全球化也驱动了信息技术的发展。

在全球化的大背景下，越来越多的企业已经成为或正在向数字化企业转型。借助于信息技术，企业的核心业务流程，以及企业和客户、供应商、员工之间的重要商业关系，几乎都可以实现数字化。

数字化企业使用数字化方法对企业业务流程、知识产权、财务和人力资源等核心资源进行管理，因此可以随时随地获得进行关键业务决策所需要的信息，提升了对环境的感知和快速响应能力。许多互联网企业，如美团和阿里巴巴等已经成为数字化企业。一些传统行业的企业，如银行、保险公司等也正在向数字化企业转型。

3. 信息技术创新业务模式

各种基于信息技术的创新正在改变传统的社会生活。近年来，企业利用人工智能、云计算、移动应用、大数据分析以及物联网技术实现业务创新，提升竞争力，从而达到发展目标的例子数不胜数。信息技术的发展是创新的源泉，驱动着企业创造出新的产品与服务，开发出新的业务模式。当新的业务出现时，旧的业务甚至行业会消失或被迫转型。例如，20多年来，电子商务在我国得到了快速的发展，电子商务不仅改变了企业设计、生产、运输产品和服务的方式，也改变了传统的市场营销方式和广告传播方式。

4. 信息技术促进管理方式变革

在信息技术的赋能下，企业的管理方式也正在发生着变化。随着移动通信技术的发展，越来越多的企业通过移动通信网络传输数据，并利用移动终端开展各种经营活动。此外，微博、微信等社交媒体也已被企业用于经营和管理活动中。借助于社交媒体，企业中的销售人员、售后服务人员可以随时与客户保持联系，快速解答他们提出的问题；企业中的管理人员能够随时随地与员工进行沟通和交流，从而可以实时地获取各种信息，有助于准确、及时地做出决策。目前社交媒体已成为企业进行沟通、协作、信息分享、业务拓展、精准营销的重要工具。

2.2 管理信息系统对企业战略的影响

企业应用管理信息系统的主要目的是获得竞争优势，为企业战略的制定提供有效的支持。管理信息系统的战略作用包括：帮助企业利用信息技术开发产品和提供服务；帮助企业获得竞争优势，减少竞争劣势；达到其他战略目标。企业通过在信息技术上的投资来改善企业运营效率或者创新产品或服务，从而提高市场进入门槛，阻碍或延迟其他企业进入市场。

2.2.1 管理信息系统在企业中的战略地位

企业战略是企业为了实现自己的目标所遵循的基本原则。企业目标是表现企业经营目的实现状态的具体指标，如利润、技术领先程度、规模、发展规划、市场份额等。在企业战略中考虑信息技术，已经成为管理者必须面对的现实。信息技术往往与企业战略紧密关联，而不仅仅是一种技术。例如，21世纪初期，在快递行业中，一些有前瞻性的物流企业率先为客户或代理店提供了物流信息查询服务，用户可以通过计算机等终端直接查询相关的物流信息。由于提供了这种服务，这些物流企业的市场占有率迅速提高，从而在与对手的竞争中获得了优势。

管理信息系统有助于企业提高核心竞争力。所谓核心竞争力，就是企业所具有的独特的知识、技能、产品或服务，如对市场的分析能力、生产某种产品的关键技术等。核心竞争力是企业特有的能力，是其他企业难以模仿的能力，它使企业在创造价值和降低成本方面比竞争对手更有优势。

管理信息系统对企业战略的支持有一个发展过程。从 20 世纪 60 年代开始，管理信息系统主要是支持企业进行电子数据处理；到 20 世纪 80 年代初，管理信息系统开始支持企业的运行、控制和决策；到 20 世纪 90 年代后期，管理信息系统开始成为企业获得竞争优势的重要手段。管理信息系统可以使企业具备实时业务处理能力，帮助企业整合和调整业务流程，使业务流程以尽可能低的成本、最快的速度支持企业的业务活动，实现企业各业务部门之间或者职能部门之间的无缝衔接，成为无边界组织。

可以通过波士顿矩阵分析方法对管理信息系统在企业中的战略地位进行分析。在波士顿矩阵中，根据销售增长率和市场占有率两项指标，可以将企业的发展阶段分为"瘦狗""问题""金牛""明星"四种类型，如图 2-1 所示。

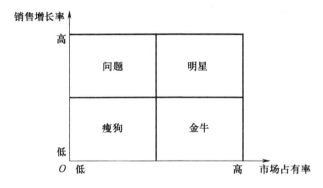

图 2-1　波士顿矩阵

瘦狗型企业的业绩较差，发展势头也比较弱，其整体策略是进行低成本运营，维持现行业务，并保证现行业务的合理性和有效性。因此，其管理信息系统的作用仅仅定位于"支持"，即帮助企业提高现行业务的效率，并规避风险。金牛型企业的业绩较好，其发展已趋于稳定，企业的整体策略是保证产品质量，以稳定市场占有率，有效利用资源。因此，其管理信息系统的作用定位于"关键运营"，即帮助企业保证产品质量，提高整体效益，并在竞争中避免风险。问题型企业的业绩处于较低水平，但发展势头明显，其整体策略是发现需求，抓住机会，尽快发展。因此，其管理信息系统的作用定位于"竞争潜力"，即帮助企业挖掘发展潜力，尽快获得竞争优势；支持企业加强产品研发，确定关键业务的最佳模式。明星型企业不但业绩保持领先优势，而且具有比较好的发展势头，其整体策略是通过持续的创新、高附加值的产品或业务模式，来提升企业的可持续发展能力。因此，其管理信息系统的作用定位于"战略"，即通过整合内外部资源，及时把客户需求转换为产品需求，形成新的业务模式，提高核心竞争力。

2.2.2　管理信息系统的战略目标

对于现代企业而言，管理信息系统是开展业务活动以及实现战略目标的关键。如果没有信息技术和管理信息系统，企业将难以顺利运行。企业运用信息技术的能力往往决定了其执行企业战略的能力，越来越多的企业意识到，管理信息系统能做什么，往往决定了企业在未来 5 年所能做的事情。

管理信息系统学者肯尼斯·劳顿（Kenneth Laudon）阐明了管理信息系统在企业运营中的 6 个战略目标：卓越运营，新产品、新服务和新商业模式，与客户和供应商建立紧密的关系，改善决策，竞争优势，以及永续经营。

1. 卓越运营

在经济环境中，凡是取得卓越绩效的企业，大都对卓越运营格外重视，它们持续寻求改进运营效率的方法，以获取更高的利润，并在行业中取得领先地位。管理信息系统是管理者可以利用的重要工具之一，它可以帮助企业实现更高的运营效率与生产率，当传统业务流程和管理行为与管理信息系统完全匹配时，企业的卓越运营效果就会自然地显现出来了。

全球最大的零售商沃尔玛将信息系统能力与管理和运营实践有效结合起来。沃尔玛能成为世界五百强企业，在全美零售行业中独占鳌头，在很大的程度上是依靠它的管理信息系统。沃尔玛很早就开始使用 POS 机等信息技术，并构建了高效的自动补货系统，实现了先进的供应商管理库存模式，从而极大地提高了管理和运营效率。

在当今的组织体系里，企业的管理信息系统和业务能力之间的相互依存度不断增加。战略、制度和业务流程的变化，越来越依赖硬件、软件、数据管理及通信技术的发展。

2. 新产品、 新服务和新商业模式

商业模式是一种包含了一系列要素及要素之间关系的概念性工具，用来阐明某个特定实体的商业逻辑。它描述了企业能够为客户提供的价值，以及企业的内部结构、合作伙伴网络和关系资本等用于实现（包括创造、推销和交付）这一价值并产生可持续收入的要素。有了一个好的商业模式，成功就有了一半的保证。管理信息系统和信息技术是企业创造新产品、新服务和新商业模式的主要驱动力。越来越多的企业开始寻求基于信息技术的商业模式创新。新的商业模式改变了人们出行、购物、学习等的方式。例如，人们可以通过网约车平台预约出行工具，通过电子商务平台进行购物，通过在线教育网站进行学习。

3. 与客户和供应商建立紧密的关系

当企业真正了解客户并能很好地为客户提供服务时，客户就会成为忠实客户，购买更多的产品，从而提高企业的收入和利润。同样，企业与供应商之间的关系越紧密，供应商就能更好地向企业提供服务，从而降低企业的经营成本。企业要真正地了解客户或供应商，就需要借助于管理信息系统。

海尔基于微博等社交媒体构建的社会化客户关系管理系统就是一个很好的例子。传统的客户关系管理系统以企业为中心，而海尔的社会化客户关系管理系统则以客户为中心，其目标是通过大数据分析洞悉客户需求，与客户保持良好的关系。

该系统将客户购买数据、售后服务数据以及客户在社交媒体上的数据融合起来进行分析，记录客户的消费行为，分析客户偏好，并根据客户偏好开发个性化的营销活动。

4. 改善决策

诺贝尔经济学奖获得者赫伯特·西蒙（Herbert Simon）曾经说过，管理就是信息的决策。企业管理者如果无法在正确的时间获得正确的信息来进行决策，其后果是可想而知的。近几十年来，管理信息系统和信息技术的发展已使得管理者可以利用来自企业内部各个部门以及外部市场的实时数据来进行决策。在大数据时代，基于数据分析的决策更是企业管理者重要的决策方式。

例如，中国电信是我国最大的通信企业之一，其构建的一站式大数据分析平台，提供了灵活、易用的数据分析解决方案。该平台具有强大的数据源整合能力，能够进行客户画像和客户细分管理，其强大的数据处理能力为中国电信提供了快速、精确以及多维度的客户画像服务，解决了人群圈选、运营决策、营销推广以及用户分析等业务问题。

5. 竞争优势

卓越运营，新产品、新服务和新商业模式，与客户和供应商建立紧密的关系，改善决策都是企业的战略目标。当企业实现了其中一个或多个战略目标，如企业的产品质优价廉，能实时响应客户和供应商的需求时，企业也就获得了竞争优势。

6. 永续经营

任何企业都希望能够持久地保持企业的活力和竞争力，做到永续经营。成功的企业能创造性地采用先进的管理理念或借助于某种技术开辟新的商业模式。如何借助于管理信息系统和信息技术去创新管理理念和商业模式，是当前大多数企业首先要考虑的问题。有时管理信息系统和信息技术不仅会提高企业的竞争力，使企业保持持续的活力，还会驱动整个行业的变革。例如，20 世纪 70 年代，花旗银行率先大规模地将自动柜员机（ATM）引入银行系统，这让花旗银行脱颖而出，持续发展，如今几乎所有银行都会提供 ATM 服务，成为银行开展零售业务的基本模式之一。在 ATM 服务推出几十年后，基于互联网的网上银行以及移动支付服务，作为新的运营模式，逐渐成为银行开展零售业务的主要模式。

2.3　管理信息系统提升企业竞争优势

2.3.1　波特五力模型

美国哈佛大学迈克尔·波特（Michael Porter）于 1979 年提出了波特五力（Porter's five forces）模型，并将该模型用于企业竞争战略的分析。

波特五力模型确定了影响行业竞争强度和市场吸引力的五种力量，即供应商的议价能力、购买者的议价能力、潜在进入者的威胁、替代品的威胁以及行业内现有竞争者的竞争能力。企业在制定可行战略之前，应当确定并评价这五种力量。值得注意的是，这五种力量的特性和重要性会因行业和企业的不同而发生变化。波特五力模型如图 2-2 所示。

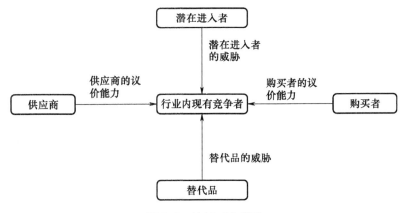

图 2-2　波特五力模型

1. 供应商的议价能力

供应商议价能力的强弱主要取决于他们为购买者提供的投入要素是什么；当供应商所提供的投入要素的价格在客户产品总成本中所占的比例较大，或者对客户产品质量的影响很大时，供应商对客户议价能力的影响就会大大增强。一般来说，成为具有较强议价能力的供应商需要做到以下几点。

① 供应商只有增加同一种产品的购买者数量，才能具有比较稳固的市场地位，也才不会被陷入激烈市场竞争的企业所控制。

② 供应商只有生产独具特色的个性化产品，才能使客户很难找到可以与供应商产品相媲美的替代品，以致无法更换产品或更换产品的成本太高。

2. 购买者的议价能力

购买者的议价能力，是指购买者主要通过压低价格和要求提供较高质量的产品或服务来影响行业内现有企业的盈利。一般情况下，满足以下条件的购买者具有较强的议价能力。

① 购买者所购买的产品基本上是一种标准化产品，而且可以同时向多个供应商购买。

② 某种产品的购买者数量极少，但每个购买者购买产品的数量较大，在供应商产品销售量中所占的比例很大。

③ 供应商的行业由较大规模的企业组成。

3. 潜在进入者的威胁

潜在进入者进入行业，在给行业带来新生产能力、新资源的同时，也有可能与行业内的现有企业展开原材料与市场份额的竞争。新进入者在已被现有企业占据的市场中赢得一席之地，就会导致行业现有的盈利水平降低，甚至危及现有企业的生存。

潜在进入者的威胁程度取决于以下两个因素。

（1）进入新行业的障碍大小

进入新行业的障碍主要有规模经济、产品差异、资本需要、转换成本、销售渠道开拓、政府政策与引导、自然资源、地理环境等方面。这些障碍是很难通过复制或仿造的方式来突破的。

（2）现有企业对新进入者的反应

现有企业对新进入者的防范能力的大小主要取决于企业的财务状况、固定资产规模、行业增长速度等。

总之，潜在进入者进入一个行业的可能性的大小，主要取决于潜在进入者主观估计进入该行业后所能获得的潜在利益、所要付出的代价与所要承担的风险这三个因素。

4. 替代品的威胁

替代品的威胁是指两个处于同一行业或者不同行业中的企业，可能会由于所生产的产品互为替代品而产生相互竞争的行为。这种来自替代品的竞争会以各种形式影响行业内现有企业的竞争战略。替代品的威胁主要有以下几种。

① 替代品一旦被客户接受，就会大大限制现有企业产品价格和获利能力的提升空间。

② 由于替代品生产者的侵入，现有企业必须提高产品或服务质量，或者通过降低成本来降低产品价格，或者使现有产品更具特色，否则其产品销售量与利润增长目标就会受到影响。

③ 替代品生产者的竞争强度，受产品购买者转换成本的影响。替代品价格越低，质量越好，产品购买者转换成本就越低，所产生的竞争压力也就越大，这种来自替代品生产者的竞争压力，可以用替代品的替代程度、价格和质量来度量。

5. 行业内现有竞争者的竞争

大部分行业内的企业，彼此之间的利益都是紧密联系在一起的。作为企业整体战略的一部分，企业竞争战略的目标是使自己获得相对于竞争对手的优势。这样，就形成了行业内企业之间的竞争，这种竞争一般表现在产品价格、广告、产品售后服务等方面。

由以上对于波特五力模型中五种力量的讨论可知，行业内每一个企业都必须面对由以上五种力量构成的威胁，而且客户也必须面对行业内每一个竞争者的竞争行为。企业应当尽可能地从自身利益出发去影响行业的竞争规则，通过先占领有利的市场地位，再发起进攻型竞争行动等来应对竞争威胁，以增强本企业的市场地位与竞争力。

2.3.2　波特五力模型与一般战略的关系

根据波特五力模型，企业在应用信息技术和管理信息系统时，常用的竞争战略有三种：成本领先战略、差异化战略和集中化战略。

1. 成本领先战略

成本领先战略，即以低于其他竞争者的价格来提供质量同等甚至更好的产品或服务。企业可以通过信息技术和管理信息系统来降低自身的运营成本。

企业通过成本领先战略获得竞争优势的例子不胜枚举。国外最典型的例子就是沃尔玛。沃尔玛"天天低价"和"每天低价"的口号，反映了其追求低成本运营的愿景，诠释了成本领先战略的实质。沃尔玛通过信息技术驱动的供应链管理系统，在从产品采购、配送到仓储的各个环节都尽可能地节约每一分钱。沃尔玛还使用商务智能系统来分析和预测客户想要买什么、什么时候需要买。沃尔玛的自动补货系统是另一个成功的系统，它能实现高效的客户响应，将客户的行为与分销、生产、供应链紧密相连，供应商也可以利用网络技术获得沃尔玛的销售和库存数据。由于该系统可以迅速补充库存，因此沃尔玛无须花费很多资金来维护库存。

2. 差异化战略

所谓差异化战略，是使企业产品、服务、形象等与竞争对手有明显的区别，以获得竞争优势的战略。这种战略的重点是创造被全行业和客户都视为独特的产品和服务。在愈发激烈的市场竞争中，企业试图寻找各种方法来实施产品和服务的差异化战略，以避免同质化竞争。这样的例子在各个行业都不胜枚举。例如，在电子商务领域，淘宝网、京东、拼多多和网易严选在运营模式、客户群、营销策略等方面存在差别；同样在手机市场上，华为、OPPO和苹果这些品牌手机也存在市场定位和功能上的差异。

事实证明，企业开发基于信息技术和管理信息系统的新产品或新服务是较快实现差异化战略的重要路径，可以极大地提高客户使用企业产品和服务的便利性。这些新产品或新服务如市场上基于人工智能技术的智能音箱、基于物联网技术的智能穿戴和移动健康管理设备，以及基于位置服务（location-based service，LBS）功能的打车和外卖服务等。

3. 集中化战略

集中化战略是企业或经营单位根据特定消费群体的特殊需要，将经营范围集中于行业内的某一细分市场，并集中满足该细分市场需求的战略。与成本领先战略和差异化战略不同的是，集中化战略是指企业不是围绕整个产业，而是面向某一特定的目标市场开展经营和服务活动，以期比竞争对手更有效地为特定的目标客户群服务。

集中化战略是围绕着企业如何更好地为某一特定的目标客户群服务这一中心建立的，它的每一项职能都是基于此确定的。

企业利用信息技术和管理信息系统存储、处理并分析销售数据及市场数据无疑是明智的选择。如今，基于人工智能、云计算、大数据等先进信息技术的管理信息系统能帮助企业精确地分析客户的购买模式、偏好等，使其能够针对越来越细分的目标市场，有效地投放广告和开展营销活动。

目前，大型企业的客户关系管理系统（customer relationship management，CRM）

都具备了分析海量数据的能力。例如，淘宝网等电子商务公司通过客户关系管理系统收集并分析活跃客户的相关数据，确定每一个客户的偏好和价值，并据此为客户推荐信息，提高了客户的满意度，增加了营业收入。

波特五力模型与一般战略的关系如表 2-1 所示。

表 2-1　波特五力模型与一般战略的关系

波特五力模型的五种力量	一般战略		
	成本领先战略	差异化战略	集中化战略
潜在进入者的威胁	具备杀价能力，以阻止潜在进入者进入市场	培育客户忠诚度，以挫伤潜在进入者的信心	通过集中化战略建立核心能力，以阻止潜在进入者进入市场
购买者的议价能力	具备向大型购买者提供更低价格的能力	缩小大型购买者的选择范围，以削弱其谈判能力	没有选择范围，使大型购买者丧失谈判能力
供应商的议价能力	更好地抑制大型供应商的议价能力	能够将供应商的涨价部分转嫁给购买者	能够将供应商的涨价部分转移出去
替代品的威胁	能够利用低价抵御替代品	使购买者习惯于购买一种独特的产品或服务，以降低替代品的威胁	独特的产品和核心能力，能够避免替代品的威胁
行业内现有竞争者的竞争	能够更好地进行价格竞争	品牌忠诚度能使购买者不理会行业内现有竞争者的竞争	竞争者无法满足差异化的购买者需求

波特五力模型的意义在于，五种力量蕴含着三种成功的战略思想，即成本领先战略、差异化战略和集中化战略。需要指出的是，有的企业专注于一种战略，也有的企业同时采取多种战略。例如，作为世界上最大的连锁零售商，沃尔玛的超市门店致力于为消费者提供质优价廉的商品，满足消费者的基本购物需求；而其山姆会员店则专注于为高端消费者提供良好的购物体验，力求满足消费者差异化的购物需求。

2.3.3　波特五力模型的缺陷

实际上，波特五力模型建立在以下三个假设之上。

假设一：制定战略的前提是了解整个行业的信息。这在现实中是难以做到的，但可以通过企业信息化来实现。

假设二：同行业企业之间只有竞争关系，没有合作关系。但在现代管理中，企业之间不仅仅是竞争关系，更多的是双赢的合作关系。尤其是在互联网环境下，跨越时空的全球范围的虚拟企业，就是指分布在不同地区的多个企业，为了快速响应环境和需求的变化而利用信息技术组建的动态联盟，是人力、技术和信息等资源基于完善的网络组织结构的有效集成。

假设三：行业的规模是固定的，企业只能通过夺取竞争者的份额来占有更多的资源和更大的市场。但在现实中，同行业企业之间往往不是通过夺取对方的份额，而是通过共同做大行业规模来获取更多的资源和更大的市场。同时，企业还可以通过不断地自主创新、引进新技术、开发新产品来做大市场。

2.4 价值链模型

社会的变革已经从根本上改变了企业及其运作模式。企业的概念不再局限于单个企业，已经扩展为具有共同目标的组织的集合，它可以是一个扩展的企业，包括供应商、客户，以及其他利益相关者。企业在战略层次面临的最重要问题就是"如何在特定的市场中有效地竞争"，而数字化企业就是利用信息技术所提供的新的竞争力来支持企业战略。例如，企业通过供应链管理、建立有效的客户关系管理系统以及加入"价值网络"来向市场提供新产品和新服务。

1. 价值链

迈克尔·波特提出的"价值链模型"（value chain model），将企业视为由可以增加企业产品或服务边际价值的活动所组成的一个链。这些活动包括基本活动和支持性活动。

（1）基本活动

在价值链模型中，基本活动指的是能够为客户创造价值的、与企业产品和服务的生产与配送直接相关的活动，包括进货、生产作业、出货、销售和营销及服务等。

① 进货：指的是从接收、存储直到生产各种产品的活动。

② 生产作业：指的是将原材料转换为产品的活动。

③ 出货：指的是产品的存储及配送活动。

④ 销售与营销：指的是产品的促销及销售活动。

⑤ 服务：指的是产品的维护及修理。

（2）支持性活动

支持性活动由行政与管理、人力资源管理、技术开发及采购管理等组成。

① 行政与管理：指的是企业的组织结构、惯例、控制系统以及文化等活动。

② 人力资源管理：指的是企业员工的招聘、雇佣、培训、晋升和退休等各种管理活动。

③ 技术开发：指的是可以改进企业产品和工序的一系列技术活动，既包括生产性技术，也包括非生产性技术。

④ 采购管理：指的是生产原材料的采购活动，也包括对其他资源投入的管理活动。

对于不同的企业而言，并非所有活动都创造价值，实际上只有某些特定的活动才能真正创造价值，这些真正创造价值的活动，就是价值链上的"战略环节"。企业所要保持的竞争优势，实际上就是企业在价值链的某些特定环节上的优势。

2. 核心竞争力

核心竞争力是企业中的累积性知识，它能使企业获得持续稳定的竞争力和超额利润。核心竞争力通常体现在企业价值链的某些特定环节上，对于企业建立竞争优势起着决定性作用。

3. 价值链与核心竞争力

运用价值链的分析方法来确定核心竞争力，就是要求企业密切关注资源状态，并且特别注意在价值链的关键环节上所获得的核心竞争力，以建立和巩固企业在行业内的竞争优势。企业的竞争优势既可能来源于价值创造活动所涉及的市场范围的调整，也可能来源于由企业间协同或合作形成的价值链所带来的最优化效益。

4. 价值链模型中的关键活动

价值链模型给出了企业竞争战略的相关活动，其意义在于它指出了信息技术可以运用在哪些关键活动中，以最有效地增强企业的核心竞争力；管理信息系统可以在哪些地方帮助企业获取最大利益；企业可以通过哪些活动来创造新产品和新服务，提高市场占有率，以及锁定客户与供应商。

如果管理信息系统能够使企业以比竞争者低的价格为客户提供相同的产品或服务，或者以与竞争者相同的价格为客户提供更具有价值的产品或服务，那么管理信息系统就具有较大的战略影响力。哪些活动能为产品或服务创造最大价值，取决于企业自身的特点。

5. 企业价值链与产业价值链

按照迈克尔·波特的逻辑，每个企业都处于产业链的某一环节，一个企业要获得和保持竞争优势不仅取决于其价值链，还取决于在一个更大的价值系统（即产业价值链）中，企业同其合作伙伴，如供应商、批发商以及客户之间的连接，如图 2-3 所示。从图 2-3 中可以看出，管理信息系统的发展使企业的价值创造活动具有更高的成本效益比。

企业不仅可以通过内部的价值链来创造价值，从而获得战略优势，也可以借此与有价值的合作伙伴建立强有力且紧密的联系。

企业管理者必须从技术的视角对企业价值链和产业价值链的各个环节进行思考。例如，如何在价值链的各个环节中利用管理信息系统改善运营效率，改进企业与客户和供应商之间的关系？如何利用管理信息系统来优化企业的业务流程，以实现卓越运营？如何利用管理信息系统快速响应外部环境的变化，使企业成为敏捷企业？价值链各个环节所对应的管理信息系统将在后面的章节中做详细介绍。

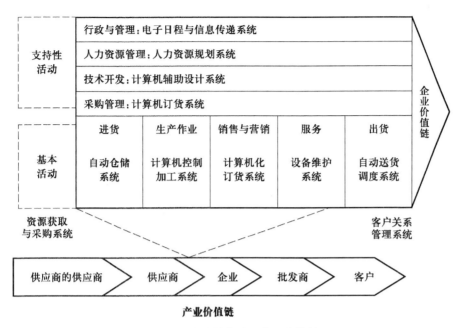

图 2-3　企业价值链和产业价值链

2.5　价值网

布兰德伯格（Brandenburger）和纳尔波夫（Nalebuff）提出的价值网（value net）管理模型解释了商业活动参与者之间的关系。

价值网是指利用互联网技术对价值链的概念进行扩充，将企业的供应商、批发商与客户纳入其中，这些企业利用信息技术来协调各自的行为以生产产品或提供服务。与传统价值链相比，价值网更接近客户导向且大多为非线性运作，图 2-4 所示的价值网的功能如同一个动态的企业生态系统，能够实现同一个产业或相关产业中分属于不同企业的客户、供应商与批发商的同步化。

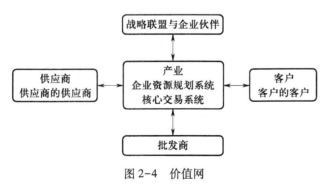

图 2-4　价值网

价值网有一定的弹性，它通过动态的整合或分离来对变化中的市场环境做出响应。企业可以使用价值网来维持与客户的长期关系，或者实时响应个别客户的交易要求。企业可以通过优化组合和有效协调价值网中的关系，快速决定谁可以用适当的价格在适当的地点提供所需的产品或服务，以加速产品上市时间与客户响应时间。

企业要获得最大的价值，就要为内部的价值链与外部的价值网开发管理信息系统。价值链与价值网并非静态，通常需要在一段时间后重新设计，以赶上竞争环境改变的步伐。

案例分析

信息平台提升海尔物流的核心竞争力

海尔在连续多年保持80%的增长速度之后，近年来又悄然进行着一场重大的管理革命。这就是在对业务流程进行全方位再造的基础上，建立了具有国际水平的自动化、智能化的现代物流体系，使企业的运营效益产生了奇迹般的变化，资金周转达到一年15次，实现了零库存、零运营成本和与客户之间的零距离，突破了现代企业核心竞争力提升的瓶颈。

1. 内向物流解决方案

海尔在价值链流程再造与创新的过程中，将准时生产（just-in-time，JIT）采购配送中心与采购和配送业务进行了整合，形成了规模化、网络化、信息化的准时生产采购和配送管理体系。

海尔准时生产采购管理体系实现了为订单而采购，从而降低了采购成本；推行供应商管理库存（vendor-managed-inventory，VMI）模式，建立起与供应商的战略合作伙伴关系，实现了与供应商的双赢合作。目前，海尔准时生产采购管理体系面向包括多个世界500强企业在内的供应商实施全球化采购，在全面实施寄售采购模式的同时可以为用户提供一站到位的第三方服务业务。

海尔准时生产配送管理体系提高了原材料配送的效率，它变革了传统的仓库管理模式，通过建立智能化的立体仓库及自动化的物流中心，且利用企业资源规划系统提供的物流信息管理手段对库存进行控制，实现了准时生产配送模式。从物流容器的单元化、标准化、通用化到物料搬运机械化，到车间物料配送的"看板"管理系统、定置管理系统、物耗监测和补充系统，该体系进行了一系列改革，实现了"用时间消灭空间"的物流管理目标。

目前，海尔准时生产配送管理体系使用电子标签、条码扫描等先进的无纸化办公方法，实现物料出入库系统自动记账，达到按单采购、按单拉料、按单拣配、按单核算投入产出、按单计酬的目标，形成了一套完善的订单配送体系。

2. 外向物流解决方案

早在21世纪初，海尔就整合内部的仓储、运输资源，在全国建立了42个物流配送中心，建立了产品库存管理系统及一系列销售物流操作平台，实现了物流的信息化管理，满足了物流发展的需要，并形成了以客户为中心的全方位的物流服务能力。

2003 年，海尔开始大力推进信息化，以信息化提升企业核心竞争力。在全国各个物流配送中心同步推行无线扫描和条码库存管理，通过无线扫描实现条码记账，通过条码库存管理更准确地掌握条码库龄，以此作为先进先出的作业依据，并进行定位、定标准和定量"三定"管理，最终实现零库存。

随着信息化的推进，海尔实现了对货物实时信息的掌握，解决了货物在途信息不易掌握的难题，加强了对订单信息流的管理，提高了订单响应速度。随着信息化的日渐完善，海尔形成了快速的产品分拨配送体系、备件配送体系和返回物流体系。

3. 第三方物流及国际货运代理解决方案

海尔建立了一整套第三方物流解决方案，顺利进入了快速消费品、纸业、酒业、化妆品等行业。零延误、零缺陷、零库存和客户满意是海尔追求的目标。海尔物流依托海尔集团的订单资源和网络资源，通过配载、通程、中转等业务模式，构建海尔物流的核心竞争力，从而实现成本和速度的最优化。

海尔认为，21 世纪的竞争将不是企业与企业之间的竞争，而是供应链与供应链之间的竞争，谁所在的供应链总成本低、对市场的响应速度快，谁就能赢得市场。一只手抓住客户的需求，另一只手抓住可以满足客户需求的全球供应链，这就是海尔创造的核心竞争力。

结合上述案例，并查阅相关资料，分析和回答以下问题。

1. 分析海尔价值链流程再造的特点与主要过程。
2. 如何理解本案例中的信息平台提升了海尔物流的核心竞争力？
3. 海尔准时生产配送管理体系具有哪些功能，要达到的目标是什么？
4. 分析海尔是怎样通过信息化手段实现零库存的。

思考题

1. 简述波特五力模型。
2. 简述管理信息系统对企业创造价值过程的支持。
3. 管理信息系统是如何提升企业竞争力的？
4. 试述信息技术如何支持企业竞争战略的实施。

第 3 章　管理信息系统基础设施

本章学习要求

1. 掌握信息技术的基本概念和特点，懂得信息技术基础设施是管理信息系统发展的基石。

2. 了解管理信息系统基础设施的组成要素。

3. 了解管理信息系统基础设施的发展趋势。

3.1　信息技术基础设施概述

科学技术的发展推动着社会进步。21 世纪以来，信息技术的飞速发展是企业管理模式变革的直接动因。企业的管理信息系统必须以信息技术为基础，系统的、先进的、完善的信息技术基础设施是现代管理信息系统发展的前提条件，只有充分发挥信息技术的效能，才能提高管理信息系统的运行效率，更好地发挥企业的竞争优势。

3.1.1　信息技术基础设施的定义

信息技术基础设施（information technology infrastructure，ITI）既包括企业运营所必需的一系列硬件和软件的集合，也包括为企业员工和相关企业提供的各种基于信息技术的服务。其中，硬件包括各种主机、台式计算机、便携式计算机、外部设备、移动设备和网络设备等。软件包括各种操作系统、应用软件以及维护企业管理信息系统正常运行的各种应用软件等。基于信息技术的服务包括在员工、客户和供应商之间建立数据、音频、视频连接的通信服务，存储、处理和分析企业数据的数据管理服务，以及各种业务系统的运维服务。

此外，信息技术基础设施还包括员工信息技术培训以及信息技术研究与开发、项目投资等内容。

3.1.2　信息技术基础设施的发展

从信息技术的一般定义来看，信息技术所涉及的领域非常广泛，但从现代管理信息系统的主要支撑技术的角度来看，计算机技术和通信技术构成了信息技术的核心内容。

信息技术快速发展的驱动力主要有以下几个。

（1）微电子技术的发展日新月异

随着集成电路，尤其是超大规模集成电路的发展，微电子技术的发展日新月异。摩尔定律指出，芯片的各项性能每 18 个月提高一倍。

（2）存储介质的存储容量大幅度提高

存储介质的存储容量大幅度提高，尤其是光存储技术发展迅速，使得大容量信息存储和访问成为可能。

（3）计算机软件技术得到了快速发展

计算机软件技术得到了快速发展，如操作系统、软件开发平台、工具软件、数据库管理系统及大型数据库等都获得了极大的发展。

（4）人机交互技术的发展

随着多媒体技术的发展，人机交互中的用户界面设计完成了从语言到图形的转变，之后动画、音频、视频等媒体被引入人机交互领域，极大地丰富了计算机所传达的信息的表现形式，提高了人机交互的效率。随着社会的发展，人机交互技术不断改变着人类的生活，未来人机交互设计将会进一步体现以人为中心的理念，朝着自然化、智能化的方向发展。

（5）计算机网络技术快速发展

数字传输技术、网络交换技术等的发展，推动了计算机网络技术的快速发展。随着云计算、物联网技术的不断成熟和广泛应用，再加上 5G 网络的建成，企业信息化会再上一个新台阶。

3.2 管理信息系统基础设施的组成要素

计算机软硬件技术、软件平台、网络与通信、计算机数据处理技术等是管理信息系统基础设施的重要组成要素，企业可以根据自身的经营特点和战略目标，规划和构建自己的管理信息系统基础设施，并通过管理信息系统完成各项工作任务，提升整体竞争力。

3.2.1 计算机的分类

随着计算机技术的发展，计算机的类型越来越多样化，计算机在各行各业中的应用越来越普及。通常情况下，可以把计算机分为巨型机、大型机、小型机、工作站和微型机等。在实际工作中，人们可以根据使用计算机的目的选用不同类型的计算机。

（1）巨型机

巨型机又称为超级计算机，是指目前速度最快、处理能力最强的计算机。巨型机最初用于科学和工程计算，现在已延伸到事务处理、商业自动化等领域。

（2）大型机

大型机就是人们通常所说的大型计算机，它的特点是大型、通用、具有较快的处理速度和较强的处理能力。一般作为大型客户-服务器系统中的服务器，或者终端-主机系统中的主机。大型机主要用于大型银行、大型公司或者规模较大的组织，用来处理繁忙的业务。

（3）小型机

随着集成电路的发展，一系列规模小、结构简单、便于操作和维护的小型机被推出。它是针对小型或中型组织环境中多人同时使用的需求而设计的。小型机的应用范围很广，通常被用作中小型企业的服务器、发布网页或放置共享信息及软件的计算机。这类计算机比大型机具有更大的吸引力，更容易推广和普及。

（4）工作站

工作站是一种介于微型机和小型机之间的高档微机系统。工作站与高档微型机之间的界限并不十分清晰，高性能的工作站能够与小型机相媲美。工作站具有如下特征：使用大屏幕、高分辨率的显示器；有大容量的内外存储器，而且具有网络功能。它们的用途也比较特殊，主要用于计算机辅助设计、图像处理及大型控制中心。

（5）微型机

微型机又称为个人计算机（personal computer，PC）。它的核心部件是 CPU（central process unit，中央处理单元），又称为微处理器。随着微电子技术的发展，微处理器也得到了迅速的发展，目前市面上比较流行的微处理器制造厂商主要有 Intel 公司和 AMD 公司等。微处理器的发展，使微型机的性能价格比不断提高，再加上具有体积小、重量轻、使用方便等优点，微型机成为计算机的主流。也正是由于微型机的发展，计算机在社会各行各业中的普及应用得以实现。

3.2.2　软件平台

软件平台又称为软件系统。软件是计算机运行所需的各种程序、数据以及有关文档资料的总称。软件系统主要包括两类软件：系统软件和应用软件，其与用户、硬件系统之间的关系如图 3-1 所示。

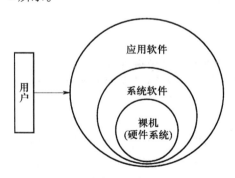

图 3-1　用户、软件和硬件系统之间的关系

1. 系统软件

系统软件是控制计算机运行，管理计算机各类资源，并为应用软件提供支持和服务的一类软件。常用的系统软件有以下几种。

（1）操作系统

操作系统是配置在计算机硬件上的第一层软件，是使硬件系统的功能发挥作用的最基础的软件。它在计算机系统中占据着十分重要的地位，其他所有软件都需要得到操作系统的支持，获得它提供的服务。

操作系统有五个管理功能：作业管理功能、存储管理功能、文件管理功能、进程管理功能和设备管理功能。

（2）计算机语言及语言处理程序

① 计算机语言。计算机是在事先编写好的程序的控制下自动进行工作的，因此编写程序所用的计算机语言是人与计算机进行信息交互的工具。计算机语言一般分为机器语言、汇编语言、高级语言。常用的计算机语言有 C、C++、Java、Visual C++、Visual C#、Python 等。

② 语言处理程序。高级语言不是直接面向机器的，也就是说计算机不能直接识别任何一种高级语言。用高级语言编写的"源程序"必须被翻译成用由二进制编码构成的机器语言编写的"目标程序"，而这个翻译工作是由语言处理程序来完成的。例如，C 编译程序是将 C 语言源程序翻译成目标程序的语言处理程序。

（3）数据库管理系统

数据库是按照一定方式组织起来的数据的集合，它具有数据独立、数据共享、数据安全、数据冗余度小等特点。

不同的数据库管理系统采取不同的数据组织方式来管理数据，数据组织方式又称为数据模型。数据模型通常有三种：层次模型、网络模型、关系模型。随着大数据和云计算的发展，越来越多面向大数据应用和云计算服务的数据库管理系统涌现出来。

2. 应用软件

应用软件是指用于解决各种实际问题，如科学计算、数据处理、计算机辅助设计、计算机辅助教育等的程序。应用软件可以是软件公司开发的通用产品，也可以是用户自己组织开发的产品。目前常用的应用软件有如下几类。

（1）文字处理软件

文字处理软件是一种能够对文字进行输入、存储、编辑排版、打印输出等的软件。它在办公自动化领域中发挥着巨大的作用，如 WPS、Word 等。

（2）电子表格处理软件

电子表格处理软件可以根据用户的要求生成各种各样的表格，表格中的数据可以来自数据库，也可以根据公式计算得出。除此之外，它还能动态地对表格中的数据进行分类统计、汇总，并绘制出灵活多样的图表等。电子表格处理软件如 Excel 等。

（3）计算机辅助设计软件

计算机辅助设计软件应用广泛，电子、土木工程、机械制造、建筑、航空航天等领域都有各自的计算机辅助设计软件。计算机辅助设计软件的广泛应用使工程项目设计周期大幅度缩短，设计质量大幅度提高。计算机辅助设计软件如AutoCAD等。

（4）办公自动化软件

传统的办公方式已经不能满足社会发展的需要了，因此以计算机为主体的办公自动化设备越来越受到人们的重视。为了使日常办公事务工作高效、有序地进行，各种办公自动化软件应运而生。它们能完成办公自动化中的活动日程安排、电子邮件收发、通信录管理、工作任务处理、便笺记录、日记管理、演示文稿制作、数据统计、表格制作等办公事务管理工作。办公自动化软件如 Office 系列软件等。

（5）专用软件

专用软件是企业根据自身业务和管理工作的需要，自行开发或购买的一系列适合自己工作需要的专门化软件。

3.2.3　计算机网络

计算机技术与网络技术密不可分，相互渗透，相互促进。一方面先进的计算机技术提高了通信设备的性能，另一方面网络技术又为多台计算机之间的信息通信提供了平台，大大地促进了计算机传输、处理和协调信息的能力。

正是由于计算机网络技术的发展，尤其是因特网（Internet）的发展和迅速普及，企业能够应用该技术，建立支撑内部业务管理的企业内部网（intranet），以及跨越企业边界的外联网（extranet）。

1. 计算机网络的定义

计算机网络是指利用通信设备和线路将地理位置不同的、功能独立的多个计算机系统互连起来，利用网络通信协议、信息交换协议及网络操作系统等网络软件来实现网络资源共享和信息传递的系统。从构建计算机网络的观点出发，计算机网络是能够以共享资源的方式互连起来的自治计算机系统的集合。

2. 计算机网络的功能

计算机网络建立的主要目的是实现计算机资源的共享。这里的计算机资源包括计算机硬件、软件与数据。网络用户不仅可以使用本地计算机资源，还可以通过网络访问联网的远程计算机资源。网络用户可以通过网络上的计算机完成单台计算机所无法完成的计算和信息处理功能。

需要指出的是，远程通信是指按照一定的形式（如语言、数据、文本和影像），用电或光作为载体，将信息从一个地方传递到另一个地方。现代远程通信需要依赖计算机以及计算机化的设备，因此现代远程通信与数据通信是同义的。

3. 计算机网络的结构

早期的计算机网络主要是广域网，通过通信线路将分布在不同地理位置的大型机、小型机、工作站、微型机互连起来。计算机网络在逻辑功能上可以分为资源子网和通信子网两个部分。图 3-2 所示的是一个简单的计算机网络的结构图。

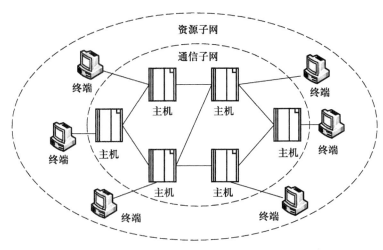

图 3-2 简单的计算机网络的结构图

3.2.4 计算机数据处理技术

1. 计算机数据处理的基本概念

计算机数据处理是指把来自科技、生产和社会经济活动等领域的原始数据,用计算机技术加工成另一种形式的数据,以满足用户的使用要求。计算机数据处理的主要内容有数据收集、数据转换、数据筛选、数据分类、数据组织、数据处理、数据存储、数据检查及数据输出。

2. 计算机数据处理的发展

(1)无数据管理阶段

在无数据管理阶段,输入输出设备比较简单,没有专门的数据管理软件;数据不是独立存在的,而只是程序的一个组成部分。程序员在进行数据处理时,需要将数据随程序一起存入内存,并需要自行设计数据的组织方式,而且在修改数据的同时需要修改程序。在这一阶段,存在数据大量重复、不能共享的问题。

(2)文件系统阶段

文件系统把计算机需要处理的数据以文件为单位存储在计算机的外部存储器中。这个阶段的数据处理,是把需要处理的数据与处理数据的程序分离开来,使得数据具有相对独立性。数据由于是以文件为单位存储在外部存储器中的,因此可以反复使用。文件从逻辑结构向物理结构的转换由文件系统自动完成,从而减轻了应用程序开发和维护的工作量。

但是这一阶段的数据冗余度仍然很大,文件中的数据基本上只对应于某个应用程序,数据的共享性较差,难以保证数据的一致性,数据维护的工作量较大。

（3）数据库系统阶段

随着计算机在管理中得到广泛应用，数据量增大，人们对数据共享的需求越来越迫切。为了满足这些需求，充分发挥数据在管理中的效能，人们开发了数据库系统。

数据库系统的出现彻底把数据与数据处理程序分离开来，以透明的数据组织结构为用户提供服务。因此，数据库系统能够同时为多个应用程序服务，真正实现了数据共享。

3. 数据库技术概论

从 20 世纪 70 年代开始，数据库技术有了很大的发展，出现了许多基于层次或网状模型的商品化数据库系统，这些数据库系统被广泛应用在各个不同的领域。随着关系模型理论研究和软件系统研制取得进展，20 世纪 80 年代以后开发的数据库系统都是关系数据库系统，其功能越来越强，应用也遍及各个领域。

（1）数据库系统

数据库系统由计算机系统、数据、数据库管理系统等组成。

（2）数据库管理系统

数据库管理系统（database management system，DBMS）是一组计算机程序，用于控制用户数据库的生成、维护和使用。

（3）数据库设计的内容

从现实领域、信息领域到数据领域是一个对客观世界的认识不断深化的过程，也是一个抽象和映射的过程。设计数据库也要经历类似的过程。数据库设计包括用户需求分析、概念结构设计、逻辑结构设计和物理结构设计四个阶段。

① 需求分析。进行数据库设计必须先准确了解和分析用户需求。需求分析是数据库设计的基础，也是最困难、最耗时的一步。需求分析做得是否充分和准确，决定了构建数据库的速度与质量。需求分析做得不好，会导致数据库设计返工。

② 概念结构设计。概念结构设计是指根据需求分析设计概念模型，概念模型可以用实体-联系模型来表示。

③ 逻辑结构设计。逻辑结构设计是指将概念模型转换成某种数据库管理系统（DBMS）支持的数据模型。

④ 物理结构设计。物理结构设计是指为数据模型选取一个最适合应用环境的物理结构，包括存储结构和存取方法。

（4）数据库的类型

图 3-3 反映了一个计算机应用系统中存在的主要数据库类型。

① 分布式数据库。分布式数据库是物理上分散在组织各部门、各工作群组中而逻辑上集中的数据库，它主要包括共享操作的数据库和共享用户的数据库。在分布式数据库中，数据的产生和使用都发生在用户端。分布式数据库的主要任务是确保组织所有数据库中的数据都能同时更新，并且保持数据的一致性。

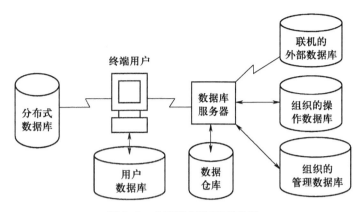

图 3-3　主要数据库类型示例

② 用户数据库。用户数据库由用户开发的多个数据文件组成。

③ 操作数据库。操作数据库又称为业务数据库，包含支持组织业务运作的详细数据，这些数据是在利用计算机进行事务处理的过程中产生的。

④ 管理数据库。管理数据库包含组织内部的关键管理数据。这些数据是从指定的操作数据库中抽取出来的，它们经过汇总处理，成为组织管理者所需要的信息。

⑤ 数据仓库。数据仓库存储的是从组织的操作数据库和管理数据库中抽取出来的历史数据，这些数据经过标准化处理成为核心数据源，以方便管理人员使用。

⑥ 外部数据库。外部数据库的数据取自联机数据库。联机数据库中的数据由一些信息服务公司生成与维护，并向其他组织提供信息服务。

除了上述类型的数据库外，数据库还有以下类型。

① 文本数据库。文本数据库是指组织利用计算机建立和存储的电子文档。例如，联机数据库把文献信息当作一个整体存储在文本数据库中，并将该文本数据库存储在光盘上，利用计算机系统进行存取。计算机系统可以帮助用户管理光盘上的文本数据库。

② 多媒体数据库。多媒体数据库指的是图像、音频、视频等多媒体数据以电子方式存储而形成的数据库。多媒体数据库中数据的特点是：种类繁多，大多是非结构化数据；来源于不同的媒体，格式和形式迥异；数据量大；具有时间特性和版本概念；存储结构和存取方式具有特殊性；等等。

3.3　管理信息系统基础设施的发展趋势

新型基础设施建设（简称新基建）是智慧经济时代贯彻新发展理念，吸收最新科技成果，实现国家生态化、数字化、智能化、高速化、新旧动能转换与经济结构对称态，建立现代化经济体系的国家基本建设与基础设施建设。新基建主要涉及 5G 基站建设、特高压、城际高速铁路和城市轨道交通、新能源汽车充电桩、大数据中心、人工智能、工业互联网等领域，是以新发展为理念，以技术创新为驱动，以信息网络为基础，面向高质量发展需要，提供数字转型、智能升级、融合创新等服务的基础设施体系，具有创新性、整体性、综合性、系统性、基础性、动态性的特征。

新型基础设施主要包括以下三个方面的内容。

（1）信息基础设施

信息基础设施主要是指基于新一代信息技术演化而成的基础设施，如以 5G 网络、物联网、工业互联网、卫星互联网为代表的通信网络基础设施，以人工智能、云计算、区块链等为代表的新技术基础设施，以数据中心、智能计算中心为代表的算力基础设施等。

（2）融合基础设施

融合基础设施主要指深度应用互联网、大数据、人工智能等技术，支撑传统基础设施转型升级，进而达成融合的基础设施，如智能交通基础设施、智慧能源基础设施等。

（3）创新基础设施

创新基础设施主要指支撑科学研究、技术开发、产品研制的具有公益属性的基础设施，如重大科技基础设施、科学教育基础设施、产业技术创新基础设施等。

下面分别对人工智能、物联网、云计算、大数据、区块链以及 5G 网络进行介绍。

3.3.1　人工智能

人工智能是研究和开发用于模拟、延伸及扩展人的智能的理论、方法、技术与应用系统的一门新技术。多年来，在需求和技术发展的推动下，基于新的信息环境、新技术和新发展目标的新一代人工智能技术，为人类获取知识和使用知识提供了更加高效的手段，一个"智能+"的时代正在到来。目前，新一代人工智能技术的快速发展已经给人们的生活带来了深刻的改变。

1. 人工智能的定义

人工智能（artificial intelligence，AI），是指以机器或软件为载体，去完成所有目前必须借助于人类智慧才能完成的任务。人工智能涉及的理论涵盖神经科学、数学、统计学、语义学、博弈论等。

2. 人工智能的发展阶段

人工智能的发展大致经历了三个阶段。

第一个阶段是实验室阶段。这个阶段一般只有高校实验室、科研机构或大型科技企业参与。这一阶段人工智能的研究主要是算法层面的训练和研究。

第二个阶段是企业试点应用阶段。这个阶段出现了一些辅助人类活动的人工智能产品或服务，这些产品或服务表现出一定的实用价值，大量的科技企业和创业企业开始进行基于人工智能的开发和应用。人工智能更是在语音识别、人脸识别、虚拟服务、机器人等细分领域得到了深入的应用。

第三个阶段是应用推广和普及阶段。小部分核心企业掌握了大量的人工智能资源，包括算法、数据资源等，它们开始面向社会和其他企业提供智能化服务。一些传统产品和服务也开始了智能化应用，如智能化媒体等。随着算法和软硬件技术的不断发展，人工智能在自动驾驶设备、智能可穿戴设备、智能家居产品、医疗诊断服务、法律咨询服务等领域获得了广泛的应用。

3. 人工智能的关键技术

计算机、互联网、物联网在数据生成、采集、存储、计算等环节的突破，推进了人工智能的发展。人工智能的关键技术包括深度学习算法、海量数据处理以及计算能力的突破。

（1）深度学习算法

深度学习是目前最有发展前景的一类人工智能算法。深度学习算法是在机器学习、神经网络算法的基础上发展起来的一种革命性算法，它将数据分析结构多层化，让机器基于数据自动生成特征，并通过监督学习，对模型进行自上而下的验证和调整。深度学习的意义在于它模拟了人脑逐层抽象的认知过程，大大提高了模型训练的效率。

（2）海量数据处理

人工智能发展的前提是具有海量数据。然而，海量数据有文本、图片、影像、语音等多个维度，因此数据处理的难点在于如何突破数据结构和计算假设的限制，使数据维度得到完整而充分的体现，以计算出具有前瞻性或预测意义的结果。

目前，一些大型科技企业正在通过各自的平台和所拥有的用户获得更多维度的数据，并研发用于处理海量数据的软硬件技术。

（3）计算能力的突破

人工智能算法的运行需要强大的计算能力，只有在强大计算能力的支持下，海量数据处理结果的实时反馈和迭代推进才能得以实现。并行计算是目前提高计算能力的重要方法之一，为人工智能的发展提供了基础。未来，随着量子计算和高性能神经元计算芯片的出现，人工智能的计算能力将得到大幅度提升。

4. 人工智能的研究领域

人工智能的研究领域包括模式识别、自动定理证明、机器感知、专家系统、机器人、自然语言处理、机器学习等。

（1）模式识别

模式识别（pattern recognition）是人工智能最早的研究领域之一，它是利用计算机来自动识别物体、图像、语音、字符等的信息模式的技术。

（2）自动定理证明

自动定理证明（automatic theorem proving）是指利用计算机证明非数值结果，即确定它们的真假值。很多非数值领域的任务，如医疗诊断、信息检索、规划制定和难题求解等都可以转化为自动定理证明问题。

（3）机器感知

机器感知（machine perception）是指由计算机直接"感觉"周围世界。具体来讲，就是计算机像人一样通过"感觉器官"直接从外界获取信息，如通过视觉器官获取图形、图像信息，通过听觉器官获取声音信息。

（4）专家系统

专家系统（expert system）是一个能在某个特定领域以人类专家水平去解决该领域困难问题的计算机应用系统。其特点是拥有大量的专家知识（包括领域知识和经验知识），能模拟专家的思维方式，面对复杂的实际问题，做出具有专家水平的决策，像专家一样解决实际问题。

（5）机器人

机器人（robot）是一种可编程的多功能的操作装置。机器人能够识别工作环境、工作对象及其状态，并能够根据人的指令和"自身"认识外界的结果来独立地决定工作方式，适应工作环境的变化，实现任务目标。

（6）自然语言处理

自然语言处理（natural language processing）是指计算机可以理解人类的自然语言，如汉语、英语等。自然语言包括口头语言和文字语言两种形式。它利用人工智能的理论和技术构造能理解自然语言的系统。自然语言处理通常分为书面语的理解、口语的理解、手写文字的识别三种情况。

（7）机器学习

机器学习（machine learning）是指机器会自己获取知识。如果一个系统能够通过执行某个过程而改变性能，那么这个系统就具有学习能力。机器学习是研究如何使用计算机模拟或实现人类学习活动的一门科学。具体来讲，机器学习主要包含以下三个含义：① 对人类已有知识的获取（类似于人类的书本知识学习）；② 对客观规律的发现（类似于人类的科学发现）。③ 对自身行为的修正（类似于人类的技能训练和对环境的适应）。

5. 人工智能的应用领域

人工智能具有广阔的应用前景，下面介绍几个主要的人工智能应用场景。

（1）家居

人工智能在家居领域应用的主要形式是智能家居。智能家居主要是基于物联网技术，通过智能硬件系统、软件系统、云计算平台构成的一套完整的家居生态圈。用户可以对设备进行远程控制，设备之间可以互联互通，并进行自我学习等，从而优化了家居环境，提高了其安全性、节能性和便捷性等。近年来，随着智能语音技术的发展，小米等企业纷纷推出了自己的智能音箱。目前，智能音箱已成为智能家居的重要组成部分，人们利用智能音箱可以实现全屋智能家居语音控制。

（2）零售

人工智能在零售领域的应用十分广泛，如无人便利店、智慧供应链、智能化客流统计、无人仓/无人车等。例如，在京东自主研发的无人仓内，大量智能物流机器人相互协同与配合，人工智能、深度学习、图像智能识别、大数据应用等技术，使这些机器人具备了自主判断和自主行为能力，可以完成各种复杂的任务，使商品分拣、运输、出库等环节实现了自动化。

（3）医疗

人工智能在医疗行业中将发挥越来越重要的作用。人工智能可以极大地提高医学影像的疾病筛查和临床诊断能力。利用人工智能可以大批量、快速地处理图像数据，为医生提供疾病筛查服务。此外，将人工智能应用于辅助诊断可以极大地提高医疗质量。例如，利用自然语言处理、认知计算、自动推理、机器学习、信息检索等技术，人工智能可以获取患者病征，模拟医生的诊断推理能力，为医生诊断疾病与制定治疗方案提供帮助。

（4）教育

人工智能在教育领域的应用主要有个性化学习、虚拟导师、教育机器人等。人工智能在教育领域的应用目前还处于早期探索阶段，但是其应用潜力是巨大的。例如，利用图像识别，可以实现机器批改试卷、识题答题等；利用语音识别，可以纠正、改进发音；利用人机交互，可以进行在线答疑解惑等。人工智能可以让教育由"千篇一律"变为"千人千面"，从而实现个性化教学。

（5）物流

智能搜索、推理规划、计算机视觉以及智能机器人等技术已经对物流领域的运输、仓储、配送装卸等流程进行了自动化改造，实现了物流供给与需求匹配、物流资源优化与配置等。

3.3.2　物联网

1. 物联网的定义

物联网（internet of things）是一个基于互联网等的信息承载体，它使所有能够被独立寻址的普通物理对象与互联网结合起来，并实现互联互通。在物联网中，每个人都可以用电子标签将真实的物体连接起来，并且可以查出它们在物联网中的具体位置。

物联网通过智能感知和识别技术，与普适计算、泛在网络融合应用，被称为继计算机、互联网之后世界信息产业发展的第三次浪潮。

从某种意义上讲，物联网就是物物相连的互联网，是互联网的延伸，它利用互联网等网络通信技术将传感器、控制器、机器等设备和人员以新的方式连接在一起，实现了人与物相连、物与物相连，以及远程管理控制。

2. 物联网的体系结构

从体系架构上来看，物联网可以分为四层，即感知层、网络层、平台层和应用层，如图 3-4 所示。

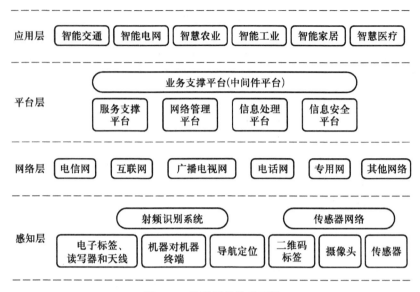

图 3-4　物联网的体系架构

（1）感知层

感知层可以分为射频识别系统和传感器网络，具体包括电子标签、读写器和天线，机器对机器终端，导航定位，二维码标签，摄像头，以及各类传感器，如二氧化碳浓度传感器、温度传感器、湿度传感器等。感知层相当于人体的五官和皮肤，其主要功能是识别物体，采集信息。

（2）网络层

网络层又称为传输层，由电信网、互联网、广播电视网、电话网、专用网等组成。网络层相当于人的神经中枢和大脑，负责传递和处理感知层获取的信息。

（3）平台层

平台层主要指业务支撑平台，即中间件平台，具体包括服务支撑平台、网络管理平台、信息处理平台以及信息安全平台等。平台层主要用于支撑跨行业、跨应用、跨系统之间的信息协同、共享和互通。

（4）应用层

应用层直接面向用户，用于满足用户的各种应用需求。目前，物联网广泛应用于各个领域，其具体应用有智能交通、智能电网、智慧农业、智能工业、智能家居、智慧医疗等。

3. 物联网的关键技术

物联网的关键技术包括识别与感知技术、网络与通信技术、数据挖掘与融合技术等。

（1）识别与感知技术

物联网中的识别与感知技术主要包括条码技术、射频识别技术和传感器等。

① 条码技术。条码技术包括一维码和二维码。其中，二维码是常用的自动识

别技术，它是在一维码的基础上扩展出来的条码技术，主要包括行排式二维码和矩阵式二维码，后者较为常见。二维码具有信息容量大、编码范围广、容错能力强、译码可靠性高、成本低、易制作等特点，因此在物联网的具体业务应用中使用得非常普遍。

② 射频识别技术。射频识别（radio frequency identification，RFID）技术，是一种简单的无线通信技术。RFID 系统由电子标签、读写器和天线组成。其中，电子标签是由耦合元件和芯片组成的，能够传输信息、回复信息的电子模块。读写器是由耦合元件和芯片组成的，用来读取（有时也可以写入）电子标签中信息的电子模块。例如，汽车上安装的 ETC 卡就是一个 RFID 电子标签，高速公路收费站安装的读卡设备就是 RFID 读写器，当汽车通过收费站时，RFID 读写器与电子标签之间进行非接触式通信和数据交换，从而实现了汽车自动通行且用户账户自动扣款。

③ 传感器。传感器是物联网的神经末梢，也是人们全面感知自然界的核心元件，各类传感器的大规模部署和应用是物联网不可或缺的要素。物联网中常见的传感器有光敏传感器、色敏传感器、声传感器、化学传感器、温度传感器等，这些传感器广泛应用在智能工业、智能安保、智能家居、智能运输、智慧医疗等领域。

（2）网络与通信技术

物联网的快速发展对网络与通信技术提出了更高的要求，先进的网络与通信技术具有低带宽、低功耗、远距离、大量连接等特征。目前，物联网中的网络与通信技术包括短距离无线通信技术和远程通信技术。其中，短距离无线通信技术包括蜂舞协议（ZigBee）、近场通信（NFC）、蓝牙、威发（WiFi）、射频识别（RFID）等；远程通信技术包括互联网、移动通信网络、卫星通信网络和广域网通信技术等。

（3）数据挖掘与融合技术

物联网中存在大量数据来源和结构各异的网络，以及不同类型的系统，如何对它们进行有效整合、处理和挖掘，是物联网需要解决的关键问题。云计算和大数据技术的出现，为物联网存储、处理和分析数据提供了强大的技术支撑，海量物联网数据可以借助于庞大的云计算基础设施实现廉价存储，借助于大数据技术实现快速处理和分析，以满足各种应用需求。

4. 物联网应用现状

物联网已经广泛地应用于社会的各个领域，对国民经济与社会发展起到了重要的推动作用。

（1）物联网在农业中的应用

物联网对农业生产中的温度、湿度、二氧化碳含量和土壤含水率等关键数据进行实时采集，实时掌握农业生产过程中的各种数据，实现农业标准化生产；对动物养殖、防疫、检疫和监督等各环节进行一体化监控，实现动物标识溯源；将传统近岸污染监控、地面在线测量、卫星遥感和人工测量数据与水质监控集成为一体，实现水文监测。

（2）物联网在工业中的应用

物联网在工业领域有着广泛的应用，例如：在电梯外围安装传感器采集电梯运行数据，并利用无线传输模块将这些数据传送至物联网的平台层，以加强电梯安防管理；实时采集所有供电点及受电点的电力电量信息、电流电压信息、供电质量信息及现场计量装置状态信息，实现输配电设备监控、远程抄表以及用电负荷远程控制；采用 RFID-SIM 卡技术，将企业的门禁、考勤及消费管理系统数据集成起来，实现企业一卡通。

（3）物联网在服务产业中的应用

通过智能穿戴设备或不同的人体传感器，对人体的健康参数进行监控，并将这些数据实时传送至相关的医疗保健中心，实现个人健康保健以及身体异常报警；以计算机技术和网络技术为基础，实现家电控制和家庭安防等功能，构建智能家居环境；通过物流车载终端与物流企业调度中心间的数据通信，实现车辆远程调度、自动化仓储管理等智能物流运营管理；通过射频识别和条码技术，实现手机支付、移动票务、自动售货等移动支付功能；通过铺设覆盖地面、栅栏的传感器以及安装低空探测器，防止人员进行翻越、偷渡等行为，改善机场安防系统。

（4）物联网在公用事业中的应用

通过全球定位系统和监控系统，获取车辆运行数据，实现智能交通；利用监控摄像头，实现图像敏感性分析，并与 110、119、122 等报警服务平台互联，从而构建和谐安全的城市生活环境；运用地理编码技术，进行城市区域的分类和分项管理，以实现对城市管理问题的精确定位，改善城市服务；通过无线传输设备，将传统传感器所采集的各种环境监测信息传输到监控中心，以实现实时环保监控和快速反应；通过物联网进行远程医疗、药品查询、卫生监督、急救及探视视频监控，实现智慧医疗服务。

从推动经济发展的角度来讲，作为计算机、互联网之后的又一次信息产业发展浪潮，物联网有望成为后金融危机时代经济增长的引擎，被称为是下一个万亿级的通信业务。

3.3.3　云计算

1. 云计算的定义

根据美国国家标准与技术研究院的定义，云计算（cloud computing）是一种可以实现随时随地、便捷地、按需地从可配置的计算资源（如网络、服务器、存储、应用程序和服务）共享池中获取所需资源的模式，它能通过尽可能少的管理工作或与服务提供商交互的方式来进行资源的快速配置和释放。

在云计算概念诞生之前，许多企业就可以通过互联网上的服务器集群提供订票、地图、搜索以及硬件租赁等服务。随着服务内容的不断增加和用户规模的不断扩大，企业对服务可靠性、可用性的要求急剧提高，通过服务器集群等方式已很难满足企业的这些要求，这时就需要建设数据中心。对于有实力的大型企业来说，它们有能力建设分布于全球各地的数据中心，在满足自身业务发展需要的同时把自己的信息基础设施作为服务提供给相关的用户。

云计算服务具有以下特点：① 快速弹性伸缩。弹性是指用户根据需要可伸缩地使用资源的能力。伸缩是指根据需要向上或向下扩展资源的能力。对于用户来说，云计算的资源数量是没有上限的，他们可以根据需要购买任何数量的资源。② 按需自助服务。用户可以在需要时直接使用云计算服务，而不需要与云服务提供商进行交互。③ 无处不在的网络访问。用户可以利用多种设备通过互联网获取云服务提供商提供的资源。

2. 云计算的主要类型

（1）按照资源的使用方式，云计算可以分为公有云、私有云和混合云

公有云是指多个用户共用一个云服务提供商提供的资源。每个用户根据自己占用和消耗资源的多少，向云服务提供商支付费用。公有云适用于中小型企业、微型企业、政府基层单位和个人用户。

私有云是指政府或企事业单位建设一个云计算中心或云服务平台供自己使用，不对外开放，不向外部组织提供云计算服务。私有云适用于大型企业集团等。它采用虚拟化等技术，对传统的计算中心、数据中心进行升级改造。

混合云是公有云和私有云的混合体。混合云的一部分资源公用，对外开放；一部分私用，不对外开放。混合云适用于资源有富余的组织，这些组织在满足自身应用的同时，把多余的资源提供给外部组织。

（2）按照服务类型，云计算可以分为基础设施即服务（infrastructure as a service，IaaS）、平台即服务（platform as a service，PaaS）、软件即服务（software as a service，SaaS）

IaaS 是指云服务提供商把服务器、存储设备、网络设备等硬件设备资源打包成服务提供给用户使用。在 IaaS 模式下，用户无须自己购买硬件设备，而是通过付费来使用云服务提供商提供的硬件设备资源。IaaS 适用于中小型企业、微型企业、政府基层单位和个人用户。目前，很多企业提供的"云盘"或"网盘"服务就属于此类服务，如百度云盘服务。

PaaS 是指云服务提供商为用户提供应用软件开发、测试、运行等环境。在 PaaS 模式下，用户可以开发、测试和运行自己的软件。PaaS 适用于小型软件企业、小型互联网企业。PaaS 为中小型企业提供了在线软件开发环境，使它们无须自行搭建软件开发环境，有利于信息技术领域的创新发展。用友、百度应用引擎、新浪 SAE、阿里 Ali 魔泊云就属于 PaaS 模式。

SaaS 是指云服务提供商或软件企业通过互联网为用户提供其所需的软件。用户无须自行购买软件，只需要支付使用费就能在线使用软件。在 SaaS 模式下，软件部署在云服务提供商或软件企业的服务器上，而不是安装在用户的计算机上。用户只有软件的使用权，没有软件的所有权。SaaS 适用于中小型企业。由于不需要一次性支付软件购买费用，不需要雇佣信息技术人员对软件进行运行和维护，SaaS 在一定程

度上降低了中小型企业的信息化门槛。

3. 云计算服务的优点

云计算服务具有以下优点。

① 成本显著降低。使用云计算服务，所花费的成本只相当于使用传统信息服务所花费成本的一小部分。云计算服务可以减少企业前期在信息技术方面的支出，大幅度降低企业的信息管理负担。

② 更高的灵活性。云计算服务所提供的按需计算，使得云服务提供商的技术、业务解决方案和庞大的信息生态系统对于用户而言是透明的，从而减少了用户实施新解决方案的时间。

③ 随时随地存取。云计算服务可以避免用户被单一类型计算机或网络束缚住，使用户可以利用不同类型的计算机，或者将数据转移到便携式设备、应用程序和文件上。

④ 弹性的可扩展性和"用多少付多少"。用户可以根据需求的变化增加或减少所使用的云计算服务，而且只需为所使用的部分付费。

⑤ 易于实现。云计算使用户无须购买硬件、软件许可证即可获得服务。

⑥ 服务质量高。云计算服务可以提供可靠的服务、较强的存储和计算能力，以及全天候的服务和运行时间。

⑦ 外包非关键应用。用户可以把非关键应用外包给云服务提供商，从而把自己的资源集中在关键应用方面。

⑧ 总是最新的软件。云服务提供商提供的软件会自动更新，因此总是能够为用户提供最新的软件。

⑨ 共享文件和群组协作。云服务提供商使用户在世界上的任何地方都可以访问应用程序和文件，方便了用户群组在文件和项目方面进行协作。

4. 云计算的应用现状

目前，云计算已在工业设计、在线软件、企业数据中心等领域得到了应用。

（1）工业设计

工业设计涉及大量的图形、图像数据处理，特别是 3D 图形渲染，需要极强的计算能力，而云计算具有超大规模计算能力，可以为工业设计提供计算支持。原先工业设计依赖图形工作站，设计效率受图形工作站性能的限制，而使用云计算技术，可以使产品设计效率大大提高。

（2）在线软件

云服务提供商可以将各类工业软件和管理软件部署在云服务平台上，以 SaaS 的形式为中小型企业提供软件应用服务，从而显著降低中小型企业的信息化门槛。利用云服务平台，中小型企业无须购买各类昂贵的应用软件，只需向云服务提供商支付一定的费用，就可以在线应用 ERP、CAD 等软件。

（3）企业数据中心

随着云计算技术的发展，不少大型企业开始建设基于云计算的下一代数据中心，这些数据中心将成为企业信息化的枢纽。

3.3.4 大数据

随着信息技术与人类生产生活交汇融合，全球数据呈现出爆发式增长的态势，人类社会全面进入大数据时代。当今数据已经渗透到每一个行业和业务领域，成为重要的生产要素。从创新到决策，数据推动着企业的发展，并使其更高效地运营，数据已成为企业获取核心竞争力的关键要素。

1. 大数据的发展背景

信息存储、信息传输和信息处理等技术的发展，以及材料科学的发展，为大数据时代的到来提供了技术上的支撑。

（1）数据存储介质和存储模式不断发展

随着材料工艺和电子技术的不断进步，数据存储介质及其制造工艺不断升级，存储容量大幅度增加，使得数据存储设备的价格不断下降。新的基于网络的存储模式，如分布式存储模式为海量数据的高效存储和处理提供了新的方法。新的数据存储设备不仅提供了海量的存储空间，也大大降低了数据存储成本。存储介质和处理模式的发展进一步加快了数据量增长的速度，更多的数据被存储起来用于分析和价值挖掘。

（2）中央处理器（CPU）的处理能力大幅度提升

20 世纪 80 年代以来，CPU 的制造工艺不断提升，内核数量不断增加，数据处理能力呈几何级数增长。CPU 运算速度的提高一直遵循摩尔定律，即各项性能每 18 个月提高一倍，价格下降一半。CPU 的性能不断提升，使海量数据可以得到更快的处理并不断累积。

（3）网络带宽不断增加

进入 21 世纪，世界各国纷纷加大了宽带网络建设的力度，不断扩大网络覆盖范围，提高数据传输速率。与此同时，移动通信宽带网络迅速发展，4G 网络基本普及，5G 网络的覆盖范围正在不断扩大，各种终端设备可以随时随地传输数据。网络带宽已经不再是数据传输速率提升的瓶颈。

2. 大数据的发展历程

大数据的发展历程总体上可以划分为四个阶段：萌芽阶段、突破阶段、成熟阶段和大规模应用阶段（见表 3-1）。

表 3-1　大数据发展的四个阶段

阶　　段	时　　间	内　　容
萌芽阶段	20 世纪 90 年代至 21 世纪初	关系数据库广泛应用，数据仓库以及数据挖掘的相关理论日趋成熟，商务智能工具受到重视并开始在大型企业业务中应用
突破阶段	21 世纪前 5 年	互联网应用开始普及，特别是基于 Web 2.0 的社交网络应用迅猛发展，非结构化数据大量产生，传统的数据库以及数据处理技术难以应对，富媒体技术、分布式计算等大数据理论和技术快速涌现

续表

阶　　段	时　　间	内　　容
成熟阶段	2006—2009 年	谷歌公司发表相关论文，阐述其大数据核心技术，如分布式文件系统 DFS、分布式计算系统框架 MapReduce 及分布式数据库 BigTable 等，标志着大数据技术开始突破。随后云计算、大规模数据并行运算算法以及开源分布式架构（Hadoop）成为学界和业界研究的重点
大规模应用阶段	2010 年前后至今	大数据技术开始转向实际应用研究，并且与云计算、物联网及人工智能等新技术相呼应。大数据技术开始在商业、科技、医疗、政府、教育、经济及交通等社会各个领域大规模应用，因此 2013 年也被称为大数据元年

3. 大数据的定义

大数据是一个比较抽象的概念，至今尚无确切、统一的定义，比较典型的定义有以下几种。

美国信息技术研究机构高德纳（Gartner）公司认为，大数据是需要借助于新的处理模式才能拥有更强的决策力、洞察力和流程优化能力的，具有海量、多样化和高增长率等特点的信息资产。

麦肯锡咨询公司认为，大数据是在一定时间内无法用传统数据库软件工具采集、存储、管理和分析其内容的数据集合。

维基百科的定义是，大数据指的是需要处理的规模巨大，无法在合理的时间内，通过当前主流的软件工具获取、管理、处理并整理的资料，它是帮助企业进行经营决策的资讯。

从上述关于大数据的定义可以看出，大数据的概念与业务应用领域有很强的相关性。不同的领域对大数据的定义有所不同。

狭义的大数据，是指从各种类型的数据中快速获得有价值的信息的能力，包括大数据的关键技术及其在各个领域的应用。广义的大数据包括大数据技术、大数据工程、大数据科学和大数据应用等相关领域。

4. 大数据特征

与在大数据定义上存在分歧不同，人们对大数据的特征则早已达成共识。人们普遍认为大数据具有 4 V 特征，即数据量巨大（volume）、数据类型繁多（variety）、处理速度快（velocity）和价值密度低（value），如图 3-5 所示。

（1）数据量巨大

数据量巨大是大数据的基本特征，也是信息技术不断发展的必然结果。数据的爆发式增长主要出现在 21 世纪的信息技术革命之后，特别是随着 Web 2.0 和移动互联网的快速发展，每个个体都成为数据的制造者，而物联网的广泛应用，使得各种传感器和摄像头每时每刻都在产生大量的数据。

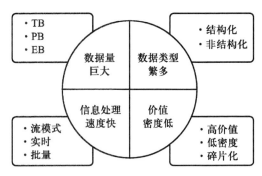

图 3-5 大数据的 4V 特征

（2）数据类型繁多

众所周知，传统数据大多是结构化数据，数据来源和数据类型都比较单一，而且存储和管理相对容易。而在大数据时代，这种状况发生了根本的改变，数据来源众多，从企业应用、学术研究、政府治理到个人的工作学习、休闲娱乐等都在源源不断地产生大量的数据。此外，数据类型也包罗万象，有传统的结构化数据，但更多的是未经加工的非结构化数据，包括网页、邮件、音频、视频、图片、微博、位置信息、链接信息、网络日志等。这些类型繁多的异构数据，对数据处理和分析技术提出了挑战。

（3）处理速度快

处理速度远快于传统数据的处理速度，这也是大数据的典型特征。在大数据时代，数据处理速度往往是决定数据价值的重要因素。在许多业务中，人们都需要对数据进行快速处理并得出实时的分析结果，然后据此进行各种决策。数据处理速度通常要达到秒级响应，这一点和传统的数据处理技术有着本质的不同。大数据处理速度快还体现在数据产生和更新的频率上，这也是大数据的一个重要特征。

（4）价值密度低

大数据的数据量虽然巨大，但有用的信息却并不容易被人们发现，其价值密度远远低于传统关系数据库中存储的数据。在大数据时代，很多有价值的信息都是分散在海量数据中的。例如，物联网中的监控设备可以对监控区域进行持续的视频记录，从而产生了大量的视频数据，但是在大量的视频数据中，可能只有很少的一部分数据是有价值的。数据量在呈几何级数增长的同时，其背后隐藏的有用信息却没有出现相应比例的增长，反而是获取有用信息的难度不断加大。因此，人们不得不根据自身的需求，通过特定的技术设备、技术手段以及研究方法来获取低价值密度的数据。

5. 大数据的类型

大数据不仅数量巨大，还类型繁多。人们通常按照数据结构将数据分为结构化数据和非结构化数据。非结构化数据又包含半结构化数据和无结构数据。

（1）结构化数据

结构化数据的特点是任何一列数据都不能再细分，并且任何一列数据都具有相同的数据类型。所有关系数据库（如 SQL Server、Oracle、MySQL、DB2 等）中的数据全部是结构化数据。

（2）半结构化数据

半结构化数据是处于结构化数据和无结构数据之间的数据，这类数据的格式一般比较规范，都是纯文本数据，可以通过某种特定的方式对其进行解析以得到每项数据。常见的半结构化数据是日志数据，以及 XML 与 JSON 等格式的数据。

（3）无结构数据

无结构数据是指那些非纯文本类型的数据，这类数据没有固定的格式，无法直接对其进行解析。常见的无结构数据有网页、文本文档、多媒体（如声音、图像与视频）等。

6. 大数据的关键技术

大数据技术是指大数据采集、存储、分析和应用所涉及的相关技术，是使用非传统的工具来对大量结构化和非结构化数据进行处理，从而获得分析和预测结果的一系列数据处理和分析技术。

从生命周期的角度来看，大数据从采集到分析、挖掘，再到最终获得价值，一般要经过数据准备、数据存储与管理、数据计算与处理、数据分析和数据可视化五个主要环节。

（1）数据准备

在进行数据存储和处理之前，需要对数据进行抽取（extract）、转换（transformation）、装载（load），这一过程称为 ETL（extract，transformation，load）过程。

（2）数据存储与管理

大数据存储系统不仅需要以极低的成本存储海量数据，还需要适应多样化的非结构化数据管理需求，因此在数据格式上具有可扩展性。

（3）数据计算与处理

处理海量数据需要花费大量的计算资源，传统的单机或并行计算技术，无论是在速度、可扩展性上，还是在成本上，都难以满足大数据计算与处理的要求。大数据可以根据所需处理的数据类型和分析目标，采用适当的算法，快速处理数据。此外，分而治之的分布式计算是大数据的主流计算架构，它可以对在线数据进行实时处理。因此，高效的算法和先进的数据计算架构是大数据分析与处理的关键所在。

（4）数据分析

数据分析是指从纷繁复杂的数据中发现规律，提取新的知识，这是大数据价值挖掘的关键。

（5）数据可视化

数据可视化是指在大数据支持决策的场景下，以直观的方式将分析结果呈现给用户。

需要指出的是，大数据技术是多种技术的集合，有些技术已经经过多年的发展，如关系数据库、数据仓库、ETL、联机分析处理、数据挖掘、数据隐私和安全、数据可视化等，在大数据时代，这些传统技术不断发展和完善，从而能够满足大数据分析和处理的要求，因此也可以将它们视为大数据技术的组成部分。

7. 大数据的应用领域

大数据正在以前所未有的速度发展，并已经融入社会的各个领域和各个层面，其渗透的深度和广度及所带来的价值已远远超出人们的想象，在人类社会中发挥着越来越大的作用。大数据在相关领域的应用状况如表3-2所示。

表3-2 大数据在相关领域的应用状况

领 域	大数据的应用状况
制造业	基于工业大数据的产品故障诊断与预测、工艺流程分析、生产工艺改进、生产过程优化、工业供应链分析与优化等；基于大数据的飞机和汽车的预测性维护；基于大数据分析和物联网技术的无人驾驶；等等
金融业	通过大数据分析进行高频交易、网络社会情绪分析和信贷风险分析等，如合规性检查和监管报告、风险分析和管理、欺诈检测和安全分析、用户忠诚度分析、信用风险评分和分析、高频套利交易、交易监管以及异常交易模式分析
互联网及数字媒体行业	借助于大数据技术，可以分析客户行为，开展数字营销。例如，进行用户点击流数据分析、精准广告投放、社交图谱分析、商品个性化推荐以及营销活动管理和忠诚度分析等
电信行业	通过用户接入数据以及行为数据，可以进行收入保障和价格优化、用户流失预防、营销活动管理和用户忠诚度分析、呼叫记录分析、网络性能优化以及移动用户位置分析等
餐饮行业	利用大数据实现餐饮O2O（线上到线下）模式，彻底改变了传统餐饮业经营方式；通过用户点评数据，改善经营状况
能源行业	随着智能电网的发展，电力公司可以掌握海量的用户用电信息；利用大数据技术分析用户用电模式，改进电网运行状况；合理地设计电力需求响应系统，确保电网运行安全以及资源最优化
物流行业	利用大数据优化物流网络，提高物流效率，降低物流成本
城市管理	利用大数据实现智能交通、环保监测、城市规划和智能安防
生物医学	利用大数据实现流行病预测、智慧医疗、健康管理，同时还可以帮助人们解读脱氧核糖核酸（DNA），了解更多的生命奥秘
体育和娱乐	利用大数据对专业运动员进行训练；利用社交网络的评论数据，决定拍摄的影视作品类型和剧情走向；通过比赛的历史大数据预测比赛结果
公共安全领域	政府可以利用大数据技术进行舆情分析，预测并制止恶性事件发生；利用大数据抵御网络攻击，借助于大数据获取犯罪证据，并有效预防犯罪

3.3.5 区块链

随着对区块链技术认识的不断深入，区块链技术对商业和社会领域可能产生重大的甚至是变革性的影响。

1. 区块链的概念

区块链也称为分布式账本技术（distributed ledger technology），该技术允许商业活动中的多个参与方通过计算机网络共享同一个加密账本。虽然每个参与方都获得了分布式账本的一份完整副本，但是其只能通过解密获得授权来查看相关账本。此外，分布式记账工作也需要各参与方在达成共识后进行。

区块链是支持信息互联网向价值互联网转变的重要基石，它以密码学为基础，通过共识机制，可以完整地、不可篡改地记录交易（也就是价值转移）的全过程。利用区块链可以实现分布式账本的一致性、不可篡改性，从而进一步保证了账本的权威性。

这样一个由具有公信力的账本构建的商业网络，具有较低的信任成本，因而可以降低交易成本，提升交易达成的效率。与传统技术相比，区块链运用一套基于共识的数学算法来建立去中心化的信用体系，具有革命性的意义。

2. 区块链的发展历程

区块链这一概念最初来源于比特币，一个名为中本聪的人在其 2009 年发表的论文中首次提出了一种完全通过点对点技术实现的电子现金系统——比特币，使在线支付能够不通过第三方机构，直接由一方发起并支付给另一方。

区块链是由比特币项目衍生出来的一种技术，作为比特币赖以运行的分布式账本平台，区块链在无集中式监管的情况下稳定运行了较长的时间，支持了海量的交易记录，并且未出现严重的漏洞。

因此，比特币的出现也就意味着区块链技术的诞生，可以说比特币是区块链技术的首个应用。

3. 区块链的特征

区块链基于自身不可篡改、公开、透明的特点，为交易者提供了一套可信、可靠的技术架构。它以加密算法、点对点网络、共识算法为技术基础。交易双方在区块链网络上可以直接交易，从而大大减少了交易成本和交易复杂度，并为更大范围的商业应用提供支持。具体来说，区块链技术具有以下四个特征。

（1）去中心化

区块链的数据验证、记账、存储、维护和传输等过程都基于分布式系统结构，采用数学方法而不是由中心机构来建立分布式节点间的信任关系，从而形成了去中心化的可信任的分布式系统，交易双方可以自证并直接交易，而不需要由第三方机构提供信任背书。

（2）不可篡改

数据一旦写入区块链就不可改动，从而避免了传统中心化节点可以任意修改记录的弊端。

（3）分布式共享

将交易流水写入区块链之后，相关数据就会通过点对点网络同步到所有节点，从而实现数据的分布式存储。

（4）智能合约

在区块链中，交易的规则和流程从一开始就制定好了，因而可以在程序上保证合约执行，提高执行效率。

从更广泛的意义上来看，区块链作为一种去中心化的账本记录系统，参与其中的各个节点分布在互联网的各个角落，虽然它们彼此之间互不信任，但是区块链上的所有节点都能同步进行数据记录备份。

4. 区块链的关键技术

区块链涉及的底层技术包括密码学、共识算法、点对点（peer to peer，P2P）通信等，是多种已有技术的融合创新。从技术层面上来看，区块链主要涉及两个关键技术，即 P2P 网络技术和非对称加密技术。

（1）P2P 网络技术

P2P 网络技术是区块链系统中连接各对等节点的组网技术，又称为点对点网络技术。不同于中心化网络模式，P2P 网络中各节点的地位平等，每个节点都具有相同的网络权力，不存在中心化的服务器。所有节点之间通过特定的软件协议共享部分计算资源、软件或信息。

（2）非对称加密技术

非对称加密技术包括公开密钥加密技术和私有密钥加密技术，可以对数据进行加密和解密，从而确保数据在存储和传输过程中的安全性。广泛采用的非对称加密技术主要有 RSA、ElGamal、ECC 等。

5. 区块链带来的变革

目前，区块链在以下五个方面有显著的商业价值。

（1）降低信任风险

在区块链中，各参与方均知晓区块链网络的运行规则。区块链技术通过数学方法保证每个参与方都可以验证账本内容和账本历史的真实性与完整性，确保交易历史是可靠的、没有被篡改的，这相当于提高了可追溯性，降低了系统性信任风险。

（2）交易过程扁平化，降低了交易的复杂度及成本

在区块链上，交易被确认的过程就是清算、结算和审计的过程，这与传统业务模式相比能够节省大量的人力和物力，对于优化业务流程、提高企业竞争力具有相当重要的意义。

（3）共同执行可信流程，是实现共享经济的有力工具

共享经济的本质是通过减少信息不对称，达到资源优化配置的目的，并通过严格的第三方认证和监督机制，保障交易双方的权益，促成交易达成。使用区块链，可以使信息和价值得到更加严格的保护，从而实现更加高效、更低成本的价值和信息的流动与共享。

（4）驱动新型商业模式的诞生

区块链技术的特点，使得它能够实现在中心化模式下难以实现的商业模式。例如，在物联网领域，已经有机构提出要使用区块链管理上百亿台物联网设备的身份、

支付和维护任务。此外，利用区块链，物联网设备生产商能够极大地延长产品的生命周期并降低物联网的维护成本。

（5）区块链的开放性鼓励创新和协作

通过源代码的开放和协作，区块链能够促进不同开发人员、研究人员以及机构间的协作，使他们相互取长补短，从而得到更高效、更安全的解决方案。

3.3.6　5G 网络

移动通信系统自 20 世纪 80 年代实现了大规模商用以来，经过了 40 多年的爆发式增长，已经成为人类社会的基础信息网络。随着 5G 进入规模商用阶段，我国 5G 网络得到了快速普及。

1. 5G 网络的发展背景

5G 网络的发展来自人们对移动数据日益增长的需求。随着移动互联网的发展，越来越多的设备接入移动网络，新的服务和应用层出不穷。移动数据流量的剧增给通信网络带来了严峻的挑战。

首先，传统的移动通信网络，其容量难以支持移动数据流量的快速增长，也难以承受流量快速增长所带来的网络能耗和网络成本。

其次，流量增长必然带来对移动通信频谱的进一步需求，而移动通信频谱稀缺，可用频谱具有大跨度、碎片化分布的特点，难以实现对移动通信频谱的高效使用。

最后，未来移动通信网络必然是一个多网并存的异构移动网络，要提升移动通信网络的容量，就必须解决高效管理各个网络、简化互操作、增强用户体验的问题。为了应对上述挑战，满足日益增长的移动数据流量需求，亟须发展 5G 网络。

2. 5G 网络的定义

5G 网络是指第五代移动通信网络，与之前的四代移动通信网络相比，5G 网络在实际应用过程中表现出明显的优势和更加强大的功能，并且理论上其数据传输速率能够达到数十吉比特每秒，明显高于 4G 网络的数据传输速率。

5G 网络的技术创新，主要来源于无线技术和网络技术两个方面的发展。在无线技术方面，大规模天线阵列、超密集组网、新型多址和全频谱接入等技术，已成为业界关注的焦点；在网络技术方面，基于软件定义网络（SDN）和网络功能虚拟化（NFV）的新型网络架构已经获得了广泛的共识。

具体而言，5G 网络的主要优势体现在以下几个方面。

（1）数据传输速率高

5G 网络是当前世界上最先进的网络通信技术之一。与 4G 网络相比，5G 网络具有更高的数据传输速率，而数据传输速率高在实际应用中具有很大的优势。在 4G 网络下需要花费很长时间才能下载的大型游戏和视频文件，在 5G 网络下只需很短的时间就能高速、无损地完成下载。

（2）数据传输稳定

5G 网络不仅在数据传输速率上有显著的提高，在数据传输的稳定性上也有突出的进步。5G 网络在不同的应用场景中都能进行稳定的传输，能够适应各种复杂的情况。稳定的传输使信息交换可以精准、流畅地进行，这样通过 5G 网络进行的操作可以与应用场景中的实际操作紧密结合，在视频会议、远程医疗、无人驾驶等领域有着重要的应用。

（3）高频传输

高频传输是 5G 网络的核心技术。目前很多国家都在研究高频传输技术。低频传输的资源越来越紧张，而 5G 网络的运行需要使用更快的频率、更大的带宽，低频传输已经不能满足 5G 网络的工作需求，因此高频传输对于移动通信技术的发展起着非常重要的作用。

3. 5G 网络发展的关键技术

（1）超密集异构网络

5G 网络正朝着多元化、宽带化、综合化、智能化的方向发展。随着各种智能终端的普及，移动数据流量将继续保持快速增长。超密集异构网络可以减少小区半径（即增大复用次数），增加低功率节点数量。可以说，超密集异构网络是 5G 网络提高数据流量的关键技术。

（2）移动自组织网络

传统移动通信网络，主要依靠人工方式完成网络部署及运维，既耗费了大量的人力资源，又增加了运行成本，而且网络优化也不理想。5G 网络面临着网络部署、运营及维护等方面的挑战，这主要是由于网络中存在各种无线接入技术，而且网络节点的覆盖能力各不相同，网络节点之间的关系也错综复杂。因此，移动自组织网络（mobile ad-hoc network）的智能化将成为 5G 网络必不可少的一项技术。

（3）内容分发网络

在 5G 网络中，面向大规模用户的音频、视频、图像等业务急剧增长，网络流量的爆发式增长会极大地影响用户访问互联网的质量。如何有效地分发大流量的业务内容、降低用户获取信息的延迟，成为网络运营商和内容提供商面临的难题。该问题仅靠增加带宽并不能得到解决，它还受信息传输过程中路由阻塞和延迟、网站服务器的处理能力等因素的影响，并且与用户服务器间的距离有着密切的关系。内容分发网络（content distribution network，CDN）对于 5G 网络的容量与用户访问具有重要的支撑作用。

（4）D2D 通信

在 5G 网络中，网络容量、频谱效率需要得到进一步提升，以获得更丰富的通信模式以及更好的终端用户体验。设备到设备（device-to-device，D2D）通信具有潜在的提升系统性能、增强用户体验、减轻基站压力、提高频谱利用率的作用。因此，D2D 通信是 5G 网络发展的关键技术之一。

（5）M2M 通信

机器到机器（machine to machine，M2M）通信作为物联网最常见的应用形式，在智能电网、安全监测、城市信息化、环境监测等领域实现了商业化应用。3GPP（第三代合作伙伴计划）已经针对 M2M 通信制定了一些标准，并开始立项研究 M2M 通信的关键技术。M2M 通信的定义主要有广义和狭义两种。广义的 M2M 通信主要是指机器与机器、人与机器、机器与人、移动网络与机器之间的连接和通信，它涵盖了所有在人、机器、系统之间建立通信连接的技术。狭义的 M2M 通信仅仅指机器与机器之间的通信。智能化、交互式是 M2M 通信的典型特征，具有这一特征的机器也被赋予了更多的"智慧"。

4. 5G 网络的应用前景

（1）增强现实

5G 网络可以大幅度提升增强现实的数据传输容量，缩短数据请求与响应之间的时间间隔，使信息的表现形式更丰富，促使更多的在线应用出现，为用户展现更丰富、更真实的体验，更震撼的沉浸感，使虚拟世界和现实世界完美融合。

（2）智能制造

5G 网络在智能制造领域的应用，无疑为数据的存储、传输、共享等提供了一个安全、稳定、高效的环境。5G 网络使工业互联网成为监控、重现、分析、发现工厂运行中存在的问题的关键。

不仅如此，5G 网络还可以催生制造业的新模式和新业态，并积极利用智能、环保的绿色装备来优化企业生产模式，提升企业的智能化水平以及企业的综合竞争力，以应对不断变化的市场需求。

（3）智慧城市

5G 网络是智慧城市的基础与保障，是深入推进"城市大脑"建设的基石。高密度、全覆盖的 5G 网络，如同神经元一般通达城市的各个区域，体现了建设者的智慧。

基于广连接、高带宽、低延迟的特性，5G 网络带动了智慧城市的建设。5G 网络将全面提升城市的信息通信基础设施建设水平、数字经济发展速度，使新一代移动通信技术与城市战略、规划、建设、运营和服务深度融合，实现城市精细化管理。

（4）智能交通

智能交通是面向综合交通框架，在智能交通基础上进行的功能增强与技术延伸；是人工智能、互联网、大数据、云计算及下一代移动通信技术等新兴技术的深度融合；是为实现交通强国目标而发展出的全新交通形态；是国家基于"互联网+"泛信息化产业布局的重要组成部分。互联网、移动网、物联网、车联网等协同元素是构建智能交通体系的基础设施组件；5G 网络是构建智能交通体系的核心技术。

3.4　智慧城市的建设

智慧城市的概念源于 IBM 公司提出的"智慧地球"这一理念，此前类似的概念还有数字城市等。2008 年 11 月，IBM 公司在其发布的《智慧地球：下一代领导人议程》主题报告中提出了"智慧地球"，即把新一代信息技术充分运用于各行各业。

1. 智慧城市的定义

智慧城市是指使用各种先进的技术手段，尤其是信息技术手段改善城市状况，使城市生活更加便捷。智慧城市是基于新一代信息技术，以智慧的理念规划城市，以智慧的方式建设和发展城市，以智慧的手段管理城市，从而提高城市空间的可达性，使城市更加具有活力，并获得长足的发展。

具体地说，"智慧"的理念就是通过应用新一代信息技术，使人类能以更加精细和动态的方式管理生产与生活的状态；通过把传感器嵌入和装备到全球每个角落的供电系统、供水系统、交通系统、建筑物和油气管道等生产生活系统的各种物体中，使其形成物联网并与互联网相连，然后通过高性能计算和云计算实现人类社会与物理系统的整合，进而实现城市的智慧化管理。

概括地说，推动智慧城市形成有两种力量，一种是以人工智能、物联网、云计算、大数据、区块链、5G 网络等为代表的新一代信息技术；另一种是在知识社会环境下逐步形成的城市创新生态。发展智慧城市被认为有助于促进经济社会与生态环境的全面协调可持续发展，缓解"大城市病"，提高城镇化质量。

2. 智慧城市的特征

智慧城市的特征体现为：全面透彻的感知、宽带泛在的互联、智能融合的应用，以及以人为本的可持续创新。

（1）全面透彻的感知

智慧城市利用传感技术，实现对城市管理的全面监测和感知。智慧城市能够利用各类感知设备和智能化系统，智能识别、立体感知城市环境、状态、位置等信息的变化，并对相关信息进行融合、分析和处理，然后将其与业务流程进行智能化集成，继而主动做出响应，促进城市各个关键系统和谐高效地运行。

（2）宽带泛在的互联

各类有线网络技术、无线网络技术的发展，为城市中物与物、人与物、人与人之间的全面互联、互通、互动，城市中各类随时、随地、随需、随意应用的实现提供了基础条件。宽带泛在网络作为智慧城市的"神经网络"，极大地增强了智慧城市作为自适应系统的信息获取、实时反馈、随时随地提供智能服务的能力。

（3）智能融合的应用

现代城市及其管理是一类开放的复杂巨系统，新一代全面感知技术的应用更是增加了城市的数据量。集大成，得智慧。基于云计算，通过智能融合技术实现对城市海量数据的存储、计算与分析，并引入综合集成法；通过人的"智慧"参与，提升城市管理者的决策支持和应急指挥能力。

（4）以人为本的可持续创新

智慧城市的建设尤其注重以人为本、市民参与、社会协同的开放创新空间的塑造，以及公共价值与独特价值的创造。智慧城市注重从市民需求出发，并通过社交媒体等工具和方法强化市民的参与，汇聚公众智慧，不断推动开放创新、大众创新、协同创新，以人为本，实现城市经济、社会、环境的可持续发展。

3. 智慧城市的战略意义

（1）具有建设先进的信息技术基础设施的能力，能够实现物的智能化

智慧城市在物联网和互联网相互融合的基础上，把城市的所有资源数字化、网络化、可视化、智能化，做到"耳聪目明"，能够敏捷地感知世界，以此促进城市经济转型和社会变革，使城市快速进入"泛在城市"（ubiquitous city）时代。

在智慧城市中，以物联网产业为代表的战略性新兴产业蓬勃发展，以文化、创意产业为主导的智慧服务业对城市经济的贡献持续提升，创新商业模式不断涌现，与智慧城市相关的应用市场和产业链不断拓展，推进产业和技术的同步发展。同时，通过信息化和工业化高层次的深度融合、建设电子商务支撑体系、支持企业信息化示范项目等，提升传统产业的竞争力，显著提高城市经济发展的适应能力和抗风险能力。

（2）能充分利用人的智慧和创造力，从容应对复杂的现实挑战，适应科学发展的要求

智慧城市在塑造城市形象的同时，还引领着城市创新的进程。智慧城市以创新城市建设为契机，建立以人才高地为支撑的城市创新体系，显著提高自主创新对经济增长的贡献率，逐步形成敢为人先、敢于冒险、敢于创造、宽容失败的创新文化和创业精神，为城市发展注入持续动力。

（3）能提升城市服务功能，使城市成为"绿色宜居城市"

低碳经济的发展，使城市的生态环境和生活环境不断优化，智慧政务使城市公共服务效率不断提高，逐步形成安全、和谐、便捷的绿色宜居城市。

总之，智慧城市战略可以概括为：以先进信息技术，特别是物联网技术的研发与推广应用为核心，逐步构建一个经济充满活力、社会管理高效、大众生活便利、环境优美和谐的城市生态，并通过这种立体、动态、自适应的智慧环境，进化出一种全新的城市文明方式，实现城市的科学发展和包容发展。

案例分析

某银行数据价值的提升之道

随着大数据技术的发展，不断发现并引入新的数据源成为提升数据价值的关键。因此，传统的商业银行亟须建设一个大数据基础平台，以进一步拓宽数据源，进而拓展商业银行基础数据的广度和深度。

某银行的数据分析体系（包含基础数据平台、数据集市、数据仓库等）积累了丰富的数据，为该银行信用卡等业务的发展提供了稳定、高效的数据支持。然而，随着数据量快速增长，传统数据处理技术面临着众多困难和挑战。

① 对于互联网中的非结构化数据，无法有效地进行存储、清洗和分析。

② 无法对客户行为数据进行采集，因而无法深入了解客户、挖掘客户的行为偏好。

③ 现有数据平台的数据源主要是传统的业务数据，传统技术无法拓展新型数据源。

为了解决上述问题，该银行采用先进的大数据系统，搭建了基于互联网的采集、处理、存储非结构化数据的大数据平台，建立了分布式处理框架，实现了异构数据采集、处理和存储，进而实现了基于分布式计算技术的数据可视化管理，并根据上层数据应用的需求，实现了以下功能。

① 能够基于微信、信用卡 App 等非结构化数据处理场景，统一接入并存储各类新型数据，同时提供合适的技术手段对其进行后续分析和处理。

② 能够根据经过采集和处理的互联网客户行为数据，利用分布式数据挖掘技术，初步建立客户行为标签。

人工智能、物联网、云计算、大数据等先进信息技术的使用，使得该银行扩展了业务范围，优化了业务流程，提高了业务处理效率和决策能力，进一步拉近了与客户的距离，从而可以为客户提供更优质的服务。

结合上述案例，并查阅相关资料，分析和回答以下问题。

1. 分析传统银行业务在新经济环境下所遇到的各种问题。

2. 在本案例中，某银行使用了哪些先进的信息技术？

3. 分析人工智能、物联网、云计算、大数据等信息技术给传统银行的哪些业务领域带来了创新性变革。

思考题

1. 什么是信息技术基础设施？ 信息技术基础设施的组成要素有哪些？ 信息技术基础设施的主要特点是什么？

2. 什么是人工智能？ 人工智能的关键技术包括哪些？ 人工智能的研究领域有哪些？

3. 物联网的关键技术是什么？ 简述物联网在智慧城市中的应用。

4. 查找资料，简述新型基础设施建设的主要内容。

第 4 章　企业信息系统应用

本章学习要求

1. 了解企业资源规划系统的发展历程、构成与实施。
2. 理解供应链管理系统的商业价值。
3. 理解客户关系管理系统的商业价值。
4. 理解金融信息系统的商业价值。
5. 理解会计信息系统的结构。

　　企业信息系统可以在企业范围内共享并集成不同职能部门和业务部门的信息，从而提高企业的管理效率，使它们在市场竞争中取得优势。本章介绍了几类主要的企业信息系统，包括企业资源规划系统、客户关系管理系统、供应链管理系统。其中，企业资源规划系统帮助企业提升运营效率，供应链管理系统帮助企业协调生产和物流配送，客户关系管理系统帮助企业构建良好的客户关系。此外，结合财经领域，本章还介绍了金融信息系统和会计信息系统。

4.1　企业资源规划系统

　　早期的制造企业缺乏信息系统，因此经常会出现一些问题。例如，某企业的一个销售门店在确认客户订单之前需要查询仓库库存。仓库管理员发现现有库存能满足该销售门店的订单需求，于是确认该订单。与此同时，其他销售门店也会询问仓库库存，仓库管理员同样进行订单确认。但是现有库存无法满足更多销售门店的订单需求。由于缺乏信息系统，一方面采购部门不能及时采购原材料，生产部门无法及时安排生产，销售部门无法按时向客户交货；另一方面客户的订单、产品的物料单、零部件的采购单更新不及时，导致信息不一致，使物料的计算和准备需要花费很长时间。此外，仓库的库存信息更新不及时，会使财务部门无法准时收付款，更无法及时计算制造成本。

　　后来企业建立了以部门为核心的信息系统，不同部门有各自的事务处理系统，使各部门的工作效率有了显著提升，但各部门之间缺乏信息共享，形成了一个个"信息孤岛"，企业的整体运营效益并没有得到提升。销售人员无法获得产品的生产信息和库存信息，无法准确预测订单的交货日期；生产计划人员无法获得车间的产能状况和原材料库存信息，无法有序安排生产；采购人员无法获得物料的需求量和库存量，无法控制库存；生产管理人员无法了解订单生产各环节的状态，难以控制生产成本和产品质量。

企业要提升运营效率，就必须从整体上对各部门的业务进行优化，充分集成和有效共享各部门的业务信息。因此，企业迫切需要一个统一的、实时的、用于信息共享和业务优化的信息系统，以解决信息孤岛所带来的沟通不畅和资源利用困难等问题。企业资源规划（enterprise resource planning，ERP）正是为解决企业信息集成而产生的信息系统解决方案。

4.1.1　企业资源规划系统的概念

企业资源规划（ERP）的概念由高德纳公司于 1990 年提出。ERP 系统是建立在信息技术的基础之上，利用现代先进的企业管理思想，对企业的物流、资金流和信息流进行全面集成和管理的信息系统。它能够对企业的所有资源信息进行集成，为企业提供全方位和系统化的，用于决策、计划、控制与经营业绩评估的管理平台。

ERP 系统不仅仅是信息系统，也是一种管理理论和管理思想。ERP 系统利用企业的所有资源，包括内部资源和外部市场资源，为企业制造产品或提供服务制订最优的解决方案和计划，帮助企业达成经营目标。ERP 系统是先进管理思想在企业生产活动中的具体实践，是对企业资源的全面计划和控制。其核心思想就是实现对整个生产和供应环节的有效管理，主要体现在以下四个方面。

（1）支持对整个供应链的管理

在经济全球化时代，企业仅靠自己的资源不足以在市场竞争中取得优势地位，还必须把经营过程中的各相关方，如供应商、制造商、分销商、客户等纳入供应链，才能有效地安排企业的产、供、销活动，满足企业利用一切市场资源快速、高效地进行生产经营的需求，以进一步提高效率和在市场上获得竞争优势。换句话说，现代企业竞争不是单一企业与单一企业之间的竞争，而是一个企业供应链与另一个企业供应链之间的竞争。ERP 系统实现了对整个供应链的管理，适应了企业在全球化时代市场竞争的需要。

（2）体现精细生产、同步工程和敏捷制造的思想

ERP 系统支持对混合型生产方式的管理。一方面，企业在按照大批量生产方式组织生产时，要把客户、销售商、供应商等纳入生产体系。企业同其销售商、客户和供应商之间的关系，已不再是简单的业务往来关系，而是利益共享的合作伙伴关系，这种合作伙伴关系构成了企业的供应链，这就是"精细生产"（lean production，LP）的核心思想。另一方面，当市场发生变化，企业遇到特定的市场和产品需求时，企业的固定合作伙伴不一定能满足其产品开发和生产的需要，这时企业会组织一个由特定的供应商和销售渠道组成的短期或一次性供应链，形成"虚拟工厂"，并把"虚拟工厂"看作企业的一个组成部分，运用"同步工程"（simultaneous engineering，SE）组

织生产，用最短的时间将新产品打入市场，时刻保持产品的高质量、多样化和灵活性，这就是"敏捷制造"（agile manufacturing，AM）的核心思想。

（3）体现事先计划与实时决策的思想

ERP 系统的计划体系主要包括主生产计划、物料需求计划、能力需求计划、采购计划、财务预算等，而这些计划已经被完全集成到整个 ERP 系统之中。此外，ERP 系统通过定义与事务处理相关的会计核算科目与核算方式，保证了资金流与物流的同步，从而使企业能够根据财务资金现状，追溯资金的来龙去脉，并进一步对已发生的相关业务活动进行追溯，以实现事中控制、事后反馈分析，并实时做出决策。

（4）支持业务流程再造

ERP 系统对企业内部业务流程和管理过程进行了优化，使企业主要的业务流程实现了自动化。ERP 系统的流程和数据都是规范的，不能因人而异，随心所欲。ERP 系统集成了企业所有核心业务的数据，加快了数据传输和处理的速度。ERP 系统使数据和业务流程可视化，进而使企业各级管理者都可以对业务进行有效和实时的监控，从而优化了业务流程，提高了管理决策的有效性。ERP 系统与商务智能相结合，可以对海量数据进行分析，为企业持续不断地对业务流程进行改进、优化和再造提供可靠的依据。

在对资源进行全面整合管理的理念下，ERP 系统能够帮助企业实现以下几点。

（1）能够解决多变市场与均衡生产之间的矛盾

受生产能力和其他资源的限制，企业希望均衡地安排生产。在使用 ERP 系统安排生产计划时，企业可以通过经营规划、生产规划、主生产计划、物料需求计划、车间作业计划及能力需求计划来实现各部门均衡而稳定的生产计划，以应对多变的市场环境。

（2）能够更好地兑现对客户的供货承诺

ERP 系统可以自动产生可承诺量（available to promise，ATP）数据，以为供货承诺提供依据。根据产销两个方面的变化，ERP 系统还可以随时更新对客户的可承诺量数据。销售人员只要根据客户订单把客户对产品的订货量和需求日期输入 ERP 系统，就可以得到如下信息：

① 是否能按时满足客户需求。

② 如果不能按时满足客户需求，那么客户需求日期的可承诺量是多少，不足的数量何时可以提供。

这样，销售人员在做出供货承诺时，就可以做到心中有数，从而更好地兑现对客户的供货承诺。

（3）能够解决既物料短缺又库存积压的库存管理难题

ERP 系统的核心部分是物料需求计划（material requirements planning，MRP），而MRP 恰好就是为了解决此类问题而发展起来的。MRP 模拟制造企业中物料计划与控制的实际过程，主要回答并解决以下四个问题。

① 要制造什么产品。

② 要用什么零部件或原材料制造这些产品。

③ 企业目前有什么零部件或原材料。

④ 还应该再准备什么零部件或原材料。

这四个问题是制造企业都要回答和解决的问题，MRP 的执行过程就是回答这些问题的过程，即根据主生产计划（master production schedule，MPS）、物料清单（bill of material，BOM）和库存记录（inventory record），对每种物料进行计算，指出何时会发生物料短缺，并给出建议，用最小的库存量满足需求并避免物料短缺。在了解了MRP 的基本逻辑后就会发现，ERP 系统可以解决物料短缺和库存积压的库存管理难题。

（4）能够提高质量并降低成本

借助于 ERP 系统，企业员工的工作更有秩序，他们可以把时间花在按部就班地执行计划上，而不是忙于对突发事件做出紧急反应。这样可以提升企业的工作效率和产品质量，降低废品率和生产成本，并带来利润的增长。

（5）能够破除企业中的部门本位观念

传统企业强调分工，因此人们通常更注重部门的利益。而 ERP 强调整体和流程。ERP 系统把生产、财务、销售、工程技术、采购等各个子系统整合成一个一体化的系统，各子系统在统一的数据环境中工作。这样，ERP 系统就成为企业的一个通信系统，通过准确和及时地传递信息，以流程为主线来运营与管理企业，而不是把企业看作一个个部门的集合，同时强化整体合作的意识和作用，使每个部门都可以更好地了解企业的整体运作机制，以及本部门和其他部门在企业整体运作中的作用。

4.1.2 企业资源规划系统的发展历程

企业资源规划（ERP）的思想可以追溯到 20 世纪 40 年代的订货点（order point）方法，到 20 世纪 90 年代 ERP 概念的提出，已经经历了数十年的发展。ERP 概念的形成可以划分为五个阶段，如表 4-1 所示。这五个阶段相应的计划系统分别是：订货点系统；时段式物料需求计划（时段式 MRP）系统；闭环式物料需求计划（闭环式 MRP）；制造资源计划（manufacturing resource planning，由于制造资源计划与物料需求计划的英文首字母缩略语均为 MRP，为了与物料需求计划相区分，将制造资源计划简称为 MRPII）系统；企业资源规划（ERP）系统。从表 4-1 可以看出，上述五个阶段所处的环境、企业经营状况、待解决的问题、系统及主要计划对象以及理论基础都有所不同。

表 4-1　ERP 概念形成的五个阶段及其核心理论

阶段	环　　境	企业经营状况	待解决的问题	系统及主要计划对象	理论基础
20 世纪 40 年代	机械化生产普及	库存成本高，采购费用高	确定订货时间和订货数量	订货点系统（手工管理）	库存管理

续表

阶段	环　境	企业经营状况	待解决的问题	系统及主要计划对象	理论基础
20 世纪 60 年代		产、供、销脱节，追求降低成本，手工订货、发货	根据主生产计划确定订货时间、品种和数量，解决物料不匹配的问题	时段式 MRP 系统（将物料订购时间纳入计划范围）	库存管理、主生产计划、优先级计划、物料清单、期量标准
20 世纪 70 年代	市场竞争加剧，计算机技术飞速发展	没有考虑企业现有的生产能力，计划偏离实际，人工完成车间作业计划	保障能力需求计划实施及时间调度，产、供、销协调运作，及时反馈	闭环式 MRP 系统（将设备、人员的产能纳入计划范围）	能力需求平衡、生产和采购实行 PDCA 循环（即按照计划、实施、检查、处置的顺序循环往复进行改进）
20 世纪 80 年代		将资金流与物流分离管理，各子系统之间缺乏联系，人、财、物系统之间存在很多冲突	实现从订单下达到产品送达最终用户的一体化管理体系；将财务与业务集成起来	MRP II 系统（将营销、财务纳入计划范围）	系统集成技术、管理会计、物资管理和决策模型
20 世纪 90 年代	经济全球化，互联网时代到来	寻求新的企业增长点，适应市场环境的变化	在全社会范围内利用供应链上的资源，合作竞争	ERP 系统（将客户需求、供应商制造资源作为企业内部活动的计划对象）	供应链管理、约束理论、业务流程再造、精细生产

　　ERP 概念形成所经历的各个计划系统具有向前兼容性，即第二个阶段计划系统与第一个阶段计划系统之间的关系是：时段式 MRP 系统包含了订货点系统的所有功能，是订货点系统的提升和扩展。同样，其他阶段计划系统之间的关系也是如此。下面分别对这些计划系统的理论和结构予以介绍。

1. 订货点系统

　　在库存管理中，利用订货点系统可以为生产所需的物料设定库存量，并根据物料的消耗情况设定合理的订货点。库存量订货点模型如图 4-1 所示。

　　物料是随着时间的推移而消耗的。为了满足生产需要，企业需要个不断地进货，使库存量不低于安全库存所需要的数量。为了在较低的库存水平下保证企业正常运行，企业分别设置了最大库存量和安全库存量，分别是库存量的上限和下限，这样可以解决订多少货的问题。

　　由于物料的供应需要一定的时间——物料的采购周期，即从订货至到货之间的时间差。企业不能等物料的库存量消耗到安全库存量时才补充库存，必须有一定的订货提前期，企业根据这一段时间内可能产生的物料消耗量来确定补货的时间点（即订货点），从而解决何时订货的问题。

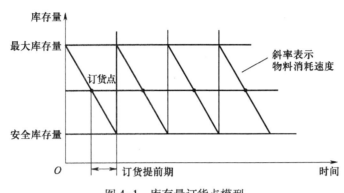

图 4-1 库存量订货点模型

当库存量达到订货点时，企业就向供应商发出订货请求。此后，物料仍在消耗，库存量仍在减少，当物料消耗到安全库存量时，订购的物料刚好到货入库，库存量再次达到最大库存量。

订货点系统在当时的生产环境下起到了一定的作用，但随着市场的变化和产品复杂性的增加，它的应用受到了一定的限制。这种方法有诸多限制条件，例如：

① 物料的消耗要相对稳定。

② 物料的供应要比较稳定。

③ 各种物料的需求是相对独立的。

④ 订货提前期是已知的和固定的。

订货点系统的主要缺陷是，订货只面向零件，而不考虑零件与零件之间、零件与产品之间的关系。在企业实际运作过程中，由于客户需求的不断变化，产品及相关原材料的需求在数量和时间上往往是不稳定和间歇性的，这使得该系统达不到预期的应用效果。同时，企业的采购、库存和生产之间并没有直接的联系，订货点方法没有考虑到产品各零部件之间的关系，特别是在离散制造行业（如汽车制造、机械制造等行业）中，由于其产品结构和生产工艺复杂，且涉及数以千计的零部件和原材料，生产和库存管理的问题更加复杂。

2. 时段式 MRP 系统

为了解决订货点系统存在的缺陷，20 世纪 60 年代中期出现了时段式 MRP 的概念。它将企业的物料需求分为独立需求和相关需求，并按照需求时间的先后及提前期的长短，确定不同时段各个物料的需求量和订单的下达时间。独立需求是指需求量和需求时间由市场或客户来决定的外部需求，如关于客户订购的产品、科研试制需要的样品、售后维修需要的备品备件等的需求；相关需求是指根据物料之间的关系由独立需求的物料所产生的需求，如关于半成品、零部件、原材料等的需求。

时段式 MRP 系统，又称为基本 MRP 系统。它的基本思想是：先从最终产品的生产计划（独立需求）导出相关物料（原材料、零部件等）的需求量和需求时间（相关需求），然后根据物料的需求时间和生产（订货）周期来确定最终产品的生产（订货）时间。其基本输入数据是主生产计划（MPS）、物料清单（BOM）和库存记录。

（1）主生产计划

主生产计划是指确定每一种具体的最终产品在每一个具体的时间段内生产数量的计划。最终产品是指对于企业来说最终需要完成、要出厂的产品（包括产品的品种、型号等）；具体的时间段通常以周为单位，也可以日、旬、月为单位。主生产计划是独立需求计划，详细规定了生产什么、什么时段产出。主生产计划根据客户订货合同和市场预测，把经营计划或生产计划大纲中的产品系列具体化，使之成为物料需求计划的主要依据，起到了从综合计划向具体计划过渡的承上启下的作用。

（2）物料清单

时段式 MRP 系统要正确计算物料需求，特别是相关需求的时间和数量，就要先知道企业所制造的产品的结构和所使用的物料。产品结构列出了成品或装配件的所有构件及其组成、装配关系和数量要求等。为了便于计算机识别，必须把产品结构图转换成规范的数据格式，这种用规范的数据格式来描述产品结构的文件就是物料清单，它必须说明构件中各种物料需求的数量及物料之间的关系。图 4-2 所示的是方桌生产的物料清单示意图。

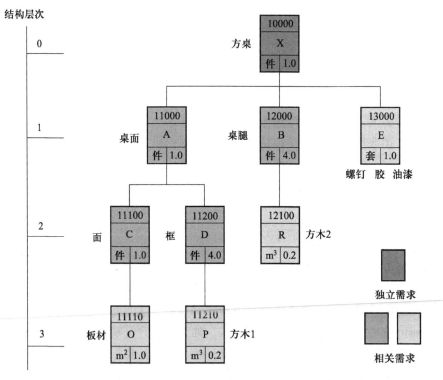

图 4-2　方桌生产的物料清单示意图

（3）库存记录

库存记录是保存企业所有产品、零部件、在制品、原材料等存在状态的数据库。

在时段式 MRP 系统中，将产品、零部件、在制品、原材料甚至工装工具等统称为"物料"或"项目"。为了便于计算机识别，必须对物料进行编码，物料编码是时段式 MRP 系统中物料的唯一标识。

时段式 MRP 系统的逻辑流程如图 4-3 所示。

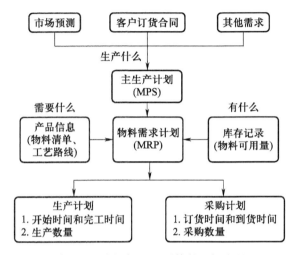

图 4-3　时段式 MRP 系统的逻辑流程

与订货点系统相比，时段式 MRP 系统具有以下优势。

① 可以根据产品的需求时间提供客户所需要的产品数量。

② 产品结构是多层次和树状的，其最长的一条加工路线决定了产品的生产时间。

③ 在安排产品及各层次物料的生产计划时，应按照产品的需求时间先安排低层次物料的生产计划，即倒排计划，来确定各层次物料的最迟完工时间和最迟开工时间。

④ 在制订物料需求计划时要考虑产品结构，而在确定了物料需求计划之后，要考虑物料的库存量，进而得出各层次物料的实际需求量。其中，位于最低层次的原材料的需求量就是采购数量，中间物料并行加工及顺序加工的日期和时间就形成了生产加工计划。

时段式 MRP 系统要做的工作是，首先汇总企业在一定时段内对同一零部件的总需要量，其次计算出它们在各个时段内的净需要量和计划交付量，最后据此安排生产计划和采购计划。这种借助于先进的计算机技术和管理软件计算物料需求量的方式，与传统的人工方式相比，计算时间大大缩短，计算的准确度也得到大幅度提高。

3. 闭环式 MRP 系统

时段式 MRP 系统能够根据有关数据计算出相关物料需求的准确时间与数量，但这是建立在两个假设的基础之上的：一是假设生产计划是可行的，即有足够的设备、人力和资金来保证生产计划的实现；二是假设采购计划是可行的，即有足够的供货能力和运输能力来保证物料供应。换言之，时段式 MRP 的缺陷是没有考虑制造企业现有的生产能力和采购会受到有关条件的约束。在实际生产中，企业的生产能力和物料资源总是有限的，因此往往会出现企业因为生产能力的变化或原材料的不足而无法完成生产计划的情况。同时，它也缺乏根据计划实施的反馈信息对计划进行调整的功能。为了解决上述问题，在 20 世纪 70 年代出现了闭环式 MRP 系统。

闭环式 MRP 系统在时段式 MRP 系统的基础上增加了反馈功能。一方面，除了物料需求计划外，还将能力需求计划（capacity requirement planning，CRP）、生产计划大纲、资源需求计划和粗能力计划纳入 MRP 系统，形成了一个封闭的系统；另一方面，在计划执行过程中加入来自车间、供应商和计划人员的反馈信息，利用这些反馈信息对计划进行平衡和调整，从而使生产的各个环节围绕物料需求计划形成了一个"计划—实施—评价—反馈—计划"的封闭过程。闭环式 MRP 系统的逻辑流程如图 4-4 所示。

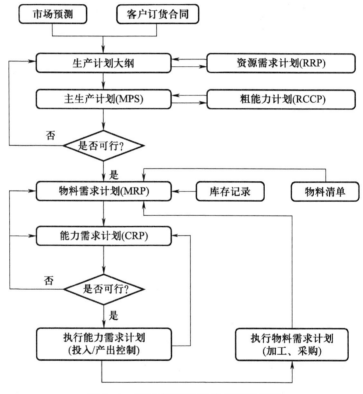

图 4-4　闭环式 MRP 系统的逻辑流程

闭环式 MRP 系统应当包括主生产计划和物料需求计划两个计划层次和一个由两个作业并列的执行层次（车间作业和采购作业）。主生产计划是针对独立需求的计划，可以理解为对产品的计划。物料需求计划是针对相关需求的计划，即生产计划和采购计划，这两个计划是同时生成的。

闭环式 MRP 系统还要包括各个层次的能力需求计划。主生产计划和物料需求计划都仅仅是需求计划，能否实现，取决于企业在各个时段的能力资源能否满足需求（粗能力计划）。因此，对于物料需求计划和能力需求计划，要经过反复运算、调整和核实，从而形成一个小的闭环。

计划管理层同执行层之间的信息沟通，形成了第二个稍大的闭环，它们根据计划的实际运行情况，不断修正计划。因此，闭环式 MRP 系统是包括各个层次的需求（物料）/供应（能力）和执行/反馈两种闭环的信息系统和运作系统。

闭环式 MRP 系统较好地解决了生产计划与控制的问题（如何时、何地、需要何种物料、需要多少物料、何时下单等），大大减少了企业延期交货的现象，并提高了客户服务水平。然而，闭环式 MRP 系统管理的对象主要是物流，没有反映生产运作过程中的资金流，因而难以实现对成本的管理和控制。

4. MRPII

闭环式 MRP 系统仅仅是一个完整的生产计划与控制系统，而 MRPII（制造资源规划）则是在 MRP 系统基础上发展起来的反映企业生产计划和经济效益的集成的信息系统。为了与物料需求计划相区分，在 MRP 加上"II"，可以说是第二代 MRP 系统。但是 MRPII 系统并不是取代 MRP 系统，MRP 系统仍是它的核心。

MRPII 系统与 MRP 系统的主要区别是，它运用了管理会计的概念，实现了物料信息同资金信息的集成，也就是用货币形式说明了执行企业"物料计划"所带来的经济效益。衡量企业经济效益，要先计算产品成本。在计算产品成本时，要以 MRP 系统的产品结构为基础，从底层采购原材料的费用开始，逐层向上将每一个物料的材料费、人工费和制造费（间接成本）累加起来，得出每一层零部件直至最终产品的成本。其次，结合市场营销，分析各类产品的盈利状况。MRPII 系统把传统的账务处理与发生账务的事务结合起来，不仅说明账务的资金现状，还追溯资金的来龙去脉。例如，将体现债权债务关系的应付账款、应收账款同采购作业和车间作业集成起来等。MRPII 系统的逻辑流程如图 4-5 所示。

在图 4-5 所示的 MRPII 系统逻辑流程中，右侧是计划与控制系统的流程，它包括决策层、计划层和执行层，可以将其理解为经营计划管理的流程。中间是基础数据，存储在计算机系统的数据库中，通过对这些数据进行集中管理，把企业各个部门的业务集成起来；左侧是主要的财务系统，这里只列出了应收账款、总账和应付账款。各条连线表明信息的流向及相互之间的集成关系。MRPII 系统使企业的市场、销售、计划、生产、物料、成本、财务和技术等紧密结合，共享有关数据，实现了企业的物流、资金流和物流信息的集成。

20 世纪 80 年代末，随着经济全球化趋势加剧，跨地区、跨国企业既要与遍布全球的供应商和经销商进行沟通，又要协调国际化的工作团队服务于本地化的需求，在全球范围内实现资源的有效配置，以及物流、信息流和资金流的快速传递，这些变化和要求给 MRPII 系统提出了新的挑战。由于 MRPII 系统只能改变企业内部的信息流，随着全球经济一体化的加速，企业与其外部环境的关系越来越紧密，MRPII 系统已经不能满足企业发展的需要。

5. ERP 系统

20 世纪 90 年代，市场竞争进一步加剧，企业的竞争范围逐渐扩大，现代管理思想和方法不断涌现，如准时生产（JIT）、全面质量管理（total quality control，TQC）、最优生产技术（optimized production technology，OPT）、敏捷制造系统（agile manufacturing system，AMS）等。为了适应经济环境的变化，企业信息系统需要吸收和融合现代管理思想与方法。因此，主要面向企业内部资源进行全面计划管理的 MRPII 系统，开始向能处理与企业外部环境有关的信息流和全面管理企业资源的 ERP 系统发展。

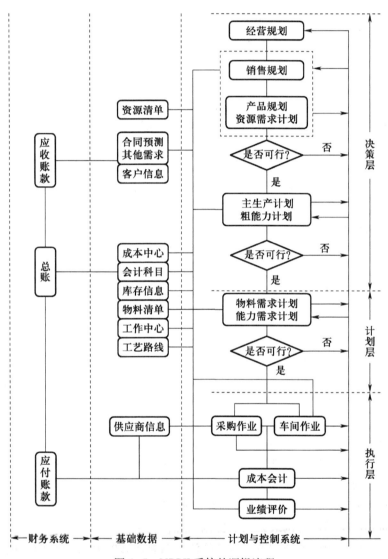

图 4-5　MRPII 系统的逻辑流程

ERP 系统体现了先进的企业管理模式，它可以对企业各方面的资源（包括人、财、物、产、供、销等要素）进行合理配置，使企业在激烈的市场竞争中充分发挥效能，取得最佳的经济效益。ERP 系统在 MRPII 系统的基础上扩展了管理范围，提出了新的管理体系结构，在设计中不仅考虑了企业的内部资源，还考虑了经营过程中的有关各方，如供应商、制造商、分销商、客户等，从而把企业的内部资源和外部资源有机地结合起来。ERP 系统充分贯彻了供应链的思想，体现了完全按客户需求制造的思想。

ERP 系统在 MRPII 系统的基础上做了以下几个方面的改进。

（1）扩大资源管理范围

MRPII 系统侧重对企业内部的人、财、物等资源的管理。ERP 系统在 MRPII 系统的基础上扩大了管理范围，它把客户需求和企业内部的制造活动以及供应商的制造资源整合在一起，形成了一个完整的供应链，并对供应链上的所有环节，如订单、采购、库存、计划、生产制造、质量控制、运输、分销、服务与维护、财务、人事等进行有效的管理。

（2）支持混合型生产方式

MRPII 系统将企业的生产方式分为重复制造、批量生产、按订单生产、按订单装配、按库存生产等，对于每一种生产方式都有专门的管理标准。ERP 系统支持混合型生产方式，如多品种、小批量生产以及看板式生产等，能很好地支持和管理混合型制造环境，满足企业多元化的经营需求。

（3）管理功能增加

ERP 系统除了具有 MRPII 系统的制造、销售、财务等管理功能外，还支持整个供应链上物料流通体系中供、产、需各环节之间的运输管理和仓库管理；支持生产保障体系中的质量管理、实验室管理、设备维修和备品备件管理；支持对工作流（业务处理流程）的管理。

（4）增强事务处理与控制能力

MRPII 系统通过及时滚动计划来控制整个生产过程，它的实时性较差，一般只能实现事中控制。而 ERP 系统支持联机分析处理、售后服务及质量反馈，强调企业的事前控制能力，它通过集成设计、制造、销售、运输等事务来并行地进行各种相关作业，提高企业对质量、客户满意度以及绩效等关键问题的实时分析能力。

（5）支持跨国（跨地区）经营的事务处理

企业的不断发展，使得企业内部各个业务单元之间、企业内部与外部的业务单元之间的协调越来越频繁、越来越重要，ERP 系统拥有完整的组织架构，可以支持跨国（跨地区）经营的事务的多个国家或地区、多家工厂、多个语种、多个币制的应用需求。

（6）最新的主流技术和体系结构

随着信息技术的迅猛发展与应用，ERP 系统可以实现对整个供应链的集成管理。ERP 系统既可以采用客户-服务器（C/S）体系结构，也可以采用浏览器-服务器（B/S）体系结构，并采用分布式数据处理技术，支持互联网/企业内部网/外联网、电子商务、电子数据交换（EDI）等应用技术。此外，还能实现不同平台上的互动操作。

此外，ERP 系统还打破了 MRPII 系统只局限于传统制造企业的旧观念和格局，把触角伸向各个行业，特别是金融业、通信业、高科技产业、零售业等，大大扩展了应用范围。在这样的背景下，高德纳公司再次提出了一个全新的概念——ERPII。ERPII 系统是一种通过支持与优化企业内部及企业之间的协同运作和财务过程，来创造客户价值和股东价值的商务战略和一套面向具体行业的应用系统。为了与 ERP 系统关注企业内部管理相区别，高德纳公司在描述 ERPII 系统时，引入了协同商务（collaborative commerce，CC）的概念。协同商务是指利用跨组织信息系统在企业内部人员之间、企业与业务伙伴之间、企业与客户之间开展合作的商务模式。ERPII 系统体现了新一代 ERP 系统的发展趋势。

4.1.3 企业资源规划系统的构成和特点

1. 企业资源规划系统的构成

不同企业资源规划（ERP）系统生产商提供的 ERP 系统适用于不同行业的企业。由于每个企业的生产经营活动和职能部门都有所不同，因此所采用的 ERP 系统的功能模块也各不相同。ERP 系统是一个集成的企业信息系统，主要有三大模块，即生产控制、物流管理和财务管理，能够实现事前计划、事中控制、事后反馈分析，并可以对企业物资采购、生产经营、成本控制、库存管理、销售决策、财务核算和人力资源等进行规划，以达到企业资源配置的最优化，实现效益最大化的企业经营目标。

中华人民共和国电子行业标准《企业信息化技术规范 第 1 部分：企业资源规划系统(ERP)规范》（SJ/T 11293—2003），于 2003 年 10 月 1 日起正式实施。该标准给出了 ERP 系统研发、实施、服务、产品功能等方面的要求，用于指导企业 ERP 产品与服务选型；此外，还给出了 ERP 系统 20 个模块的功能描述、评价标准和重要程度。

一般而言，制造企业 ERP 系统的功能构成如图 4-6 所示。

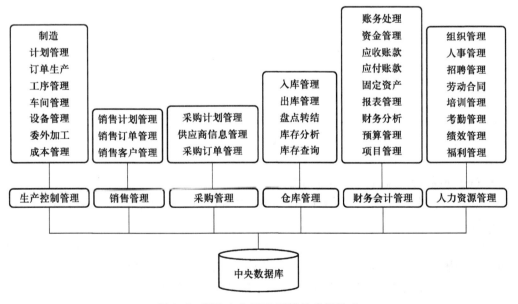

图 4-6 制造企业 ERP 系统的功能构成

2. ERP 软件生产商

国际上 ERP 软件生产商主要有 SAP、Oracle、PeopleSoft、Sage、Infor、Epicor、Microsoft、IBM 等，它们合起来占据了全球 30% 的市场。因为历史原因，每个 ERP 软件生产商都在某个特定领域有自己的专长。例如，SAP 在物流领域；Oracle 和 PeopleSoft 在财务领域；Microsoft 在零售管理领域；IBM 在制造领域。同时还有许多中小规模的 ERP 软件生产商也参与到 ERP 市场的竞争中来。

在我国的 ERP 市场中，本土 ERP 软件生产商经过多年的发展，具有很强的市场竞争力，如用友、浪潮、金蝶、鼎捷等。目前我国的 ERP 行业已经形成了比较雄厚的产业基础，市场格局基本稳定。2019 年，在我国的 ERP 市场中，用友、浪潮、金蝶分别以 40%、20% 和 18% 的市场占有率位居前三，国外企业 SAP 和 Oracle 的总市场份额仅为 17%（如图 4-7 所示），这是因为我国的 ERP 系统客户群体主要是中小型企业，国产 ERP 系统具有价格低、操作简单等优势。

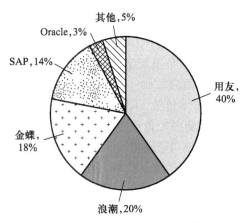

图 4-7 2019 年我国 ERP 市场份额

此外，越来越多的已经部署本地 ERP 系统的企业开始向云端发展，ERP 云服务成为一个重要市场，2019 年其全球市场规模达到 233 亿美元，占据整个 ERP 市场规模的 25%，其中 Oracle 的 ERP 云服务发展较快，占据全球 ERP 云服务 10% 的市场份额。表 4-2 列出了国内外部分主要的 ERP 软件生产商及其产品。

表 4-2 国内外部分主要的 ERP 软件生产商及其产品

ERP 软件生产商		主要产品
国外 ERP 软件生产商	SAP	SAP S/4HANA Cloud、SAP Business One、SAP Business ByDesign
	Oracle	Oracle ERP Cloud、Oracle NetSuite
	Microsoft	Microsoft Dynamics 365、Microsoft Dynamics GP
	Infor	Infor SyteLine ERP
	Epicor	Epicore Kinetic、Epicor Advanced MES、Epicor iScala
	Sage	Sage Intacct、Sage 100

续表

ERP 软件生产商		主 要 产 品
国内 ERP 软件生产商	用友	用友 NC、用友 U9
	浪潮	浪潮 GS，浪潮 inSuite
	金蝶	金蝶 KIS，金蝶 K/3 WISE
	鼎捷	易飞 ERP、易成 ERP、易助 ERP

3. 新一代 ERP 系统的特点

由于 ERP 系统代表了当代先进的企业管理模式与技术，并能够提高企业整体的管理效率和市场竞争力，近年来 ERP 系统在国内外得到了广泛的应用。随着企业间的竞争不断加剧，信息技术、先进制造技术不断发展，企业对于 ERP 系统的需求日益增加，促进了 ERP 向新一代 ERP 发展。

目前，关于新一代 ERP 系统的说法有很多，如 e-ERP、后 ERP、iERP、ERPII 等。这些说法都是人们站在不同角度对 ERP 系统发展趋势进行的描述。根据 ERP 管理思想及其发展趋势，新一代 ERP 系统应当具备以下特点。

(1) 管理思想的先进性与适应性

新一代 ERP 系统应当在继承传统 ERP 管理思想的基础上，不断吸纳先进的管理思想或模式，如敏捷制造与敏捷虚拟企业组织管理模式、供应链环境下的精细生产管理模式、基于电子商务的企业协同管理模式、跨企业的协同项目管理模式等，并将其管理思想与 ERP 业务处理模型相结合。此外，新一代 ERP 应当具有对不同国情下管理模式的适应性。例如，对于发展中国家，应当采用针对性较强的改进型 ERP 管理模式，如基于主动成本控制的 ERP 模式、基于时间-成本双主线控制的 ERP 模式、基于资金流模型的 ERP 模式等。

(2) 电子商务环境下企业间的协同性

在网络化时代，制造业的竞争焦点已从单一企业间的竞争转化为跨企业的生产体系间的竞争。企业正在把基于内部功能最优化的垂直一体化组织转变为更加灵活的以核心能力为基础的实体组织，并努力找到其在供应链和价值网络中的最佳定位。这种定位不仅与企业所从事的 B2B 和 B2C 电子商务相关，还与企业间的协同合作相关。新一代 ERP 应当支持电子商务环境下企业间的协同经营与运作。

(3) 面向企业业务流程的功能可扩展性

新一代 ERP 系统面向企业的业务流程，以及产品全生命周期的相关过程与资源管理，其业务领域与功能不断扩充。新一代 ERP 除了具有传统的制造、财务、分销等功能外，还具有产品数据管理（product data management，PDM）、客户关系管理（CRM）、供应链管理（supply chain management，SCM）、电子商务、制造执行系统（manufacturing execution system，MES）、决策支持系统（DSS）、数据仓库、联机分析处理（online analytical processing，OLAP）、办公自动化（office automation，OA）等功能，从而构成了功能强大的集成化企业管理与决策信息系统。因此，新一代 ERP

应当具有很强的功能可扩展性。

随着 ERP 系统不断应用于企业之中，企业各部门的业务流程更加合理、规范，彼此之间的衔接更加顺畅；企业的生产效率更高，库存占用的资金更少；企业各级管理者可以更迅速、准确地得到所需的报表，从而能够对市场做出及时的反应。

4.1.4 企业资源规划系统的实施

企业资源规划（ERP）系统的实施是一个极其关键的环节，也是一个最容易被忽视的环节。ERP 系统实施的成败决定了其效益是否能得到充分发挥。

1. ERP 系统实施的前期准备

购买并安装 ERP 系统之前是 ERP 系统实施的前期准备阶段。这一阶段非常重要，前期准备工作的好坏关系到 ERP 系统实施的成败，但在实际操作中往往被人们忽略。这一阶段的工作主要包括以下内容。

（1）总体规划，分步实施

在实施 ERP 系统之前，企业要根据实际需要和自身的技术及经济能力，明确是先安装 MRPII 系统还是直接安装 ERP 系统；是以资金流为核心还是以物流为核心；是分阶段实施还是全面实施；先安装哪一部分，后安装哪一部分；每一个子系统或模块的功能与实现的具体目标；各类数据的分类与编码；数据的来源与去向，以及共享关系等。总之，首先对 ERP 系统进行统筹规划，其次在科学规划的基础上按照优化管理的迫切程度、实施的难易程度等确定优先次序，最后在效益驱动、重点突破的指导下，分阶段、分步骤地实施。科学的实施方法可以起到事半功倍的作用，保证 ERP 系统的顺利推行。

（2）设立项目，建立组织

ERP 系统的实施是一个系统工程。为了保证 ERP 系统按计划顺利实施，不仅需要设立专门的项目，还需要有组织上的保证。项目成员人选不当、协调配合不好，会影响项目的实施和成效。实施 ERP 系统通常要成立三级项目组织，即项目领导小组、项目实施小组和项目职能小组。

ERP 系统不仅仅是一个系统，还更多地体现了先进的管理思想，关系到企业管理模式的调整、业务流程的变化及相关人员的变动，所以必须坚持"一把手原则"。企业的最高决策者要亲自参与到 ERP 系统的实施中，并且与相关的企业管理者一起成立项目领导小组，负责确定计划的优先级、合理配置资源、对重大问题做出决策、制定相关政策等。

ERP 系统的实施工作主要是由项目实施小组来推动和完成的。项目实施小组非常重要，主要负责制订实施计划，并监督实施计划的执行；负责指导、组织和推动项目职能小组的工作，积极参与业务改革；负责组织原型测试，模拟运行 ERP 系统，并提出有关意见；负责把 ERP 系统培训落实到企业的各个层次；负责按照要求收集数据，录入数据，并编制企业的 ERP 数据规范；负责制定岗位工作准则并提交各个阶段的工作报告等。项目实施小组的组长，也就是该项目的项目经理，要有足够的权威、较强的组织能力和项目管理能力，同时要熟悉企业的管理情况、产品、工艺流程等，有丰富的项目管理和实施经验。项目实施小组的其他成员一般为企业主要业务部门的主管、业务骨干、计算机系统维护人员等。

项目职能小组是实施 ERP 系统的核心，一般由各个部门的主要业务操作人员组成，负责完成各部门的 ERP 系统实施任务。项目职能小组要在项目实施小组的指导下，根据各部门的特点，制订相应的 ERP 系统实施方法与步骤。项目职能小组成员要熟练掌握与本部门各项业务有关的 ERP 系统功能，并对其提出改进意见。

（3）教育与培训

ERP 系统作为管理和信息技术的有机结合，是企业级的信息集成，它应用于企业的方方面面，涉及企业的每个部门、每个员工。其所反映出来的管理思想和理论，通常比传统的管理思想和理论要先进，这就要求企业各级管理者和业务人员不断学习先进的管理思想和理论，如精细生产、准时生产、供应链管理、全面质量管理等。企业的各级管理者和业务人员是 ERP 系统真正的使用者，他们真正了解企业的需求，只有他们理解了 ERP 系统，才能判断企业需要什么样的 ERP 系统，才能更有效地运用 ERP 系统。对企业高层管理者和 ERP 系统涉及的人员按照不同层次、不同程度进行系统功能培训，让他们掌握 ERP 系统的基本原理及其所反映的管理思想，是 ERP 系统成功实施的基础。同时，对企业高层管理者和相关人员进行的培训，要贯穿于 ERP 系统实施的整个过程，并通过定期和不定期地召开研讨会，让他们了解 ERP 系统实施的最新成果。培训的类型有理论培训、实施方法培训、项目管理培训、应用培训、计算机系统维护培训等。

（4）软件选型

市场上能提供 ERP 系统及服务的软件生产商众多，企业要能从中找到真正适合自己的 ERP 系统和合作伙伴。ERP 系统功能涉及企业生产和管理的方方面面，不同的 ERP 系统关注的重点有所不同，就算是同样的功能也各具特色；而不同的企业也具有不同的特点，因此一个企业要选择合适的 ERP 系统需要做相当多的工作。

目前 ERP 系统有来自国内的、来自国外的，此外还有针对不同行业类型的。企业在选择 ERP 系统时，要先筛选出适合企业需求的 ERP 软件生产商，并对它们进行深入了解，以避免把有限的精力投到过大的范围中。另外，企业在选择 ERP 系统的过程中，可以到已实施 ERP 系统的企业去参观和交流，这对将来结合企业发展战略进行整体信息技术规划具有非常重要的指导意义。

2. ERP 系统实施的步骤

ERP 系统的实施包括前期工作、实施准备和系统运行与用户化阶段。在前期工作阶段，企业需要根据现状进行企业诊断和需求分析，然后进行软件选型；与此同时，要针对 ERP 系统的实施成立项目组织及进行数据准备，其中，数据准备会延续到实施准备阶段。实施准备阶段，除了数据准备外，还包括系统安装调试、软件原型测试。系统运行与用户化阶段，包括用户化及模拟运行、ERP 系统的切换运行、ERP 系统实施评价等步骤。图 4-8 所示的是一个典型的 ERP 系统实施进程图。ERP 系统实施的主要步骤如下。

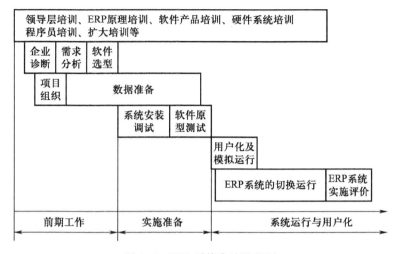

图 4-8 ERP 系统实施进程图

（1）数据准备

在运行 ERP 系统之前，要准备和录入一系列基础数据。基础数据量大，涉及面广，主要分为初始静态数据、业务输入数据、业务输出数据。初始静态数据如物料编码、工艺路线、库存数据、工作中心数据等；业务输入数据如物料入库数据与销售订单数据等；业务输出数据有物料库存数据、可用库存数据与物料的计划需求数据。数据要满足 ERP 系统的格式要求，并确保其正确性、完整性和规范性。

（2）系统安装调试

在做好基础数据准备后，就可以安装 ERP 系统了，系统安装调试包括硬件、软件的安装与调试。在硬件方面，企业应统筹考虑现有资源，以及各种数据的采集方式，通过与硬件供应商合作，制订企业的硬件系统建设方案，并在此基础上进行硬件的安装与调试。在软件方面，在未详细规划企业的 ERP 应用工作点前，要在计划中心或一些主要的业务部门建立初步的系统安装调试工作点，等到建立 ERP 应用工作点后，再安装相应的软件。

（3）软件原型测试

软件原型测试是指对软件功能的原型进行测试，也就是将收集的数据输入 ERP 系统，测试 ERP 系统的功能。在这一阶段，测试人员应当在 ERP 系统实施顾问的指导下，系统地进行 ERP 系统的测试工作。因为 ERP 系统涉及的业务数据、业务流程相关性很强，如果不按照系统的逻辑进行处理，就无法处理，甚至无法输入相关数据。例如，要输入物料入库数据，则必须先输入物料编码、库存的初始数据等。

（4）用户化及模拟运行

①用户化与二次开发。不同的企业往往在生产规模、生产类型、管理机制、人员素质、外部环境等方面有所不同。即使是同一个企业，随着科技进步和市场需求的变化，它的产品组合、工艺技术、生产规模、供应协作关系等也在发展和变化，因此

其管理方式和方法必须随之做相应的变化。可见，对于所有企业都完全适用的商品化 ERP 系统是不存在的。企业不论是采用国外的 ERP 系统还是采用国内的 ERP 系统，都面临系统的用户化和二次开发的任务。一般地，用户化不涉及关于业务流程的程序代码改动工作，这种工作可以由系统维护人员在 ERP 系统实施顾问的指导下进行。此外，应当尽量减少对 ERP 系统界面的二次开发，而将二次开发的重点放在报表与特殊的业务功能上。

② 实战性模拟运行。在完成了用户化与二次开发任务后，就可以运行企业的实际业务数据了。具体来说，就是先检查数据的准确性与合理性，确定系统运行所需的各种参数，调整和确定各种凭证及报表，然后选择一部分比较成熟的业务进行试运行，做到以点带面、由粗到细，保证新旧系统之间的平稳过渡。在经过一段时间的测试和模拟运行之后，针对 ERP 系统实施中出现的问题，各项目小组会提出一组解决方案，同时编制实施 ERP 系统的工作准则与工作规程，制订配套的管理措施，并在以后的实施中不断完善。

（5）ERP 系统的切换运行

在经历实战性模拟运行之后，即可进入 ERP 系统的切换运行阶段。企业可以根据其产品及生产制造的特点、原有的信息技术基础来确定具体的过渡方案，包括停止原人工作业方式，终止原单一系统的运行，将相关业务完全转由 ERP 系统处理等。ERP 系统的切换运行要分模块、分步骤、分业务、分部门地逐步展开。在这一步骤中，所有最终用户都必须在真实的工作场景中使用 ERP 系统。

（6）ERP 系统实施评价

在 ERP 系统投入运行后，其实施工作并没有结束，而是转入实施评价工作。在 ERP 系统投入运行之后有必要对 ERP 系统的实施效果进行评价。一方面，判断其是否达到了最初目标，并在此基础上制订下一步工作计划；另一方面，随着市场竞争形势的变化，不断出现的新需求，加上系统更新换代的要求，以及信息技术的进步，都会给现有的 ERP 系统带来挑战。因此，要在 ERP 系统运行的基础上，对其进行评价并制定下一个目标，不断地巩固和提升 ERP 系统的实施效果。

ERP 系统实施评价与其他系统的实施评价相比，具有自己的特点。ERP 系统包含信息技术、设备、人员和环境等诸多因素，其效能是通过信息的作用表现出来的，而信息的作用又是通过人们在一定的环境中，借助于以计算机技术为主体的工具进行决策和行动表现出来的。因此，系统的效能既是有形的，也是无形的；既是直接的，又是间接的；既是固定的，又是变动的。由此可见，ERP 系统实施评价是一项难度较大的工作，属于多目标评价问题。对于 ERP 系统的效能可以从技术和经济两个方面来评价，即功能性评价和经济效益评价。同时，由于管理信息系统是一个应用于社会组织的人机系统，因此 ERP 系统实施评价也包括对社会效益的评价。

3. 业务流程再造

ERP 系统实施与业务流程再造之间的关系很密切。ERP 系统实施之后，会对企业的业务流程、组织结构和岗位设置产生重大影响，企业必须具有与 ERP 系统运行相适应的业务流程，这在客观上要求企业实施业务流程再造；反过来，实施业务流程再造，必须有工具来支撑，这种工具正是 ERP 系统。

（1）业务流程再造理论的基本思想

1990 年，哈默首次提出了业务流程再造（business process reengineering，BPR）概念，并将其定义为：对企业业务流程进行根本性的再思考和彻底性的再设计，以在成本、质量、服务和速度等衡量企业绩效的关键指标上取得显著的进展。

业务流程再造的对象是流程，而不是任务、人员和组织结构等。面向流程的思想是业务流程再造的基础，其表现形式是以流程为核心，采用面向流程的管理方式，体现了业务流程必须快捷地满足客户要求的本质特征，这也是传统的面向职能的管理方式的异化。在一般情况下，客户需求可以通过产品或服务来满足，产品或服务需要由企业的生产或服务流程来提供，而企业的生产或服务流程则需要由企业的各个职能部门来保证。面向职能的管理方式就是从职能部门出发来考虑客户需求的；而面向流程的管理方式则是从提供产品或服务的各种业务流程出发来考虑客户需求。与面向职能的管理方式相比，面向流程的管理方式能够更加直接地面对客户需求，因而对客户需求的反应更加敏感和快捷，进而提高了产品或服务的质量和效率。从组织结构来看，面向职能的管理方式是一种递阶结构，人们关心的是部门的职能；而面向流程的管理方式是一种扁平化结构，人们关心的是流程。从运营机制来看，面向职能的业务流程在各部门的分割下成为不连续的流程，因此流程优化只能达到局部最优；而面向流程的各种业务流程则是简单的、连续的，其性能指标，如成本、时间及质量等可以达到全局最优。从员工的角度来看，面向职能的管理方式以个人为中心，按照职能安排工作，对于客户的需求只能有限关注；而面向流程的管理方式则以工作团队为中心，按照流程安排工作，关注的重点是客户需求。

业务流程再造的另一个基础是系统集成。系统集成在业务流程再造实践中是指利用信息技术把业务流程涉及的各种分工有机地集成在一起，这是分工的异化，它强调在业务流程中尽可能地将各项活动整合在一起，而不是把活动分解得越细越好。

（2）业务流程再造的相关技术与方法

从信息技术的角度来看，业务流程再造的相关技术包括计算机网络与通信技术、数据库技术、决策支持系统、过程模型化与仿真技术、快速原型系统开发技术、项目管理技术等。业务流程再造的常用方法有标杆管理（benchmarking）、流程建模与仿真、工作流管理等。

（3）业务流程再造的过程

业务流程再造，就是重新设计和安排企业的生产、服务及经营流程，使之合理化。通过对企业原有的生产、服务及经营流程进行全面的调查研究和细致的分析，对其中不合理、不必要的环节进行变革。其具体实施过程如下。

① 对企业原有流程的功能和效率进行全面分析，发现其中存在的问题。根据企业原有的流程绘制详细的业务流程图。一般来说，企业原有的流程是与过去的市场需求、技术条件相适应的，而且企业通过一定的组织结构、作业规范来保证其顺利进

行。当市场需求、技术条件发生变化而企业原有的流程难以适应时，企业的功能和效率就会受到影响。可以从以下几个方面分析企业原有的流程。

功能障碍。随着技术的发展，在技术上具有不可分性的团队工作中，个人可以完成的工作额度会发生变化，这就使原有的流程支离破碎，造成管理成本增加、核算单元太大、权责利脱节、组织结构不合理，引起企业的功能障碍。

重要性。流程的不同环节对企业的影响是不同的。随着市场的发展，客户对产品和服务需求的变化，原有流程中的关键环节以及各环节的重要性也在变化。

可行性。根据市场需求、技术条件变化的特点以及企业的实际情况，来区分问题的轻重缓急，找出业务流程再造的切入点。为了更有针对性地认识上述问题，人们还必须深入现场，具体观测和分析原有流程的功能、制约因素以及存在的关键问题等。

② 设计新的业务流程改进方案，并进行评估。为了设计更加科学、合理的业务流程，人们必须群策群力、集思广益、不断创新。可以设计多个业务流程改进方案，从成本、效益、技术条件和风险程度等方面对这些方案进行评估，从中选取可行性强的方案。

③ 制订与业务流程改进方案相配套的组织结构、人力资源配置和业务规范等方面的改进规划，形成系统的业务流程再造方案。业务流程再造需要有相应的组织结构、人力资源配置、业务规范、沟通渠道乃至企业文化作为保证，因此只有以业务流程改进为核心形成系统的业务流程再造方案，才能达到业务流程再造的目的。

④ 业务流程再造方案的组织实施与持续改进。企业实施业务流程再造方案，必然会触及原有的利益格局。因此，对于业务流程再造，企业必须精心组织，谨慎推进，既要克服阻力，坚定态度，又要积极宣传，达成共识，以保证业务流程再造的顺利进行。业务流程再造方案的实施并不意味着业务流程再造的终结。在社会快速发展的时代，企业总是不断面临新的挑战，这就需要企业对业务流程不断进行改进，以适应新的发展形势。

4.2　供应链管理

在市场全球化环境中，没有一个企业是独立存在的，任何一个企业都与上下游企业之间存在着紧密的供给与需求关系，从而形成了一条长长的供应链。20 世纪 90 年代，飞速发展的信息技术推动着企业生产制造和管理水平不断提升。然而随着客户需求的不断变化，企业面临的市场竞争也日趋激烈。企业除了需要整合内部各环节的价值创造活动及其关联关系，以形成稳定的价值链，还需要与上下游企业协同，打造一体化的供应链。

4.2.1　供应链管理的产生

1. 供应链管理产生的背景

进入 21 世纪，泛在的信息与通信技术和全球化竞争，使得企业所面临的市场环境发生了深刻的变化。

（1）产品生命周期越来越短

为了满足消费者的多样化需求，企业不断提升自身的产品研发能力并尽力缩短新产品的上市时间。以苹果公司为例。从 2007 年 6 月 29 日发售第一代 iPhone 手机，到 2022 年 9 月 16 日发售 iPhone 14，苹果公司先后推出了 16 代产品，平均每年推出一代产品。产品生命周期缩短，要求企业将更多的资金用于开发新技术、新产品和更新生产设备。这将增加企业的经营风险，依靠单一企业的资源难以适应这种变化。此外，企业的生产经营不能局限于一个国家或地区，而应当在全世界范围内寻求资源的最佳配置，以快速研发、生产和销售产品。

（2）产品种类越来越多

科学技术和社会生产力的快速发展，带来了多样化和个性化的消费者需求。企业为了更好地满足消费者的需求而不断推出新的产品，使得产品的种类成倍增长。以日用百货为例，其种类众多。企业如果按照传统的备货思路，对于每一种产品都生产一批以供消费者选择，那么就会给制造商和销售商带来沉重的库存负担。因此，企业需要采取新的策略，以在增加产品种类的同时不增加库存。这就需要通过信息分享、精准预测以及门店之间的调配来避免库存增加。

（3）交货周期越来越短

随着市场竞争的加剧，经济活动的节奏越来越快，影响企业竞争力的主要因素发生了变化，从成本到质量再到时间（即交货周期和响应周期），客户对交货周期的要求越来越高。激烈的市场竞争留给企业思考和决策的时间越来越短，如果企业跟不上客户需求的变化，就会被竞争对手抢占先机。因此，企业要重点关注如何缩短产品的开发、生产和交货周期，以在尽可能短的时间内满足客户需求。于是，企业竞争的决定性因素最终转移到时间上来，即谁能对市场的变化做出快速反应，迅速将新产品推向市场，以最快的速度满足客户需求，谁就能在市场竞争中获得领先优势。

（4）客户期望越来越高

由于企业生产能力不断提高，客户已经不再满足于从市场上购买到标准化的产品或服务，转而希望按照自己的需求定制产品或服务，对产品或服务的质量要求也越来越高。这些变化带来了企业生产方式的革新。企业逐步由传统的"一对多"的大量生产（mass production）转变为"一对多"的定制化生产（customized production）。例如，红领集团是一家服装智能定制企业，其 RCMTM（REDCOLLAR made to measure）西服个性化定制平台可供客户自主选择服装的款式、面料、扣子及颜色等，从而实现了服装的个性化定制。

由此可见，企业面临着外部环境所带来的不确定性，包括市场因素（如客户对产品、产量、质量、交货周期的需求）和企业经营目标（如新产品研发、市场拓展等）的变化。这些变化增加了企业管理的复杂性，企业要想在这种严峻的竞争环境中生存下去，就必须具有强大的处理由环境变化所引起的不确定性的能力。

2. 供应链管理模式的产生和发展

20 世纪 80 年代以前，企业出于对占有制造资源的需求，以及直接控制生产过程的需要，常常采用"纵向一体化"（vertical integration）模式，即企业为了最大限度地掌握市场份额，扩大自身规模或参股供应商，与为其提供原材料、半成品或零部件的企业构成了一种所有权关系，牢牢地控制用于生产和经营的各种资源，形成了从原材料、半成品或零部件到成品的一条龙的生产方式。不仅如此，企业还把分销环节甚至零售环节的业务也纳入自身的业务范围，最后形成了一个无所不包的超级组织。这就是"大而全""小而全"的企业管理方式。

但是，随着科技迅速发展、全球竞争日益激烈、客户需求不断变化，"纵向一体化"模式暴露出种种弊端，例如：

- 增加了企业的投资负担。
- 需要承担丧失市场时机的风险。
- 迫使企业从事不擅长的业务活动。
- 在每个业务领域都直接面对众多的竞争对手。
- 增大了企业的行业风险。

鉴于"纵向一体化"模式存在的种种弊端，从 20 世纪 80 年代后期开始，先是美国的一些企业，然后是国际上的很多企业都放弃了这种模式，随之而来的是"横向一体化"（horizontal integration）模式的兴起。企业利用外部资源快速响应市场需求，即企业只抓自己的核心业务，而将非核心业务委托或外包给各种合作伙伴。以苹果公司的 iPhone 系列手机为例。iPhone 手机在美国设计研发，它的芯片技术来源于美国，处理器、风扇、显示屏、摄像头、触摸屏、存储器、电池、主板、电子元件等零部件来自日本、韩国和中国等，在中国生产加工，销售网络遍布全世界。苹果公司把手机零部件生产和手机装配业务都放在了企业外部，这样做的目的是利用其他企业的资源促使产品快速上市，避免自己投资所带来的基建工程建设周期过长等问题，从而使产品具有低成本、高质量、早上市等优势。"横向一体化"模式形成了一条从供应商到制造商再到分销商、零售商的贯穿所有企业的"链"。由于链上相邻成员企业表现出一种需求与供应的关系，因此当把所有相邻企业依次连接起来时，供应链便形成了。供应链上的所有企业只有同步、协调运行，才有可能都受益，于是便产生了供应链管理这一新的经营与运作模式。

由此可见，供应链管理的概念是把企业资源的范畴从过去的单个企业扩大到了整个社会，使企业之间为了共同的市场利益而结成战略联盟。因为这个联盟要解决的往往是客户的特殊需要（至少有别于其他客户），因此供应商要与客户共同研究如何满足这种需要，这样就在供应商和客户之间建立了一种长期的依存关系。供应商以满足客户需要、服务客户为目标，客户当然也愿意依靠供应商。这样，供应链管理得到了越来越多的人的重视，成为当代国际上最有影响力的一种企业经营与运作模式。

供应链管理利用信息技术，通过改造和集成业务流程、建立协同的业务伙伴联盟，实施电子商务，大大提高了企业的竞争力，使企业在复杂的市场环境中立于不败之地。根据有关统计资料，供应链管理的实施可以使企业的总成本下降 10%；供应链上的节点企业按时交货率提高 15% 以上；"订货-生产"的周期缩短 25%~35%；供应链上的节点企业生产效率提高10%以上，等等。这些数据说明，供应链上的企业在不同程度上都获得了发展，尤其是使"订货-生产"周期大幅度缩短。之所以取得这样的成果，是因为供应链上的企业采取相互合作、相互利用对方资源的经营策略。试想一下，如果制造商承担了从产品开发、生产到销售的全部工作，那么它们不仅要背负沉重的投资负担，还要花费相当长的时间。而它们如果采用了供应链管理模式，则可以在最短时间里寻找到最好的合作伙伴，用最低的成本、最快的速度和最好的质量赢得市场。而且这样做受益的不止一个企业，而是一个企业群体。因此，供应链管理模式吸引了越来越多的企业的注意。

英国供应链专家马丁·克里斯托弗曾说过，21世纪的竞争不再是企业和企业之间的竞争，而是供应链与供应链之间的竞争。那些在零部件制造方面占有优势的中小型供应企业，将成为大型装配企业追逐的对象。还有学者将供应链与供应链之间的竞争比喻为足球比赛中的中场争夺战，他认为谁拥有具有独特优势的供应商，谁就能赢得竞争优势。显然，这种竞争优势不是哪一个企业所独有的，而是整个供应链的综合能力。

4.2.2 供应链和供应链管理概述

1. 供应链的基本概念

供应链（supply chain）是指围绕核心企业，对信息流、物流、资金流进行控制，从采购原材料开始，到制成中间产品以及最终产品，再经由销售网络将产品送到消费者手中，把供应商、制造商、分销商、零售商、最终客户连成一个整体的网链结构。供应链是一个范围很广的企业结构模式，包含所有加盟的成员企业，使得产品从原材料的供应开始，经过链中不同企业的制造加工、组装、分销等过程到达最终客户。它不仅是一条从供应商到最终客户的物流链、信息链、资金链，还是一条增值链，物料在供应链上因加工、包装、运输等过程而实现价值增值，这给相关企业都带来了收益。

例如，消费者来到超市购买啤酒，啤酒由分销商通过第三方用卡车运送。酿酒厂为啤酒分销商供货，并从供应商那里购进酵母、麦芽、啤酒花等原材料生产啤酒，而啤酒罐、啤酒瓶以及包装材料又从其他供应商处购得，整个供应链如图4-9所示。

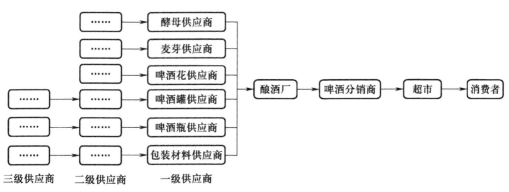

图4-9　啤酒供应链

图 4-9 描述了啤酒从生产源头到消费的全过程。供应链由所有加盟的成员企业组成，其中有一个核心企业（可以是生产企业，如汽车生产商，这里是酿酒厂，也可以是零售企业，如超市），其他成员企业在核心企业需求的驱动下，通过供应链的职能分工与合作（生产、分销、零售等），以资金流、物流和信息流为媒介实现整个供应链的不断增值。因此，一个典型的供应链的结构模型可以表示为图 4-10 所示的模型。

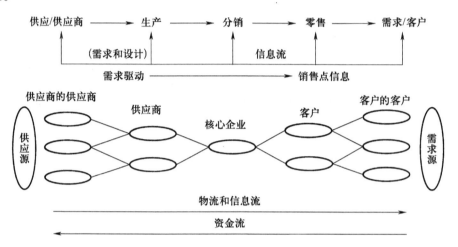

图 4-10　供应链的结构模型

2. 供应链管理的基本概念

（1）供应链管理的定义

供应链管理（supply chain management）就是使以核心企业为中心的供应链的运作达到最优化，即以最低的成本，使从采购到满足最终客户需求的所有过程，包括工作流、物流、资金流和信息流等，均高效运作，把合适的产品、以合适的价格及时准确地送到客户手中。

（2）供应链管理的内容

供应链管理主要涉及供应、生产作业、物流和需求四个领域，如图 4-11 所示。供应链管理是以同步化、集成化生产计划为指导，在各种技术的支持下，以因特网/企业内部网为依托，围绕供应、生产作业、物流、需求来实施的，其主要涉及计划、合作，以及控制从供应商到客户的物料（零部件和成品等）的移动。

供应链管理不仅关心物料实体在供应链中的流动，还关心企业内部以及企业之间的物料运输问题和分销问题。此外，供应链管理还包括以下内容。

● 供应链管理策略制订（不同行业、不同类型的产品要求采用不同的供应链管理策略）。

● 推式（push）或拉式（pull）供应链运作方式的确定（不同企业有不同的管理文化，企业应当选择适合自己实际情况的运作方式）。

● 供应商和客户的战略合作伙伴关系管理。

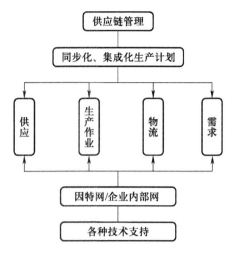

图 4-11 供应链管理领域示意

- 供应链产品需求预测和计划。
- 供应链的设计（全球成员企业的定位，资源的集成化计划、跟踪、控制和评价）。
- 企业内部以及企业之间的物料供应与需求管理。
- 基于供应链管理的产品设计与制造管理，集成化的生产计划管理、跟踪、控制和评价。
- 基于供应链的客户服务和物流（运输、库存、包装等）管理。
- 企业资金流管理（汇率、成本等问题）。
- 供应链管理的绩效测量与评价。
- 基于因特网/企业内部网的供应链运作的信息支持平台及信息管理。

（3）供应链管理的目标

供应链管理的基本目标是使各成员企业在分工的基础上密切合作，通过将非核心的业务外包、资源共享，以及对整个供应链进行协调，减少库存，降低生产成本，增强企业竞争力。更重要的是，基于信息网络和组织网络，实现生产及销售的有效连接，促使物流、信息流、资金流合理流动，各类资源得到优化配置。供应链管理的目标具体包括以下几个。

① 总成本最小化。采购成本、库存成本、运输成本、制造成本及供应链中的其他成本是相互联系的。为了实现有效的供应链管理，必须将供应链各成员企业作为一个有机的整体来考虑，并使供应链物流、生产物流、销售物流达到高度均衡。因此，总成本最小化目标并不是指运输成本、库存成本或其他供应链运作和管理成本最小化，而是指供应链总体成本最小化。

② 客户服务最优化。供应链管理的本质在于为供应链的最终客户提供高水平的服务。而由于成本与服务水平之间存在二律背反关系，是一对矛盾体，因此要建立一个高效率、高绩效的供应链网络系统，就必须在成本与服务水平之间找到平衡点，即供应链管理要以最小的成本实现最优的客户服务。

③ 总库存最小化。从供应链的角度来看，库存只是用于实现生产与销售平衡的工具，而不是必需的，应当使库存最小化，甚至实现零库存。因此，不能单纯追求某个供应链环节的库存最小化，而是应当使供应链总库存最小化。

④ 总周期最短化。从某种意义上说，供应链之间的竞争实质上是基于时间的竞争。对客户的需求做出快速而有效的反应，最大限度地缩短从接收订单到交货的整个供应链的总周期，已成为企业成功的关键因素之一。

⑤ 物流服务最优化。企业产品或服务质量的好坏决定了企业的成败。同样，供应链物流服务质量的好坏直接关系到供应链的存亡。通过优化供应链的所有物流环节，包括供应物流、生产物流、销售物流等环节，实现供应链各个物流环节的无缝衔接，从而使物流服务最优化。

4.2.3　供应链管理系统

供应链成本在企业运营成本中占据较大的份额，在某些行业中甚至达到企业总运营成本的 75%。因此，降低供应链成本对于提高企业收益有着巨大的影响。

不正确或不及时的信息会给企业造成零部件短缺、生产能力不足、库存过多、物流成本过高等问题，使供应链低效运行。不少学者提出用共同计划、预测与供给、供应商库存管理、联合库存管理等方法来解决供应链的协调问题，上述方法发挥作用的关键是供应链成员企业之间的信息共享，这里的信息共享不仅是指企业内部的信息共享，更重要的是指和关联企业（供应商和经销商），以及最终客户之间的信息共享。

供应链管理系统通过共享和集成各成员企业的信息，使供应链各成员企业能够及时根据最终客户的需求制定或调整企业战略，以便在市场上占据主动。供应链管理系统可以帮助企业克服"牛鞭效应"（bullwhip effect），构建需求驱动（driven by demand）的供应链等。

1. 供应链中的"牛鞭效应"

在供应链上，常常存在预测不准确、需求不明确、供给不稳定、企业间合作性和协调性差等问题，造成供应缺乏、生产与运输作业不均衡、库存居高不下、成本过高等现象。引起这些问题的原因有很多，其中一个主要原因是"牛鞭效应"。

"牛鞭效应"又称为需求变异放大效应，其基本含义是：当供应链各成员企业只根据来自其相邻的下级企业的需求信息进行生产或做出供给决策时，需求信息的不真实性会沿着供应链逆流而上，使订货量产生数量放大的现象，到达源头供应商时，其获得的需求信息与消费市场中实际的客户需求信息存在很大的偏差，需求变异将实际需求放大了。由于需求变异放大效应的影响，上游供应商往往维持比下游供应商更高的库存水平。这种现象反映了供应链上需求的不同步，它说明了供应链库存管理中的一个普遍存在的现象——"看到的非实际的"。图 4-12 显示了"牛鞭效应"的原理和需求变异加速放大的过程。

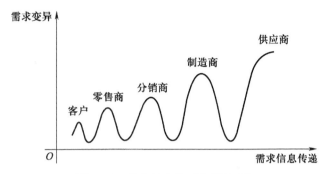

图 4-12　供应链中的"牛鞭效应"

"牛鞭效应"由美国麻省理工学院的福里斯特（Forrester）首次提出。他用系统动力学原理分析了消费需求波动沿着供应链向上游企业逐级放大的系统特性，提出因为供应链各级节点间信息反馈困难和前置时间延迟，各级订单决策者产生重复订购，因而造成需求变异放大。他认为，需求变异放大效应是企业组织系统动态运作的结果，或者说是由企业组织行为和时间变化引起的，可以通过改进组织行为的方式来消减。

1995 年，宝洁（P&G）公司发现帮宝适（Pampers）纸尿裤的订单分布呈现出"牛鞭效应"。宝洁公司管理人员发现一定地区的纸尿裤消费比较稳定，零售商的销售量波动也不大，但从分销商那里得到的订货量却出现大幅度波动，同一时期宝洁公司向原材料供应商订货的数量波动幅度更大。惠普公司在考察其打印机的销售状况时也发现了这一现象。这种需求变异如果和企业生产过程中的不确定性因素叠加在一起，将会给公司带来巨大的经济损失。

由于供应链各成员企业之间缺乏信息交流和共享，企业无法掌握下游的真正需求和上游的供货能力，只能自行多储备货物。同时，供应链各成员企业之间无法实现库存互通和转运调拨，只能各自持有高额库存，从而导致"牛鞭效应"。

供应链管理系统支持此类信息共享，帮助供应链各成员企业做出更好的采购和生产调度决策。供应链的所有成员企业如果都能得到准确且及时的信息，就可以减少需求与供应的不确定性从而克服"牛鞭效应"；如果都可以共享库存水平、生产预测计划、运输信息，那么就能获得更加精确的信息以调整相应的原材料储备、制造计划与资源分配计划。

2. 需求驱动供应链

按照驱动方式划分，可以将供应链分为推式供应链和拉式供应链，如图 4-13 所示。

（1）推式供应链

推式供应链又称为基于预测的生产，是以制造商为核心企业，根据产品的生产和库存情况，预测客户需求并据此安排生产计划，有计划地把产品推销给客户，其驱动力源于供应链上游制造商的生产。在这种运作方式下，供应链各成员企业之间的联系比较松散，是卖方市场下供应链的一种表现。由于不了解客户需求的变化，这种运作方式会使得企业库存成本变高。

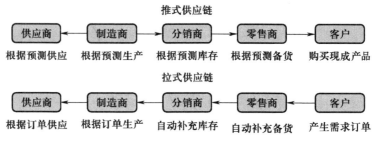

图 4-13　推式和拉式供应链

推式供应链的生产和分销是由预测驱动的，需要较长的时间来对市场变化做出反应，这可能导致一系列不良后果。例如，在需求高峰时期，企业难以满足客户需求，导致服务水平下降；而若某些产品需求消失，企业会产生大量的过时库存，甚至出现产品过时等问题。传统的供应链管理是基于推式的，使得企业对市场变化反应迟钝，容易造成库存浪费。

（2）拉式供应链

拉式供应链又称为需求驱动或按订单生产，它以客户为中心，关注客户需求的变化，并根据客户需求组织生产。在这种运作方式下，供应链各成员企业的集成度高，有时为了满足客户的差异化需求，不惜追加供应链成本，是买方市场下供应链的一种表现。这种运作方式对供应链成员企业的要求较高。

在拉式供应链中，生产和分销是由需求驱动的，能与客户需求相协调。在一个拉式供应链中，企业不需要持有太多库存，只需要对订单做出快速反应即可。供应链管理系统可以帮助企业构建拉式供应链，使企业具有较强的客户响应能力，实现以客户需求驱动业务。例如，沃尔玛的自动补货系统就是需求拉动的例子。

3. 供应链管理的信息技术

供应链管理是指对供应链的信息流、物流和资金流进行设计、规划和控制，其中信息流是供应链管理的关键因素，供应链的高效管理建立在信息技术快速发展的基础之上。供应链管理涉及的信息技术较多，其中相关度较大的信息技术有以下几类：第一类是网络技术，包括因特网、企业内部网和外联网等。第二类是数据处理技术，包括数据库、数据仓库、数据挖掘、联机分析处理技术等。第三类是自动识别技术，用于信息获取，常见的有条码技术、射频识别技术等；第四类是信息交换及管理技术，用于信息控制与处理，包括电子数据交换、全球定位系统（GPS）/地理信息系统（GIS）技术等。

（1）因特网/企业内部网/外联网

因特网是用 TCP/IP 协议连接的众多网络的集合，它是一个全球性、开放性的信息互联网络，将世界范围内的众多相同或不同类型的计算机和计算机网络连接起来，使它们遵循相同的协议，实现相互之间的通信。企业内部网是利用因特网技术建立的企业内部网络，它由基于因特网的网络协议、Web 技术和设备等构成，可以提供

Web 信息服务及数据库访问等服务。在企业内部网上，用户使用计算机进行操作，完成数据处理和企业管理各项功能。外联网是利用因特网技术在企业及其合作伙伴之间建立的特殊网络，它主要为企业的合作伙伴提供信息服务，是因特网的延伸或扩展。在外联网中，各个企业可以通过万维网方便地查询与自己相关的数据。

（2）数据库、数据仓库、数据挖掘、联机分析处理技术

数据库是用来组织、存储和管理数据，具有一定的结构，能够为多个用户所共享且没有冗余数据，与应用程序彼此独立的数据集合。

数据在实际应用中是多层次的，有些数据用于帮助管理者进行决策。从不同的数据源中抽取数据，使数据按照决策者关注的重点组织并转换成新的存储格式，这种支持管理决策过程的、面向主题的、集成的、稳定的、不同时的数据聚合称为数据仓库。创建数据仓库的目的在于为管理者提供分析报告和决策支持，为需要使用商务智能工具的企业在业务流程改进、时间管理、成本控制和质量管理等方面提供指导。

数据挖掘又称为数据开采，就是从大量的数据中自动搜索隐藏在其中的有特殊关系并有潜在作用的信息和知识的过程。提取的知识表现为概念、规则、规律、模式、约束等形式。联机分析处理（OLAP）也称为多维分析，它是一种数据分析技术，能够完成基于某种数据存储的数据分析功能。

（3）条码技术

条码技术是在计算机与信息技术基础上产生和发展起来的一种新兴技术，主要用于数据采集和信息识别。该技术因为成本低廉、操作简单而广泛应用于各行各业，极大地提高了企业的生产效率。条码是指由一组规则排列的黑条、空白及对应的字符组成的标记。"黑条"对应于条码中对光线反射率较低的部分，"空"对应于条码中对光线反射率较高的部分，这些由黑条和空白组成的数据能够传达一定的信息，并能够用特定的设备识读，以及转换成与计算机兼容的二进制和十进制信息。

（4）射频识别技术

射频识别技术是一种非接触式的自动识别技术，它通过射频信号识别目标对象并获取相关数据。它与条码技术的区别是：射频识别技术可以通过无线信号自动识别目标对象并获取相关数据，无须人工干预，并且可以对标签数据进行加密，数据存储容量更大，对所存储数据的修改也更加方便。此外，射频识别技术还可以识别高速运动的物体并可以同时识别多个标签数据，操作快捷、方便。在制造企业中，射频识别技术常应用于物料跟踪、运载工具和货架识别等要求非接触式数据采集和交换的场合，对于需要频繁改变数据内容的场合尤为适用。

（5）电子数据交换

电子数据交换（electronic data interchange，EDI）是指按照协议或规定，对具有一定结构特征、经由数据通信网络传输的标准信息，在联网的计算机系统之间进行交换和自动处理。在供应链管理中，电子数据交换是供应链各成员企业进行信息集成的重要工具，是一种合作伙伴之间彼此进行信息交换的有效技术手段，特别是当企业在全球范围进行合作贸易时，它是供应链中连接各成员企业商业应用系统的媒介。通过

电子数据交换，企业可以快速获得信息，减少纸面作业，从而更好地沟通与通信，提高效率，降低成本。

（6）全球定位系统

全球定位系统，具有在海、陆、空进行全方位三维导航与定位的功能。全球定位系统由空间星座、地面控制和用户设备三部分构成，能够快速、高效、准确地提供精确三维坐标及其他相关信息。在供应链管理中，全球定位系统主要用于运输环节的物流追踪。例如，在铁路运输方面，可以通过全球定位系统和计算机网络实时收集全路列车、汽车、集装箱及所运输货物的动态信息，实现对车辆及货物的追踪管理。

（7）地理信息系统

地理信息系统以地理空间数据为基础，在计算机软硬件的支持下，运用系统工程和信息科学理论，采用地理模型分析方法，适时地提供多种空间的和动态的地理信息，它是一种为地理研究和地理决策服务的计算机系统。其基本功能是将表格里的数据转换为地理图形显示，使用者可以对显示结果进行浏览、操作和分析。其显示范围从洲际地图到非常详细的街区地图，显示对象包括人口、销售情况、运输线路及其他相关信息。从理论上说，地理信息系统现阶段可以运用于任何行业。

4. 供应链管理软件

供应链管理软件可以分为供应链计划系统（supply chain planning system）和供应链执行系统（supply chain execution system）。

（1）供应链计划系统

供应链计划系统模拟企业目前的供应链，生成产品的需求预测，制订最佳的采购计划和生产计划。供应链计划系统可以帮助企业做出更好的决策。例如，在给定的时间内生产多少产品，确定原材料、半成品、成品的库存水平，确定产品的存放点，并选择适于配送产品的物流模式等。供应链计划系统能够提高短期计划的采购、生产、分销、库存和运输效率，计划的周期通常为一天或一周。供应链计划系统主要包括以下四个方面的内容。

① 需求计划。基于历史需求以及其他相关信息生成产品的需求预测。工作人员可以利用它分析促销、新产品导入、其他业务计划对需求的影响。

② 生产排程。基于需求预测生成具体的生产计划。

③ 库存安排。基于平均需求、采购提前期生成供应链上不同零部件或成品的库存计划。

④ 运输计划。基于实际地理道路、成本和客户交付计划，生成运输路径和计划，包括车队计划、运输模式选择及路径和分销计划等。

在上述工作中，需求计划是供应链管理中最重要的工作，也是最复杂的工作，它可以确定企业应当生产多少产品来满足客户需求。此外，在供应链中还可能遇到生产和分销调整的情况。例如，某个大客户订购一笔比往常大得多的订单或临时通知要修改订单，这将给整个供应链带来很大的影响：供应商需要补订原材料或需要不同的原材料组合；制造商要修改生产工作安排；运输单位要重新进行运输调度。供应链计划系统支持此类必需的计划调整，在相关的供应链成员企业间共享变化信息，协调相关工作。

（2）供应链执行系统

供应链执行系统负责管理分销中心和仓库的物流，保证以高效的方式将产品送到正确的地点。此类系统可以追踪货品的物理状态，并进行运输和仓储管理等。供应链执行系统主要包括以下三个方面的内容。

① 供应链事件管理。供应链事件管理能够追踪工厂和仓库的分销行为，还能够追踪影响绩效评估的意外因素。此外，它还可以根据当前的供应链状态，提供提前期承诺。

② 运输管理。运输管理的主要功能是对物流中的运输环节进行管理，包括车辆管理、在途货物管理等，并提供内外部的接入口，以便追踪在途货物。此外，还具有一定的路线规划和运输计划能力。

③ 仓储管理。仓储管理可以进行仓库库存管理、追踪库存以及安排仓库运营策略，并能够按照业务规则和运算法则，对信息、资源、行为、存货和分销运作进行更加完善的管理，以最大化地满足有效产出和精确性的要求。

此外，企业需要对企业内部和外部供应链进行集成管理，因此供应链管理系统不仅需要与企业内部的生产运作系统（即企业资源规划系统）进行集成，还需要与企业外部系统，包括供应商关系管理系统和客户关系管理系统进行集成。

企业为实现盈利需要与各种重要程度不同的产品或服务供应商进行沟通。供应商关系管理系统能够帮助企业打破原有的对待供应商的排队式的处理方式，提供与供应商互动或协调的界面，提高企业优化与供应商关系的能力，从而降低成本、促进企业利润增长。

客户关系管理系统通过与客户接触，收集客户信息，深入分析客户数据，追踪其消费行为，了解客户偏好并提升客户服务水平，进而提高客户满意度，提升企业竞争力。

总之，供应链管理系统可以贯通企业的内部和外部供应链，为管理层提供准确的生产、存储和运输信息。通过实施网络化、集成化的供应链管理系统，企业可以实现供应与需求的匹配，降低库存水平，改善物流服务，加快新产品上市，并更有效地利用资金。

4.3 客户关系管理

进入 21 世纪，随着全球经济一体化进程的加快和竞争的加剧，科学技术快速发展，商品种类和数量极其丰富，客户的选择余地和选择权力显著增大，同时客户的需求呈现出强烈的个性化特征。企业为了生存，必须完整掌握客户信息，准确把握客户需求，快速响应市场，为客户提供便捷的购买渠道和完善的客户服务，以提高客户满意度和忠诚度，这使得客户关系管理（customer relationship management，CRM）迅速发展。

企业一般可以采用两种方式保持竞争优势：一种方式是在能够发挥自身优势的业务领域以超过竞争对手的速度发展；另一种方式是提供比竞争对手更优质的客户服务，而提供优质客户服务的前提是实施客户关系管理。

4.3.1　客户关系管理概述

1. 客户关系管理的产生

客户关系管理起源于美国的市场营销理论，是企业在由"以产品为中心"转向"以客户为中心"的过程中产生的新管理思想，旨在使企业的经营理念从"提供什么产品和服务"过渡到"怎样使客户满意"。现代客户关系管理产生的原因可以归纳为以下四个：客户需求的拉动、企业内部管理的变化、市场竞争环境的变化和信息技术的推动。

（1）客户需求的拉动

市场竞争加剧，使得企业的经营管理从以产品为中心转向以客户为中心。在买方市场上，谁拥有更多的客户，谁就能获取竞争优势。管理、人才、技术、市场、品牌形象等无形资源，在这其中起着非常关键的作用。这些资源不易流动、不易复制、交易频率低，其他企业不容易从市场中得到，具有相对垄断的作用，可以产生一定的垄断优势。客户资源就是这样一种重要的市场资源，它对企业具有重要的价值。

客户价值观的变化对客户关系管理产生了需求。随着科学技术的发展，人们的生活水平大大提高，物资匮乏的时代一去不复返。客户对产品的消费价值观已经从理性消费阶段上升到情感消费阶段，越来越多地表现为个性化需求。个性化需求要求企业进行相应的管理变革，企业需要接近客户，理解客户的需求。

（2）企业内部管理的变化

ERP 系统的实施使企业获得了很大的好处。但是 ERP 系统的设计主要是针对生产、流通、财务领域的，而在与客户有关的企业经营活动，如销售、服务和营销等中，传统的 ERP 系统并没有提供一个有效的整合手段，这使得相关业务的管理效率非常低。来自销售、客户服务、市场、制造、仓储等部门的信息分散在企业的各个部门中，使得企业无法对客户有一个全面的了解，各部门难以在信息统一的基础上面对客户，从而导致客户服务效率低下。这就需要企业各部门对有关客户的各种信息和活动进行集成，建立一个以客户为中心的系统，对客户的相关活动进行全面管理，以实现日常业务的自动化和科学化。

（3）市场竞争环境的变化

现代企业所面临的市场竞争，无论是在广度上还是在深度上都在进一步扩大。市场竞争已经全球化，竞争的范围从区域扩展到全球，不仅包括行业内部已有的或潜在的竞争者，在利益的驱动下，许多提供替代产品或服务的竞争者、供应商和客户也加入了竞争者的行列。由于产品之间的差异性降低，竞争由产品转向服务，而且随着产品的同质性越来越强，生命周期越来越短，竞争也越来越激烈。很多企业在产品质量、供货及时性等方面已经没有多少潜力可挖。低成本、高质量的产品不再是保证企业立于不败之地的法宝，如何有效地避免客户流失，强化企业与客户之间的关系已成为竞争的关键。竞争的观念逐渐由以利益为导向发展到以客户价值为导向、以保持持续竞争力为导向。因此，企业开始意识到良好的客户关系在客户保留中所起的关键作用，并着手提升客户对企业的忠诚度。越来越多的企业认识到实施客户关系管理将有利于企业赢得新客户、保留老客户，提高客户利润贡献度，进而提高企业的核心竞争力。

（4）信息技术的推动

20世纪90年代以来，大型关系数据库技术、客户-服务器技术、分布式处理技术、数据挖掘技术以及个人计算机等设备在企业中的应用日益普遍，建立旨在实现多客户共享的客户关系管理系统已成为可能。而互联网的产生和发展则为客户关系管理系统注入了强劲的动力，互联网渠道作为一个全天候不受地域限制的接触渠道，拉近了企业和客户之间的距离，使得企业和客户能更快、更广泛地进行交流。正是因为信息技术飞速发展，客户关系管理才从理念变为现实，其概念才被广泛接受，在短短的几年之内就成为企业关注的焦点。

2. 客户关系管理的定义和内涵

（1）客户关系管理的定义

客户关系管理最早可以追溯到20世纪80年代初期的客户信息系统。建立客户信息系统的企业一般是银行、保险等大型商业企业，它们建立客户信息系统的目的是将客户信息比较完整地记录下来并进行一定的分析。之后出现了"接触管理"（contact management）。例如，首个真正为广大销售员设计的工具软件ACT，就专门收集客户与企业联系的所有信息。销售队伍自动化（sales force automation，SFA）是在接触管理软件的基础上产生的一个飞跃，它支持对所有销售活动的管理。1985年，美国学者芭芭拉·本德·杰克逊提出了关系营销的概念，标志着人们对市场营销理论的研究上了一个新的台阶。1990年，出现了呼叫中心，呼叫中心支持基于客户信息分析的客户关怀。1993年，高德纳公司提出了客户关系管理的概念。该公司认为，客户关系管理是企业的一种商业策略，它可以按照客户的分类有效地组织企业资源，培养以客户为中心的经营行为，以及实施以客户为中心的业务流程，并以此为手段来提高企业的盈利能力、利润及客户满意度。

随着客户关系管理理念的不断深入和发展，不同的机构从不同的角度提出了自己的认识。

IBM公司认为，客户关系管理通过提高产品性能，增强客户服务，提高客户交付价值和客户满意度，使得企业与客户建立起长期、稳定、相互信任的密切关系，进而吸引新客户、维系老客户，提高效益和竞争优势。

SAP公司认为，客户关系管理的核心是对客户数据库的管理，客户数据库是企业重要的数据中心，用于记录企业在市场营销与销售过程中与客户发生的各种交互行为，以及各类活动的状态，为企业提供各类数据模型，为后期的分析和决策提供支持。

综合上述关于客户关系管理的描述，可以给出客户关系管理的定义。客户关系管理是一种倡导企业以客户为中心的思想和方法。它是利用信息技术，实现市场营销、销售、服务等活动的自动化，使企业能以提升客户的满意度和忠诚度，以及提高盈利能力为目的，更高效地为客户提供产品和服务的一种经营管理策略。

（2）客户关系管理的内涵

综合所有客户关系管理的定义，可以将其理解为管理理念、商业模式以及技术系统三个层面。其中，管理理念是客户关系管理成功的关键，是客户关系管理实施的基础；商业模式是决定客户关系管理成功与否、效果如何的关键因素；技术系统是成功实施客户关系管理的手段和方法。三者构成了客户关系管理稳固的"铁三角"，如图4-14所示。

图4-14 客户关系管理的"铁三角"

① 客户关系管理的内涵之一：客户关系管理是企业为提高核心竞争力，达到竞争制胜、快速成长的目的，树立以客户为中心的发展战略，并在此基础上开展的针对判断、选择、争取、发展和保持客户的全部商业活动。作为企业的经营指导思想和业务战略，其核心理念主要体现在以下几个方面。

客户价值的理念。客户关系管理重新定义了企业的职能并对其业务流程进行了再造，要求企业真正用以客户为中心的理念来支持有效的营销、销售和服务过程。企业关注的焦点必须从内部运作转移到客户关系上来，通过加强与客户的交流，全面了解客户的需求，并不断对产品和服务进行改进，以持续满足客户需求，向基于客户价值的商业模式转变。

市场经营的理念。客户关系管理要求企业的经营以客户为中心，企业在市场定位、市场细分和价值实现中必须贯彻这一理念。客户资源是企业最重要的资产之一，客户满意度的高低直接关系到企业能否获得更高的利润，因此对现有客户的管理及对潜在客户的挖掘是企业获得成功的关键。当前企业在市场上面临着更大的竞争和不稳定性，只有瞄准以个性化为特征的细分市场，企业的资产收益率才能提高。

业务运作的理念。客户关系管理要求企业从"以产品为中心"的模式向"以客户为中心"的模式转变。在具体的业务活动中，企业在客户关系管理理念的指导下，收集、整理和分析每一个客户的信息，为客户提供最合适的服务，力争把客户想要的产品和服务送到他们手中，并观察和分析客户行为对企业收益的影响，从而使企业与客户之间的关系以及企业盈利都达到最优化。

技术应用的理念。客户关系管理要求实现以客户为中心的商业运作流程自动化，并用先进的技术平台来支持、改进业务流程。首先，客户关系管理理念的实践（即在企业范围内实现协调、信息传达和责任承担），需要有一个技术方案来支持；其次，考虑到业务流程的整合和较高的客户服务期待，信息技术支持和应用是必不可少的；最后，当前信息技术领域的多种进步最终都会汇集到一点上，使客户关系管理的重要性和实效性不断得到加强。

② 客户关系管理的内涵之二：新商业模式。客户关系管理是指企业以客户关系为重点，对客户开展系统化的研究，通过优化企业组织结构和业务流程，提高客户满意度和忠诚度，进而提高企业的经营效率和利润水平。客户关系管理是旨在改善企业与客户之间关系的新商务模式，它集中地体现在市场营销、销售实现、客户服务和决策分析等与客户关系有关的重要业务领域。

市场营销。客户关系管理中的市场营销包括对传统市场营销行为和流程的优化。个性化和一对一服务成为当前市场营销的基本思路与做法，实时营销的方式转变为电话、传真、网站、电子邮件、社交媒体等的集成，客户可以用自己的方式、在方便的时间获得所需要的信息，从而获得更好的体验。

销售实现。客户关系管理扩展了销售的概念，从销售人员的不连续的活动到销售所涉及的企业各部门和员工的持续活动都被纳入销售实现。在具体流程中，销售被拓展为包括销售预测、过程管理、客户信息管理、建议产生及反馈、业务经验分析等在内的一系列工作。

客户服务。客户关系管理把客户服务视为关键的业务内容，视同企业的盈利来源而非成本。企业提供的客户服务已经超出了传统的呼叫中心的范围，成为保留客户并拓展市场的关键。企业只有提供更快速和更周到的优质服务，才能吸引和保持更多的客户。客户服务必须能够积极主动地处理各种类型的客户询问、订单请求、订单执行情况反馈，并能够提供高质量的现场服务。

决策分析。客户关系管理的一个重要特点在于创造并让企业具备使客户价值最大化的决策分析能力。首先，通过对客户数据进行全面分析，规范客户信息，消除信息交流和共享中的障碍，并预测客户需求，衡量客户满意度，以及评估客户带给企业的价值。其次，在客户数据统一的基础上，将所有的业务应用系统融合在一起进行智能分析，在提供标准报告的同时还提供定量和定性相结合的即时分析结果。客户关系管理将即时分析结果反馈给企业的管理层和各个部门，使企业能够权衡信息，做出全面而及时的商业决策。

③ 客户关系管理内涵之三：新技术系统。客户关系管理也是企业在不断改进与客户关系相关的业务流程，整合内部资源，实时响应客户，最终实现电子化、自动化运营目标的过程中，所创造并使用的先进的信息技术、软硬件以及经过优化的管理方法和解决方案的总和。

在客户关系管理系统中，解决方案主要集中在以下几个方面：业务操作管理（涉及的基本业务流程包括营销自动化、销售自动化、客户服务），客户合作管理（对客户接触点的管理，如联络中心和呼叫中心建设、网站管理、渠道管理等），数据分析管理（主要涉及为实现决策分析智能化而建设的客户数据库、知识库等）等。

客户关系管理系统将客户作为企业业务流程的中心，通过与企业信息系统的有机结合，不断丰富客户信息，并使用所获得的客户信息来满足客户的个性化需求，努力实现企业前后台资源的优化配置。客户关系管理系统在管理企业前台方面，提供了收集、分析客户信息的功能，帮助企业充分利用其客户关系资源，拓展新的市场和业务渠道。在与后台资源的结合方面，客户关系管理系统可以与 ERP 系统等传统企业管理方案集成，从而实现企业业务流程的自动化，提高生产效率。客户关系管理可以实现企业各部门之间、企业与客户之间、企业与合作伙伴之间的无缝沟通。随着网络技术的发展，客户关系管理将显示出更为巨大的价值。

3. 实施客户关系管理的意义

客户关系管理对于现代企业来说具有重要意义，主要表现在以下几个方面。

（1）客户关系管理可以全面提高企业的运营效率

客户关系管理通过对企业各个业务环节和资源体系进行整合，大大提高了企业的运营效率。它可以向企业的各个营销部门渗透，既可以综合传统的呼叫中心和客户服务中心，又可以结合企业门户网站、网络销售、网上客户服务等电子商务内容，并在此基础上构建动态的企业前端。它还可以渗透到生产、设计、物流配送和人力资源等部门，整合企业资源规划系统、供应链管理系统等。这样的整合，实现了企业范围内的信息共享，使业务处理流程的自动化程度和员工的工作效率大大提高，从而使企业的运作更顺畅，资源配置更有效。

（2）客户关系管理可以使企业保留老客户，吸引新客户

客户关系管理，一方面，通过对客户信息进行整合，帮助企业捕捉、跟踪、利用所有的客户信息，并在企业内部实现信息共享，使企业可以更好地管理客户资源，为客户提供优质的服务；另一方面，使客户可以用自己喜欢的方式与企业进行交流，并得到更好的服务。客户满意度提高，就能帮助企业留住更多的老客户，并有效吸引新客户。

（3）客户关系管理可以使企业不断拓展市场空间

客户关系管理，可以扩展企业的销售和服务体系，扩大企业的经营活动范围，使企业能够及时把握市场机会，占有更多的市场份额。

4.3.2　客户关系管理系统

客户关系管理系统是企业"以客户为中心"的整体解决方案，强调对多个客户联系渠道的集成以及对相关业务功能的整合。它引入了客户关系管理思想和最新的信息技术，可以实现营销、销售和客户服务等业务流程的自动化，是帮助企业最终实现"以客户为中心"的管理模式的重要手段。它在客户关系管理思想的指导下，充分了解客户多样化和个性化的需求，从而在企业与客户之间建立起丰富、有效的双向沟通渠道，使企业可以为客户提供满意、周到的服务，以提高客户满意度和忠诚度。

1. 客户关系管理系统的一般模型

客户关系管理系统的一般模型如图 4-15 所示。这个模型阐明了客户关系管理系统主要是对营销、销售、客户服务三个部分的业务流程进行信息化管理。产品开发和质量管理分别处于客户关系管理过程的两端，为客户关系管理系统提供必要的支持。

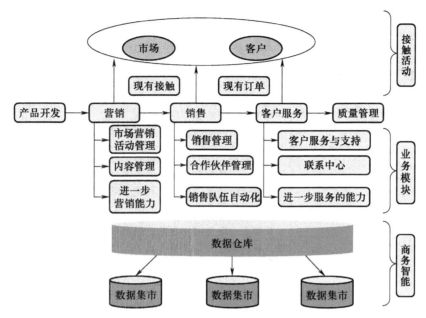

图4-15 客户关系管理系统的一般模型

根据客户关系管理系统模型，可以将客户关系管理系统分为接触活动、业务模块和商务智能三个部分。

（1）接触活动

客户关系管理系统支持各种各样与市场及客户接触的活动。接触活动一般基于呼叫中心、面对面沟通、电话、传真、电子邮件、移动互联网以及其他渠道（如金融中介或经纪人等）。这些渠道使企业能更方便或更友好地与客户进行沟通，保证信息的及时性和一致性。随着通信技术的发展，以及客户关系管理系统与移动互联网的紧密结合，移动互联网已成为企业与外界沟通的重要渠道。

（2）业务模块

营销、销售和客户服务部门与客户的接触最为频繁，客户关系管理系统应当对这些部门予以支持。客户关系管理系统的业务模块主要包括营销模块、销售模块、客户服务模块等。每一个模块又可以分为若干个子模块。

（3）商务智能

随着营销、销售、客户服务工作的开展，大量有价值的客户数据会产生，并形成面向各个业务模块的数据集市，进而构建起数据仓库。企业可以对这些数据进行处理，并在此基础上形成客户关系管理智能解决方案，从而及时做出正确决策。商务智能包括营销智能、销售智能和客户服务智能等，它可以帮助企业在适当的时机向客户销售适当的产品或服务。随着营销、销售、客户服务模块的逐步完善，商务智能将成为客户关系管理系统建设的主要内容。

2. 客户关系管理系统的功能划分

尽管客户关系管理系统在不同的企业中侧重点不同，但都包含销售、营销、客户服务，以及数据处理功能。表4-3 所示的是客户关系管理系统的基本功能。

表4-3 客户关系管理系统的基本功能

功　　能	子　功　能	说　　明
营销	市场营销活动管理	用于设计、执行、监控和分析市场营销活动。通常的做法是把市场营销活动分为几个阶段，在每个阶段都设定相应的目标，使市场营销活动的效果更加明显和更容易衡量
	内容管理	内容管理又称为营销百科全书、知识库等，它包含丰富的产品信息、市场信息、竞争对手信息、各种媒体信息等，可以为市场营销活动提供帮助，其他业务模块，如销售、客户服务模块也可以从中受益
销售	移动销售管理	其服务对象是那些在企业外部从事销售工作的人员。他们通过互联网或远程登录等方式，上传自己的销售情况，并且从企业那里得到最新的产品、库存等信息，完成销售机会跟踪、产品配置、定价、报价、销售订单处理等工作
	常规销售管理	其服务对象是办公地点在企业内部的销售人员，他们使用系统完成销售机会跟踪，产品配置，定价，报价，销售订单处理等工作
	合作伙伴管理	用于集中管理企业的各种合作伙伴，如代理商、批发商、零售商等
	销售队伍自动化	用于提高销售队伍管理水平
客户服务	客户服务与支持	用于提供客户服务，并对客户服务进行记录、跟踪和处理等
	联系中心	为企业提供与外部联系的渠道，如呼叫中心、电话、传真、电子邮件、网页等。它将不同的呼叫请求转交给不同的业务模块和部门处理。这是一个公共模块，为几乎所有业务模块提供服务
现场服务	现场服务管理	负责分派现场服务任务，以及为现场服务人员的工作提供支持
呼叫中心	呼叫中心管理	用于记录、跟踪和处理来自外部的呼叫请求，可以将某些业务转移到其他业务模块处理
数据处理	数据过滤	负责从大量的销售数据、市场反馈数据、客户反馈数据等中整理出对企业有用的数据
	数据分析	作为商务智能的一部分，它可以提供灵活的查询手段，以及基于销售、市场汇总数据的各种视图和分析图表，为企业决策提供帮助

3. 客户关系管理系统的子系统

客户关系管理系统通常分为营销管理、销售管理、客户服务管理、现场服务管理和呼叫中心管理五个子系统。

（1）营销管理子系统

根据调查，市场营销人员会将80%的时间花费在开展市场活动和制订活动程序上，而花在营销策略制订和分析上的时间只有20%。尽管出现了互联网等新兴市场营销渠道，但是电话推销和直邮等传统方式也在同步使用，市场营销活动的实施和效果跟踪越来越复杂，需要花费大量的时间。

营销管理子系统可以使企业对客户和市场信息进行全面分析，从而对市场进行细分，产生高质量的市场营销活动，指导销售队伍更有效地工作。通过营销管理子系统，市场营销人员能够对市场营销活动进行有效的设计、执行、监视和分析。营销管理子系统还可以为销售管理、客户服务管理和呼叫中心管理等子系统提供关键信息。

（2）销售管理子系统

在客户关系管理系统中，销售管理主要是指对商业机遇、销售渠道等进行管理。该子系统将企业所有的销售环节结合起来，形成一个统一的整体。销售管理子系统有助于缩短销售周期，提高销售的成功率，同时还为销售人员提供了大量有关企业、客户、合作伙伴、产品、价格和竞争对手等的最新信息。

销售队伍自动化（SFA）是销售管理子系统的重要组成部分。销售队伍自动化是用自动化方法替代原有的销售方法，这种自动化方法是借助于信息技术实现的。强大的销售能力是企业获得收益的关键。客户关系管理系统通过重构企业业务流程，增强企业的销售能力，同时实现销售队伍自动化，提升销售水平。

销售队伍自动化可以满足企业在激烈的市场竞争中提高销售队伍管理水平的要求，帮助企业获得竞争优势。一般而言，它可以帮助销售部门和销售人员高质量地完成日程安排、联系人和客户管理、销售机会和潜在客户管理、销售预测、活动管理、建议书制作与提交、定价与折扣、销售地域分配和管理，以及报销申请报告制作等工作。

（3）客户服务管理子系统

一个成功的企业不仅能向客户提供高质量的产品，更重要的是能为所销售的产品提供优质的配套服务。在客户关系管理系统中，客户服务管理子系统用于记录客户服务信息、为客户提供售后服务以及对客户服务进行跟踪，从而使企业达到留住客户，并对客户进行附加销售的目的。

客户服务管理子系统可以为客户服务人员提供易于使用的工具和有用的信息，以提高他们的客户服务效率，增强客户服务能力。客户服务管理子系统包括客户服务与支持、联系中心等部分。

（4）现场服务管理子系统

现场服务管理是指对服务部门、服务人员和相关资源进行配置、派遣、调度和管理，以高效地完成客户服务与支持活动。现场服务管理子系统既要与呼叫中心管理子系统整合起来，又要与营销管理子系统和销售管理子系统整合起来，其主要功能包括任务分派、服务记录、任务核实、服务统计等。因此，客户关系管理系统中的现场服务管理子系统不是单一的后台功能，而是一个将后台和前台服务系统整合起来的业务系统。

（5）呼叫中心管理子系统

呼叫中心子系统将营销管理子系统与销售管理子系统的功能集成起来，使一般业务人员就能够向客户提供实时的销售和服务支持。呼叫中心是基于计算机电话集成（computer telephony integration，CTI）技术的一种新的综合信息服务系统，是从早期的由电话和接线员构成的电话服务热线发展而来的。

呼叫中心使客户能够与那些对产品性能、价格行情和购买指南等信息十分了解的服务座席进行对话。服务座席一般由座席计算机、座席软硬件、服务人员等组成。呼叫中心子系统可以自动将客户电话转接到服务座席上，同时在座席计算机的屏幕上显示呼叫人要查询的相关信息。呼叫中心也依靠服务人员来为电话另一端的客户提供服务。尽管从技术上可以建立无须服务人员介入的呼叫中心，但在一般情况下，呼叫中心总是需要一定数量的服务人员。电话作为首选的通信媒体，常常是企业与客户之间的第一接触点。

呼叫中心涉及呼叫处理、智能路由、自动语音提示、呼叫数据集成、网络及数据库等多种先进技术。呼叫中心的功能主要包括呼入呼出电话处理，互联网回呼，呼叫中心运行管理，IP 电话，电话转移，路由选择，报表统计分析，管理分析工具，通过传真、电话、电子邮件、打印机等自动进行资料发送，呼入呼出调度管理等。

4. 客户关系管理系统的分类

美国调研机构美塔集团（Meta group）把客户关系管理系统分为运营型、协作型和分析型三类，如图 4-16 所示。

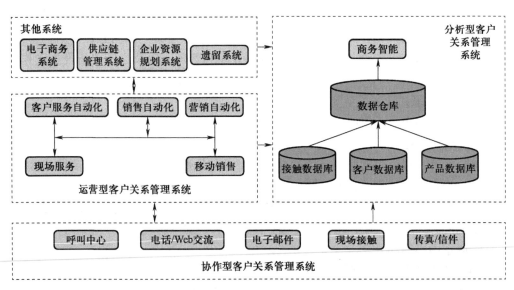

图 4-16　客户关系管理系统的分类

（1）运营型客户关系管理系统

运营型客户关系管理系统又称为操作型客户关系管理系统，有时也称为前台客户关系管理系统，它涉及与客户直接发生接触的各个方面。运营型客户关系管理系统通过客户服务自动化来改善与客户接触的流程，进而提高工作效率，使客户满意。

这类系统的设计理念是：客户关系管理在企业经营中的地位越来越重要，它要求包括客户服务、销售、营销在内的所有业务流程都实现自动化，并实现多渠道的客户接触点的整合，使前台与后台在管理上保持无缝连接。其目的是使企业在直接面对客户时能够提供自动化的业务流程，使各个部门的业务人员在日常工作中能够共享客户资源，减少信息流动滞留点，为客户提供高质量的服务。

由于运营型客户关系管理系统面向的是营销、销售、客户服务等前台工作，因此它主要提供销售信息管理和分析、销售过程定制和监控、营销活动分析、计划预算、项目追踪、成本核算、回报预测、营销效果评估、客户服务请求，以及投诉处理机制建立、投诉分配、解决、跟踪、反馈和回访等功能，以实现"以客户为中心"的理念。

（2）协作型客户关系管理系统

协作型客户关系是一种企业通过各种渠道直接与客户进行交流的状态。协作型客户关系管理系统作为一种综合解决方案，将多渠道的交流方式融为一体，建立统一的接入平台，使企业和客户之间的互动更通畅、更便捷，提高企业的客户沟通能力。

协作型客户关系管理系统由呼叫中心、电话/Web 交流、电子邮件、现场接触和传真/信件等部分组成。协作型客户关系管理系统的参与者包括两类人员，即企业客户服务人员和客户。例如，当企业客户服务人员通过电话指导客户修理设备时，他和客户共同参与修理活动，这时他们之间是协作关系；而运营型客户关系管理系统和分析型客户关系管理系统的参与者只是企业客户服务人员，客户并未直接参与相关活动。

显然，协作型客户关系管理系统有自己的特点，由于企业客户服务人员和客户要共同完成某项工作，所以他们都希望尽快解决问题。这就要求客户关系管理系统必须能够帮助企业客户服务人员快速、准确地记录客户的问题并找到解决问题的方案。如果问题无法在线解决，协作型客户关系管理系统还要及时将其转发至相关业务部门。

（3）分析型客户关系管理系统

分析型客户关系管理系统通常又称为后台客户关系管理，它不直接同客户打交道，其作用是分析和理解发生在前台的客户活动。这类系统主要是从运营型客户关系管理系统所产生的大量数据中提取各种有价值的信息，为企业的经营管理和决策提供量化依据。

分析型客户关系管理系统针对特定的业务设计相应的数据库和数据仓库，并利用商务智能技术对大量数据进行分析，从而发现并提取有价值的信息。

作为一种决策支持工具，分析型客户关系管理系统可以用来指导企业的生产经营活动，提高经营决策的有效性。

（4）三类客户关系管理系统之间的关系

从上面对三类客户关系管理系统的介绍和分析可以发现，运营型客户关系管理和协作型客户关系管理主要用于解决如何提高企业的运营效率，以及如何采集数据的问题，并不具备信息分析能力；只有分析型客户关系管理系统具有较强的信息分析能力。

此外，这三类客户关系管理系统都是只侧重于解决某一个方面或某几个方面的问题，因此它们的功能都是不完全的。要形成企业与客户之间的联动机制，就需要将这三类客户关系管理系统结合在一起。在客户关系管理系统实施过程中，这三类客户关系管理系统之间往往是相互补充的关系。企业是先运行分析型客户关系管理系统，还是先运行运营型客户关系管理系统，或者协作型客户关系管理系统，要根据企业的实际情况来确定。不论怎样，在建设客户关系管理系统时一定要进行整体设计，先从满足企业最紧迫的需求做起，这样投资少、见效快、风险小，是非常切合实际的做法。

4.3.3　客户关系管理系统的实施

1. 客户关系管理系统的实施过程

虽然客户关系管理思想得到了企业的普遍认可，但是企业在具体实施客户关系管理系统时还有很多问题，这些问题会导致有些企业实施客户关系管理系统的结果并不令人满意。其中的原因很多，但大多数原因不是信息技术上存在问题，而是管理上存在问题，所以要实施客户关系管理系统，最重要的就是做好一场管理变革。

客户关系管理系统的实施是一个复杂的过程，它一般分为四个阶段，即识别客户、进行客户差异分析、与客户保持良性接触，以及调整产品或服务，以满足每个客户的需求，表 4-4 总结了客户关系管理的实施过程。

表 4-4　客户关系管理的实施过程

阶　　段	活　　动
识别客户	采集客户的有关信息。 将更多的客户信息输入数据库。 验证并更新客户信息，删除过时的客户信息
进行客户差异分析	识别企业的"金牌"客户。 哪些客户导致了企业成本的产生？ 企业本年度最想和哪些企业建立商业关系？选出几个这样的企业。 去年有哪些大客户对企业的产品或服务提出了抱怨？列出这些抱怨。 去年最大的客户今年是否也订购了不少企业的产品？找出这个客户。 是否有的客户只从企业订购了一两种产品，却从其他企业订购了很多种产品？ 根据客户对于企业的价值（如市场花费、销售收入、与企业进行业务交往的年限等），把客户分成 A、B、C 三类
与客户保持良性接触	给企业的客户服务部门打电话，看获得问题解答的难易程度如何。 给竞争对手的客户服务部门打电话，比较该企业与本企业的服务水平。 把接听客户打来的电话看成一次销售机会。 测试客户服务部门的自动语音系统的质量。 对企业内部记录客户服务信息的文本或纸张进行跟踪。 哪些客户给企业带来了更高的价值？更主动地与他们进行对话。 应用信息技术，使得客户与企业做生意更加方便。 改善对客户抱怨的处理方式

续表

阶　　段	活　　动
调整产品或服务，以满足每个客户的需求	改进客户服务工作，节省客户时间，节约企业资金。 使发给客户的邮件更加个性化。 替客户填写各种表格。 询问客户，他们希望以怎样的方式、怎样的频率获得企业的信息。 找出客户真正需要的是什么。 征求名列前 10 位的客户的意见，看企业可以向这些客户提供哪些特殊的产品或服务。 争取企业高层参与客户关系管理工作

2. 客户关系管理系统实施成功的关键因素

（1）事先建立可量度、可预期的商业目标

企业在引入客户关系管理系统之前，必须事先制定整体的客户关系管理规划，评估客户关系管理所带来的短期效益和中期效益，确定量化评估标准，并以企业的特定案例作为指标案例，以投资收益率（ROI）为基准，来衡量客户关系管理系统的成效。企业除了可以利用指标案例设定目标外，还可以利用指标案例来评估客户关系管理系统在不同阶段的运作状况，并随时调整客户关系管理策略，使其符合企业的需求，这对于客户关系管理系统的顺利实施具有决定性影响。需要注意的是，切不可盲目追求大而全的客户关系管理系统，或一味听从客户关系管理系统厂商的承诺，毕竟客户关系管理系统不是万能的，企业应当更多地借鉴其他企业，尤其是同行业企业实施客户关系管理系统的经验，并从本企业的实际情况出发制定可量度、可预期的商业目标。

（2）取得企业决策及管理层的大力支持

由于实施客户关系管理系统是转变企业经营理念的策略性措施，实施客户关系管理系统必然会给企业传统的工作方式、组织结构、人员岗位、工作流程带来一定的冲击。同时，为了配合客户关系管理系统的实施，对于相关的业务流程必须制定配套的规章制度，这就需要企业高层管理者予以大力支持。一旦缺乏企业高层管理者长期而强有力的支持，客户关系管理系统就不能顺利实施。企业高层管理者的作用主要体现在三个方面：首先，为客户关系管理系统设定明确的目标；其次，为客户关系管理系统实施提供人力、财力和物力等方面的支持；最后，确保企业上下认识到实施客户关系管理系统的重要性。在客户关系管理系统实施出现问题时，高层管理者要激励员工解决问题而不是打退堂鼓。

（3）业务流程再造

在实施客户关系管理系统时，应当把注意力放在业务流程上，而不是过分关注技术，必须认识到：对于客户关系管理系统而言，技术只是促进因素，而不是解决方案。因此，在实施客户关系管理系统之前要去研究现有的营销、销售和客户服务策略，并找出其中的不足及相应的改进方法；要"以客户为中心"改善各部门的业务流程，让员工充分参与客户关系管理系统的设计与建设。此外，客户关系管理系统要符合企业管理实际。要做到这一点，在实施客户关系管理系统之前，企业可以聘请具有客户关系管理实践经验的咨询团队，通过问卷调查、座谈会、访谈等方式对企业进行咨询诊断工作。通过咨询诊断，发现企业在管理、流程、架构、信息化等方面存在的主要问题，对企业实施客户关系管理系统的可行性进行论证，并制订业务流程再造方案，为未来实施客户关系管理系统进行整体规划和设计。

（4）重视人力资源并建立具有较强能力的实施团队

客户关系管理系统的实施团队应当在以下几个方面具有较强的能力。首先，是业务流程再造的能力。其次，是对系统进行客户化和集成化的能力，特别实施面向移动用户的客户关系管理系统的团队更要具备这种能力。再次，是信息技术能力，如合理设计网络结构、为用户提供桌面工具、数据同步化策略等。最后，是改变管理方式的能力，如能够帮助用户接受和适应新的业务流程，能够建立健全人员培训制度且将其付诸实施。人员培训主要有以下两个层面。

① 高层管理者培训：聘请客户关系管理方面的专家，与企业高层管理者进行交流，使高层管理者能够认识到客户关系管理的必要性和重要性，从而使企业决策层始终贯彻"以客户为中心"的思想。

② 员工培训：让企业员工充分了解并掌握客户关系管理的基本内容，明确客户关系管理系统为企业和个人带来的利益，促使企业向"以客户为中心"的经营模式转变。员工培训可以采取以下方式：客户关系管理基本知识讲座；问卷调查；基于角色的应用操作培训；岗位职责培训；客户关系管理绩效考评。

（5）总体规划，分段实施

实施客户关系管理系统时应当采取分阶段实施的方案，每一个阶段侧重于实现特定的客户关系管理目标，从而保障系统顺利实施。一般来说，要分析业务流程，识别业务流程再造的关键领域，并确定实施业务流程再造的优先级。

（6）系统集成

系统集成是客户关系管理系统实施的重要一环。进行系统集成后企业各部门能够协调工作，从而可以发挥整体效益，达到整体优化的目的。系统集成可以提高系统效率，进而提高终端用户的工作效率和企业的运营效率。

3. 客户关系管理系统集成

客户关系管理系统不是一个孤立的系统，它还需要与企业的各种信息系统进行交互，通过基于 XML API 的构件扩展接口或采用企业应用集成（EAI）解决方案，实现客户关系管理（CRM）系统与企业资源规划（ERP）系统、供应链管理（SCM）系统等的集成和数据共享。

（1）CRM 系统与 ERP 系统的集成

CRM 系统主要处理营销、销售、客户服务等涉及外部资源的业务，不能很好地处理企业内部业务。在新的经济环境下，CRM 系统不仅要能够充分利用企业外部资源，还要能够与企业现有的 ERP 系统，包括生产控制管理、销售管理、采购管理、仓库管理、财务会计管理、人力资源管理等子系统集成起来，消除数据的不一致性，将客户的需求、企业的生产制造活动和供应商的资源生产活动整合起来，使企业内外部资源产生的价值聚合起来，形成一条增值的价值链。

企业的运营是连贯的，其各种信息系统彼此之间衔接得越紧密，运行得越顺畅，运营效率就越高，对市场的反应速度也就越快，就越能适应市场的需要。单独使用 CRM 系统或 ERP 系统都会影响企业运营的连贯性，导致其对市场、客户需求的反应速度降低：单独使用 CRM 系统，会缺乏来自后台的动态信息，无法实时更新相关内容，导致很难对客户交易信息进行实时响应；单独使用 ERP 系统，则会缺乏营销、销售和客户服务网络，也难以对客户需求进行实时响应。

企业单独使用 CRM 系统，或单独使用 ERP 系统，或同时使用独立运行的 CRM 系统和 ERP 系统，没有对它们进行有效集成，都会形成一个个"信息孤岛"，阻碍企业管理信息化的进程。企业要想高效运行，就要将这些"信息孤岛"有效地集成在一起，CRM 系统与 ERP 系统集成是管理思想发展的必然趋势，是企业管理信息化的高级阶段，是弥补两个系统功能局限性的有效手段。

（2）CRM 系统与 SCM 系统的集成

在产品差异化越来越小的今天，一个领先的制造商也许具备生产大量产品的能力，但是如果它不能改进产品的流通体系，快速响应客户需求，那么其产品就有可能积压在仓库中，无法投放到市场中。企业必须通过优化流通网络与分销渠道、改进供应链来提高库存周转率，减少库存量。而 SCM 系统对于产品或服务的有效传递而言是非常重要的。

无论是 CRM 系统还是 SCM 系统，其根本目的都在于提高企业对市场的反应速度，降低库存，加快资金周转速度，提高企业的管理水平。供应链管理和客户关系管理的整合，将使企业能够实现对客户需求的实时响应，以及需求与供应链中资源的实时匹配，从而全面提升企业的竞争力。

4.4 金融信息系统

当前，金融创新已经成为金融企业的核心竞争力，然而金融创新的实现，在很大程度上依赖于信息技术。随着金融管理决策向智能化的方向发展，金融业对信息技术的依赖越来越大。

4.4.1 金融信息系统概述

1. 国外金融信息系统的发展

20 世纪 50 年代，国外的金融业引入了计算机设备，随后银行、证券和保险等行业纷纷用计算机代替了手工作业，从而开启了信息化之门，到目前已经取得了较大的发展。国外金融业信息化的发展大致经历了四个阶段：脱机业务处理；联机业务处理；经营决策信息化；业务集成化和决策智能化。通过一步步的演进，国外金融业利用信息技术实现了银行业务的计算机辅助处理、联机事务处理、信息资源共享、客户信息分析、新型产品及业务研发。

总体看来，国外金融业建成了以下三个层面的信息系统。

（1）银行业金融机构内部的信息系统

银行业金融机构内部的信息系统，主要是指以银行会计业务处理为依据的银行内部业务处理系统，包括技术先进且相互协调的柜台交易业务处理系统，以及以银行经营管理为目标的银行管理信息系统。

（2）银行业金融机构之间的信息系统

随着各项金融业务的开展，商业银行间的转账结算业务量急剧增长，及时、有效地进行资金清算，成为提高商业银行经营管理效率的一个重要措施。为此，国外金融业纷纷建立起统一的、标准化的资金清算体系，以实现快速、安全的资金清算，如美国联邦储备体系开发与维护的电子资金转账系统（FEDWIRE），以及日本银行金融网络系统（BOJ-NET）、纽约清算所银行同业支付系统（CHIPS）、环球同业银行金融电信协会系统（SWIFT 系统）等，这些系统的建立既降低了金融机构的交易成本，又加快了金融机构的交易速度，还能为客户提供各种新的金融服务。

（3）金融机构与客户之间的信息系统

银行推出了面向社会大众的各类自动化服务，建立了自动化的客户服务系统，其中包括金融机构与企业客户建立的企业银行，以及金融机构面向社会大众建立的电话银行、家庭银行。借助于这些系统，可以通过各类终端为客户提供多样化的金融服务。

2. 我国金融信息系统的发展

我国的金融信息系统建设始于 20 世纪 70 年代，经历了从无到有，从小到大，已基本形成了一个全国范围的金融信息化服务体系。从 20 世纪 70 年代开始至今，我国金融信息系统的发展大致经历了四个阶段。

（1）金融信息系统起步阶段

20 世纪 70 年代，中国银行引进了理光-8（RICOH-8）型主机系统，揭开了中国金融信息系统发展的序幕。当时中国银行引进该系统的主要目的是利用计算机处理效率高、准确性强、功能丰富的特点，将银行的部分手工业务用计算机来处理，其采用的软件是用 COBOL 语言编写的，实现了对公业务、储蓄业务、联行对账业务、编制会计报表等日常业务的自动化处理。尽管这一阶段只在部分银行进行了信息系统试点，但试点的成功为后来金融信息系统的快速发展积累了丰富的经验。在这一阶段，金融信息系统的主要处理方式是脱机批处理方式，处理了大量琐碎、重复的人工操作。

（2）金融信息系统的推广和应用阶段

金融信息系统的推广和应用阶段是从 20 世纪 80 年代开始的。20 世纪 80 年代初，我国金融业相继引进了日本日立公司的 M-150 计算机系统，美国 IBM 公司的 4361、4381 型主机系统等，进一步在大中城市推广和应用了各类柜台交易业务处理系统。在此基础上，各商业银行分别建立了自己的联网系统，实现了本银行的同城活期储蓄通存通兑，并基本实现了不同商业银行、不同营业网点之间业务的联网处理。在这一阶段，计算机已应用于银行零售业务、资金清算业务、金融统计业务、信贷管理业务等多项业务中。与此同时，1983 年，中国银行率先加入环球同业银行金融电讯协会，并于 1985 年正式开通使用 SWIFT 系统，为中国金融信息系统同国际接轨迈出了坚实的一步。

（3）金融信息系统的整合和影响创新阶段

金融信息系统的整合和影响创新阶段是从 20 世纪 90 年代末开始的。20 世纪 90 年代我国各大商业银行信息系统主机纷纷升级，如引进美国 IBM 公司的 ES9000 系列大型机，用来扩大业务处理范围、增强业务处理能力。1991 年 4 月，运行在中国人民银行金融卫星通信系统上的电子联行系统正式开通，标志着我国金融信息系统进入了全面网络化的阶段。各大商业银行除了先后加入中国人民银行的电子联行系统外，还在一些大中城市建立了各种自动化的同城票据交换系统，如自动化同城票据清算系统、网络化同城票据清算系统，以及用软盘传递数据的同城票据清算系统，在很大程度上解决了我国原来资金清算时间长、可靠性差的问题，使得异地资金清算能高质量、快速地完成。

至 2005 年，我国各商业银行基本建成了数据处理中心，实现了业务数据的集中处理，为金融信息系统的建设奠定了良好的基础。在收集了完善的客户信息、交易信息及其他各种金融信息并进行数据分析的基础上，部分商业银行开始尝试进行信息的深度开发和综合利用，它们利用数据仓库技术初步建立了信贷风险管理系统、客户关系管理系统、资产负债管理系统和金融监管系统等，同时启动了金融信息系统的建设工作，以逐步建立统一的决策支持平台，使信息技术的应用从业务操作层提升到管理决策层。至此，基于信息技术的现代银行经营管理和决策体系初具雏形。

（4）金融信息基础设施的建设与完善阶段

在这一阶段，由中国人民银行运行和管理的金融信息基础设施日臻完善，主要包括：建成了中国人民银行第二代支付系统（CNAPS2），使各商业银行可以实现支付的"一点清算"，标志着我国支付清算体系进入了新的发展阶段；建成了中央银行会计核算数据集中系统（ACS），形成了完整的人民币会计核算全国"一本账"；全国银行业理财信息登记系统投入运行，对银行业金融机构发行的理财产品实行集中统一的电子化报告和信息登记，开启了对银行理财市场、业务和产品的全方位监控。

2021 年，中国人民银行进一步提出要高标准地构建金融信息基础设施，加快新一代中国人民银行骨干网络、数据中心和"央行云"建设，提高金融信息基础设施管理水平，并推动全球法人识别编码（legal entity identifier，LEI）应用向纵深推进。

4.4.2 银行电子化应用系统

银行电子化应用系统的总目标是实现银行业务的自动化处理，为客户提供优质、高效、便利、可靠的银行服务，提高资金使用效益，实现银行经营、管理、决策的科学化。银行电子化应用系统涉及中央银行系统和各商业银行系统，通常由中央银行的电子化应用系统和商业银行的电子化应用系统构成，而这两大系统又包含银行经营管理系统、银行业务处理系统和银行自助处理系统三个分系统，每个分系统下设若干个具有独立功能的子系统，这些子系统之间通过纵向和横向的连接来实现信息交换和资源共享。

1. 银行经营管理系统

银行经营管理系统主要分为商业银行经营管理系统和中国人民银行经营管理系统两类。

（1）商业银行经营管理系统

目前，商业银行朝着"数字银行"和"智慧银行"的方向转型，它通常依托分布式系统和云计算平台，构建基于开放平台的各类核心运营系统。商业银行经营管理系统有很多，其中使用得比较广泛的是银行办公自动化系统、信贷管理系统、财务管理系统、客户关系管理系统等。

① 银行办公自动化系统。银行办公自动化系统主要进行个人信息管理、公共信息管理、日常公文管理、日常档案管理、报表管理以及系统维护管理等。以中国工商银行为例，它基于开源 MySQL 数据库构建金融级分布式数据库，利用 Dubbo、Zoo-Keeper 等技术搭建分布式系统并构建金融级平台，实现各类核心应用的云上部署，向各级机构和用户提供办公自动化服务。

② 信贷管理系统。信贷业务是商业银行最重要的盈利业务，也是商业银行赖以发展的支柱业务。信贷资产的质量以及信贷资金盈利水平对于银行实现经营目标有着举足轻重的作用。信贷管理系统总体上可以分为业务经营子系统和管理子系统。业务经营子系统主要实现贷款申请、调查、审查、审批、发放等贷款业务的基本功能。管理子系统主要实现分析、评估、审批、监督、宏观统计分析等高级管理功能。

信贷管理系统的主要功能模块有贷款信用分析管理模块、贷款项目评估模块、贷款审批及贷款业务处理模块、贷款业务统计与分析模块，以及系统维护模块等。

③ 财务管理系统。财务管理对于每个企业来说都是很重要的，对于银行来说尤其重要。财务管理系统的建立，有利于银行实现报表自动编制、利息计算和账务处理，加强对财务费用的管理，提高财务费用的使用效率，并对各个部门的成本开支进行有效的监督，及时反映银行经营状况，为领导决策提供依据。

财务管理系统的主要功能模块有数据录入模块、财务处理模块、查询模块、报表处理模块、功能转换模块和系统维护模块等。

④ 客户关系管理系统。客户是银行竞争的焦点，也是银行资金和效益的来源，不同的客户一方面需要银行提供不同的服务，另一方面能够给银行带来不同的效益。客户关系管理系统的建立通常以先进的数据仓库技术为基础，利用它所提供的数据管理方法，对来自各业务系统的原始数据进行整合、挖掘、分析和处理，形成丰富的客

户信息和市场信息。

商业银行客户关系管理作为一种新型的管理模式，既是先进发展战略和经营理念的体现，又是新型的管理实践活动。商业银行客户关系管理系统表现为以现代信息技术为手段，以业务操作、客户信息和数据分析为主要内容的软硬件集成系统，是银行经营活动在高度数据化、信息化、电子化、自动化的条件下，与客户全面接触、为客户提供全程服务的统一技术平台和智能服务系统。

（2）中国人民银行经营管理系统

中国人民银行建立了覆盖全国金融机构的金融统计监测管理信息系统、中国人民银行征信系统、货币发行管理信息系统、工业景气调查系统、企业信息联网核查系统、中国人民银行人力资源管理系统、办公自动化系统以及中国人民银行总行综合信息平台等。

2. 银行业务处理系统

银行业务处理系统包括商业银行业务处理系统、中央银行业务处理系统和银行卡支付系统。商业银行业务处理系统主要实现商业银行存款、贷款、结算、外汇等业务。中央银行业务处理系统主要为商业银行和其他非银行金融机构提供可靠、高效的支付服务。银行卡支付系统通过建立自动化的银行卡支付网络实现准确、及时、安全的资金转移。

（1）商业银行业务处理系统

目前，我国商业银行都建立了以大集中为基础、以客户为中心的面向交易的业务处理系统，即提供统一的基础技术架构，建立规范化、标准化、正规化的运行管理体系，将商业银行的全部财务数据，包括对公、对私的资产和负债数据及银行卡数据等，都集中在其总行计算机系统中统一管理、协调，实现集约化经营，为加速资金流动和实施创新业务奠定了良好的基础。在此技术架构下建立的业务处理系统主要有综合业务处理系统、国际结算系统、银证转账系统等，这些系统同时还与客户关系管理系统连接。商业银行业务处理系统一般分为三个层次：总行数据中心，分行运行、接入、管理中心以及支行柜台处理中心。

根据商业银行业务处理要求，商业银行业务处理系统的主要功能模块有客户信息模块，储蓄功能模块，个人信贷业务处理模块，银行卡、国债、理财处理模块，对公业务处理模块，贷款、拆借、投资业务处理模块，结算业务处理模块，现金凭证管理模块和其他公共业务处理模块。

（2）中央银行业务处理系统

中央银行业务处理系统是整个货币体系不可分割的一部分，它涉及资金转移的规则、资金转移的相关机构和资金转移的技术手段等多个方面。目前，我国已经建成了包括中国现代化支付系统、中央银行会计集中核算系统和全国支票影像交换系统在内的中央银行业务处理系统。

① 中国现代化支付系统。中国现代化支付系统（China national advanced payment System，CNAPS）是中国人民银行根据我国支付清算的需要，利用现代计算机技术和

通信网络自主开发与建设的，能够高效、安全地处理银行办理的各种异地或同城支付业务及其资金清算和货币市场交易的资金清算的应用系统。它是各银行和货币市场的公共支付清算平台，是中国人民银行发挥金融服务职能的核心支持系统。

中国现代化支付系统由大额实时支付系统和小额批量支付系统两个业务应用系统，以及清算账户管理系统和支付管理信息系统两个辅助系统构成，建有两级处理中心，即国家处理中心（NPC）、省会（首府）及深圳城市处理中心（CCPC）。国家处理中心分别与各城市处理中心连接，其通信网络采用专用网络，以地面通信为主，将卫星通信作为备份。

② 中央银行会计集中核算系统。中央银行会计集中核算系统（central bank centralized accounting book system，ABS）是中国人民银行采用集中核算的方式处理会计业务，并与支付系统或电子联行系统连接，办理资金汇兑和为金融机构提供资金结算服务的网络系统。

该系统提供资金的最终结算服务，是中国现代化支付系统的运行基础，是中国人民银行履行各项职能的重要支持。该系统支持的业务主要包括中国人民银行对金融机构的存贷款业务、公开市场业务、质押融资业务、货币投放业务、资金回笼业务，以及中国人民银行内部资金汇兑、清算、财务核算等业务。

③ 全国支票影像交换系统。全国支票影像交换系统（cheque image clearing system，CICS）综合运用影像技术和支付密码技术等，将纸质支票转化为影像和电子清算信息，实现纸质支票截留，然后利用网络技术将支票影像和电子清算信息传递至出票人开户行进行提示付款，实现支票全国通用的业务处理系统。

全国支票影像交换系统主要处理银行业金融机构跨行和行内支票影像的信息交换，其资金清算通过小额批量支付系统处理。

（3）银行卡支付系统

银行卡支付系统由银行卡跨行支付系统和发卡行行内银行卡支付系统组成。经过多年的发展，我国已经形成了以中国银联银行卡跨行支付系统为主干，连接各发卡行行内支付系统的银行卡支付网络，实现了银行卡的联网通用，促进了银行卡的广泛应用。

银行卡跨行支付系统专门处理银行卡跨行交易信息转接和交易清算业务，它由中国银联建设和运营。2004 年，银行卡跨行支付系统成功接入中国人民银行大额实时支付系统，实现了银行卡跨行支付的即时清算。

3. 银行自助处理系统

（1）ATM 系统

自动柜员机（automatic teller machine，ATM）系统是一种多功能、全天候的自动服务系统，是利用银行发行的银行卡执行存取款、转账等功能的一种自动电子银行系统。ATM 既可以安装于银行内，也可以安装在远离银行的购物中心、机场、工厂和学校，可以提供全天候的银行业务服务。

ATM 除了提供存款、取款、查询、修改密码、打印凭条等基本功能外，还能提供多方面的金融服务，如银行卡转账、自动缴纳公用事业费、手机充值及代售福利彩票等。

（2）POS 系统

销货点（point of sale，POS）系统通常安装在商店、宾馆、餐厅、超市等场所，通过同银行主机联网可以迅速完成消费结算。POS 系统在银行、客户与商家三方之间建立了联系，将银行的业务扩展到了新的领域。

POS 系统主要提供自动转账支付、自动授权和信息管理等功能。自动转账支付是指 POS 系统能够完成消费付款处理、退货收款处理、账户间转账处理、修改交易处理、查询交易处理、查询余额处理、核查密码处理并打印输出账单等；能够自动完成客户的转账结算，并依据交易信息将客户在银行开设的账户中的相应资金自动划转到商家在银行开设的账户中。自动授权是指 POS 系统具有信用卡的自动授权功能，如能自动查询信用卡黑名单，自动检测信用卡是否是无效卡、过期卡，自动核查信用卡余额、透支额度等。信息管理是指 POS 系统在完成一笔交易后，具有自动更新客户和商家在银行中的档案的功能。

（3）电话银行系统

电话银行系统是指使用计算机电话集成技术，利用电话自助语音和人工服务方式为客户提供金融服务的电子银行业务。

1999 年 8 月，中国工商银行率先推出全国统一电话号码为"95588"的电话银行服务，如今所有的全国性商业银行都建立了自己的电话银行系统。电话银行系统提供的服务多种多样。例如，中国工商银行 95588 电话银行系统能够为客户提供账户信息查询、转账汇款、缴费服务、投资理财、外汇交易、信用卡服务、人工服务、异地漫游等一揽子金融服务。账户信息查询提供银行各类账户及其子账户的基本信息、余额、当日明细、历史明细等的查询功能；转账汇款提供同城转账、异地汇款等功能；缴费服务提供电话费、手机费、水电费、燃气费等多种日常费用的查询和缴纳功能；投资理财提供股票、基金、债券、贵金属等的买卖功能；外汇交易提供实时买卖外汇，查询汇率、账户余额及各类交易明细等功能；信用卡服务提供办卡、换卡申请，卡片启用、挂失，账户查询，人民币购汇还款，调整信用额度等功能；人工服务提供业务咨询、投诉建议、网点信息、新业务介绍，并受理账户紧急口头挂失等功能；异地漫游提供异地办理各类银行业务的功能。

（4）自助银行系统

自助银行亦称无人银行，它通过先进的自助银行终端设备，使客户能够以自助服务的方式完成各项银行业务。自动银行通常由各类自助设备、自助系统前置机、自助系统监控管理机和通信网络设备等组成。其中，自助银行的自助设备主要包括以下几类：自助现金终端（自动取款机、自动存款机、存取款一体机）、自助服务终端和自助签约终端等。

自助银行打破了传统银行服务在时间与空间方面的限制，具有运营成本较低、无营业时间限制（24 小时连续运转）、更贴近客户和更便利等诸多优点。目前，自助银行除了能完成基本的存取款功能外，还能完成补登存折、定活转存、外汇买卖、缴纳公用事业费、基金及国债买卖、小额贷款等功能。

4.4.3　网上银行和手机银行

1. 网上银行

网上银行又称为网络银行、在线银行，是指基于因特网或其他电子通信手段提供各种金融服务的银行机构或虚拟网站。一般来说，网上银行除了提供基本银行业务外，还提供网上投资、网上购物、个人理财、企业银行及其他金融服务。网上银行又被称为"3A 银行"，因为它不受时间、空间的限制，能够在任何时间（anytime）、任何地点（anywhere），以任何方式（anyway）为客户提供金融服务。

（1）网上银行的类型

网上银行可以分为个人网上银行和企业网上银行。

① 个人网上银行。个人网上银行主要提供账户服务、投资服务、信用卡服务、咨询服务和其他服务。账户服务主要包括账户信息查询、个人账户转账、代缴费和个人账户管理；投资服务主要提供个人外汇买卖、银证转账、开放式基金等多种自助投资服务，帮助个人实现财富保值增值；信用卡服务主要提供与信用卡相关的一揽子服务，包括查询服务、信用卡还款、信用卡挂失和网上支付等；咨询服务主要提供银行服务信息、最新市场行情以及金融信息，包括利率信息、外汇信息和网点布局等信息；其他服务主要包括理财计算器、更改网银密码和更新个人资料等。

② 企业网上银行。企业网上银行利用统一的、整合了国内外及个人与企业服务的先进的系统处理平台，为企业搭建了安全便捷的账户管理、资金汇兑及投资服务通道，提升了企业的财务管理效率，促进了企业财富与价值增长。企业银行服务提供Web 浏览器和银企对接两种服务渠道，它主要为企业提供账户查询、转账、海关税费缴纳、定向账户支付、期货保证金结算、境外账户管理、代发工资/代理报销、集团理财和银企对接等服务。

（2）网上银行提供的服务

从总体上讲，网上银行提供的服务包括两类：一类是传统银行业务在网络上的实现。这类业务在网上银行建设初期占主导地位；另一类是针对因特网的互动特性设计的新业务。这类业务以客户为中心、以科技为基础，真正体现了按照客户需要"量身定做"的个性化服务特色。具体来说，网上银行可以提供如下服务。

① 发布信息。网上银行通过因特网发布信息，发布的信息一般包括银行的发展历史、经营范围、机构设置、网点分布、业务种类、利率和外汇牌价、金融法规、经营状况以及国内外金融新闻等。通过发布的信息，客户可以方便地认识银行、了解银行的业务品种及业务运行规则，为客户进一步办理各项业务提供了方便。

② 决策咨询。网上银行一般以电子邮件、公告板系统为手段，向客户提供各类银行业务咨询服务及投诉服务，并以此为基础建立网上银行的市场动态分析和反馈系统。网上银行通过收集、整理、归纳、分析客户的各种问题和意见，及时了解客户关注的焦点以及市场需求的发展方向，为银行管理层的决策提供依据，使银行可以及时

调整经营方式或设计新的业务品种，以为客户提供更加周到的服务，并进一步扩大市场份额，获取更大的收益。

③ 账务查询。网上银行可以基于因特网向企业和个人客户提供账户状态、账户余额、账户交易明细等的查询服务。同时，网上银行还可以为企业集团提供跨地区、多账户的账务查询功能。而客户通过这类服务，也可以查询自己的银行账户信息以及与银行业务有关的金融信息，而不涉及资金交易或账务变动。

④ 申请和挂失。这类服务主要包括存款账户、信用卡账户的开户，电子现金、空白支票的申领，企业财务报表的报送，国际收支统计申报，贷款，信用证开立申请，预约服务申请，账户挂失，预约服务撤销等。客户通过网上银行可以清楚地了解有关业务的信息，并在线填写和提交各种表格，简化了业务办理手续。

⑤ 网上支付。网上支付主要向客户提供基于因特网的资金实时结算服务，它是电子商务正常开展的关键，也是网上银行的基础功能。不具备网上支付功能的银行站点，充其量只能算作一个金融信息网站。

⑥ 金融创新。基于因特网信息传递的全面性、及时性和互动性，网上银行可以为不同的客户提供更多、更便捷的智能化和个性化服务，实现传统商业银行在当前业务模式下难以实现的功能。例如，企业集团可以通过网上银行查询其各子公司的账户余额和交易信息，并在签订多边协议的基础上实现企业集团内部的资金调度与划拨，改善企业集团内部的经营管理和财务管理状况，提高资金的整体使用效益。

⑦ 信息增值。网上银行可以提供金融信息咨询服务，在此基础之上以资金托管、账户托管为手段，为客户资金的使用提供专业化的理财建议和理财方案。网上银行采取信用证业务的操作方式，为客户之间的商品交易提供信用中介服务，从而在信用体制不尽完善的情况下，促进商务贸易正常开展。网上银行可以在建立健全企业和个人信用等级评定制度的基础上，实现社会资源的共享和信息的增值。此外，网上银行还可以根据存贷款期限向客户提前发送转存、还贷或者归还信用卡透支金额等提示信息。

综上所述，网上银行利用因特网技术，把银行服务的触角延伸到了社会经济生活的各个方面，延伸到每一个客户。随着因特网和电子商务的普及与发展，网上银行提供的服务将越来越广泛。

2. 手机银行

手机银行又称为移动银行，是指银行以手机等移动设备为载体，使客户能够在此设备上使用银行服务。手机银行利用手机等移动设备实现客户与银行之间的对接，为客户办理银行业务提供服务。

客户使用手机银行时，其手机通过移动通信网络与银行相连，使客户可以通过手机界面直接完成账户查询、账户转账等各种银行业务。手机银行是银行实现电子化的一种渠道，是将货币电子化与移动通信业务相结合的一种新的服务方式。

从理论上讲，银行主要的柜台业务都可以搬到手机银行上来。手机银行的业务可以分为基本业务和拓展业务。账户管理、转账汇款、缴费等属于手机银行的基本业务。手机银行的拓展业务是指在其基本业务的基础上发展起来的手机股市、基金、贵金属、信用卡、客户服务等业务。

（1）账户管理

手机银行可以为客户提供余额查询、当日明细查询、历史明细查询、注册卡维护、账户挂失、默认账户设置等账户管理业务功能。

（2）转账汇款

转账汇款是指客户可以通过在手机银行中选择或输入收款人信息和转账金额，进行同行同城转账或同行异地转账，以及跨行同城转账或跨行异地转账等。

（3）缴费

客户利用手机银行的缴费功能，可以进行公用事业缴费，并支持客户在非工作时间提交缴费预约指令，之后系统会在工作时间为客户办理相应的缴费业务。

（4）手机股市

客户可以通过手机银行查询股票信息，并且设置关注的股票。客户还可以利用手机银行提供的"第三方存管"功能进行银行账户资金转证券公司账户、证券公司账户资金转银行账户等操作。此外，客户还可以通过手机银行提供的链接，跳转到证券公司的手机客户端进行股票交易。

（5）基金

在手机银行中，客户能够以基金公司、基金类型、基金代码及自选基金为条件，查询某只基金的详细信息（包括基金名称、类型、净值等信息），并可以将所关注的基金设置为自选基金。此外，客户还可以便捷地进行基金申购、认购、定投、赎回、撤单，以及余额和历史明细查询等操作。

（6）贵金属

在手机银行中，客户可以查询人民币纸黄金的实时价格（包括银行买入价、银行卖出价），根据即时人民币纸黄金的价格，进行纸黄金买卖交易或设立纸黄金委托交易（包括获利委托、止损委托、双向委托），以及品牌金积存的余额和账户信息查询等。

（7）信用卡业务

在手机银行中，客户可以查询信用卡的余额、交易明细等信息，并向本人信用卡归还账户透支欠款，同时支持信用卡分期付款。

（8）客户服务

在手机银行中，客户可以定制、查询、修改、取消余额变动提醒，定制主菜单，自助缴费，进行权限管理，修改登录/支付密码，注销手机银行，设置客户预留信息、电子对账单等。手机银行能够为客户提供超越时空的 3A（anywhere、anytime、anyhow）服务、更具个性化的服务和更安全的服务。

4.5　会计信息系统

在信息时代，会计工作面临的环境发生了巨大的变化，只有利用新的工具和方法不断对会计工作进行创新，才能适应时代的要求。会计信息系统作为企业信息系统的一个重要组成部分，它的发展与企业管理的发展既相互适应又相互推动。会计信息系统不仅可以处理会计工作中常规的、可以程序化的任务，还可以辅助会计工作人员完成相关的管理与决策任务。

4.5.1　会计信息系统概述

会计信息系统（accounting information system，AIS）是专门用于企事业单位收集、存储、传输和加工会计数据，产生会计信息，并向投资人、债权人和政府职能部门提供会计信息的管理信息系统。会计是以提高经济效益为目的的一种经济管理活动，特别是企业会计，其主要任务是按照现行的会计制度、法规、方法和程序，把在企业生产经营过程中价值运动所产生的数据，加工成有助于管理决策的会计信息。会计信息系统，通过提供信息来反映过去的经济活动，控制目前的经济活动，预测未来的经济活动。

1. 会计信息系统的定义

国外较早提出会计信息系统概念的组织是美国会计学会。1966 年，美国会计学会（AAA）出版的《基本会计理论》（*A Statement of Basic Accounting Theory*）明确提出会计是一个信息系统，并指出会计是为了便于信息使用者有根据地进行判断和决策而鉴别、计算和传输信息的过程。20 世纪 80 年代，会计信息系统的观点传入我国。中国人民大学王景新是我国最早研究会计信息系统的学者之一，他将信息技术与会计有机融合起来，所撰写的《会计信息系统的分析与设计》一书，对于会计信息系统的定义、设计提出了有价值的观点。

美国学者博德纳（G. H. Bodnar）撰写的《会计信息系统》（*Accounting Information Systems*）一书中给出了比较权威的会计信息系统的定义：会计信息系统是基于计算机的、将会计数据转换为会计信息的系统。

根据上述观点，可以这样理解会计信息系统：会计信息系统是一个面向价值的信息系统，是从反映和监督企业中的价值运动（即资金运动）的角度提出信息需求的信息系统，即利用信息技术对会计信息进行采集、存储和处理，完成会计核算任务，并能提供与会计管理、分析、决策相关的信息的系统。

2. 会计信息系统的特点

会计信息系统与企业的其他信息系统相比，具有以下特点。

（1）数据量大

会计以货币作为主要计量单位，从价值的角度对企业的生产经营活动进行连续、系统、全面的核算和监督。在企业中，要将每一种类型及规格的材料、设备和工具等物资的库存占用与增减变动，以及每一笔现金、银行存款、应收账款、应付账款和各种收支，不分巨细地纳入会计信息系统，进行登记核算。此外，还要通过加工处理得到反映企业财务状况和经营成果的综合数据，而且加工处理的过程要详尽细致，并需要长期保存。因此，会计信息系统与企业的其他信息系统相比，要处理的数据量很大。

（2）处理流程复杂

会计核算和监督的内容，是会计工作所要反映、监督、分析、预测和控制的内容，具体包括企业经营资金及其运动的过程。在核算中，企业经营资金及其运动的过程可以同时表现为资金占用和资金来源两个方面，这两个方面既相互联系，又相互制约。当资金处于静止状态时，有关资金占用和资金来源的内容就分别表现为两个大的树形结构，其层次都比较多，可以划分为一级、二级、三级、四级，甚至五级以上。当资金处于运动状态时，资金占用和资金来源这两个方面的增减变动相互联系，呈现出网状结构。许多经济活动都会引起多项资金占用和资金来源同时变动，处理起来较为复杂。

（3）处理过程严格

在会计工作中，对各项经济业务的处理都必须严格遵守相应的准则和方法，如对于工资、成本、利润、资产折旧和税金的计算，资产评估，经费收支处理等，在相关规章制度中都做了详细的规定。对于这些规定，必须严格遵守，不能随意变动。这些规定一旦发生变化（如按照国家统一的会计制度的规定，企业应改变原会计政策），会计处理就要按照新的会计政策执行，不能再沿用原会计政策。

（4）对数据的要求高

会计数据的真实性和准确性，不仅关系到是否能真实地反映企业的经济活动情况，还会影响国家、企业和职工之间的利益分配，因此会计数据要真实和准确，在数据处理过程中，对于每一项数据都要进行验证和审核。会计数据之间的关系比较复杂，对数据的要求很高。例如，账户借方发生额与贷方余额之间、借方余额与贷方余额之间、资产负债表中资产总计与负债和所有者权益总计都必须完全相等，不允许出现丝毫差错。

会计数据是反映企业财务状况和经营成果，表达企业与国家、企业与企业、企业与个人等之间的各种关系的重要依据，不允许随意泄露、破坏和遗失，需要采取各种措施，确保会计数据安全可靠。

（5）处理结果具有可验证性

在对会计数据进行处理的过程中，不仅要对数据进行层层复核，保证其真实可靠，还要对处理结果进行检查和验证。在设计会计信息系统时，要考虑为审计工作的开展提供各种必要的条件。

（6）与其他企业信息系统的数据密切关联

会计信息系统是一个重要的企业信息系统，它与企业其他信息系统的相关模块在数据输入和输出方面有着密切的关联，如图 4-17 所示。

3. 会计信息系统与 ERP 系统的关系

ERP 系统能够把财务管理及控制与企业业务紧密联系在一起，从而将计划、预算、监控、分析的触角延伸到企业的各个部门，为企业运作提供决策支持。

从功能的角度来看，会计信息系统的主要功能都被集成到 ERP 系统中，会计信息系统是 ERP 系统的组成部分。会计信息系统在 ERP 系统中属于财务会计子系统，

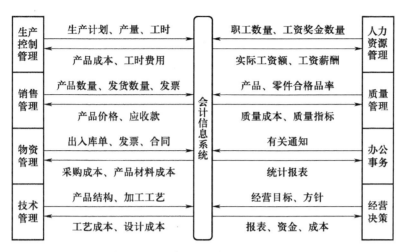

图 4-17　会计信息系统与其他企业信息系统相关模块的数据关联

它提供企业所需要的财务计划、成本控制、利润中心等方面的管理会计信息，以及企业主管机关所需要的会计报表（包括总账、应收账款和应付账款、财产和行为税合并作业）和财务资金调拨、投资理财、出纳等作业的管理信息。独立的会计信息系统一般包括由账务处理子系统、会计报表子系统、采购管理子系统、工资管理子系统、固定资产管理子系统、存货管理子系统、销售管理子系统、成本管理子系统、应收账款子系统、应付账款子系统等构成的会计核算模块，以及由资金管理子系统、财务分析子系统、决策子系统、管理报告子系统等构成的会计分析与决策支持系统，这与 ERP 系统的财务会计管理功能模块大体一致，而 ERP 系统的财务会计管理功能模块更侧重于管理会计。

从信息集成的角度来看，ERP 系统强调会计信息与业务信息的集成，以及物流、资金流和信息流的集成，并从价值管理的角度实现会计管理的职能。ERP 系统是一个整合的信息系统，它运用流程管理技术，以流程为主轴整合了企业内部的各个作业，同时利用流程优化设计，减少了流程中重复、闲置和等待等无附加价值的作业，缩短了作业处理时间，使企业能够快速响应市场需求。

从发展趋势来看，ERP 系统是当前会计信息系统发展的主要方向。ERP 系统通过在各个信息系统之间传递数据，将各个信息系统连接成一个统一的整体，使供应链上各个环节的信息高度集成，以实时反映企业的运营状态。ERP 系统不仅能反映货币计量信息，还能反映非货币信息；不仅强调信息的可靠性，还强调信息的相关性和及时性。

4. 我国会计信息系统的发展

从 1979 年长春第一汽车制造厂进行会计电算化试点工作算起，我国会计信息系统经过了 40 多年的发展，可以分为以下几个阶段。

第一个阶段，从 1979 年到 1987 年，是会计信息系统自行研发与自行应用阶段。在这个阶段，大部分企事业单位还是手工记账。一些企业自主开发财务软件，然后在企业内部推广应用，不是一种商品化的方式。这一阶段主要是对会计信息系统的探索，虽然积累了会计信息系统的建设经验，但也造成了大量的重复劳动。

第二个阶段，从 1988 年到 1997 年，是商品化财务软件大发展的阶段。1988 年是我国会计信息系统发展的一个转折，其标志性的事件就是出现了商品化的软件公司。这一年，用友软件服务社（用友软件股份有限公司的前身）成立，开启了我国财务软件商品化、社会化、专业化的先河。同年，上海立成应用软件研究所成立。1989 年，北京先锋电子公司开发了我国第一套通用财务软件，迈出了我国会计电算化管理的第一步。随后，在政府的推动下，金蝶软件科技有限公司、浪潮通用软件有限公司等一大批软件公司相继创立，反过来又推动了会计电算化的发展。

第三个阶段，从 1998 年到 2007 年，是会计信息化和企业信息化融合的阶段。1998 年，中国软件行业协会财务及企业管理软件分会在北京奥林匹克饭店宣布成立，吹响了财务管理软件向企业管理软件转型的号角，这又是一个标志性的事件。1998 年，用友软件股份有限公司推出 ERP 企业管理软件 U8 ERP，把会计信息化、财务信息系统融入整个企业信息化和企业管理系统，在业界具有一定的代表性。

第四个阶段，从 2008 年开始，会计信息系统向标准化和国际化发展。2008 年 11 月 12 日，中国会计信息化委员会暨 XBRL（可扩展商业报告语言）中国地区组织成立，是我国会计信息系统发展史上的一个新的里程碑。

4.5.2　会计信息系统的结构

会计信息系统的结构一般包括系统的硬件结构、软件结构和功能结构。会计信息系统的硬件结构及软件结构是根据系统的规模和企业信息系统的结构来确定的，小型企事业单位可以采用单机系统结构，大中型企事业单位可以采用局域网体系结构；大型集团公司或跨国公司则采用基于 Internet/intranet 平台的网络结构。本节主要从应用的角度，介绍会计信息系统的功能结构，即介绍会计信息系统是由哪些功能子系统和哪些功能模块组成的。

1. 会计信息系统的功能层次

理论上，一个信息系统按照发展过程或者服务的主要对象，可以分为数据处理系统、管理信息系统和决策支持系统。与此相对应，可以把会计信息系统的功能分成三个层次，分别是核算型、管理型和决策型，它们之间的关系可以用图 4-18 来表示。一个完整的会计信息系统应当由会计核算系统、财务管理系统和财务决策支持系统组成，它们分别满足业务操作层、管理控制层和计划决策层的用户需求。

在图 4-18 所示的三个层次上，各个系统为不同层次的管理人员提供了不同的业务处理功能。它们都有各自的输入数据，这些数据经过系统的处理，输出为不同的信息。例如，核算型层次的输入数据是包括会计原始凭证和记账凭证的会计数据，输出的信息是财务核算和分析信息。一般而言，一个层次的输出数据，除了满足本层次的业务需要外，还有一部分将作为其上一层次的输入数据。上一层次的输入数据除了来自下一层次的输出数据外，还来自企业其他信息系统的输出数据，甚至来自企业外部的数

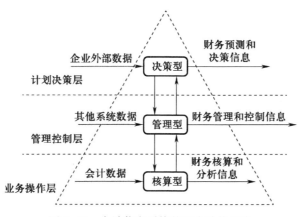

图 4-18 会计信息系统的三个功能层次

据和上一级的指令。这样会计信息系统的三个层次系统便构成了一个有机的整体。

需要说明的是，会计信息系统三个功能层次之间的界限不是绝对的，三者之间存在交叉的功能，但是也不能以"核算本身也是管理""管理的核心是决策"等概念，把三者混为一体。虽然三者之间的界限不是绝对的，但它们各自都具有明显的特征，这对于分析当前会计信息系统的状态、研制会计信息系统和探讨会计信息系统的发展方向具有指导意义。会计信息系统三个功能层次的对比分析如表 4-5 所示。

表 4-5 会计信息系统三个功能层次的对比分析表

项　　目	核算型层次	管理型层次	决策型层次
主要服务对象	业务操作人员	财务管理人员	财务计划人员
主要功能	事后核算和分析	事中管理和控制	事前预测和决策
输入数据	会计原始凭证和记账凭证	会计数据和企业其他信息系统的输出数据	企业内部数据和企业外部数据并重
主要目标	提高会计工作效率	提高经济效益	提高决策有效性
决策支持功能	提供信息支持	支持结构化决策问题处理，能够提供决策方案	支持半结构化决策问题处理，提供决策咨询
系统的核心	各种数据库	数据库与模型库	模型库与知识库
系统的驱动模式	数据驱动	目标驱动	问题与用户等多种因素驱动

之所以开发和使用核算型会计信息系统，是由于企业在经营过程中产生了大量的数据，希望使用先进的信息系统提高工作效率。由此可见，核算型会计信息系统是数据驱动的。而开发和使用管理型会计信息系统的目的是解决财务管理中出现的问题，或者说，是实现财务管理的目标，因此称之为目标驱动的核算型会计信息系统。而开发和使用决策型会计信息系统的原因有多种：可能是企业在实际运行过程中遇到一些比较复杂且重要的决策问题，需要用信息系统来辅助决策，这被称为问题驱动的决策

型会计信息系统；也可能是在整个决策过程中，从决策问题的提出到决策方法的选择、决策方案的确定，决策者始终起核心作用，不同的决策者对同一个决策问题会有不同的决策方案，因此需要有能满足决策者需求的信息系统来辅助决策，这被称为用户驱动的决策型会计信息系统。

2. 会计信息系统的功能结构

会计信息系统是随着信息技术和会计学科的发展而逐步完善的，早期的会计信息系统包含的子系统比较少。例如，财政部 1994 年发布的《会计核算软件基本功能规范》指出，会计核算软件的功能模块可划分为账务处理、应收应付款核算、固定资产核算、存货核算、销售核算、工资核算、成本核算、会计报表生成与汇总、财务分析等。随着会计改革的不断深入，越来越多的先进会计管理理论和管理方法不断被加入会计信息系统，使得会计信息系统的功能不断丰富和完善。

目前，会计信息系统已经从核算型发展为管理型，涵盖了原材料供给、生产、销售、人力资源、财务、企业资产以及决策分析等企业经济活动的各个领域，功能不断完善，子系统不断扩展，基本满足了各行各业对会计核算和管理的需要。

由于企业性质、行业特点以及企业对会计核算和管理需求的不同，会计信息系统所包含的内容不尽相同，其子系统的划分也不尽相同。目前的会计信息系统一般由两大系统组成，即会计核算管理系统和会计分析与决策支持系统。会计核算管理系统一般包括账务处理、工资管理、固定资产管理、采购管理、应付账款、存货管理、销售管理、应收账款、成本管理、会计报表等功能，其中前 9 个功能是独立的，对应于 9 个独立的子系统。会计报表的数据虽然来源于账务处理等子系统，但是由于其功能和程序相对独立，而且多在一个会计期末使用，考虑使用和维护的方便性，一般将其作为一个独立的子系统。银行对账与账务处理紧密相连，通常作为账务处理的一个功能模块，而不单独设立子系统。会计分析与决策支持系统一般包括资金管理、财务分析、管理报告、决策支持等子系统。会计信息系统的功能结构如图 4-19 所示。

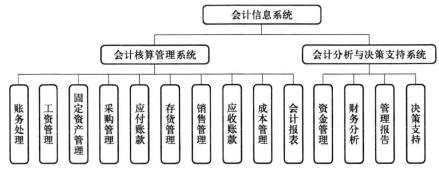

图 4-19　会计信息系统的功能结构

3. 会计信息系统的子系统

（1）会计核算管理系统各子系统的主要功能

① 账务处理子系统的功能。账务处理子系统用于日常的账务处理，从记账凭证

的填制开始，完成会计凭证的审核、记账、结账等业务处理，并对总账、日记账以及记账凭证、科目汇总表等账证进行查询，提供各种形式的查询和打印功能。近年来，随着用户对会计信息系统要求的不断提高和软件企业对账务处理子系统的不断完善，很多商品化软件的账务处理子系统还增加了个人往来款核算与管理、部门核算与管理、项目核算与管理及银行现金管理等功能。

账务处理子系统是整个会计信息系统的核心，其他会计核算管理系统的子系统，如固定资产管理、存货管理等系统生成的凭证需要转入账务处理子系统进行过账。同时，账务处理子系统输出的总账、明细分类账等会计信息也是会计报表子系统的基础数据。

② 工资管理子系统。工资管理子系统以职工个人的原始工资数据为基础，完成职工工资的计算，工资薪酬的汇总和分配，计算个人所得税，查询、统计和打印各种工资表，自动编制工资薪酬转账凭证给账务处理子系统等功能。工资管理子系统还可以实现部分人力资源管理功能。

③ 固定资产管理子系统。固定资产管理子系统主要具有以下功能：对设备进行管理，即存储和管理固定资产卡片，灵活地对其进行增加、删除、修改、查询、打印、统计与汇总；进行固定资产变动核算，即输入固定资产增减变动或项目内容变化的原始凭证后，自动登记固定资产明细分类账，更新固定资产卡片；完成计提折旧和分配，即产生固定资产计提折旧明细表、固定资产统计表等，相关的费用转账凭证可以自动转入账务处理等子系统；灵活地查询、统计和打印各种账表。

④ 采购管理子系统。采购管理子系统可以根据企业采购业务管理和采购成本核算的实际需要，制订采购计划，对采购订单、采购到货以及入库状况进行全程管理，为采购部门和财务部门提供准确、及时的信息，以辅助管理决策。

⑤ 应付账款子系统。应付账款子系统可以完成对各种应付账款的登记、核销以及对应付账款的分析与预测工作；及时分析各种流动负债的数额及偿还流动负债所需的资金；提供详细的关于客户和产品的统计分析，帮助财会人员有效地管理应付账款。

⑥ 存货管理子系统。存货管理子系统主要进行与材料的采购、收发、存储和使用有关的核算工作，并计算材料采购成本差异，反映和监督材料的收发、领退、存储等情况，计算部门或产品的材料费用。其具体功能包括：输入材料等的入库凭证、发料凭证以及委托加工凭证，自动登记库存材料明细分类账、材料采购明细分类账、成本差异明细分类账和委托加工材料明细分类账，并定期编制材料收发结存汇总表等。

存货管理子系统针对企业存货的收发存业务进行核算，掌握存货耗用情况，及时准确地把各类存货成本归到各成本项目和成本对象上，为企业的成本核算提供基础数据；动态地反映存货资金的增减变动情况，提供对存货资金周转和占用的分析，为降低库存、减少资金积压、加速资金周转提供决策依据。

⑦ 销售管理子系统。销售管理子系统以销售业务管理为主线，兼顾辅助业务管理，实现销售业务管理与核算一体化。销售管理子系统一般与存货中的产品核算相联

系，实现对销售收入、销售成本、销售费用、销售利润的核算；生成产品收发结存汇总表等表格；生成产品销售明细分类账等账簿；自动编制机制凭证供账务处理子系统使用。

⑧ 应收账款子系统。应收账款子系统主要完成对各种应收账款的登记、核销工作；动态反映客户信息及应收账款信息；进行账龄分析和坏账估计；提供对客户和产品数据的统计分析，帮助财会人员有效地管理应收账款。一些会计信息系统将销售业务与应收账款业务合并为一个子系统，目的是实现销售业务与应收账款业务的无缝连接。

⑨ 成本管理子系统。成本管理子系统根据成本核算的要求，以及用户对成本核算的定义、对成本核算方法的选择、对各种费用分配方法的选择，自动对从其他子系统传递过来的数据或用户手工录入的数据进行汇总，输出用户所需要的成本核算结果或其他统计资料。

随着企业成本管理意识的增强，很多商品化会计信息系统的成本管理子系统还增加了成本分析和成本预测功能，以满足会计工作的事前预测和决策、事中管理和控制，以及事后核算和分析的需要。利用成本分析功能可以对分批核算的产品进行追踪和分析，计算部门的内部利润，并与历史数据进行对比，分析计划成本与实际成本的差异。利用成本预测功能可以借助于移动平均法、年均增长率法对部门总成本和任意产量的产品成本进行预测，以满足企业经营决策的需要。

⑩ 会计报表子系统。会计报表子系统主要根据会计核算数据（如账务处理子系统产生的总账及明细分类账等数据）完成各种会计报表的编制与汇总工作；生成各种内部报表、外部报表及汇总报表；根据报表数据生成各种分析表和分析图等。

随着网络技术的发展，会计报表子系统能够利用现代网络技术，为行业型用户、集团型用户提供远程报表汇总、数据传输、检索查询和分析处理等功能。会计报表子系统既可用于主管单位又可用于基层单位，而且支持多级单位逐级上报和汇总功能，如合并报表功能。

（2）会计分析与决策支持系统各子系统的主要功能

随着会计管理理论的不断发展及其在企业会计实务中的不断应用，人们越来越意识到会计管理的重要性，对会计信息系统提出了更高的要求。会计信息系统不仅应该满足会计核算的要求，还应该满足会计管理的要求，在企业的整个经济活动中进行事前预测和决策、事中管理和控制、事后预测和分析，为企业管理和决策提供支持。

① 资金管理子系统。随着市场经济的不断发展，资金管理越来越受到企业管理者的重视，为了满足资金管理的需求，目前有些商品化会计信息系统提供了资金管理子系统。资金管理子系统可以实现工业企业或商业企业、事业单位等对资金管理的需求，它以银行提供的单据、企业原始凭证等为依据，记录资金业务以及其他涉及资金管理的业务；处理对内和对外的收款、付款、转账等业务；提供计息管理功能，实现对每笔资金的管理，以及对往来资金的管理；提供各单据的动态查询结果，以及各类统计分析报表。

② 财务分析子系统。财务分析子系统的功能是从会计数据库中提取数据，运用各种专门的分析方法对这些数据做进一步的加工，生成各种分析和评价企业财务状况及经营成果的信息；编制预算和计划，并考核计划的执行情况。

③ 管理报告子系统。管理报告子系统是辅助企业管理者科学、实用、有效地进行企业管理和决策的一个重要工具。它可以从会计信息系统的各个子系统中提取数据，并对数据进行进一步的加工、整理、分析和研究，而且按照企业管理者的要求提取有用的信息（如资金快报、现金流量等）。

④ 决策支持子系统。决策支持子系统的特点在于以交互方式支持决策者解决半结构化决策问题。

⑤ 其他管理子系统。在会计信息系统的发展过程中，还出现了其他一些子系统，包括投资决策、筹资决策、利润分析和销售预测、财务计划等。

上面对会计信息系统的划分只是考虑了会计工作本身的职能，而会计工作还必须进行初始建账，包括设置会计科目、会计账簿格式，初次使用时还必须输入期初数据等相关的基础数据，因此会计信息系统还要通过系统设置功能来完成上述工作。同时，由于数据处理方式的改变，原有的会计档案保管形式发生了变化，因此必须利用专门的数据管理功能来保存会计数据。鉴于此，除了上述子系统外，会计信息系统一般还有系统设置、数据管理两个子系统。

案例分析

红领集团"智造"服饰

红领集团成立于 1995 年，是一家以生产西装为主的服装企业。刚成立时，它采取批量生产、贴牌代工、商场销售的经营模式，是一个典型的代工（OEM）工厂。1998 年以后，红领集团逐步发展成为国内大型的高端西装生产基地。当时中国的服装市场增长平稳，行业正处于上升期，红领集团也处于服装行业红利期，员工人数一度达到了 7000，在全国有 300 多家门店。

2003 年，红领集团开始调整战略，思考定制化转型。

早在 2000 年，红领集团就开始尝试服装定制，它在青岛和济南开设了两家定制门店，旺季时两家门店一天可以收到 80 多个订单，但经常会出现两个门店同时下单，后台面料不足的情况。起初，红领集团只有一个 ERP 系统，使用计算机辅助设计系统（computer aided design，CAD）制版，但是无法满足客户的定制需求。由于当时国内外没有成熟的平台，因此红领集团决定研发自己的定制系统。

2003 年，红领集团开始搭建 RCMTM 西服个性化定制平台。然而，独自研发系统带来了一系列问题。首先，红领集团缺乏信息技术人才，当时很多员工甚至不会操作计算机。于是，红领集团一方面招聘信息技术人员，另一方面组织员工从开关计算机学起。其次，定制需要标准的量体方法，为了采集身型数据，红领集团独创了三点一线"坐标量体法"，可在 5 min 内收集人体 19 个部位的 25 条数据；同时经过研发人员的努力，开发出了三维智能量体仪。再次，就是服装制版，人工制版速度慢，成本高。红领集团此前积累了 200 多万条客户的数据和版型，为服装制版提供了数据原型，经过反复实验，智能制版系统逐渐成形。最后，成衣拆解是智能化生产的关键步骤，红领集团根据积累的海量数据，研究成衣的拆解规则，尝试用不同的算法对数据进行建模。

2012 年，RCMTM 运营日渐成熟，它有 20 多个子系统，涉及量体、成单、制版、裁剪、成衣等 300 多道标准工序，以及面料如何搭配最合理、如何剪裁最省料等，全部都由系统来计算并执行，最终建成了版型库、款式库、工艺库、材料库等多个数据库，里面存储了涵盖中外服装的海量数据。

以西服定制为例，在红领集团的魔幻工厂应用程序（App）里，客户可以自主选择西服款式、面料、扣子及颜色等，自主设计各种细节。客户提交订单并付款后，通过互联网进入 RCMTM，RCMTM 使用 CAD 系统为客户生成适合的版型并制版。版型数据与订单相匹配的面料会被发送给裁剪部门，裁剪部门的裁剪系统按照相关数据在机器上对面料进行自动裁剪，并为其生成一个"身份证"，即每捆衣料上都有一个存储这些信息的 RFID 芯片。裁剪后的布料会被挂到轨道上，传送到制作车间。制作车间的每个工位上都有一台计算机识别终端，扫描衣料上的芯片就知道需要完成哪些工序。利用这套系统，红领集团制作车间里的 210 名员工一天就可以完成 2 000 套个性化服装的生产。

结合上述案例，并查阅相关资料，分析和回答以下问题。

1. 了解服装行业的传统制衣模式，分析红领集团为何要走定制化转型的道路。
2. 红领集团在定制化转型的道路上遇到了哪些问题？这些问题是怎么解决的？
3. 红领集团的制衣模式实现了怎样的技术创新？

思考题

1. ERP 系统的发展经历了哪几个阶段？
2. ERP 系统实施有哪几个步骤？
3. 什么是业务流程再造？为什么实施 ERP 需要进行业务流程再造？
4. 为什么要进行供应链管理？
5. 供应链管理系统可以分为哪几类？
6. 客户关系管理包含哪些内容？
7. 客户关系管理系统有哪些子系统？

第5章　智能信息系统

本章学习要求

1. 了解商务智能的基本概念。
2. 理解商务智能系统框架及相关技术。
3. 理解决策支持系统的结构。
4. 认识智能信息系统为企业带来的商业价值。

实施信息系统之后，企业运营过程中所产生的数据量会以惊人的速度增长，这些数据是企业的重要资源，如何充分利用这些隐藏着巨大商业价值的数据，提炼出有价值的信息、知识，对于改进企业的预测和决策至关重要。本章将介绍企业主要的智能信息系统，包括商务智能系统、决策支持系统和知识管理系统。

5.1　商务智能系统

5.1.1　商务智能概述

1. 商务智能的产生背景

随着信息时代的到来以及全球市场的形成，市场环境快速变化，企业面临着前所未有的机遇与挑战。在这样多变的市场环境下如何快速、正确地做出反应，尽快占据市场竞争优势，是每个企业都亟待解决的问题。

信息时代的一个突出特点就是数据爆炸。企业资源规划系统（ERP 系统）、市场调查、供应商、客户、因特网等都在不断地向企业输送数据。有研究表明，全球数据总量每 18 个月就会增长一倍，但是通常只有存储在数据库中的数据才能够被分析和处理，而这些数据只占很小的比例。面对海量数据，提高数据利用率，快速准确地找出所需要的信息，做出正确的决策，正是企业发展商务智能的驱动力。商务智能的产生原因，概括起来有以下几个方面。

（1）企业数据拥堵

从使用办公自动化系统开始，企业就在运作过程中积累了大量的数据，如销售、成本、质量控制、库存、客户服务等方面的数据，并将其存储于第三方数据库或其他文件中。因此，对于大部分企业来说，数据处理的难题不是数据缺乏，而是存在大量的数据冗余和数据不一致。海量数据的出现和传统数据管理方法的缺陷，使大部分企业出现了"数据拥堵"现象，这既不利于企业管理也不利于对信息的有效利用。因此，如何解决企业数据拥堵问题，使这些数据充分发挥作用，成为人们关注的一个热点。

（2）"数据即资产"的观念成为共识

影响企业绩效的因素不仅仅是产品、服务或环境，还包括知识。知识可以帮助企业获得竞争优势，它是通过对信息进行再加工获得的，而信息则来源于数据。可见，数据是知识的源泉。在企业界，"数据即资产"的观念成为共识，并已反映在企业资源规划系统中。一般而言，具有一定规模的企业都不缺乏数据。但是从数据到信息，再从信息到知识，并不是一个简单的过程。正是在这种背景下，将数据转换为资产的方法和技术不断发展。商务智能的本质正是把数据转化为知识，它致力于发现和挖掘知识，减少不确定性因素对企业经营的影响，使数据资产能够给企业带来明显的经济效益并取得新的竞争优势。

（3）电子商务——企业营销模式的转变

电子商务改变了全球商务活动的方式，使得信息在经济活动中占据着越来越重要的地位。对于企业来说，信息不仅包括生产、销售、市场、客户方面的信息，还包括竞争对手的信息，这些信息是企业竞争的战略性资源。建立在因特网基础上的电子商务平台，运用电子邮件、电子数据交换、电子支付、网络营销等技术，改变了企业的营销模式。可以说，电子商务为商务智能系统的应用和发展提供了环境。

（4）更多成熟技术的应用

商务智能的发展得益于相关技术的发展。因特网技术使得分销商、供应商、零售商和制造商之间的数据访问和共享成为可能。硬件方面的大容量存储、并行处理等技术，以及软件方面的数据仓库、联机分析处理、数据挖掘等技术的成熟，则为商务智能的发展提供了基础。此外，可靠、廉价的数据存储方式、新的数据挖掘算法，以及神经网络、人工智能和决策支持等技术的发展，也推动了商务智能的发展。商务智能不仅可以解决企业信息化建设所遇到的"信息孤岛"问题，还可以帮助企业从大量的数据中发现潜在的商业机会。

2. 商业决策需要商务智能

经过多年的信息化建设，企业资源规划（ERP）系统、客户关系管理（CRM）系统和供应链管理（SCM）系统等企业信息系统产生并积累了大量的数据，但是这些数据的价值还没有被充分利用起来。商务智能可以将积累下来的数据转变为企业经营者最需要的信息和知识，使企业全面了解业务运营的关键环节，准确获悉"过去发生了什么""为什么发生""正在发生什么"以及"未来将如何发展"等信息，从而辅助企业决策。

商务智能的技术基础是数据仓库（data warehouse，DW）、联机分析处理（OLAP）、数据挖掘（data mining，DM）等。其中，数据仓库用来存储和管理数据，其数据来自企业战略层、管理层和运营层上的不同应用系统。联机分析处理用于把这些数据变成信息，支持企业各级决策人员对信息进行复杂查询和分析处理，并用直观易懂的图表将结果展现出来。而数据挖掘则可以从海量的数据中提取出隐含在数据中的有用知识，使企业做出更有效的决策，这些决策反过来也会作用于企业战略层、管理层和运营层上的业务，提高企业的智能化建设水平，如图 5-1 所示。

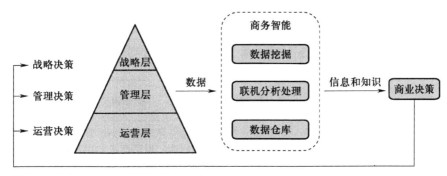

图 5-1　商务智能在商业决策中的应用

一个好的商务智能系统可以帮助企业从大量的数据中获取有价值的信息和知识，并提供分析和统计预测的工具。

3. 商务智能的概念

（1）商务智能的定义

商务智能这一概念是由高德纳公司的分析师霍华德·德雷斯纳（Howard Dresner）提出的，它描述了一系列概念和方法，并应用基于数据的分析系统来辅助商业决策的制定。商务智能为企业提供了迅速收集、分析数据的技术和方法，使企业可以把这些数据转化为有用的信息，提高决策的质量。业界对商务智能的定义有多种，如表 5-1 所示。商务智能可以将企业现有的数据转化为知识，帮助企业做出明智的业务经营决策。这里的数据不仅包括来自企业各信息系统的订单、库存、交易账目、客户和供应商等方面的数据，也包括来自企业所处行业和竞争对手的数据，以及来自企业所处的其他外部环境的各类数据。商务智能辅助企业进行的业务经营决策，既可以是运营层的决策，也可以是管理层和战略层的决策。

表 5-1　业界对商务智能的定义

定义提出者	商务智能的定义
Business Objects（SAP）公司	商务智能是一种基于大量数据的信息提炼过程，这个过程与知识共享和知识创造密切结合，完成了从信息到知识的转变，最终为商家创造了更多的利润
IBM 公司	商务智能是一系列技术支持的可以简化信息收集与分析过程的策略集合
Microsoft 公司	商务智能是任何尝试获取、分析企业数据，以使企业更清楚地了解市场和客户，改进业务流程，更有效地参与竞争的过程

续表

定义提出者	商务智能的定义
IDC 公司	商务智能是以下软件工具的集合：终端用户查询和报告工具、在线分析处理工具、数据挖掘软件、数据集市、数据仓库和经理信息系统
Oracle 公司	商务智能是一种商务战略，能够持续不断地对企业的经营理念、组织结构和业务流程进行再造，实现以客户为中心的自动化管理
SAP 公司	商务智能是收集、存储、分析和访问数据，以帮助企业更好决策的技术
数据仓库研究所（The Data Warehouse Institute）	商务智能是把数据转换成知识，并把知识应用于商业运营的过程
王茁	商务智能是指企业利用现代信息技术收集、管理、分析结构化和非结构化的商务数据及信息，创造、累积商务知识和见解，改善商务决策水平，采取有效的商务行动，完善各种商务流程，提升各方面的商务绩效，增强企业综合竞争力的智慧和能力

总结上述定义可以看到，商务智能是融合了先进信息技术与创新管理理念的结合体：它集成了企业内部和外部的数据，对其进行加工并从中提取能够创造商业价值的信息；它面向企业战略层，服务于企业的管理层、运营层，指导企业进行经营决策，提升企业竞争力；它涉及企业战略、管理思想、业务整合和技术体系等方面，促进从信息到知识再到利润的转变，使企业提高绩效。事实上，商务智能应用的关键在于其对业务的优化。对于商务智能，IBM 公司更强调数据集成和数据分析基础上的业务分析和优化（business analytics and optimization，BAO）。目前，商务智能的应用已经延伸到了非商业领域，政府和教育部门等也成为商务智能的应用领域。

（2）商务智能的特点

商务智能具有以下特点，了解这些特点可以更好地理解商务智能的内涵。

① 服务企业战略。商务智能可以对企业内外部数据进行分析，帮助企业进行规划，支持企业战略管理。商务智能实际上是帮助企业提高决策能力和运营能力的概念、方法、过程以及软件的集合，其主要目的是将企业所掌握的信息转换成竞争优势，提高企业的决策能力、决策效率和决策准确性，因此可以把它看成是继决策支持系统等之后发展起来的又一种支持企业决策的系统。

② 提高企业绩效。商务智能有时被认为属于纯技术范畴，然而它更多地用于解决管理问题，商务智能可以从企业多年的运营数据中，挖掘出有效的辅助管理决策的模式。随着商务智能应用的普及，商务智能与企业业务结合得越来越紧密，在企业绩效管理中扮演着越来越重要的角色，与此同时，商务智能也被深深地烙上了管理方面的印记，并且融合了越来越多的企业管理理念。

③ 综合应用多种技术。商务智能涉及企业提升智能化决策水平的一系列关键技术，是多种技术的集成。表 5-2 列出了常见的商务智能技术。

表 5-2 常见的商务智能技术

大　　类	细 分 类 别	关 键 技 术
数据集成	数据获取	数据抽取、转换、装载（ETL）
	数据存储	数据仓库 数据集市（data mart） 操作型数据存储（operational data store）
数据分析	描述性分析	联机分析处理（OLAP）
	预测性分析	数据挖掘
信息/知识展示	简单展示	查询和报告（query & reporting） 信息展示、数据立方体（data cube）
	高级解释	知识表示、知识解释、知识可视化

商务智能在这些技术的支持下，可以发现数据背后隐藏的商机或风险；了解企业和市场的现状，把握发展趋势；理解企业业务发展的推动力量，认清对企业业务产生影响的行为及其影响程度。

④ 是数据加工厂。商务智能需要整合企业各信息系统生产的数据，从而保证有足够的"原料补给"。商务智能可以根据业务需要收集数据，并进行提炼和加工，最终产生对企业有价值的知识。商务智能将数据转化为信息再转化为知识的过程如图 5-2 所示，这一过程基于数据仓库进行数据分析、联机分析处理和数据挖掘，以及数据展示。

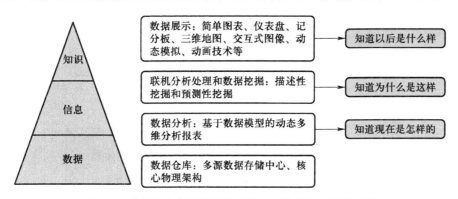

图 5-2 商务智能将数据转化为信息再转化为知识的过程

⑤ 服务于多层次用户。商务智能服务于企业各级决策者。商务智能早期主要支持中高层管理人员进行决策，目前还支持基层业务人员，甚至外部的客户和合作伙伴进行决策。

5.1.2 商务智能系统概述

1. 商务智能系统框架

商务智能涉及的领域广泛，它集数据的收集、合并、分析、存取等功能于一体，包括数据抽取、转换、装载，数据仓库，数据查询和报告，联机分析处理，数据挖掘和可视化等工具，能够在线分析和挖掘知识，为管理者提供特定的决策解决方案。

商务智能系统框架通常由数据获取层、数据管理层、数据分析层和信息/知识展示层组成，如图 5-3 所示。

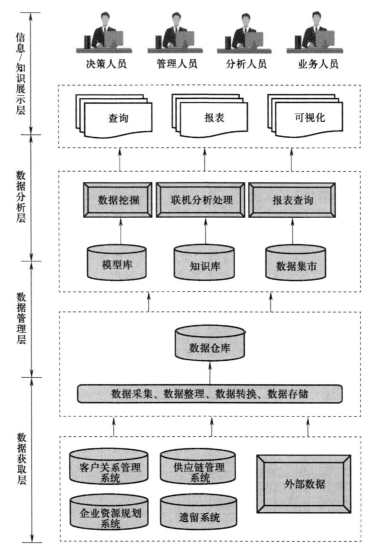

图 5-3　商务智能系统框架

（1）数据获取层

数据获取是指数据采集、数据整理、数据转换和数据存储。数据采集是指从具体的业务数据库，以及客户关系管理系统、供应链管理系统、企业资源规划系统、遗留系统等信息系统或外部采集数据。数据整理主要是指对采集的数据进行准确性审核、合法性校验，传输数据，制订数据抽取、转换、装载（ETL）策略等。数据转换是指按照 ETL 策略将数据转换为一定的格式。数据存储是指将数据按照数据仓库的要求载入数据仓库服务器。

（2）数据管理层

数据管理主要负责数据仓库的维护和管理，它涵盖了数据组织、数据维护、数据分发、数据安全等内容，可以实现数据净化、过滤及数据标准化等功能。

（3）数据分析层

数据分析是实现商务智能系统智能化的关键，它主要利用数据挖掘、联机分析处理和报表查询技术，按照用户的要求设计、生成数据分析主题，对从模型库、知识库和数据集市中提取的数据进行汇总统计和多维分析，挖掘出数据背后隐藏的知识。

（4）信息/知识展示层

信息/知识展示是将数据分析所得到的信息/知识展示给决策人员、管理人员、分析人员和业务人员，支持他们进行管理和决策。信息/知识展示的方式主要有以下几种。

① 查询。查询包括定义查询、动态查询、OLAP 查询与决策支持智能查询。

② 报表。报表包括关系数据表格、复杂表格、OLAP 表格以及各种综合报表。

③ 可视化。可视化用易于人们理解的点线图、直方图、饼图、网状图、可视化交互式动态模拟、计算机动画等来表现复杂数据及其之间的关系。

可见，商务智能系统能够集成和加工大量数据，并从中提取出能够创造商业价值的信息，为企业的战略层、管理层与运营层提供服务，指导企业各类人员进行经营决策。商务智能系统是融合了数据仓库、联机分析处理、数据挖掘等先进的信息技术与创新的管理理念的结合体，它可以促进信息向知识乃至利润的转变，从而使企业实现更好的效益。

2. 商务智能系统的特点

商务智能系统通过分析企业的运营数据，获得高价值的信息或知识，使企业能够在合适的时间采用合适的方法把合适的信息或知识交给合适的对象。因此，商务智能系统具有以下特点。

① 商务智能系统是一个综合开放的系统，它面向企业内外部环境，使企业内外部环境保持动态互联。

② 商务智能系统拥有强大的数据分析能力，它集成了多种数据分析技术，可以提高企业决策的效率和准确性。

③ 商务智能系统能够挖掘数据与信息中潜在的知识，并对它们进行对比分析和趋势预测，以增强企业的运营能力。

3. 商务智能系统的实施

商务智能系统的实施是一个反复迭代的过程，可以采取统筹规划、分步实施、逐步完成的步骤来进行，也就是根据企业管理和决策的需要，对企业各个具体的业务模块，如财务、采购、绩效考评、薪资管理等，实施商务智能系统，真正做到为战略层提供管理驾驶舱等决策支持，为管理层提供数据分析、数据挖掘和数据预测等管理手段，为运营层提供操作便捷、形式多样的查询工具。

（1）商务智能系统实施的关键因素

从项目管理的角度看，商务智能系统成功实施的关键因素包括以下三个方面。

① 管理者高度重视。商务智能系统能够对数据进行提取、整理和分析，并根据数据分析的结果制订相关策略、规划，以达到合理配置资源，改进运营模式，节约运营成本，提高运营效益的目的。如果管理者对商务智能系统理解得不够深刻，实施商务智能系统的目的不够明确，就会使商务智能系统的作用无法真正得到发挥。

② 项目管理体系健全。项目负责人应该具有先进的项目管理理念，对于每个项目节点都应该有明确的实施计划、合理的任务分解、清晰的工作目标、持续的项目跟踪，使得项目计划可行、风险可控，能够成功推进。此外，在对商务智能系统项目进行管理时要注重交流，包括项目实施团队内部的交流，以及项目实施团队与用户之间的交流。

③ 项目实施团队的技术过硬。项目实施团队应该具备足够的商务智能系统实施经验，了解主流的企业信息系统软件，同时熟悉商务智能系统的相关方法和技术，以及企业的业务流程等；应该能够正确引导用户需求，并能够对需求分析、系统设计、程序编写等工作进行统筹规划。

传统的企业信息系统都是面向事务的实时或批处理的管理信息系统，每种企业信息系统都只针对特定的业务需求，它们之间数据分散且缺乏一致性，数据共享的难度较大，对数据进行综合分析的效率较低，使得企业很难将数据有效地转化为信息和知识，也很难有效地解决数据动态集成、历史数据处理等问题。而实施商务智能系统则可以建立统一的信息平台，并将企业内外部的数据和信息有机整合起来，为企业各级管理者提供充分的决策支持服务。项目实施团队应该基于商务智能系统的方法和技术，建立一个支持数据建模、处理和分析的集成环境，形成集中统一的业务数据视图，并将其推送至企业各级管理者的桌面，为他们进行经营管理和战略决策提供综合信息。

（2）商务智能系统实施的过程

商务智能系统的实施过程是：首先，对源数据进行标准化，以及抽取、转换，然后将其装载到数据仓库中，再经过分类加工将其存放到数据集市中，或进一步存放到多维数据库中，以实现数据的整合。其次，建立数据分析模型，对整合后的数据进行分析，并利用展示工具将分析结果反馈给用户。最后，建设综合的信息平台，实施商务智能。总体上，可以将商务智能系统的实施过程划分为数据获取与处理、数据管理与建模、数据交付与使用三个阶段。其中，数据获取与处理可以实现数据的整合，是商务智能系统实施的技术基础；数据管理与建模可以实现企业数据模型的构建，是商务智能系统实施的核心。数据交付与使用可以实现智能分析，是商务智能系统实施成效的直观体现。

（3）商务智能系统实施的原则

商务智能系统的实施要遵循如下原则。

① 深入的调查研究和详尽的可行性分析。在实施商务智能系统之前，应该进行

深入的调查研究和详尽的可行性分析，根据企业的特点和需求决定是否实施商务智能系统以及实施什么样的商务智能系统。

② 树立商务智能系统应用的成本收益观。不能认为只要实施了商务智能系统，就会获得"一本万利"的效果。实施商务智能系统的收益可能是隐蔽的和不可预测的。企业管理者在实施商务智能系统时要有长远的目光，既不能急功近利也不能因噎废食。

③ 注重培育相应的企业文化。企业文化是企业的软实力，在实施商务智能系统时，既要考虑技术因素，也要注重相应企业文化及理念的培育。

④ 建立完善的企业信息系统。信息化建设起步较晚的企业，应该先做好基础数据库的建设工作，为进一步实施商务智能系统打下基础。

⑤ 设定合适的系统规模。在实施商务智能系统时，所使用的分析工具和分析引擎并不是越多越好，而是应该选出适合企业使用的分析工具和分析引擎，并加以定制，使商务智能系统保持适当的规模。

4. 商务智能系统与其他系统的关系

商务智能系统作为一种企业信息集成解决方案，属于分析型系统。一方面，它在企业不同的信息系统，如企业资源规划（ERP）系统、客户关系管理（CRM）系统、供应链管理（SCM）系统、办公自动化（OA）系统、电子商务以及外部环境扫描（environmental scanning）等之间架起了互通的桥梁，同时这些信息系统也为商务智能提供了数据源；另一方面，它的价值又高于这些信息系统。

（1）商务智能系统与其他信息系统的区别

商务智能系统与其他系统的区别主要体现在以下两个方面。

① 系统设计方面的区别。对于企业信息系统而言，无论是谁使用，都必须遵循同样的程序和规则，而且信息系统一旦被设计出来，就不会被轻易改变。而商务智能系统则是一个分析型系统，要能够适应企业业务的不断变化。若它是固定不变的，就不能解决新的问题，也就不能满足企业业务发展的需求。因此，设计一个商务智能系统所面临的最大挑战就是它是一个总在变化的系统。

② 数据范围方面的区别。与企业信息系统相比，商务智能系统所管理的数据不同，企业信息系统管理的是最近发生的业务数据，而且只保留有限的历史数据（通常只有 60~90 天）。商务智能系统则能管理来自多个信息系统的、多年的业务数据，而且数据量很大。

（2）商务智能系统与传统报表系统的关系

传统的报表系统和商务智能系统存在本质的区别。传统的报表系统一般被设计成扁平系统，它主要针对分离的事务处理，不擅长于结构化分析和统计。一个独立的商务智能系统，能够从多种异构的信息系统中获取各类业务数据，并通过数学模型进行多层次的分析，最终将这些数据转化为具有一定商业意义的信息。

商务智能系统所要满足的业务需求往往是复杂多变的，而且其实施的复杂性也远远高于传统的报表系统。因此，在实施商务智能系统的过程中，不能受传统事务处理思维模式的影响和制约。

商务智能系统和传统的报表系统在使用对象及目标上也是有区别的。一般而言，商务智能系统更关注企业的战略决策，以及商业趋势和业务单元之间的联系；而传统的报表系统则注重企业的短期运作，更强调具体的数据和数据的精确度。

（3）商务智能系统与 ERP 系统的关系

商务智能系统与 ERP 系统的共性就是都能使企业的运营效率更高、响应更及时，以及更易于整合，从基础架构的角度看，商务智能系统与 ERP 系统有以下几个共同点。

① 商务智能系统与 ERP 系统都使用分布式结构存储海量数据。

② 商务智能系统与 ERP 系统都能支持大范围终端用户的深度访问。

③ 商务智能系统与 ERP 系统都具有较高的可扩展性。

④ 商务智能系统与 ERP 系统都直接或间接地利用数据来为预测工作提供参考信息。

尽管商务智能系统与 ERP 系统之间有许多共同点，但两者并不是同一个系统或同一系统的两个方面，而是彼此互补的。它们之间存在以下区别。

虽然商务智能系统与 ERP 系统都是基于信息技术做出商业判断，但是它们的侧重点各有不同，商务智能系统主要针对商务智能，挖掘商业数据中的规律；而 ERP 系统则侧重于流程优化。

商务智能系统提升了用户从一些关键领域获取信息的能力，这主要表现在以下几个方面：首先，商务智能系统能够将原先分散的企业数据按照历史记录的顺序彼此关联起来，并以高效、易于提取的结构进行存储，从而能够更快、更及时、更精确地生成报表，以及改良报表格式；其次，商务智能系统能够实时传输信息，缩短了信息在企业各部门之间周转的时间；最后，商务智能系统能够及时发现业务处理流程中出现的问题及错漏之处，并能够实时纠错。

ERP 系统可以对企业的业务流程进行优化，提高企业的经营管理效益。它不仅能够为企业提供更加精确的数据，以及更加全面的管理，还能够打破企业内外部的"信息孤岛"和业务处理瓶颈，极大地提高业务处理效率。

（4）商务智能系统与决策支持系统、经理信息系统的关系

作为一种新型的决策支持系统，与传统的决策支持系统和经理信息系统相比，商务智能系统的优点体现在以下几个方面。

① 在使用对象方面。传统的决策支持系统和经理信息系统的使用对象仅限于企业的高层决策者和分析人员，而商务智能系统则可以为企业内外部的各类人员提供决策支持服务，其使用对象既包括企业的高层决策者、企业各部门的业务人员，也包括客户、供应商、合作伙伴等企业外部用户。

② 在功能特性方面。与传统的决策支持系统和经理信息系统相比，商务智能系统具备强大的数据管理、数据分析与知识发现能力。

③ 在知识库状态方面。决策支持系统和经理信息系统一般预先设置好知识库，

而且知识库中的知识很少发生变化，即便发生变化，也只是定期地进行人为更新。但商务智能系统中的知识库是动态变化的，其数据大多是从企业各信息系统中抽取的，而且可以对已有的数据仓库进行数据挖掘、联机分析处理等操作，从而能够发现新知识，并随时对知识库中的内容进行补充和修正。

5.1.3 商务智能的核心技术

商务智能是多种技术的综合应用，可以将数据转化为信息和知识，是一种辅助决策的手段。商务智能还是一套完整的解决方案，它可以将数据仓库、联机分析处理和数据挖掘等技术结合起来应用到商务活动中，即从不同的数据源收集数据，对收集到的数据进行抽取、转换，然后将它们装载到数据仓库中，并使用合适的数据挖掘工具、联机分析处理工具等对它们进行再处理，将所得到的信息转变成为用于辅助决策的知识，最后将知识呈现于用户面前，以达到技术为决策服务的目的。

数据仓库、联机分析处理、数据挖掘是商务智能系统的三大支撑技术，其中数据仓库是商务智能系统的数据基础，联机分析处理和数据挖掘是商务智能系统的数据分析工具。数据仓库的作用是为联机分析处理和数据挖掘提供数据，联机分析处理和数据挖掘的作用是要把数据仓库中的数据变成信息和知识，为管理者提供决策依据以及解决方案，帮助其及时做出正确的决策。

1. 数据仓库

传统数据库作为传统数据管理的主要手段，主要用于操作型数据的处理。操作型数据通常比较分散，而传统数据库面向特定应用的特性使得数据集成比较困难，因而难以满足决策支持的需要。

20世纪80年代，IBM公司巴里·德夫林（Bary Devlin）和保罗·墨菲（Paul Murphy）两位研究员提出了一个新的术语——数据仓库。从此之后，众多信息技术厂商开始构建实验性的数据仓库。1991年，有数据仓库之父之称的比尔·恩门（Bill Inmon）出版了《建立数据仓库》（*Building the Data Warehouse*）一书，正式提出了数据仓库的概念并对其进行了全面的阐述，数据仓库开始得到广泛的应用。

数据仓库是决策支持系统（DSS）和联机分析处理（OLAP）的结构化数据环境。数据仓库研究和解决如何从数据库中获取信息和知识的问题，其主要目的是从大量数据中找出对现实有指导意义的规律。比尔·恩门在《建立数据仓库》一书中提出的数据仓库的定义目前被业界广泛接受，具体如下：

数据仓库是一个面向主题的（subject-oriented）、集成的（integrated）、相对稳定的（non–volatile）、时变的（time-variant）的数据集合，用于决策支持（decision making support）。

数据仓库在处理历史数据的基础上，对整个系统中的数据进行分析和整理，以便进行联机分析处理、数据挖掘等工作，其最终目标是用得到的知识构建企业的商务智能。因此，数据仓库是在数据库中已经有大量业务数据的情况下，为了满足人们更深入地进行数据分析、知识发现和商务决策的需要而产生的。数据仓库的核心思想主要体现在分析型数据的处理要求和性能上，具体有以下几个方面。

（1）数据仓库是面向主题的

主题是一个抽象的概念，是在较高层次上对企业信息系统中的数据进行综合、归类、分析和利用的抽象概念。每一个主题都对应着一个决策者所关心的问题，如采购、生产、营销等方面的问题。面向主题的数据组织方式，就是在较高层次上对分析对象的数据进行完整、一致的描述，使人们能够统一管理各个分析对象所涉及的企业各项数据及其之间的联系。

（2）数据仓库是集成的

数据仓库存储的数据是从企业各个业务子系统中提取出来的，但这些数据并不是原始数据的简单复制，而是在对原始数据进行了抽取、转换和装载后得到的。这是因为：① 业务子系统记录的是每一项业务处理的流水账数据，对于这些数据不适合进行分析处理，因此在这些数据进入数据仓库之前必须对它们进行一系列计算，丢弃不需要的数据，增加可能涉及的外部数据；② 存在于分散的各个业务子系统中的数据有许多重复、不一致或错误之处，必须将这些数据转换成全局统一的定义，消除重复、不一致和错误之处，以保证数据质量。

（3）数据不可更新

从使用方式上看，数据仓库中的数据不可更新。由于分析的需要，数据仓库中的数据反映了相当长的一段时间内的历史数据的内容，它是不同时刻、不同地点的数据库的快照的集合，以及对这些快照进行统计、汇总和重组所导出的数据，因此不能对它进行任何更新操作而只能进行查询操作，这是保证决策正确的前提。

（4）数据随时间不断变化

数据仓库中的数据的不可更新是针对应用而言的，即用户在进行分析处理时不更新数据。但这并不意味着数据进入数据仓库之后就永远不变，事实上这些数据随时间的变化而定期更新。系统每隔一段时间，就会抽取数据库中变化的数据，对其进行转换并集成到数据仓库中。

（5）数据的集合性

数据的集合性是指数据仓库必须依照一定的数据模型将数据以集合的方式存储起来，数据仓库采用的数据模型主要有多维数据模型、关系数据模型，以及多维数据模型和关系数据模型混合的数据模型。

（6）决策支持作用

决策支持是数据仓库的一个核心应用，建立数据仓库的目的是将企业多年来收集到的数据按照一个统一的规则组织和存储起来，然后对这些数据进行分析，以为企业提供决策支持，帮助企业及时、准确地把握机会，在激烈的市场竞争中获得最大的利润。

综上所述，从数据库到数据仓库，变化的不是数据量，而是数据应用场景，其数据处理方式也从以操作型数据处理为主转变为以分析型数据处理为主（两者的比较如表 5-3 所示），即从数据库联机操作转变为面向主题的历史数据分析，以为企业提供智能分析和决策服务。

表 5-3　操作型数据处理与分析型数据处理的比较

比 较 项 目	操作型数据处理	分析型数据处理
数据细节层次	细节的	综合与提炼的
数据模型	关系数据模型	多维数据模型
数据时间范围	存取瞬间数据	存储历史数据，不包含最近的数据
数据更新	可更新的	只读、只追加
操作对象	一次操作一个单元	一次操作一个集合
性能要求	性能要求高，响应时间短	性能要求宽松
功能	面向事务，支持日常操作	面向分析，支持决策分析
操作数据量	一次操作数据量小	一次操作数据量大
处理对象	客户订单、库存水平和银行账户查询等	客户收益分析、市场细分等

2. 数据预处理

数据预处理是把数据从数据源依照一定的规则装入数据仓库的过程，这个过程的实质就是符合特定规则的数据流动过程，从异构数据源流向统一的目标数据库。其主要步骤有数据抽取（extract）、转换（transformation）和装载（load），即 ETL。数据预处理负责将分布式的、异构数据源中的数据抽取到临时中间层进行转换、集成等处理，最后将其装载到数据仓库中，为联机分析处理和数据挖掘提供基础。

在构建商务智能系统时，是否能有效地将分散在不同数据源中的数据整合起来是系统成败的关键，并将影响系统的运行效率和运行结果。ETL 正是解决这一问题的有效方案。它包含三个方面的内容：一是数据抽取，指的是将数据从原来分散的企业业务子系统中抽取出来，这是所有工作的前提；二是数据转换，指的是按照预先设计好的规则对抽取出来的数据进行转换，使异构数据的格式统一起来；三是数据装载，将经过转换的数据导入数据仓库。

（1）数据抽取

数据抽取将数据从不同的数据源抽取到操作型数据存储（operational data store，ODS）中，在抽取的过程中需要使用不同的抽取方法，以尽可能地提高数据预处理的效率。在设计数据抽取部分时，需要了解数据来自企业的哪些业务子系统，各个业务子系统的数据库服务器所运行的数据库管理系统，是否存在手工数据，是否存在非结构化数据等信息。

（2）数据转换

数据转换利用数理统计、数据挖掘或预定义的数据转换规则，将原始数据转化成满足数据仓库要求的数据。在数据预处理中，花费时间最长的就是数据转换。

在大多数情况下，数据转换就是对数据进行合并、清理和整合，以使其更有意义。此外，在数据转换过程中，要确保能将数据从传统的数据库同步到数据仓库中。

（3）数据装载

数据装载将转换后的数据装载到数据仓库中。数据装载策略包括数据装载周期和数据追加策略。其中，数据装载周期要综合考虑企业的经营分析需求和系统装载代价，对于不同业务子系统的数据采用不同的装载周期，但需要保持同一时间业务数据的完整性和一致性。数据追加策略有时标方法、DELTA 文件方法、前后映像文件方法、日志文件方法等。

3. 联机分析处理

联机分析处理（OLAP）是伴随着数据仓库技术发展起来的，作为分析和处理数据仓库中海量数据的有效手段，它弥补了数据仓库在支持多维数据视图方面的不足。20 世纪 60 年代末，关系数据库之父科德（E. F. Codd）提出了关系数据模型，促进了关系数据库与联机事务处理（online transaction processing，OLTP）的发展。在关系数据模型中，数据以关系表而非文件的方式存储，使用户能够共享资源。随着数据库技术的发展和应用，数据库中存储的数据量越来越大。同时，用户的查询需求也越来越复杂，不仅需要查询一张关系表中的一条或几条记录，还需要对多张关系表中的大量记录进行分析和综合。可见，联机事务处理和结构查询语言（SQL）已不能满足用户对数据库进行查询和分析的需要。

在实际决策过程中，决策者所需要的数据往往不是某个指标的值，而是从多个角度观察的一个指标或多个指标的值，以及这些值之间的关系。也就是说，决策者在进行决策分析时只有对关系数据库进行大量计算才能得到结果。例如，某公司管理者想知道本公司前两年销售旺季产品销售额的对比情况，以决定今年销售旺季产品的进货量和销售价格等。这是一个常见的决策问题。决策者所需要的数据与一些统计指标，如销售额、销售产品、销售地区、销售时间等有关，这些统计指标是多维数据，对多维数据进行分析是决策的主要内容，而利用传统的数据库很难进行这种决策分析。

1993 年，科德提出了多维数据库和多维分析的概念，即联机分析处理（OLAP）。与联机事务处理侧重于操作型数据处理不同，联机分析处理侧重于分析型数据处理，其目标是满足决策支持的需求，或者满足多维环境下特定的查询和分析需求，它将传统数据库按照多维数据模型重新组织，因此也可以说，联机分析处理是多维数据分析工具的集合，它以直观易懂的饼图、曲线图、直方图等形式将查询和分析的结果提供给决策者，为其提供决策支持。

（1）联机分析处理的定义与相关概念

联机分析处理是数据仓库的主要应用，它针对某个特定的主题进行联机数据访问、处理和分析，并以直观的形式从多个维度、综合多种数据将系统的运营情况展现给用户。它有两个特点：一是在线的（online），体现为对用户请求的快速响应和交互式操作；二是多维分析（multi-dimension analysis），这是联机分析处理的核心所在。

与联机分析处理相关的概念主要有以下几个。

① 变量。变量是从现实系统中抽象出来的、用于描述数据的实际意义，即描述数据"是什么"的概念。一般情况下，变量是数据度量指标。例如，"人数""单价""销售量"等都是变量。

② 维。维是人们观察数据的特定角度。人们在考虑问题时会使用一类属性，一类属性就代表了一个维，如时间维、产品维等。

③ 维的层次。人们观察数据的某个特定角度（即某个维）往往会有多个描述方面，这些描述方面称为维的层次。例如，在描述时间维时，可以从日期、月份、季度、年等不同方面来描述。

④ 维成员。维的一个取值称为该维的一个维成员。如果一个维是多层次的，那么该维的维成员是不同维层次上的取值的组合。

⑤ 多维数组。一个多维数组可以用维和变量的组合表示，表示为（维 1，维 2，……，维 n，变量）。例如，多维数组（产品，地点，时间，销售量）表示销售量有产品维、地点维和时间维，如图 5-4 所示。

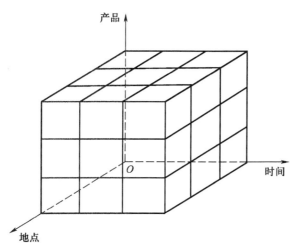

图 5-4　多维数组

⑥ 数据单元。多维数组的取值称为数据单元。当多维数组的每个维都选中了一个维成员时，这些维成员的组合就唯一确定了一个变量的值，如（计算机，广州，2006 年 10 月，1000 台）。

（2）联机分析处理提供的多维分析方法

联机分析处理提供的多维分析方法，包括切片（slice）、切块（dice）、旋转（rotate）、上翻（drill-up）、下钻（drill-down）等分析操作。

① 切片。在多维数组的某一维上选定一个维成员，得到多维数组的一个子集，然后对这个子集进行统计分析。

② 切块。在多维数组的某一维上选定某一区间的维成员，得到多维数组的一个子集，然后对这个子集进行统计分析。

③ 旋转。改变一个报告或页面显示的维方向。例如，将行和列互换。

④ 上翻。将比较细节的数据汇总成比较综合的数据，沿着维的概念分层向上攀升，是从特殊到一般的分析过程。

⑤ 下钻。将比较综合的数据分解成比较细节的数据，沿着维的概念分层向下或引入新的维，是从一般到特殊的分析过程。

（3）联机分析处理与联机事务处理的区别

联机分析处理与联机事务处理有很大的不同。联机分析处理是指决策者利用数据仓库对数据进行分析和处理，以完成决策分析工作；而联机事务处理是指操作者利用计算机网络对传统数据库中的数据进行查询、增加、删除、修改等操作，以完成事务处理工作；联机分析处理是面向分析的，而联机事务处理是面向应用的；联机分析处理所使用的历史数据，以及经过综合与提炼的数据，均来自联机事务处理所依赖的底层数据库；联机分析处理对数据的操作比联机事务处理增加了数据的多维化和预处理等操作。另外，联机分析处理的前端产品的界面风格和数据访问方式也与联机事务处理不同，联机事务处理多以固定表格的形式显示，数据查询与输出有固定规范，而联机分析处理则采用易于用户理解的形式，如多维报表、统计图等显示，数据查询和输出比较灵活，用户可以方便地对每个维层次上的数据进行切片、旋转等操作。两者的比较如表 5-4 所示。

表 5-4　联机事务处理与联机分析处理的比较

比 较 项 目		联机事务处理	联机分析处理
数据	数据来源	传统数据库中的数据	数据仓库数据，或来自传统数据库、经过综合与提炼的数据
	数据类型	细节的数据	经过综合与提炼的数据
	更新次数	经常更新	周期性刷新
	用户数量	数量大	数量较少
面向对象		面向操作者	面向决策者
功能		日常操作处理	决策分析
数据库设计定位		面向应用	面向业务主题
存取记录数量		读/写数十条记录	读上百万条记录
工作的基本单位		简单的事务	复杂的查询
用户数		上百个	上千个
数据库大小		100 MB ~ 1 GB	100 GB ~ 1 TB

（4）联机分析处理的特征

联机分析处理具有以下特征。

① 具有多维数据库。联机分析处理的最大特点是可以对数据进行多维存储，生成多维数据库，并进行多维分析。这种多维数据库沿着各个维的方向存储数据，可以被看成一个超立方体。它允许用户沿着事物的轴线开展数据分析，从而实现对数据的

从宏观到微观的深入分析。联机分析处理给出了数据仓库中数据的多维逻辑视图，这种视图可以借助于直观的分析模型，实现跨维度、跨层次的计算和建模。

② 能够快速响应交互式查询。联机分析处理允许通过详细剖析较低层次的数据，或者统揽较高层次的概括性和聚集性数据来进行交互式查询。同时，为了提高查询响应速度，它还使用了矩阵存储技术等一系列数据压缩技术。

③ 能够进行动态数据分析。关系数据库只允许静态的数据分析，不支持用户对数据进行交互式分析操作。而联机分析处理则侧重于动态的数据分析，允许用户对数据进行切片、切块、旋转、上翻、下钻等分析操作，使得用户可以在交互过程中获得明确的分析结果。

4. 数据挖掘

在信息化时代，计算机与通信技术的发展显著地增强了人们生产和收集数据的能力，而物联网、云计算和大数据的出现，让人们沉浸在数据"海洋"之中。每时每刻，都有来自社会生产生活各方面的数据涌现出来，形成了数太字节（TB）甚至数拍字节（PB）的海量数据集，这些爆炸式增长的数据让人无暇查看，出现了"数据爆炸但知识贫乏"的现象，激起了人们对数据分析技术与工具的需求，也就是对将海量数据转换成有用的信息和知识的技术的需求，这种需求促使了数据挖掘的产生。

（1）数据挖掘的定义

数据挖掘是一门涉及面很广的交叉学科，它融合了模式识别、数据库、统计学、机器学习、粗糙集、模糊数学和神经网络等多个领域的理论，因此可以从多个角度来理解它。

从技术的角度看，数据挖掘是从大量的、不完全的、有噪声的、模糊的、随机的数据中，提取隐含在其中的、用户事先不知道但又是潜在有用的信息和知识的过程。这个定义有如下含义：原始数据是真实的、大量的，并且可能是有噪声的；发现的信息是用户感兴趣的；发现的知识是用户能够理解并使用的。在数据挖掘中，原始数据可以是结构化的，如关系数据库中的数据；也可以是半结构化的，如文本、图形和图像数据；甚至可以是分布在网络上的异构数据。挖掘出来的知识可用于进行查询优化、信息管理、决策支持和过程控制等，还可用于进行数据维护。数据挖掘把人们对数据的应用从低层次的简单查询，提升到高层次的决策支持。

从商业角度来看，数据挖掘就是企业按照既定的业务目标，对大量数据进行探索和分析，以揭示隐藏的、未知的规律并将其模式化，从而支持商业决策活动。数据挖掘是一种新的数据处理模式，它只有面向特定的领域才有应用价值，其主要特点是对数据库中的大量业务数据进行抽取、转换、分析和处理，从中提取出可以辅助决策的关键信息和知识。

从以上定义可以看到数据挖掘具有以下特点。

① 数据量大。如何高效地存取大量数据，以及如何在特定领域中找出高效的算法、选取合适的数据子集对大量的数据进行处理，成为数据挖掘工作者要重点考虑的问题。

② 动态性。许多领域的数据所反映的规律的时效性都很强，随着时间和环境的变化，这些规律也在发生变化。这就要求数据挖掘具有动态性，能够快速地对所发生的变化做出反应并及时提供决策支持。

③ 适用性。通过数据挖掘所发现的规律只适用于一部分数据，不适用于全部数据，这是因为数据所处的环境并不完全相同。

④ 系统性。数据挖掘不是一个简单的算法，而是一个较为复杂的、需要不断循环和不断完善的系统工程，它包括业务理解、数据理解、数据准备、模型构建、模型评估、模型部署等一系列步骤。

（2）数据挖掘的过程

CRISP-DM（cross-industry standard process for data mining，跨行业数据挖掘标准过程）模型是一种常用的知识发现过程模型，用于大规模数据挖掘项目。CRISP-DM模型可以为一个知识发现过程提供完整的描述，它将一个知识发现过程分为 6 个不同且顺序也非固定不变的阶段，如图 5-5 所示。

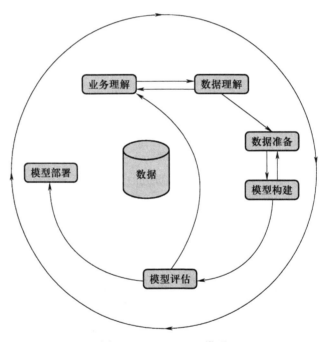

图 5-5   CRISP-DM 模型

① 业务理解。在业务理解（business understanding）阶段，要先确定项目目标，进行项目可行性分析，然后确定数据挖掘目标，并在此基础上制订项目的初步计划。其具体步骤如下。

● 确定项目目标：分析项目的背景，从业务角度分析项目的目标和需求，并确定项目成功的标准。

● 项目可行性分析：分析现有的资源、条件和限制因素，进行风险、成本和效益评估。

　　● 确定数据挖掘目标：从技术的角度明确数据挖掘的目标和成功标准。

　　● 制订项目计划：为整个项目制订一个计划，并初步估计所要用到的技术和工具。

　　② 数据理解。在数据理解（data understanding）阶段，要收集数据，描述数据，探索数据，检查数据质量等。其具体步骤如下。

　　● 收集数据：收集项目所涉及的数据，必要时将数据导入数据处理工具进行初步的数据集成工作，并生成相应的报告。

　　● 数据描述：对数据进行大致的描述，描述的内容包括数据的记录数量、属性数量等，并给出相应的报告。

　　● 探索数据：对数据进行简单的统计分析。例如，对数据的统计特征、关键属性的分布等进行分析。

　　● 检查数据质量：检查数据是否完整、数据是否有错、数据是否有缺失值等。

　　③ 数据准备。在数据准备（data preparation）阶段，要进行数据选择、数据清洗、数据构建、数据集成和数据格式化等工作，以形成最终的数据集，其具体步骤如下。

　　● 数据选择：根据数据挖掘目标和数据质量选择合适的数据，包括记录选择和属性选择等。

　　● 数据清洗：主要包括数据纠错、删除重复项、去除噪声、填补缺失值等。数据清洗相当耗时，但如果没有数据清洗，项目就有可能会出现"垃圾进、垃圾出"的问题。

　　● 数据构建：在原有数据的基础上构建新的记录或属性。例如，根据人的身高和体重构建身体质量指数。

　　● 数据集成：将来自多个数据源的数据合并在一起，形成一个综合的数据集。

　　● 数据格式化：根据需要对数据进行格式化。例如，将字符型数据转换成数值型数据，以便执行数学运算。

　　④ 模型构建。在模型构建（modeling）阶段，要选择建模方法，并确定模型的最佳参数。对于同一个数据挖掘问题通常可以采用多种建模方法。如果建模方法对数据格式有特殊要求，则往往需要返回数据准备阶段，对数据格式进行调整。

　　⑤ 模型评估。在模型评估（evaluation）阶段，要对所构建的模型进行可靠性评估和合理性解释。这时已经建立了一个或多个高质量的模型，但在部署模型之前，需要对其进行全面评估，并检查模型构建的各个步骤，以确保模型可以完成企业的业务目标。如果模型评估结果是不能有效达到业务目标，则需要返回业务理解阶段。该阶段结束后，项目各方应当就数据挖掘结果的使用达成一致的意见。

　　⑥ 模型部署。在模型部署（deployment）阶段，要制订将经过评估的模型应用于实际工作的策略，并将数据挖掘的结果以及过程组织为可读文本的形式。根据不同的需求，模型部署既可以简单到只产生一份报告，也可以复杂到在企业中实施一个可重

复的数据挖掘过程。由于在多数情况下由客户执行模型部署，为了正确部署已经构建好的模型，客户要预先了解需要执行哪些活动。

上述 6 个阶段的顺序并不是固定不变的，在不同业务场景中它们可以有不同的顺序，但是不管是哪种顺序，业务理解都是数据挖掘过程的第一个阶段。

需要说明的是，图 5-5 中的外圈表示数据挖掘本身的循环特性，数据挖掘不是一次部署就结束的，它可以不断地循环和优化，其后续过程可以从前面的过程中得到借鉴和启发。

目前，在商业数据挖掘领域，CRISP-DM 模型已经成为事实上的行业标准，根据有关调查，50% 以上的数据挖掘工具采用的都是 CRISP-DM 模型给出的数据挖掘过程。

（3）数据挖掘的功能

① 关联分析。关联分析的目的是发现数据集中对象或属性之间的联系，形成关联规则。为了形成有意义的关联规则，给定两个阈值：最小支持度和最小置信度，挖掘出的关联规则必须满足最小支持度和最小置信度。关联规则是 1993 年由阿格拉沃尔（R. Agrawal）等人提出的，之后学者们对关联规则进行了大量的研究，并扩展到从关系数据库、空间数据库和多媒体数据库中发现关联关系，力求挖掘出通用的、多层次的、用户感兴趣的关联规则。随着信息技术的发展，人们对关联规则挖掘技术提出了更高的要求，如在线数据挖掘、提高大型数据集挖掘效率、减少输入输出开销、挖掘定量型关联规则等。

② 概念/类描述。概念/类描述就是通过对某类对象的关联数据进行汇总、分析和比较，用汇总的、间接的、精确的方式描述此类对象的内涵，并概括其有关特征。概念/类描述分为特征性描述和区别性描述。前者描述某类对象的共同特征，后者描述多类对象之间的区别。生成某类对象的特征性描述只涉及该类对象中所有对象的共性；而生成区别性描述则涉及目标类和对比类中对象的共性。

③ 数据泛化。数据泛化是对数据进行浓缩，给出数据集的紧凑描述，也就是把数据集中与任务相关的大量数据从低层次抽象到高层次。用户通常希望可以通过不同层次的视图浏览数据，因而需要对数据进行不同层次的泛化以适应各种查询及处理需求。目前，数据泛化的主要技术有面向属性的归纳技术和多维数据分析方法（即数据立方体方法）。

④ 分类分析。一个类别刻画了一类事物，这类事物具有某种意义上的共同特征，并与不同类事物有着显著的区别。分类分析就是通过分析训练数据集中的数据，对每个类别做出准确的描述，建立分类分析模型，挖掘出分类规则，然后用这个分类规则对其他数据集中的记录进行分类。从机器学习的观点来看，分类分析是一种监督学习，即每个训练集中的数据都有类标识，通过学习可以形成表达数据与类标识之间对应关系的知识。目前已有多种分类分析模型，如神经网络模型、贝叶斯分类模型、决策树、粗糙集分类模型、支持向量机（SVM）分类模型、覆盖模型等得到应用。在数据挖掘中，这些分类分析模型均遇到了数据规模的问题，即大多数分类分析模型能

有效地解决小规模数据集的数据挖掘问题，但当将它们应用于大规模数据集时，会出现性能恶化、精度下降的问题。

⑤ 聚类分析。聚类分析是将一组个体按照相似性分成若干个类别，它的目的是使得属于同一类别的个体之间的差别尽可能地小，而属于不同类别的个体之间的差别尽可能地大。聚类分析结束后，每个类别中的数据都由唯一的标识来表示，各个类别中数据的共同特征也被提取出来，用于描述各个类别的特征。如何提高聚类效率、减少时间和空间开销，以及如何在高维空间中进行有效的数据聚类，是聚类分析研究的主要问题。聚类分析的方法很多，如 k 均值聚类、k 中心点聚类、凝聚层次聚类和分裂层次聚类等。采用不同的聚类分析方法，对于相同的记录集合可能有不同的聚类结果。

分类分析和聚类分析不同，前者总是在特定的类标识下寻求新的数据属于哪个类标识，而后者是通过对数据进行分析和比较来生成新的类标识。

⑥ 时间序列分析。时间序列分析是对在一段时间内收集的一系列数据（时间序列数据）进行分析，以发现数据随时间变化的特征。时间序列数据的变化有长期趋势变化、周期变化、循环变化和随机变化等，因此时间序列分析方法主要有确定性变化分析法和随机性变化分析法，前者包括长期趋势变化分析法、周期变化分析法和循环变化分析法，后者包括自回归模型、滑动平均模型、自回归滑动平均模型等。时间序列分析主要应用于天气预报、金融市场数据分析、医疗诊断分析、科学工程数据分析以及通信信号、雷达信号数据处理等方面。

⑦ 偏差分析。偏差分析用于探测数据现状、历史记录或标准之间的显著变化和偏离，包括分类中的异常实例、例外模式、观测结果与期望值的偏离以及变量值随时间的变化等。其基本思想就是对数据集中的数据进行检测和分析，检测出数据集中的一些异常记录，它们在某些特征上与数据集中的大部分数据有着显著的不同。它通过发现异常记录，引起人们对特殊情况的格外关注。异常记录包括：出现在其他模式边缘的奇点；不同于常规类的异常实例；与父类或兄弟类不同的类；观察值与模型推测出的期望值有明显差异的实例等。偏差分析方法主要有基于统计的方法、基于距离的方法和基于偏移的方法。偏差分析可用于信用卡业务风险防范、金融欺诈防范、医学数据分析等领域。

除了上述功能外，数据挖掘还有预测、相关性分析、频繁模式挖掘等功能。随着数据仓库技术的发展和大数据技术的进步，数据挖掘在企业中得到了广泛的应用，帮助企业不断从各个信息系统中获得有用的知识。

5.2　决策支持系统

决策支持系统（decision support system，DSS）是在管理信息系统基础之上发展起来的，以支持管理者进行决策为目标。管理信息系统旨在为管理者提供决策所需要的信息，而决策支持系统则是根据这些信息做出面向管理者的有效决策。

5.2.1　决策的概念

1. 决策的定义

关于决策，目前没有统一的定义，人们对决策的理解也具有多面性。

决策，是指做出决定或选择，是一种"在各种替代方案中考虑各种因素做出选择"的认知与思考过程。每个决策过程都会以产生最终决定、确定最终的行动或意见为目标。

决策者在做出决定之前，往往会面对不同的方案和选择，以及决定后果的不确定性。决策者需要对各种选择的利弊、风险做出权衡，以达到最优的决策结果。决策可以被定义为在若干个方案中做出选择的心理过程（亦称认知过程）。每个决策过程最后都会有一个"抉择"。此"抉择"可以是一个"行为"，也可以是一个"意见"。从不同的视角来看人类的决策行为会有不同的观点。从心理学的视角来看，个人的决策来自个人的需求、偏好和观感。从认知行为理论的视角来看，决策过程是个人与其周围整体环境互动的结果。

综上所述，决策（decision）是指人们为达到一定目的而进行的有意识、有选择的活动。而决策过程是指在人力、设备、材料、技术、资金和时间等因素的制约下，从两个或两个以上的策略中做出选择，以取得最优或较好效果的过程。

2. 决策问题的分类

决策问题可以分为结构化决策问题、半结构化决策问题及非结构化决策问题三类。

结构化决策问题是可以利用一定的规则或公式来解决的决策问题，对于结构化决策问题，能定量计算其决策方案的代价与后果，或者能用明确的规则对其决策方案的优劣进行分析和比较。传统的管理信息系统所能解决的问题就是结构化决策问题。

半结构化决策问题是这样一类决策问题，虽然它们具有一定的决策规则，但由于其决策方案所使用的数据不精确或不全面，因此不可能通过决策方案得到最优解，只能得到次优解。

非结构化决策问题是没有适用的决策规则、无章可循的决策问题。这类决策问题的解决更多地依赖决策者对事物的洞察、判断，以及决策者的经验。决策者更倾向于将解决非结构化决策问题视为一种"艺术"。

这三类决策问题的特点如表 5-5 所示。从表 5-5 中可以看出，结构化决策问题是确定的，能定量化表示；比较简单、直接，具有通用的定量分析模型；决策数据主要来自系统内部；决策过程能够大部分或全部实现自动化。而半结构化或非结构化决策问题是不完全确定的，难以定量化表示；具有高度的随机性、动态性和非重现性，需要使用数学模型；决策过程难以实现自动化。

表 5-5　三类决策问题的特点

比 较 项 目	结构化决策问题	半结构化决策问题和非结构化决策问题
识别程序	问题是确定的，能定量化表示	问题是不完全确定的，或是不确定的，难以定量化表示
复杂程度	问题较为简单、直接	问题具有高度的随机性、动态性和非重现性
模型难易	具有通用的定量分析模型	需要使用数学模型
决策数据	主要来自系统内部	有一部分数据来源于系统外部，故难以收集
决策过程	能大部分或全部实现自动化	不能实现决策自动化，需要以人机交互的方式进行

3. 决策过程

决策过程可以分为情报活动、设计活动、选择活动和实施活动四个阶段，如图 5-6 所示。需要说明的是，后面阶段的活动完成后，可以随时返回到前一阶段。

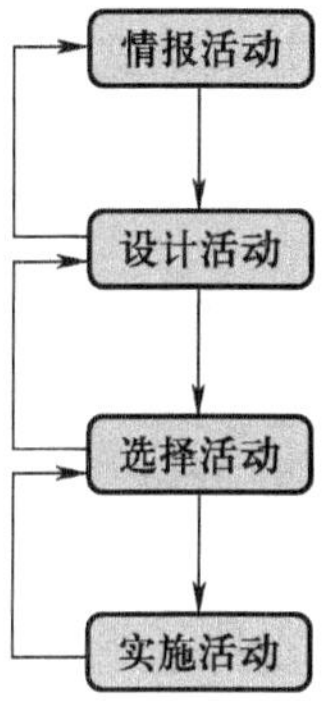

图 5-6　决策过程的四个阶段

（1）情报活动阶段

情报活动阶段的内容是进行环境调查，并定义要决策的事件，获取决策所需要的信息。

客观存在的问题，只有在能够被人们清楚地表达出来时，才构成决策问题。因此，一般来讲，决策问题是人们已经认识到的主客观之间的矛盾。科学的发展证明，客观存在的问题，要能够被人们清楚地表达出来，并让人们抓住它的实质，不仅需要人们进行大量的调查研究、分析、归纳，还需要人们突破传统观念，进行创造性思维。为了抓住决策问题的本质，要先进行系统分析，制定决策目标。可以说，决策目标就是对决策问题本质的概括与抽象。

在制定决策目标的过程中，人们自始至终都需要进行数据收集和调查研究工作。例如，在进行宏观经济决策时，要对国家的自然资源、人口、经济等状况有一定的了解，要掌握相关的统计数据和市场动态，及时掌握国内外经济、技术的发展现状及发展趋势等。

人们在进行决策时由于存在一些不确定性因素，因此还要根据已经收集到的数据进行预测。预测是人们对客观事物发展规律的一种认识方法。科学的预测是决策的前提，它为决策方案的产生和选择提供了可靠的依据。

（2）设计活动阶段

一般情况下，实现决策目标的方案不止一个。为了制订决策方案，通常需要研究影响决策目标实现的限制性因素。所谓限制性因素，指的是妨碍决策目标实现的因素，如资金短缺、能源短缺等。在其他因素不变的情况下，消除这些限制性因素，就能实现预期的目标。只有识别并消除这些限制性因素，才能制订尽可能多的决策方案。

在制订决策方案的过程中，识别限制性因素是一个不断进行的过程。对于某个决策方案而言，在某段时间内某一因素能起限制性作用，但过了这段时间之后，起限制性作用的就可能是其他因素了。

（3）选择活动阶段

选择活动是指针对决策目标，从各种备选的决策方案中选出最合理的决策方案，这是决定决策成败的关键阶段。这一阶段通常包括方案论证和决策形成两个步骤。方案论证是指对备选方案进行定量分析和定性分析，并进行比较和选择，然后把所选择的可行方案提供给决策者。决策形成是指决策者对经过论证的方案做出最后的抉择。作为决策的最终决定者，决策者虽然不需要掌握具体的方案选择方法，但必须知道方案选择程序和选择方法的可靠程度，而且应当具备良好的思维分析能力、敏锐的洞察力及较高的判断力。

（4）实施活动阶段

选定决策方案后，即可将其付诸实施。此外，还要收集决策实施过程中的相关信息，并根据这些信息来做出继续执行、停止实施或修改后继续实施的决定。

5.2.2　决策支持系统概述

1. 决策支持系统的概念

（1）决策支持系统的定义

20 世纪 70 年代中期，基恩（Keen）和斯科特（Scott）首次提出了决策支持系统（DSS）一词，标志着利用信息系统支持决策的研究与应用进入了一个新的阶段。决策支持系统是以管理科学、运筹学、控制论和行为科学为基础，以计算机技术、仿真技术等为手段，利用各种数据、信息、知识，以及人工智能方法和模型，针对半结构化或部分非结构化决策问题，提供决策支持的人机交互信息系统。

（2）决策支持系统的特征

决策支持系统的特征一般可归纳为以下五个。

① 主要解决半结构化和部分非结构化决策问题。

② 面向决策者。在设计决策支持系统时，必须考虑决策者在决策支持系统中所起的主导作用。决策者的偏好、技能、知识不同，决策过程就有可能不同，进而对决策支持系统的要求也就不同。

③ 强调支持和辅助。人是决策的主体，决策支持系统只能支持和辅助决策者进行决策，提升决策者的决策能力，而不能代替决策者去做出最后的抉择。可以说，决策者的主动、能动作用，以及经验、智慧和判断力在决策中起主导作用，决策支持系统的开发应当以充分发挥决策者的创造力为目标，因此过分强调计算机在决策过程中的作用是不恰当的。

④ 是动态的。决策支持系统利用决策模型为决策活动提供支持，以提高决策的有效性。决策支持系统的决策模型是动态的，可以根据决策的层次、环境以及用户需

求的不同提供不同的功能。

⑤ 强调交互。决策者利用决策支持系统对决策问题进行调查、分析和研究。决策者输入不同的数据，系统会输出不同的决策方案。决策者与决策支持系统进行交互，既能充分利用决策者的经验、智慧和判断力，又能充分利用系统强大的分析能力。

（3）管理信息系统和决策支持系统

决策支持系统是在管理信息系统的基础上发展起来的，两者的比较如表 5-6 所示。

表 5-6　管理信息系统和决策支持系统的比较

比 较 项 目	管理信息系统	决策支持系统
特征	信息处理	决策支持
使用者	企业各级人员	企业决策者
决策问题的类型	结构化决策问题	半结构化和非结构化决策问题
目标	提高效率	提高有效性
处理技术	以计算机为主进行处理	以人机交互为主进行处理
驱动方式	数据驱动	模型驱动
针对性	面向全局	面向决策者

2. 决策支持系统的结构

决策支持系统通常可以分为决策者（用户）、人机接口、数据管理、模型管理、知识管理、方法管理等，如图 5-7 所示。

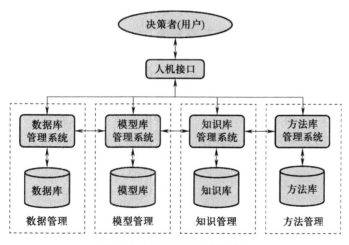

图 5-7　决策支持系统的结构

（1）决策者（用户）

如果没有决策者设计、执行和使用决策支持系统，决策支持系统就不可能有效地发挥作用。决策者的知识背景、动机、担当的角色以及信息技术应用能力等，对于成功应用决策支持系统是至关重要的。作为决策支持系统的管理者、使用者和控制者，决策者是系统的主要组成部分。

（2）数据管理

数据管理负责管理和存储与决策问题有关的数据，它包括数据库、数据库管理系统。由于数据是降低决策不确定性的根本因素，因此数据管理是决策支持系统不可或缺的组成部分，它主要提供数据安全功能、数据完整性功能，并完成与决策支持系统相关的所有数据管理任务。

（3）模型管理

模型管理包括模型库和模型库管理系统。由于真实数据表示的是过去已经发生的事实或对现实事物的描述，利用模型库和模型库管理系统，就可以把面向过去的真实数据转换成面向当前和预测未来的有意义的信息。在决策支持系统中，模型库中的决策模型体现了决策者解决问题的策略，所以随着决策者对问题认识的深化，他们所使用的决策模型必然会随之发生变化；模型库管理系统则具有决策模型存储、管理和运行以及动态建模的功能。

（4）知识管理

知识管理包括知识库和知识库管理系统。它将有关的经验和知识存储起来，通过推理完成知识的获得。在进行决策时推理是必不可少的，没有推理的决策不是真正意义上的决策。决策问题的结构化程度越高，需要的推理就越少，当决策问题完全是结构化问题时，利用一般的信息系统即可处理，这时就没有所谓的决策了。知识管理主要负责管理决策问题领域的知识（规则和事实），能够实现知识的获取、表达和管理等功能。

（5）方法管理

方法管理包括方法库和方法库管理系统，它主要负责存储、管理、调用及维护决策支持系统各组成部分所用到的通用算法、标准函数等。方法库中的方法一般以程序的方式存储。它通过描述外部接口的程序为决策支持系统提供合适的环境，并实现交互式的数据存取；从数据库中选择数据，从方法库中选择算法，然后将数据和算法结合起来进行计算，并以直观清晰的方式输出结果，供决策者参考。方法库中的方法一般有排序算法、分类算法、最小生成树算法、最短路径算法、计划评审技术、线性规划、整数规划、动态规划，以及各种统计算法和组合算法等。

（6）人机接口

人机接口是用于输入输出的用户界面，是人机交互的窗口。它负责接收和检验决策者的请求，协调数据库管理系统、模型库管理系统、知识库管理系统、方法库管理系统之间的通信，为决策者提供信息收集、问题识别，以及模型构造、使用、改进、分析和计算等功能。人机接口使决策者能够依据自己的经验，利用决策支持系统进行各种决策活动。

5.2.3 决策支持系统的扩展

1. 群体决策支持系统

群体决策支持系统（group decision support system，GDSS）是相对个人决策而言的。把两个或两个以上的决策者召集在一起，讨论实质性问题，提出解决该问题的若干个方案（或设计解决该问题的策略），并评价这些方案或策略的优劣，最后做出决策的过程称为群体决策。

组织在进行重大事务决策时无一例外都会用到群体决策。在群体决策中，组织根据已有的信息以及组织成员的经验和智慧，通过一定的议程，根据多数人的意见做出决策。

设计和开发群体决策支持系统以支持群体决策是一项复杂的任务，这是因为它是一个涉及不同的人、时间、地点、通信网络和其他技术的复杂组合，它的运行方式与组织制度及文化有着密切的关系，而且大多数群体决策问题都是非结构化决策问题，很难用结构化方法来解决。

群体决策支持系统具有单用户决策支持系统的所有特点，同时也融入了人工智能技术。此外，它还具有通信规则、群体决策规则、保密规则，以及支持群体决策的事件流控制、支持群体决策的特殊方法（如支持信息收集、创意产生、头脑风暴、方案选择的群体决策方法等）和模型。同时，它还要求有一定的硬件环境，如各种形式的决策室。决策室一般包括音频系统、视频系统、图表显示系统、计算中心等，是决策者收集信息的中心。

当前企业面对着形势复杂、变化快的决策环境，这种环境使群体决策变得更加重要。

2. 分布式决策支持系统

分布式决策支持系统（distributed decision support system，DDSS）是由多个物理上分离的信息处理节点构成的计算机网络，每个信息处理节点都至少有一个决策支持系统，或者具有若干个辅助决策的功能。分布式决策支持系统不仅仅是一套软件，而是软件和硬件的有机结合体。

它与一般决策支持系统的区别表现在以下几个方面。

① 分布式决策支持系统是一种专门设计的系统，支持处于不同信息处理节点的多层次的决策，包括个人决策、群体决策和组织决策。

② 分布式决策支持系统不仅支持问题结构不良的决策过程，还支持信息结构不良的决策过程。

③ 分布式决策支持系统提供了信息处理节点之间的交流机制和交流手段，支持人机交互、机机交互和人人交互。

④ 在分布式决策支持系统中，一个信息处理节点不仅可以向其他信息处理节点提供决策结果，还可以向其提供对决策结果的说明和解释。

⑤ 分布式决策支持系统不仅能够对各信息处理节点的操作进行管理，还能够对

信息处理节点间可能发生的冲突进行处理。

⑥ 分布式决策支持系统是开放的，能够方便地扩展节点。

⑦ 在分布式决策支持系统中，信息处理节点之间是平等的，每个信息处理节点都享有自治权。

3. 智能决策支持系统

智能决策支持系统（intelligent decision support system，IDSS）是决策支持系统与人工智能相结合的产物，它将人工智能的知识推理技术和决策支持系统的基本功能模块有机结合起来，因而具有一定的智能。

在结构上，与一般的决策支持系统相比，智能决策支持系统增设了推理机、问题处理系统和自然语言处理系统，如图 5-8 所示。

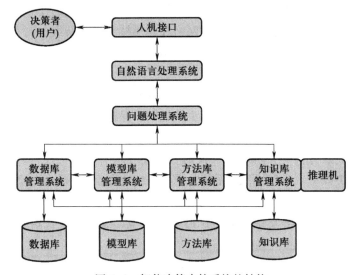

图 5-8　智能决策支持系统的结构

由于人工智能可以处理定性的、近似的或不精确的知识，这一特点也被融入决策支持系统。智能决策支持系统在数值计算的基础上引入了启发式算法等人工智能求解方法，使得传统决策支持系统中原来主要由人工完成的定性分析任务部分或大部分地转由计算机完成，而且计算机完成得更好、更稳定。

在人机交互方面，智能决策支持系统的人机接口采用自然语言处理技术形成智能人机接口。不能处理自然语言是传统决策支持系统应用的主要障碍之一。智能决策支持系统利用智能人机接口接收用户用自然语言提出的决策问题，利用自然语言处理系统将该决策问题转换成计算机能理解的表达方式，并利用问题处理系统进行问题求解。

基于上述结构，智能决策支持系统的执行过程如下。

① 决策者（用户）通过人机接口将有关决策问题的描述和要求输入系统。

② 自然语言处理系统对其进行识别和解释。

③ 问题处理系统通过知识库管理系统和数据库管理系统收集与该决策问题有关

的各种数据、信息和知识，并据此判定决策问题的性质；通过模型库管理系统构造求解问题所需的规则模型和数学模型，并对该模型进行分析和鉴定；利用方法库中的相关算法进行模型求解，并对所得到的结果进行分析和评价。

④ 由自然语言处理系统对结果进行解释，并以具有实际含义且决策者可以理解的形式输出。

⑤ 决策者可以根据需要与系统进行交互，经过多次求解，直到得到满意的结果为止。

由此可见，与一般的决策支持系统相比，智能决策支持系统能充分利用已有的知识，在决策问题输入、决策问题描述、决策过程推进、决策问题求解与决策结果输出等方面有显著的改进，很好地体现了人工智能的优越性。

5.3　知识管理系统

企业的财富主要来自知识的生产与分配，以知识为基础的核心竞争力已成为企业的主要资产。知识是企业无法从外部市场购买的生产要素。例如，生产与众不同的产品，或者以低于竞争者的成本生产产品，都是基于生产流程的卓越的知识管理的体现。再如，具有能够有效提高生产与运营效率且其他企业无法复制的模式，对于提高企业的利润有着重要的意义。可见，知识对于企业来说十分重要，尤其是知识管理（knowledge management），更成为企业赢得竞争的关键。

5.3.1　知识和知识管理

知识是指人类从各种途径获得的经过总结、凝练和提升的认识。它分为显性知识和隐性知识。其中，保存在人们头脑中、没有被文档记录下来的知识是隐性知识（tacit knowledge）；能被文档记录下来的知识是显性知识（explicit knowledge），这类知识能够以文本、声音、图像等形式存在。

知识管理是指企业为创造、收集、保存、转移和运用知识而开发的一组流程。知识管理应该是企业有意识采取的一种战略，它可以保证在最需要的时间将最需要的知识传送给最需要的人。知识管理提高了企业从知识环境中学习并把学习到的知识融入企业经营过程的能力。可以说，知识管理是将原始数据和信息转化为有用知识的过程。要做好知识管理就要进行学习，尤其是进行组织学习。组织学习是指企业利用各种学习机制创造和收集知识，以反映新的业务流程和管理决策模式。组织学习可以帮助企业快速感知和响应环境变化。

1. 知识管理系统的类型

知识管理系统主要分为内容管理系统、知识工作系统和专家系统三种类型，如图5-9所示。其中，内容管理系统辅助企业进行数字化内容和知识的收集，帮助企业改进业务流程和决策过程；知识工作系统是支持科学家、工程师和其他知识工作者创造知识与发现知识的系统，如计算机辅助设计系统、投资分析系统等；专家系统则用于在相对独立的决策和知识领域发现模式和应用知识。

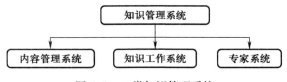

图 5-9　三类知识管理系统

2. 知识管理的活动

知识管理的价值链如图 5-10 所示，据此可以明确知识管理活动，有效提高企业的核心竞争力。

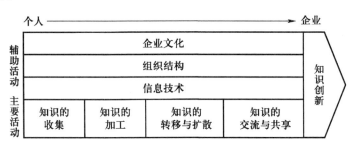

图 5-10　知识管理的价值链

（1）知识管理的主要活动

① 知识的收集。知识管理的起点是知识的获取和收集。信息技术的发展为企业收集知识提供了强有力的手段；信息技术的应用扩大了知识收集的范围，提高了知识收集的速度，降低了知识收集的成本。

② 知识的加工。企业所收集的知识往往是杂乱无章的，而企业需要的是经过整理的、对发展有用的知识，因此必须对知识进行加工，使无序的知识变为有序的知识。

③ 知识的转移与扩散。它是指将企业内某个部门的有效做法，即惯例，推广至其他部门以促进知识的应用，从而使企业取得良好的业绩。

④ 知识的交流与共享。知识的交流与共享是指企业员工个人的知识财富（包括显性知识和隐性知识）通过各种形式的交流为企业中的其他成员所分享，从而转变为企业的知识财富。

（2）知识管理的辅助活动

知识管理的辅助活动主要有三个方面的内容：企业文化、组织结构和信息技术。知识管理的成功实施，离不开相应的辅助活动的支持。

① 企业文化。文化问题是知识管理实施的最大障碍。这类障碍表现在两个方面，即不愿共享知识和害怕创新。这类障碍常常会导致企业错过市场变化所带来的机遇。要克服这类障碍，企业需要创造一种氛围，在这种氛围里，共享知识和创新会得到明确的鼓励与尊重。

② 组织结构。要支持知识管理，企业必须创造一种新的组织结构来引导企业文化

的变革。新的组织结构要有利于知识管理的实施，如设立首席知识官（chief knowledge officer，CKO）的职位，其职责是制定知识管理目标；设计和建立企业知识管理架构；收集相关信息并加以整理，把有价值的知识在适当的时候传递给需要的人。此外，企业还需要知识分析人员、Web 开发人员等，以实现对知识库的不断维护和更新。

③ 信息技术。信息技术提供了一个知识管理平台，它支持对信息的收集、整理、存储和共享。

5.3.2 内容管理系统

1. 内容管理系统的定义

内容管理系统（content management system，CMS）位于 Web 前端（Web 服务器）和后端办公系统或流程（内容创作、编辑、发布）之间，内容创作人员、编辑人员和发布人员通常使用内容管理系统来提交、修改、审批和发布内容。这里的"内容"是指文件、表格、图片、视频乃至数据库中的数据等一切可以发布到因特网、企业内部网以及外联网上的信息。

内容管理系统提供了内容抓取工具，可以自动抓取来自第三方信息源，如文本文件、HTML 网页、Web 服务、关系数据库等中的内容，并在对这些内容进行分析和处理后将其放到自身的内容库中。内容管理系统还可以将 Web 前端的内容以个性化的方式提供给内容使用者，即提供个性化的门户框架。

2. 内容管理系统的特点

① 利用内容管理系统可以建设个性化的 Web 前端网站。内容管理系统可以实现网站模板与网站程序的完全分离。在建设 Web 前端网站时，对于网站的每个栏目甚至每个页面，都可以运用不同的模板，并能随时对它们进行编辑和修改，还可以一键切换预设的模板，更换网站界面。

② 利用内容管理系统可以建设方便、易用、人性化的后端办公系统。它提供了有 Web 界面的书签管理器，使用户可以方便地在不同界面之间切换，从而节省了用户浏览的时间。它还提供了所见即所得的编辑功能，使用户可以在线进行文字排版，图片处理，以及音频、视频、超链接、特殊字符插入等操作。

③ 利用内容管理系统可以进行基于角色的用户管理。内容管理系统通过添加具有不同权限的用户，将一个网站的管理权限分配给不同的用户；通过建立具有不同管理权限的用户组，将用户分为不同的级别，如超级管理员、栏目管理员、文档录入员、审核员等。一项内容从最初录入到最后发布到网站上，中间要经过编辑初审、修改，管理员审批等环节，以保证发布内容的质量。

3. 内容管理系统的发展趋势

① 无头化。越来越多的内容管理系统开始把内容向多种数字平台（如网站、移动应用程序和数字显示屏等）迁移。无头技术（headless technology）可以将 Web 前端网站与后端办公系统相分离，方便地实现内容迁移。采用无头技术的内容管理系统，一方面可以在没有固定前端的情况下创建和存储后端内容，另一方面可以提供灵

活的内容服务，这些内容服务通过应用程序接口（API）集成不同的移动应用程序，从而产生无缝的用户体验。

② 智能化和自动化。对于内容管理系统而言，让内容管理员的网站变更和内容管理工作越来越简单，是非常重要的。人工智能和自动化技术可以简化内容管理员的工作。例如，它们可以帮助内容管理员优化网站和搜索引擎、通过 API 集成新功能、增强后端内容管理和前端之间的交互等。许多内容管理系统提供商与云服务提供商合作，为企业提供人工智能算法服务，这些人工智能算法服务使企业可以更好地实施内容管理，并具备智能化和自动化的内容管理能力。

③ 语音搜索。随着语音智能助手在智能设备上应用的普及，语音搜索成为内容管理系统发展的一个新趋势。据统计，用户有50%左右的在线搜索希望通过语音来实现。内容提供商和内容创作者需要针对语音搜索优化内容。内容管理系统平台则需要提供语音搜索优化功能，使内容管理者将注意力聚焦于内容创建和内容展示。

④ 聊天机器人。聊天机器人是一种聊天程序，被称为下一代用户界面，它改变了用户与设备交互的方式。通过 API，无头内容管理系统可以基于聊天机器人把内容传递给各类移动设备。此外，将聊天机器人集成到内容管理系统中，有助于内容管理系统更好地展示内容，以及与用户进行交互。

5.3.3 知识工作系统

1. 知识工作系统的定义

知识工作系统（knowledge working system，KWS）是知识工作者在为企业开发和设计新产品时所使用的专业化信息系统，它是一种利用专业领域的知识对企业内部或外部的信息进行处理的信息系统。其中，知识工作者是为组织创造新知识的员工，包括研发人员、产品设计人员、工程技术人员等，他们属于某一专业组织的成员。

2. 知识工作系统的特点

（1）知识工作系统需要满足知识工作者的特定需求

首先，知识工作系统要向知识工作者提供特定的工具，包括强大的绘图工具、分析工具、沟通和文件管理工具等。其次，这些系统要有强大的计算能力来处理复杂的图形或复杂的计算，以满足研发人员、产品设计人员和工程技术人员进行复杂计算的需要。此外，由于知识工作者主要关注外部世界，因此知识工作系统必须能够快速且便捷地存取外部数据库。

（2）友好的用户界面对于知识工作系统来说十分重要

友好的用户界面可以节省知识工作者的时间，即知识工作者执行任务和获得信息时无须花费大量的时间去学习如何使用这些系统。

3. 知识工作系统的功能

（1）支持知识工作者方便地获取所需的知识库

知识工作者要有丰富的知识，同时要及时了解相关学科的动态。而许多知识来自组织外部的知识库，知识工作系统应当支持知识工作者方便地从这些知识库中获取知识。

（2）为知识工作者提供方便、快捷的沟通工具

知识工作者经常要与组织内部和外部的合作者进行交流及沟通，合作者位于不同的地点，因而知识工作系统要为知识工作者提供方便、快捷的沟通工具。

（3）提供功能更强大的处理软件

与其他支持协同工作的信息系统相比，知识工作系统要提供功能更强大的图形处理、分析计算、文档管理和通信处理软件。

（4）提供较强的计算能力

例如，工程技术人员需要进行大量的复杂计算，以确保其设计的产品零部件的安全性和强度。

（5）提供友好的用户界面

友好的用户界面可以让用户不必花费太多时间就能够掌握系统的使用方法。

（6）提供专门的工作站

知识工作系统提供的工作站允许多任务并行处理，并对每一项任务都进行了专门的设计。

5.3.4　专家系统

1. 专家系统的定义及结构

（1）专家系统的定义

专家系统是一个智能计算机软件系统，其包含大量的某个领域具有专家水平的知识与经验，它能够利用人类专家的知识及其解决问题的方法来处理该领域的问题。简言之，专家系统是一个具有大量专业知识与经验的计算机软件系统，它应用人工智能和计算机技术，根据某一领域一个或多个专家提供的知识与经验进行推理和判断，模拟专家的决策过程，从而解决那些需要专家处理的复杂问题。

（2）专家系统的结构

专家系统通常由人机接口、知识库、推理机、解释器、综合数据库、知识获取程序等部分组成，如图 5-11 所示。其中，知识库是问题求解所需的领域知识的集合，是专家系统的核心组成部分。推理机是实施问题求解的核心部分，它与知识库是分离的。知识获取程序用于建立、修改和扩充知识库，它把问题求解所使用的各种专门知识从人类专家的头脑等知识源处以机器能理解的形式存储到知识库中。解释器用于对系统求解过程做出说明，并回答用户提出的问题。其最基本的两个问题是"为什么做"和"怎么做"，以让用户理解系统正在做什么，以及为什么这样做。综合数据库用于存放系统运行过程中所需要的及所产生的各种信息，包括用户输入的信息、推理的中间结果、推理过程的记录等。人机接口是系统与用户进行交流的界面。用户通过人机接口输入基本信息、回答系统提出的问题。系统经过推理得到的最终结论也通过人机接口提供给用户。

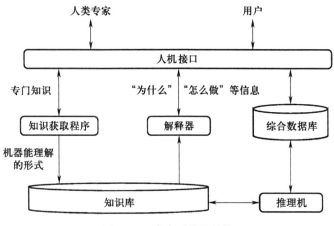

图 5-11　专家系统的结构

专家系统的基本工作流程就是用户通过人机接口回答系统的提问，推理机将用户输入的信息与知识库中各个规则的条件进行匹配，并把匹配规则的结论存放到综合数据库中。最后，专家系统将得出的最终结论呈现给用户。

2. 专家系统的特点

专家系统是一个基于知识的系统，它利用人类专家提供的专门知识，模拟其思维过程，解决只有专家才能解决的问题。因此，一个高性能的专家系统应当具有如下特点。

① 启发性。专家系统不仅能使用逻辑知识，也能使用启发性知识，它运用规范的专门知识和直观的评判知识进行判断、推理和联想，实现问题求解。

② 透明性。专家系统使用户可以在不了解其结构的情况下，与之进行交互，并了解知识的内容和推理思路。此外，专家系统还能回答用户提出的一些有关系统自身行为的问题。

③ 灵活性。专家系统的知识库与推理机相分离，使系统能够不断接收新的知识，确保了系统中知识的不断增长，从而可以最大限度地满足商业和研究的需要。

3. 专家系统的功能

专家系统具有以下功能。

① 能够存储问题求解所需的知识。

② 能够存储问题求解所需的原始数据和推理过程中所产生的各种信息，如中间结果、目标、字母表以及假设等。

③ 能够根据当前输入的数据，利用已有的知识，按照一定的推理策略，去解决用户提出的问题，并能控制和协调整个系统。

④ 能够对推理过程、结论或系统自身行为做出必要的解释，如解决问题的步骤、处理策略、选择处理方法的理由、系统求解某种问题的能力、系统如何组织和管理其自身的知识等。这样既便于用户理解和接受，也便于系统维护。

⑤ 能够提供基于机器学习的知识获取方法以及修改、扩充和完善知识库的手段。只有这样才能更有效地提高系统的问题求解能力及准确性。

⑥ 能够提供既便于用户使用，又便于系统分析和理解用户各种要求和请求的人机接口。

5.4 企业信息系统集成

企业资源规划（ERP）系统专注于提高企业内部生产、流通和财务等业务流程的效率；客户关系管理（CRM）系统专注于通过营销、销售和服务过程来吸引并留住有价值的客户；供应链管理（SCM）系统关注的焦点是优化配置供应链中的各类资源；商务智能系统（BIS）、知识管理系统（KWS）和决策支持系统（DSS）关注的是为企业员工提供商务数据分析、知识管理，以支持群体协作与决策。如图 5-12 所示，企业各类信息系统通过企业员工、供应商、合作伙伴及客户活动产生了功能交叉。

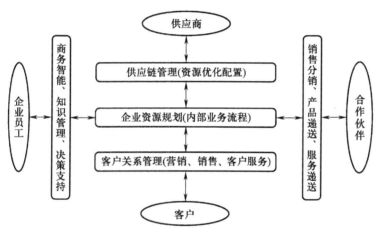

图 5-12　企业信息系统集成示意图

一方面，企业在实施了信息系统之后，需要将新系统与原来的遗留系统（legacy system）集成起来，实现信息资源共享，提高业务流程的运行效率；另一方面，电子商务的发展需要将企业与客户接触的前端业务流程（如现场服务、客户服务、产品配置等）和后端诸如库存管理、分销管理、生产计划等功能集成起来，如图 5-13 所示。因此，企业需要将各类信息系统连接起来，跨越传统的业务职能边界，在上下游范围内再造或改进关键的业务流程，与客户、供应商和合作伙伴建立战略合作关系。

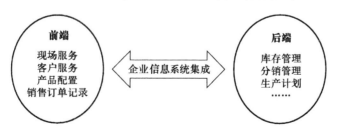

图 5-13　企业前端业务流程和后端功能的集成

如何将一些功能交叉的企业信息系统彼此连接起来？企业应用集成（enterprise application integration，EAI）可以将企业的主要信息系统连接起来，还提供了支持数据转换、消息服务和访问应用接口等的中间件。基于中间件的 EAI 解决方案有四种类型：数据层集成、应用接口层集成、方法层集成和用户界面层集成。

① 数据层（data-level）集成。数据层集成是指数据存储之间的数据流动过程。简单来说，就是将从一个数据库中提取的数据放到另一个数据库中进行处理和更新，但是这一过程涉及众多的数据库和数据表，也涉及数据的抽取、转换和装载。因此，在进行应用层集成和方法层集成之前需要解决数据层的集成问题。

② 应用接口层（application interface-level）集成。应用接口层通过适配器（是为了解决系统之间的连接而开发的可重用的、统一的接口）集成诸多信息系统，从而实现了信息系统的互联互通。用户通过应用接口可以访问共享的业务流程和数据，并从中提取数据、传输数据，以及以可接收的格式存储数据。消息代理人（message broker）是实现应用接口层集成的一种方案。

③ 方法层（method-level）集成。方法层集成是指在多个信息系统之间共享方法（method）。在信息系统之间共享方法的途径有很多，典型的途径有创建共享式应用服务器集群，以及使用分布式对象（distributed object）等。

④ 用户界面层（user interface-level）集成。用户界面层集成是指为用户提供了一个共用经过集成的信息系统的交互式界面。

上述 EAI 解决方案仅是在软件层面将企业的信息系统集成起来，但是在集成企业的信息系统时，还需要考虑底层架构、硬件和异构网络的特殊需求，以保证企业信息系统之间能够快速、安全地通信。

EAI 使得企业内部众多的信息系统都与一个由中间件组成的底层基础平台相连接，这样各种"应用孤岛""信息孤岛"都能通过各自的适配器连接到一个"总线"上，然后再通过一个消息队列实现各个信息系统之间的交流。在此基础上，它还可以实现企业之间的信息系统整合，使得企业同供应商、经销商等合作伙伴之间形成更加紧密的协作关系。

案例分析

大数据驱动便利店发展

自第一家便利店正式营业以来，五年多的时间，某便利店的门店数量快速增长。该便利店快速发展的背后是它有一个"智能大脑"——以大数据和算法驱动的一套自动化决策系统，这套系统被应用于新店选址、商品选品、商品陈列、商品结构、商品订购、商品定价、商品库存、商品推荐等诸多环节。

新店选址是开店的第一步。该便利店的选址系统是一张专业的、为便利店选址定制的地图。其设计部门会收集新店的周边信息，输入诸如地段价值（房价、租金），周边业态（商店类型、写字楼类型等），路线、距离和人流等相关参数，绘制门店地图。此外，该便利店还会收集和对比不同门店不同时间的运营数据，以不断调整算法，优化选址系统，进一步指导新店选址。

商品选品和商品陈列是影响顾客消费体验和门店销售的关键。顾客的需求是不断变化的，随着顾客需求的变化，商品选品和商品陈列要做相应的调整。该便利店的商品陈列系统包含所有门店的布局图、设备数据，以及数万条商品信息和商品陈列数据，并针对相关信息产生一定的商品结构，模拟出门店货品的最佳货架安排和空间规划，从而实现门店商品选品和商品陈列的自动化。

商品订购是便利店面临的另一个难题。便利店有许多"短保"商品、快餐、热餐和食品。该便利店的商品订购系统可以根据销售反馈和周期性数据，制订门店的商品订购计划。每天清晨，系统都会自动下单进行商品采购，使得每天采购的商品高效、精准、浪费最少。

对于商品定价，"短保"商品的保质要求比较高，该便利店采用"动态定价"策略来提高收益，系统可以通过历史数据推算出最有效的收益曲线，以决定在哪个时间点打折、如何打折。一旦打折生效，商品前方的电子标签即由黑白变成红色。

为了降低门店的商品库存，该便利店通过 App 绑定用户信息、消费行为等实时数据，分析用户的购买偏好，同时结合区域、商品属性和门店规模等数据，充分利用门店空间，抓住每一个销售机会。此外，它还可以预测商品销售情况和挖掘特色商品，以从庞大的商品库中选出合适的商品推荐给相关门店。

结合上述案例，在收集相关资料的基础上，回答以下问题。

1. 便利店的经营模式有直营模式和加盟模式两种，该案例中的便利店采用的是哪种模式？它为何选择这种模式？

2. 你认为还可以利用智能信息系统对便利店的运营过程进行哪些改进。

3. 在信息时代，结合案例谈谈你对零售业今后发展方向的认识。

思考题

1. 什么是商务智能？
2. 商务智能系统包含哪些部分？
3. 商务智能涉及哪些核心技术？
4. 决策有哪些类型？ 请举例说明。
5. 决策过程有哪几个阶段？
6. 决策支持系统的结构是怎样的？
7. 企业的知识管理包括哪些活动？
8. 什么是专家系统？
9. 举例说明内容管理系统。

第 6 章　电子商务

互联网技术的发展促进了电子商务的应用。电子商务一方面帮助企业降低成本，提高效率，改变运作模式，另一方面也改变了人们的生活方式。本章将介绍电子商务的概念、商业模式、技术和社交电子商务。

6.1　电子商务概述

6.1.1　电子商务的概念

1. 电子商务的定义

电子商务（electronic commerce，EC）一词最早出现在 1970 年前后，类似的术语还有 electronic business（电子业务）、electronic transaction（电子交易）、electronic trade（电子贸易）等。但是发展至今，还没有一个较为全面的、权威的、为大多数人广泛接受的电子商务定义。很多组织、企业和学者从不同的角度提出了对电子商务的定义，以下是比较典型的电子商务定义。

全球信息基础设施委员会（GIIC）电子商务工作委员会在其报告草案中对电子商务进行了如下定义：电子商务是以电子通信为手段的经济活动，通过这种活动人们可以对带有经济价值的产品和服务进行宣传、购买和结算。电子商务能使得人们在世界范围内开展商品交易，消费者也有了多种多样的商品选择。

美国政府发布的《全球电子商务纲要》比较笼统地给出了电子商务的定义：电子商务是通过互联网进行的各种商务活动，包括广告、交易、支付、服务等活动，全球电子商务将会涉及全球各个国家和地区。

IBM 公司给出的电子商务概念包括三个部分，即企业内部网（intranet）、外联网（extranet）和狭义的电子商务，这个概念强调网络计算环境下的商业化应用，它不仅仅是硬件和软件的结合体，也不仅仅是通常意义上的强调交易的狭义的电子商务，而是在因特网（Internet）、企业内部网和外联网上把买方、卖方、厂商及其合作伙伴结合起来的应用。这个概念的三个部分是有层次的：只有先建立良好的企业内部网，并且建立比较完善的标准和各种信息基础设施，才能顺利地扩展到外联网，最后再扩展到电子商务。

英特尔（Intel）公司给出的电子商务的定义是"电子商务＝电子化的市场＋电子化的交易＋电子化的服务"。

美国学者瑞维·卡拉科塔和安德鲁·惠斯顿在其所著的《电子商务前沿》中指出：广义地讲，电子商务是一种现代商务方法。这种方法通过改善产品和服务质量、提高服务传递速度，来满足政府、组织、厂商和消费者降低成本的需求。

我国学者李琪在其所著的《中国电子商务》一书中指出，客观上存在两类依据不同的内在要素对电子商务所做出的定义：一类是广义的电子商务定义，即电子工具在商务活动中的应用，这里的电子工具包括从初级的电报、电话到国家信息基础设施（national information infrastructure，NII）、全球信息基础设施（global information Infrastructure，GII）和互联网等一系列工具；另一类是狭义的电子商务定义，即在技术和经济高度发达的现代社会里，掌握信息技术和商务规则的人，系统化运用电子工具，高效率、低成本地从事以商品交换为中心的各种活动的全过程。

根据上述定义可以看到，电子商务应当包含如下含义。

① 采用多种电子工具，特别是互联网。

② 可以实现商品交易、服务交易（其中包括人力资源、资金流、信息服务等）。

③ 既包含企业间的商务活动，也包含企业内部的商务活动（如生产、经营、管理、财务等）。

④ 涵盖商品交易的各个环节，如询价、报价、订货、售后服务等。

⑤ 采用电子方式是形式，跨越时空、提高效率是主要目的。

综合以上分析，可以对电子商务做出如下定义：电子商务是各种具有商业活动能力和需求的实体（如生产企业、商贸企业、金融机构、政府机构、个体消费者等），为了跨越时空限制、提高商务活动效率，采用网络和先进的数字化技术进行的各种商业贸易活动。

2. 电子商务与传统商务的比较

（1）电子商务与传统商务的共同点

① 目标相同，两者的基本目标均为提高效率、节约成本、赢得消费者、获取利润。

② 以满足消费者需求为中心。了解并满足消费者的需求，是企业获得成功的前提，因此不论是电子商务还是传统商务，其商务活动都要以满足消费者的实际需求为中心。

（2）电子商务与传统商务的运作过程比较

电子商务与传统商务的本质都是商务，所以其运作过程所包含的环节都是一样的，即都包括交易前的准备、贸易磋商、合同执行以及支付与清算。两者的不同点主要在于：传统商务借助于手工或传统电子工具开展商务活动，而电子商务则是借助于网络工具开展商务活动，因此两者所产生的效果也不相同，如表 6-1 所示。

表 6-1　电子商务与传统商务的运作过程比较

运作过程	传统商务	电子商务
交易前的准备	商品供应方和需求方通过报纸、电视、户外媒体等渠道发布、获知商品信息，并进行信息匹配	供需双方通过网络进行商品信息的发布、查询和匹配
贸易磋商	贸易双方进行口头磋商或纸质贸易单证的传递	贸易双方通过网络进行磋商或将纸质单据变成电子单据，并在网络上传播
合同执行	以书面形式签订具有法律效力的商务合同	具有同样法律效力的电子合同
支付与清算	以支票或现金的方式进行	以网上支付（信用卡、电子支票、电子现金、电子钱包等）的方式进行

（3）电子商务与传统商务的进一步比较

电子商务在诸多方面都优于传统商务。表 6-2 所示的为电子商务与传统商务的进一步比较。

表 6-2　电子商务与传统商务的进一步比较

比较项目	传统商务	电子商务
信息提供	随着销售商的不同而不同	透明、准确
流通渠道	企业→分销商→零售商→消费者	企业→消费者
交易范围	区域	全球
交易时间	营业时间内	7×24 小时
销售方法	通过各种关系在线下交易	完全自由购买
销售地点	实体销售空间	虚拟空间
消费方便程度	受时间和地点的限制	消费者以自己喜欢的方式购物
了解消费者需求的及时性	需要用很长时间了解消费者的需求	能够迅速捕捉消费者的需求，并及时应对

6.1.2　电子商务的分类

电子商务根据不同的分类标准有不同的分类，如表 6-3 所示。

表 6-3　电子商务的分类

分 类 标 准	电子商务分类
参与交易的对象	企业对企业电子商务（B2B）、企业对消费者电子商务（B2C）、消费者对消费者电子商务（C2C）、消费者对企业电子商务（C2B）、政府对企业电子商务（G2B）、政府对公众电子商务（G2C）
使用的网络类型	基于电子数据交换（EDI）的电子商务、基于因特网（Internet）的电子商务、基于企业网络的电子商务、基于移动网络的电子商务
商务活动的运作方式	完全电子商务、非完全电子商务
交易的地理范围	本地电子商务、国内电子商务、全球电子商务
交易商品的类型	有形商品电子商务、数字化商品电子商务、服务商品电子商务

1. 按照参与交易的对象分类

（1）企业对企业（business to business，B2B）电子商务

企业对企业电子商务是指通过私营或增值网络（value added network，VAN）采用电子数据交换（EDI）方式进行的商务活动。这类电子商务具有很强的实时商务处理能力，使企业能以一种可靠、安全、简便、快捷的方式与其他企业进行商务活动并达成交易。

（2）企业对消费者（business to consumer，B2C）电子商务

企业对消费者电子商务是指企业利用因特网提供的双向交互通信功能，向消费者销售产品或提供服务的过程。这类电子商务主要是指借助于因特网开展的在线销售活动，它节省了企业和消费者双方的时间及空间，大大提高了交易效率，并节省了各类不必要的开支。

（3）消费者对消费者（consumer to consumer，C2C）电子商务

消费者对消费者电子商务是指消费者与消费者之间的货物交易，或各种服务活动在网络上的具体实现，其主要包括艺术品交易、网上拍卖、旧货交易、网上人才市场、换房服务等。

（4）消费者对企业（consumer to business，C2B）电子商务

消费者对企业电子商务将消费需求相同、数量庞大的消费者聚合起来，形成一个巨大的购物群体，使消费者可以直接面对厂家进行集体议价，享受以批发价购买单品的优惠。消费者对企业电子商务目前主要有两种形式：一种形式是团购，如聚划算、美团等网站上的团购业务；另一种形式是个性化定制服务，即企业针对消费者的个性化需求提供独特的产品和服务。

（5）政府对企业（government to business，G2B）电子商务

政府对企业电子商务可以涵盖政府与企业之间的各项事务，包括政府采购、税收、商品检验、管理条例发布等。一方面，政府可以通过因特网发布采购清单，公开、透明、高效地完成所需物品的采购；另一方面，政府对企业的宏观调控、指导规范、监督管理的职能作用，可以通过电子商务活动得到更充分、及时的发挥。

（6）政府对公众（government to citizen，G2C）电子商务

政府对公众电子商务是指政府通过网络系统为公众提供各种服务，其包含的内容十分广泛，如公众信息服务、电子身份认证、电子税务、电子社会保障服务等。政府对公众电子商务除了可以使政府为公众提供方便、快捷、高质量的服务外，还可以开拓公众参政议政的渠道，畅通公众的利益诉求表达机制，建立政府与公众的良性互动平台。

2. 按照使用的网络类型分类

（1）基于电子数据交换的电子商务

电子数据交换将商业或行政信息用一种国际公认的标准格式表示，形成结构化的事务处理或报文格式，并以此格式通过计算机通信网络，在贸易伙伴的计算机系统之间进行数据交换。企业的电子数据交换系统，把买卖双方进行贸易所需要的单证通过计算机通信网络来传送，并由计算机自动完成全部（或大部分）事务处理，从而使整个贸易活动在最短的时间内完成。电子数据交换系统可以将订单处理、发货、出境报关、商品检验和银行结算等集成在一起，大大加速了贸易过程。因此，电子数据交换对企业文化、业务流程和组织机构的影响是巨大的。

（2）基于因特网的电子商务

基于因特网的电子商务是指买卖双方通过因特网进行各种商务活动，从而完成生产资料交换及其衍生出来的交易活动、金融活动和相关综合服务活动。在这种电子商务中，买卖双方不受时间、空间、地域的限制，可以最大限度地利用网络资源，以最小的成本获得最满意的服务。

（3）基于企业网络的电子商务

企业网络指的是由企业内部网和外联网组成的网络环境，它能够有效地实现企业各个部门之间、企业与企业之间、企业与合作伙伴及客户之间的数据共享和数据交换，并将各个独立的网络互联起来，方便人们查询关联企业的相关数据。基于企业网络的电子商务系统将分布在不同物理位置的分支机构、企业内部的有关部门和相关合作伙伴的各种信息互联互通，使企业能够在更广泛的范围内完成商务合作，实现各种业务需求，从而有效地降低成本，提高效率和效益。

（4）基于移动网络的电子商务

移动电子商务是人们利用手机、平板电脑、个人数字助理（personal digital assistant，PDA）等移动通信设备通过无线通信网络来进行的电子商务活动。它将因特网、移动通信技术、近场通信技术及其他信息处理技术完美地结合起来，使人们可以实现随时随地、线上线下相结合的交易活动、商务活动、金融活动以及相关的综合服务活动等。

3. 按照商务活动的运作方式分类

（1）完全电子商务

完全电子商务是指完全通过电子商务方式实现并完成整个交易过程的电子商务活动，它实现了交易过程中信息流、资金流、物流的高度集成，其商品交易及有关服务

行为是在网络环境中实现的。完全电子商务能使交易双方超越地理空间的限制进行交易，从而可以充分挖掘全球电子商务市场的潜力。许多数字商品的网上交易都属于完全电子商务。

（2）非完全电子商务

非完全电子商务是指商品交易无法完全依靠电子商务方式实现的电子商务活动。商品交易只有在一定外部条件的配合下才能完成。一般来说，对于电子商务活动，只要其信息流、资金流、物流中的任何一个不能在网上实现，都可以认为是非完全电子商务。例如，采用离线支付方式或需要物流运输商品的电子商务都属于非完全电子商务。

4. 按照交易的地理范围分类

（1）本地电子商务

本地电子商务通常是指利用本区域的信息网络实现的电子商务活动，其交易的地域范围较小。本地电子商务是开展国内电子商务和全球电子商务的基础。

（2）国内电子商务

国内电子商务是指在本国范围内进行的电子商务活动，其交易的地域范围较大。这类电子商务对软硬件和技术的要求较高，要求在全国范围内实现商业的电子化、自动化，以及金融电子化。交易双方需要具备一定的电子商务知识和技术能力，以及一定的管理水平和管理能力。

（3）全球电子商务

全球电子商务是指在全世界范围内进行的电子商务活动。在这类电子商务中，交易双方通过网络进行交易。全球电子商务的业务内容繁杂，数据来往频繁，要求有全球统一的电子商务规则、标准和协议，以及严格、准确、安全、可靠的电子商务系统。

5. 按照交易商品的类型分类

（1）有形商品电子商务

有形商品通常指的是实体商品，这类商品交易所包含的信息流和资金流可以在网上传输，但是交易的商品则必须由卖方以某种方式运输至买方指定的地点。由于有形商品电子商务的信息流、资金流、物流不能完全在网上传输，因此它属于非完全电子商务。

（2）数字化商品电子商务

数字化商品，如计算机软件、多媒体商品，是以由 0 或 1 组成的二进制数的形式存在的无形商品，它是对通过网络传播的文字、图像、声音等事物的概括性描述和表达。数字化商品可以通过网络由卖方直接传送给买方，因而这类电子商务属于完全电子商务。

（3）服务商品电子商务

服务商品通常是指能够实现交易的无形商品，是无须物流参与即可完成交易的商品。虽然服务商品电子商务提供的商品是无形商品，但有的服务商品电子商务流程中也有实物部分，常常需要结合物流才能完成商品的交易。

6.1.3 电子商务的功能和特性

1. 电子商务的功能

电子商务具有广告宣传、咨询洽谈、网上订购、网上支付、电子账户、商品传递、客户服务、交易管理等功能，可以为网上交易和管理等提供全面的服务。

（1）广告宣传

电子商务可以凭借企业的 Web 服务器和客户的浏览器，在互联网上发布各类商业信息。客户可以借助于网上的检索工具迅速找到所需的商品信息，而企业则可以利用主页和电子邮件在全球范围内做广告宣传。与传统的广告相比，这种广告的成本低廉，为客户提供的信息却最为丰富。

（2）咨询洽谈

电子商务可以借助于实时的即时通信软件，以及非实时的电子邮件、新闻组和实时讨论组来了解市场和商品信息、洽谈交易事务。如果交易双方有进一步的交流需求，还可以通过视频会议等方式进行交流。咨询洽谈能摆脱时间和空间对人们洽谈的限制，从而为交易双方提供多种便捷的洽谈形式。

（3）网上订购

交易双方可以借助于电子商务实现网上订购。卖方在利用电子商务网站销售商品时通常会在商品详情页上提供商品信息展示和购物车等功能。买方选择好商品并确认购买后可进入订单确认页面对订单进行确认。在网上订购的过程中，系统通常会对订购信息进行加密，从而使客户和企业的商业信息不被泄露。

（4）网上支付

网上支付是电子商务的重要环节，也是实现电子商务的重要保障。借助于网络平台，通过银行、信用卡公司、认证中心以及第三方支付平台之间的协作，可以实现完整的网上支付。此外，网上支付十分强调安全。可以使用安全电子交易（SET）、安全套接字层（SSL）等安全支付协议来保障网络交易的安全，以防止发生欺骗、窃听、冒用等非法行为。

（5）电子账户

网上支付必须有电子金融的支持，即银行或信用卡公司等金融机构要为电子商务提供金融服务。电子账户管理是金融服务的基本组成部分。客户的信用卡卡号和银行账号都属于电子账户，可以通过数字证书、数字签名、数据加密等技术措施来保障电子账户操作的安全性。

（6）商品传递

对于已付款的客户，应当将其订购的商品尽快发送给他们。若其订购的商品有的在本地，有的在异地，则需要通过网络进行商品的调配，并把相关信息及时发送给客户。最适合在网上传递的是数字化商品，如计算机软件、电子读物等，它们可以通过网络直接传送给客户。

（7）客户服务

电子商务通过客户服务受理客户投诉以及订单业务（新增、补单、调换货、撤单等），进行客户调查，收集客户的反馈意见，并将客户的反馈意见传递给企业的其他部门。客户的反馈意见不仅能提高企业的售后服务水平，还能促使企业改进产品，发现市场中的商业机会。

（8）交易管理

电子商务的交易管理不仅涉及人、财、物等多个方面，也涉及企业和企业之间、企业和客户之间及企业各部门之间的协调与管理。因此，交易管理是涉及电子商务活动全过程的管理。

2. 电子商务的特征

（1）商务性

电子商务最基本的特性为商务性，即为买卖双方交易提供服务手段和机会。网上购物为客户购物提供了一种方便的途径。就商务性而言，电子商务可以拓展企业的市场，增加企业客户的数量，并使企业能够记录客户每次访问、购买的信息，分析客户对产品的偏好，从而对客户进行有针对性的商品推荐，提高成交率。

（2）服务性

在电子商务环境中，客户不再仅关注商品的价格，服务质量也成为他们在进行购物决策时考虑的一个重要因素。

（3）集成性

电子商务的集成性体现为事务处理的整体性和统一性。它能规范事务处理的工作流程，将人工操作和电子信息处理集成为一个不可分割的整体。这样不仅能提高人力和物力的利用效率，还能增强电子商务系统运行的严密性。

（4）可扩展性

要使电子商务正常运行，必须保证电子商务系统具有可扩展性。为此要根据访问流量的规模对电子商务系统进行扩展，以防止出现阻塞。如果在高峰时能及时扩展，电子商务系统出现阻塞的可能性就大大降低。在电子商务活动中，即便两分钟的系统阻塞也可能导致大量客户流失，因此系统的可扩展性极其重要。

（5）安全性

在电子商务中，安全性是必须考虑和解决的核心问题。欺骗、窃听、病毒和非法侵入都在威胁着电子商务活动，因此要为电子商务系统提供一种端到端的安全解决方案，包括加密机制、数字签名机制、认证机制、分布式安全管理、存取控制、防火墙、防病毒保护等。为此，国际上多家企业联合开展了安全电子交易的技术标准研究，并发布了安全电子交易和安全套接字层等协议，建立了安全的电子商务环境。

（6）协调性

电子商务是一个协调的过程，它需要商家与客户之间、生产方与供货方之间、销售方与商务伙伴之间相互协调。为了提高效率，许多组织都推出了交互式协议，电子商务活动可以在这些协议的基础上开展。

6.1.4　电子商务系统框架

所谓框架，是指为了解决一个开放性问题而设计的具有一定约束性的支撑结构，在此结构上系统可以根据具体问题加入更多的成分，从而更迅速和方便地构建完整的问题解决方案。

1. 电子商务系统的基本框架

电子商务系统的基本框架，是指电子商务所涉及的各个领域及实现电子商务的技术保证。从总体上看，电子商务系统的基本框架由四个层次（包括网络基础层、信息发布与传输层、一般业务服务层和电子商务应用层）和两大支柱（包括公共政策、法律、法规、隐私以及各种技术标准、安全网络协议）构成，如图 6-1 所示。

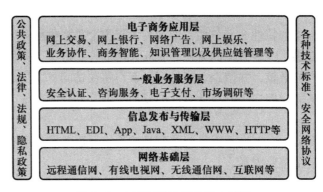

图 6-1　电子商务系统的基本框架

（1）网络基础层

网络基础层是指网络基础设施，是实现电子商务的底层硬件基础设施。它是电子商务的信息传输系统，是电子商务正常运行的基本保证。它包括远程通信网、有线电视网、无线通信网、互联网等。

（2）信息发布与传输层

网络基础层解决了电子商务的信息传输问题，而信息发布与传输层则用于解决在网络上何时传输信息和如何传输信息的问题。目前，因特网上最常用的信息发布方式是在万维网（WWW）上以 HTML 的形式发布网页，并将 Web 服务器中的文本、数据、声音、图像和视频等信息发送给接收者。从技术的角度来看，电子商务活动就是围绕着信息的发布和传输进行的。

（3）一般业务服务层

一般业务服务层为网上商务活动提供服务，如安全认证、咨询服务、电子支付、市场调研等。其中，安全认证是核心，它担负着电子商务的信息安全及交易安全。

（4）电子商务应用层

电子商务的最上层为应用层，也是与客户接触最紧密的部分，它主要包括网上交易、网上银行、网络广告、网上娱乐，各类供应商、分销商、合作伙伴、政府部门之间的业务协作，以及商务智能、知识管理、供应链管理等活动。

（5）公共政策及法律、法规

公共政策及法律、法规维系着电子商务活动的正常运作，对市场的稳定发展起到了很好的制约和规范作用。人们在进行电子商务活动时，必须遵守国家的法律、法规和相应的政策，同时还要有道德与伦理规范的约束和管理，两者结合起来，才能使电子商务活动有序、高效地开展。

（6）各种技术标准及安全网络协议

技术标准定义了电子商务系统中的用户接口、传输协议、信息发布标准等技术细节。它是电子商务信息发布与传输的基础，是电子商务信息一致性的保证。就整个电子商务环境来说，标准对于保证其兼容性和通用性是十分重要的。安全网络协议是计算机网络通信的技术标准，处于不同位置的企业彼此之间要进行通信就必须按照双方预先约定的规程进行，这些约定的规程就是安全网络协议。

2. 电子商务系统的组成

由于电子商务系统的覆盖面非常广，不同的电子商务系统所涉及的对象也各不相同。但总体来看，电子商务系统一般包括如图 6-2 所示的组成要素。

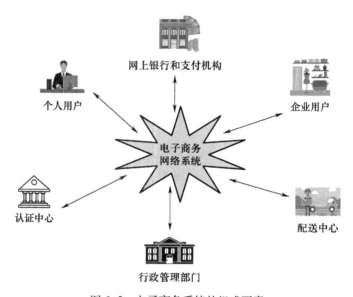

图 6-2　电子商务系统的组成要素

（1）网络系统

网络系统包括因特网、企业内部网、外联网和移动网络。因特网是电子商务信息传送的载体；企业内部网是企业内部进行商务活动的场所；外联网是企业与企业、企业与客户之间进行商务活动的纽带；移动网络是电子商务网络系统发展的又一个方向。

（2）用户

在电子商务中，用户可以分为个人用户和企业用户。个人用户使用浏览器、电视机顶盒、个人数字助理、可视电话、智能手机等终端设备接入因特网参与商务活动。企业用户建立企业内部网、外联网和企业信息系统，对人、财、物、供、销、存等进行科学管理。企业用户利用因特网发布产品信息、接收订单等，如果需要进行销售等商务活动，还要借助于电子报关、电子缴税、电子支付系统与海关、税务局、银行进行相关业务的处理。

（3）认证中心

与传统商务活动一样，电子商务活动中也存在欺诈现象，认证中心的介入就是为了解决这类问题。认证中心（certificate authority，CA）是法律认可的权威机构，它通过发放和管理数字证书（类似于现实生活中的身份证），对电子商务活动各参与方的身份及其所提供的资料进行确认。

（4）配送中心

与传统商务不同，在电子商务中，商品往往不是由消费者自行带走，而是由商家配送。因此，配送中心是电子商务系统必不可少的组成要素。商家可以自建配送中心，也可以委托专业的物流公司完成配送业务。商家把备货单发给配送中心，由配送中心负责备货和出货，并将商品送到消费者手中。

（5）网上银行和支付机构

电子商务的基本环节是买和卖，而买和卖必然涉及支付问题。电子商务需要由银行和支付机构来提供支付服务，网上银行就是利用网络技术提供在线支付等金融服务的银行系统，它可以为电子商务交易中的消费者和商家提供网上支付手段。支付机构是指取得支付业务许可证、提供支付服务的第三方支付机构。网上银行和支付机构可以突破时间和空间的限制，为电子商务交易双方提供全天候的支付服务。

（6）行政管理部门

电子商务活动是一种商务活动，因此要接受相关行政管理部门的监管。相关的行政管理部门主要包括市场监督管理局、税务局、海关及法律部门等。市场监督管理局除了对开展网上经营活动的企业行使传统的监督管理职能外，还为企业提供各种便利的网上服务，如网上登记、网上年检、并联审批、网上咨询、消费者投诉、网上执照验证等；税务局对电子业务征收税金；海关对国际电子贸易活动履行通关、报关、出口退税等法定程序；法律部门对于电子商务活动中的各种经济纠纷予以公正解决。

6.2　电子商务商业模式

6.2.1　电子商务商业模式概述

1. 商业模式及其设计要素

（1）商业模式的定义

商业模式又称为商务模式、业务模式，不同的学者对商业模式的概念有不同的表述，如表 6-4 所示。

表 6-4 商业模式的概念

提 出 者	描 述
保罗·蒂默斯（美国）	商业模式是关于产品、服务和信息流的体系，包括对商业活动各个参与者及其角色的描述、对商业活动各个参与者潜在利益的描述，以及对收入来源的描述
拉菲尔·阿米特（美国）、克里斯多·左特（法国）	商业模式是企业创新的焦点和企业为自己、供应商、合作伙伴及客户创造价值的决定性来源
艾伦·阿福亚赫（美国）、图西（瑞士）	可以把商业模式看作企业运作的秩序，企业依据该秩序利用其资源超越竞争者并向客户提供更多的价值，从而获得收益
伊夫·皮尼厄（比利时）	商业模式是指企业提供给客户的价值和为创造该价值、获得收益所需要的企业及其合作伙伴网络的体系结构
罗珉（中国）	商业模式是指一个组织在明确外部假设条件、内部资源和能力的前提下，用于整合组织本身、客户、供应链伙伴、员工、股东或利益相关者，获取超额利润的战略创新意图和可实现的结构体系以及制度安排的集合

从表 6-4 中可以看出商业模式的核心是价值，商业模式的价值包括以下三个方面的内容：

① 面向客户的价值（价值体现）。

② 面向投资者的价值（盈利模式）。

③ 面向伙伴的价值。

综上所述，商业模式就是企业为创造价值、获取收益所采取的一系列活动，任何商业模式都有明确的价值体现和盈利模式。商业模式是商业计划的主要组成部分。它表明了企业在价值链中所处的位置。

商业模式可以表现为一个完整的产品、服务和信息流体系，它不仅包括每一个参与者及其在该体系中所起的作用，还包括每一个参与者的潜在利益及相应的收益来源和收益方式。

（2）商业模式的设计要素

企业要想获得收益，其商业模式必须包含 8 个要素：价值体现、盈利模式、市场机会、竞争环境、竞争优势、营销战略、组织发展以及管理团队，如表 6-5 所示。

表 6-5 商业模式的设计要素

序号	要素名称	要解决的核心问题
1	价值体现	消费者的需求和欲望是什么，消费者想要的是什么样的消费体验？
2	盈利模式	企业如何盈利？
3	市场机会	企业满足哪种细分市场？该细分市场的规模有多大？
4	竞争环境	在企业选择的细分市场中存在哪些其他企业？

续表

序号	要素名称	要解决的核心问题
5	竞争优势	企业可以为这个细分市场带来何种特殊利益？
6	营销战略	企业如何满足这个细分市场的需求，并从中获利？
7	组织发展	企业需要有怎样的组织机构才能实现商业目标？
8	管理团队	企业的管理团队要具有怎样的经验与背景？

2. 电子商务商业模式的内涵

影响电子商务项目绩效的首要因素是它的商业模式。电子商务商业模式是电子商务项目运行的秩序，是指电子商务项目所提供的产品、服务、信息流、收益来源，以及各利益主体在电子商务项目运作过程中的组织方式与体系结构。它体现为电子商务项目当前的盈利模式，以及未来的长期计划。电子商务商业模式的内涵如下。

（1）战略目标

一个电子商务项目要想成功并持续获利，必须在商业模式上有明确的战略目标，这种战略目标本质上表现为客户价值，即企业只有不断地向客户提供对他们有价值的、竞争者又不能提供的产品或服务，才能保持竞争优势。换句话说，战略目标就是企业价值的社会定位，即企业使命。

按照迈克尔·波特的竞争优势理论，电子商务企业为客户提供的价值主要表现为产品或服务的差异化、成本领先和目标聚集三大战略。

（2）目标用户

电子商务商业模式的目标用户一般是指在市场的某一领域或地理区域内，基于该种商业模式建立的网站的浏览者、建设者、使用者和消费者。电子商务商业模式对目标用户进行定位是提升网站质量、吸引用户的重要步骤。

目标用户既可以是个人用户，即所谓的网民，也可以是企业客户，即所谓的网商。对目标用户进行定位，一方面要考虑地域范围，即考虑用户的地理特征；另一方面要考虑用户的性别、年龄、职业、受教育程度、生活方式和收入水平等人口学特征。

（3）产品或服务

电子商务企业在确定目标用户后，就要决定向这些用户提供什么产品或服务。例如，一家定位于服务大学生群体的互联网企业要明确满足大学生的哪些需求。例如，它可以提供社交、电影、音乐、游戏、网上教学等方面的产品和服务，这些有针对性的产品或服务能够大大增加企业的用户黏性。

（4）盈利方式

在传统商务活动中，很多企业直接从其销售的产品中获得收入和利润。但是，在基于互联网的电子商务活动中，由于互联网的特殊性，企业的收入和利润来源变得复杂了。例如，采用企业对企业电子商务模式的企业，其收入除了来自销售收入外，还来自广告费、会员费、佣金等，此外还可以通过节省采购费用、提供增值服务等来增加利润。

从向客户提供的产品中获得利润的一个非常重要的环节，是为所提供的产品正确定价。在电子商务活动中，大多数产品是以知识为基础的，以知识为基础的产品一般具有高固定成本、低可变成本的特点，因而产品的定价具有特殊性，其目标不在于提高单位产品的利润率，而在于提高产品的市场占有率。这种产品还能够瞄准客户，使客户面临较高的转移成本，进而使已经在竞争中占有优势的企业不断拉大与其竞争者之间的距离。

在传统企业利用电子商务来创建、管理和扩展商业关系的过程中，虽然很难计算其直接的收入和利润，但是可以分析其盈利模式。其盈利模式在很大程度上表现为电子商务对企业价值链结构的改变：基本商务活动中的信息处理，如商品信息发布、客户沟通、供应商和分销商的订单处理乃至支付都可以在互联网上完成，从而节约了信息处理成本，实现了收益递增；基本商务活动中的采购、进货、发货和销售等环节的物流活动，则可以通过第三方物流来完成并利用信息技术来提高运作效率，从而减少了企业的经营成本，提高了收益；用于辅助商务活动的人力资源管理和部分技术开发活动也可以在互联网上完成，会使企业的管理成本大幅度下降，进而产生间接收益。

（5）核心能力

核心能力是指相对稀缺的资源和有特色的服务能力，它能够为企业创造长期的竞争优势。核心能力是企业的集体智慧，能使企业把多种技能、技术、流程集成在一起以适应快速变化的环境。电子商务企业的核心能力包括以下三个方面的内容。

① 资源。企业需要有形的、无形的资源以及人力资源来支持向客户提供价值的一系列关键活动。有形资源包括厂房、设备及现金储备等。而对于电子商务企业来说，有形资源主要表现为企业的网络基础设施，以及电子商务软件和硬件的建设水平。无形资源包括商标权、专利权、商誉、品牌、与客户和供应商之间的关系、员工之间的关系以及存在于企业内部的不同形式的知识。对于电子商务企业来说，这类资源往往包括企业自行设计的软件、访问者或客户的登录信息、品牌和客户群等。

② 竞争力。竞争力是指企业将其资源转化为客户价值和利润的能力，它的形成需要使用和整合企业的多种资源。如果企业能够在多个领域发挥其竞争力，那么这种竞争力是可扩展的。

③ 竞争优势。企业的竞争优势来源于企业所拥有的核心能力，其他企业获得或模仿这些核心能力的难易程度，决定了企业保持竞争优势的难易程度。这些核心能力难以被其他企业取得或模仿，往往是由于拥有竞争优势的企业在发展进程上处于领先位置，或者是由于形成这些核心能力需要较长的时间，模仿者难以在短期内获得。

6.2.2　典型的电子商务模式

典型的电子商务模式有企业对企业（B2B）电子商务、企业对消费者（B2C）电子商务和消费者对消费者（C2C）电子商务三种模式。

1. B2B 电子商务

（1）B2B 电子商务概述

B2B 电子商务，是指企业与企业之间通过互联网进行产品、服务及信息交换的电子商务。通常，交易双方通过各类电子商务平台完成商品供求信息发布、商务洽谈、订货、电子合同签订、网上支付、票据签发及传递、商品配送及监控等。在 B2B 电子商务中，交易双方既可以是供应链中的制造企业和供应商，也可以是商务信息服务、金融服务、广告服务、设计服务等的提供者和接收者。

B2B 电子商务主要有以下几个特征。

① 可以改善供应链管理。B2B 电子商务可以使企业通过互联网维系与供应商、制造商、分销商、运输商以及其他贸易合作伙伴之间的关系，建立高效的全球供应链系统，使企业的供应链成本维持在较低的水平。

② 可以增加商业机会和开拓新的市场。互联网跨时空的特点为企业提供了理想的和低成本的信息发布渠道，使其商业机会大大增加。

③ 可以改善过程质量。B2B 电子商务可以使企业更好地跟踪业务流程，缩短业务处理时间，减少错误的发生，改善过程质量。

④ 可以缩短订货周期。B2B 电子商务可以使企业更快、更准确地处理订单，降低安全库存量，提高仓储自动化水平和客户满意度。

⑤ 可以降低交易成本。B2B 电子商务可以使企业实现办公无纸化、贸易过程无纸化，从而大大降低流程成本和交易成本。

⑥ 可以提高信息管理和决策水平。B2B 电子商务所提供的信息和对交易的审计跟踪，可以为企业创造更好的决策支持环境，协助其发现潜在的市场，并不断改善信息管理工作，提高决策水平。

（2）B2B 电子商务的分类

目前，B2B 电子商务主要有两种分类方式，一种是按照交易中所处的地位分类，另一种是按照产品的覆盖范围分类。

按照交易中所处的地位分类，可以将 B2B 电子商务分为企业 B2B 电子商务和平台 B2B 电子商务。

① 企业 B2B 电子商务。企业 B2B 电子商务是指买方企业（或卖方企业）通过在互联网上设立交易网站开展电子商务活动的商业模式。这种 B2B 电子商务又可以分为以下两种模式。

*以卖方企业为主导的模式。*卖方企业可以是制造商，向分销商、零售商等买方企业销售产品，即一个卖方企业对着若干个潜在的买方企业。这种模式可以加快企业生产和销售的周期，有助于推广新产品、降低销售成本、拓展销售渠道等。以卖方企业

为主导的模式又称为卖方市场，主要包括直销和正向拍卖两种交易模式。

以买方企业为主导的模式。B2B 电子商务可以应用于买方市场。买方企业在自己的服务器上开设电子市场，邀请潜在的供应商对自己所需的原材料进行投标，即一个买方企业对着若干个潜在的卖方企业，这种模式也可以称为反向拍卖、招标或竞标模式。

② 平台 B2B 电子商务。平台 B2B 电子商务是指将采购商及供应商聚集在同一个电子商务平台中进行交易的商业模式。平台 B2B 电子商务也称为多对多市场，它们都是公开的电子市场，又称为电子商场、网络交易市场、交易所、交易社区、B2B 门户网站等。常见的多对多市场是由独立的第三方机构，即电子商务平台建立并控制的，电子商务平台吸引采购商和供应商在其电子市场上发布供应和需求信息，促进双方的信息共享和协调，并协助双方最终完成电子交易。这种商业模式，既不偏向采购商一方，也不偏向供应商一方，可以为多个采购商和供应商提供信息服务和交易服务。

按照产品的覆盖范围分类，可以将 B2B 电子商务分为综合型 B2B 电子商务和垂直型 B2B 电子商务。

① 综合型 B2B 电子商务。综合型 B2B 电子商务又称为面向中间交易市场的水平 B2B 电子商务，是指利用中介服务网站，将买方企业和卖方企业集中到一个市场中进行信息交流、广告促销、拍卖竞标、商业交易、仓储配送等商业活动。典型的综合型 B2B 电子商务网站有阿里巴巴、中国制造网、环球资源网等。

利用综合型 B2B 电子商务，很多行业和企业都可以在同一个网站上开展电子商务活动。这种电子商务模式将各个行业相近的交易过程都集中在一个场所，为采购商和供应商提供交易机会。综合型 B2B 电子商务，一方面利用网上交易为企业创造价值，提升行业供应链的竞争力；另一方面通过制定行业标准来对电子商务服务进行管控，同时为行业内企业提供丰富的资讯信息，包括行业新闻、行业教育、职位招聘等信息，以及面向行业的专门化服务等。

② 垂直型 B2B 电子商务。垂直型 B2B 电子商务又称为面向专业领域的 B2B 电子商务，是指将买方企业和卖方企业集中在一个特定领域的电子市场中进行交易的商业模式。其特点是专业性强，聚焦于一个行业做深、做透。垂直型 B2B 电子商务，使企业与其贸易伙伴深度整合在一起，充分发挥了供应链企业之间的协调机制。它在不同程度上延伸着企业的价值链，并实现了其与上下游企业之间不同程度的信息共享和流程的电子化协同。在垂直型 B2B 电子商务中，生产商或零售商可以与上游的供应商形成供货关系，如戴尔公司与上游的芯片和主板制造商就是通过这种方式进行合作的；生产商可以与下游的经销商形成销货关系，如思科公司与其分销商之间进行的交易。

垂直型 B2B 电子商务更容易集中专业领域的资源，吸引专业领域生态系统中的大多数成员参与，同时也容易引起大型采购商和大型供应商的关注。典型的垂直型 B2B 电子商务网站有中国服装网、中国化工网、全球五金网等。

（3）B2B 电子商务的盈利模式

① 销售收入。在以卖方企业为主导的模式中，企业通过直销或正向拍卖销售产品，由于直接面向分销商、零售商、消费者等最终客户，因此能最大限度地增加企业的销售利润。

② 节省采购费用。在以买方企业为主导的模式中，企业能够高效、经济地完成采购业务，这种模式的优势在于对供应商进行整合，使买方企业能够与供应商建立稳定和密切的联系，因此节约了采购费用。此外，由于买方企业通过反向拍卖采购原材料，供应商之间的竞争会使得买方企业能以相对低廉的价格采购到质量较高的原材料。

③ 广告费。广告费是 B2B 电子商务模式的重要利润来源。例如，电子商务平台企业根据广告在首页中的位置及广告类型向广告投放者收费。在 B2B 电子商务模式中，广告通常有弹出式广告、漂浮广告、页旗广告、文字广告等多种形式。

④ 会员费。电子商务企业要通过电子商务平台进行商品交易，就必须注册为该电子商务平台的会员，而且通常在缴纳一定的会员费后，才能享受平台提供的各种服务。会员费是电子商务平台的主要利润来源。

⑤ 佣金。部分电子商务平台虽然要求电子商务企业注册为会员，但不要求其缴纳会员费，而是在该企业通过电子商务平台完成交易后，抽取一定的佣金（即在买卖双方交易成功后收取费用）。

⑥ 竞价排名。电子商务企业为了促进产品销售，希望其产品推广信息在电子商务平台的搜索结果中排名靠前，而电子商务平台会在确保信息准确的基础上，按照付费最高者排名靠前的原则，对购买了同一关键词的电子商务企业进行排名。

⑦ 增值服务费。电子商务平台通常除了为企业提供商品供求信息以外，还深入挖掘用户需求，为其提供有针对性的增值服务并收取费用，从而获得收益。

⑧ 关键词和点击推广收费。电子商务企业根据其产品特点，结合用户的搜索习惯，设置关键词。用户通过电子商务平台的搜索引擎搜索关键词，就可以看到该企业的产品推广信息。如果用户点击这条信息，该企业就要为用户的点击向电子商务平台支付费用。如果用户没有点击这条信息，该企业就无须支付费用。关键词和点击推广收费也是电子商务平台的重要利润来源。

2. B2C 电子商务

（1）B2C 电子商务概述

B2C 电子商务是企业针对消费者开展的电子商务活动的总称，一般是指电子商务企业通过互联网向消费者直接销售产品或提供服务的经营模式，即网上零售。它由两个环节组成，消费者在电子商务企业网站或电子商务平台注册后选择及购买商品，确认订单并进行支付；电子商务企业通过自建网站或入驻电子商务平台的方式向消费者提供产品或服务信息，并进行支付、收款、配送等订单管理工作。其交易流程如图 6-3 所示。

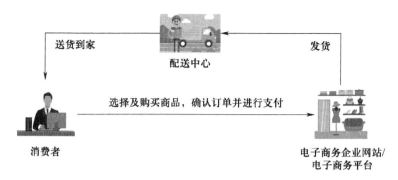

图 6-3 企业对消费者电子商务交易流程

B2C 电子商务主要有以下几个特征。

① 用户购物没有任何限制。用户可以随时登录电子商务企业网站或电子商务平台，挑选自己所需要的商品。

② 购物成本低。用户购物时，可以在比较短的时间内登录不同的网站，挑选、对比多个商家的商品，而且不需要承担或承担较少的商品运输费用。

③ 网上商品的价格相对低廉。传统商店由于有店铺租金、人员工资、水电费用等支出，成本较高，从而使商品的价格较高，但网上商品由于商家的相关支出较少，因而价格较低。此外，从进货渠道来看，网上商品进货的中间环节较少，尤其是在直销模式下，企业直接将商品销售给消费者，从而可以将商品的价格降得更低。

④ 可以提供个性化服务。B2C 电子商务可以方便、快捷地为消费者提供个性化的服务。

⑤ 商品种类丰富。网上商品不受商店营业面积的限制，可以包含国内外的各种产品，充分体现了网络无地域限制的优势。

⑥ 商品易于查找。电子商务企业网站或电子商务平台都具有商品分类、商品搜索功能，通过商品的分类目录和搜索引擎，用户可以很方便地找到所需的商品。

（2）B2C 电子商务的分类

B2C 电子商务可以分为第三方交易平台型 B2C 电子商务、传统生产企业网络直销型 B2C 电子商务、传统零售企业网络销售型 B2C 电子商务和没有实体店的网络销售型 B2C 电子商务。

① 第三方交易平台型 B2C 电子商务。在这种电子商务模式中，第三方交易平台往往自己不开展商务活动，只是撮合买卖双方达成电子商务交易。中小型电子商务企业在人力、物力、财力有限的情况下，在第三方交易平台上开设店铺，不失为一种拓宽网上销售渠道的好方法。常见的第三方交易平台有天猫、京东等。

② 传统生产企业网络直销型 B2C 电子商务。传统生产企业自建网站，通过网上直销的方式向终端用户销售产品，不仅给用户带来了实惠的价格及定制化的商品，还有利于解决商品的库存积压问题。

自建网站的传统生产企业必须协调好企业原有的线下渠道与网站之间的利益关系：实行差异化的销售策略，如在网站上销售常规性产品，而在线下渠道销售体现地区特色的产品；实行差异化的价格策略，如根据时间段的不同对产品的线下与线上定价进行调整，通过线下渠道完善线上销售的产品的售后服务等。

③ 传统零售企业网络销售型 B2C 电子商务。传统零售企业有实体店，它们通过自建销售网站，将丰富的零售经验与电子商务有机结合起来，将传统零售业务与网络零售业务的供应链及物流体系整合起来，并通过业务外包解决销售网站所需的技术支持问题。

④ 没有实体店的网络销售型 B2C 电子商务。这种电子商务模式又称为完全线上自主销售型 B2C 电子商务。在这种电子商务模式中，零售企业是互联网商务的产物，没有实体店，网络销售是它们唯一的销售方式。

（3）B2C 电子商务的盈利模式

① 销售收入。在 B2C 电子商务模式中，企业可以通过 B2C 电子商务平台宣传和推广本企业的产品，以实现销售目标。企业销售的产品既包括自己生产的产品，也包括加盟厂商的产品。企业通过 B2C 电子商务平台极大地拓展了产品的销售范围和销售量，提高了利润。

② 服务费。B2C 电子商务平台的主要利润是向在平台上经营的企业收取的服务费。服务费一般包括保证金及技术服务费。此外，企业还需要按照销售额（不包含运费）的一定比例（即费率）缴纳技术服务费。

③ 广告费。在 B2C 电子商务平台上经营的企业，为了吸引更多的消费者，需要在平台上做大量的广告，由此向平台缴纳的广告费，是平台的重要利润来源。

④ 间接收益。B2C 电子商务平台在发展到相当规模时，每天都有海量的消费者访问和海量的交易达成，这时它可以通过衍生服务间接获取利润。例如，亚马逊公司利用旗下电子商务平台的大数据分析能力，分析消费者的购买行为，为其他电子商务企业提供精准的消费者行为分析及网络营销服务。

3. C2C 电子商务

（1）C2C 电子商务概述

C2C 电子商务，是消费者针对消费者开展的电子商务活动的总称，一般为消费者与消费者之间通过互联网进行的个人交易。C2C 电子商务平台是为买卖双方提供在线交易的平台，在它的支持下，卖方可以自行展示和销售商品，而买方则可以自行选择商品，拍下商品并付款或以竞价方式在线完成交易。

与其他电子商务模式相比，C2C 电子商务具有以下特点：用户数量大且分散；买卖双方在第三方交易平台上完成交易，由第三方交易平台负责技术支持及提供相关服务；依赖第三方物流体系；单笔交易金额小，低价值商品加上物流费用可能会造成商品价格偏高；C2C 交易过程中出现的纠纷难以得到公正解决等。

（2）C2C 电子商务的分类

① 按照交易的商品类型分类。C2C 电子商务按照交易的商品类型，可以分为物品交易模式和服务交易模式。

在物品交易模式中，消费者通过 C2C 电子商务平台与其他消费者进行物品交易，包括实物商品交易和虚拟商品交易。典型的物品交易类 C2C 电子商务平台如淘宝网和易贝网等。

在服务交易模式中，消费者与消费者通过 C2C 电子商务平台进行服务交易。典型的服务交易类 C2C 电子商务平台如上门服务交易平台"到位"，用户可以通过"到位"寻找身边可上门的服务。

② 按照交易的运作模式分类。C2C 电子商务按照交易的运作模式，可以分为拍卖模式和店铺模式。

拍卖模式。在这种模式中，C2C 电子商务平台为买卖双方搭建网络拍卖平台，按比例收取交易费用。在拍卖平台上，商品的所有者或权益所有人可以独立地开展竞价、议价、在线交易等。拍卖模式保证了卖方出售的商品的价格不会太低，卖方可以打破地域界限把商品卖给出价最高的购买者，同样买方也可以确保自己不会以很高的价格购买到商品。

买卖双方利用 C2C 电子商务平台进行拍卖交易的主要流程如图 6-4 所示。

① 买方和卖方注册并登录 C2C 电子商务平台。

② 卖方发布拍卖商品的信息，确定起拍价和竞价阶梯、截止日期等信息。

③ 买方查询商品信息，参与网上竞拍。

④ 买卖双方成交，买方付款，卖方交货，交易完成。

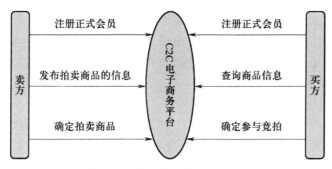

图 6-4　拍卖交易的主要流程

店铺模式。在这种模式中，C2C 电子商务平台允许个人在其上开设店铺，并通过提供会员服务、广告服务或其他服务收取费用。此外，店铺模式与拍卖模式之间并没有明确的界限，如淘宝网既是拍卖平台，也是店铺平台。

（3）C2C 电子商务的盈利模式

C2C 电子商务为个人消费者之间买卖商品提供服务，其盈利模式如表 6-6 所示。

表 6-6　C2C 电子商务的盈利模式

盈 利 模 式	具 体 内 容
会员费	消费者注册为 C2C 电子商务平台的会员，C2C 电子商务平台为其提供更多、更高质量的服务，如有针对性的信息服务等
广告费	C2C 电子商务平台根据广告发布的位置、形式和时间长短等因素确定收费标准

续表

盈 利 模 式		具 体 内 容
增值服务费		包括辅助信息费、物流服务费、支付交易费等
特色服务费		包括产品特色展示费用，如为产品提供多角度拍摄、试衣间、店铺管理等工具的费用
拍卖模式	拍卖佣金	按拍品成交金额收取一定比例的佣金
	保留价费用	拍卖交易不成功时，拍卖平台根据卖方事先设置的拍卖保留价收取费用
	拍品登录费	拍卖网站会向卖方收取拍品的登录费
店铺模式	开店费用	有的 C2C 电子商务平台对获得开店资格的卖方收取开店费用
	交易服务费	卖方在有的 C2C 电子商务平台上出售商品需要缴纳年租费或月租费、成交手续费等
	商品登录费	卖方在有的 C2C 电子商务平台上发布商品需要向平台缴纳费用

6.2.3　新型电子商务模式

电子商务模式除了企业对企业电子商务、企业对消费者电子商务、消费者对消费者电子商务三种主要的模式外，近年来出现了一些新模式，如线上到线下电子商务、消费者对企业电子商务、消费者对制造商电子商务、新零售等模式。

1. 线上到线下电子商务

（1）线上到线下电子商务的含义

线上到线下（online to offline，O2O）电子商务，将实体经济与线上资源相融合，使网络成为实体经济延伸到虚拟世界的"前台"。经营实体店的商家可以在线上挖掘和吸引客源，让消费者先在线上选择商品和服务，再到实体店购买商品和服务，或者先在线上购买商品和服务，再到线下去获取商品和服务。

O2O 电子商务的概念最早来源于美国，它适合消费者只有到实体店才能获得商品和服务的交易活动，如餐饮、健身、看电影和演出等，这种能把消费者从线上吸引到线下实体店进行消费的电子商务模式具有很大的发展空间。

O2O 电子商务按照服务场景，可以分为到店服务和到家服务两种。到店服务是指在实体店交付服务的 O2O 电子商务，一般是指消费者在线上购买服务，在线下实体店体验、消费，并完成交易。到家服务是指消费者在线上下订单，商家提供上门服务的 O2O 电子商务，一般是指餐饮外卖、家政、上门维修等生活服务。

（2）O2O 电子商务的优势

O2O 电子商务的优势在于把线上和线下的优势完美结合起来，通过网络导流，将互联网与实体店完美对接，实现互联网落地，让消费者在享受线上优惠价格的同时享受贴心的线下服务。具体来说，O2O 电子商务具有以下优势。

① O2O 电子商务充分利用互联网跨地域、无边界、海量信息、海量用户的优势，

同时充分挖掘线下资源，使线上用户与线下商品和服务精准对接。

② O2O 电子商务可以对商家的营销效果进行直观的统计和追踪评估，以避免传统营销模式推广效果不可预测的风险。O2O 电子商务还可以对用户所有的消费行为进行精准统计，以为用户提供更多的优质产品和服务。

③ O2O 电子商务具有价格便宜、购买方便、折扣信息获知及时等优势。

④ O2O 电子商务将拓宽电子商务的发展方向，使电子商务由规模化走向多元化。

⑤ O2O 电子商务打通了线上线下渠道，让消费者在线上实现"售前体验"，在线下避免因信息不对称而遭受"价格蒙蔽"。

总体来看，O2O 电子商务将会达成"三赢"的效果。

① 对于消费者来说，一是可以在最短的时间内获得全面而准确的商品和服务信息；二是可以通过网络直接与商家进行交流，订购商品和服务；三是能够以更优惠的价格购买商品和服务。

② 对于商家来说，一是可以通过各种电子商务平台进行营销，从而获得更多的用户资源；二是可以通过电子商务平台对每一笔交易进行追踪；三是可以在与消费者沟通时更深入地了解其需求；四是可以拥有更多的推广渠道；五是可以通过电子商务平台对用户进行有效维护；六是可以不受经营地点的限制，降低经营成本，优化资源配置，提高运营效率。

③ 对于电子商务平台来说，一是可以衍生出多元化的盈利模式；二是可以积累庞大的用户数据，这些用户数据体现了用户的消费习惯、偏好、特点等，使平台上的商家能够更有针对性地向用户推荐商品。

（3）O2O 电子商务的运营模式

O2O 电子商务分为线上平台和线下商家两部分。线上平台在线下商家和消费者之间传递需求；线下商家在线上发布信息，在线下提供服务；消费者在线上平台搜索商品信息、订购商品并完成支付，在线下商家进行相关体验，如图 6-5 所示。O2O 电子商务的运营可以分为五个阶段。

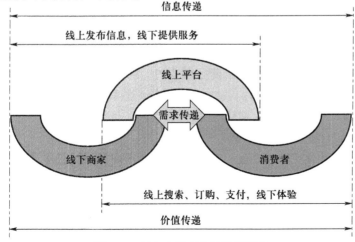

图 6-5　O2O 电子商务的运营模式

① 引流。线上平台是线下消费的入口，它将消费者与线下商家结合在一起，能够进一步触发消费者的线下消费需求。常见的在线平台，如大众点评网等消费点评类网站，百度地图、高德地图等电子地图，微信、QQ 等社交类软件，都可以为线下商家引流。

② 转化。线上平台向消费者提供商品的详细信息、折扣（如团购、优惠券）和便利服务，消费者通过搜索和比较，最终选择合适的线下商家完成交易。

③ 消费。消费者在线上平台搜索商品信息，订购商品并支付款项，然后到线下商家获取商品和服务。

④ 反馈。消费者购买并使用商品和服务后，将自己对商品和服务的评价反馈给线上平台，帮助其他消费者做出消费决策。线上平台通过统计和分析消费者的评价，按照一定的规则评定商家等级，以促使商家为消费者提供更好的商品和服务。

⑤ 存留。线上平台为消费者和商家建立了沟通渠道，以帮助商家维护与消费者的关系，并向消费者推送相关信息，以增加用户黏性。

2. 消费者对企业电子商务

（1）消费者对企业电子商务的含义

消费者对企业（consumer to business，C2B）电子商务，可以将消费者聚集起来与商家进行集体议价，从而使价格主导权由商家转移到消费者，使消费者能与商家议价。这种电子商务模式利用互联网的特点，把分散的消费者及其购买需求聚合起来，形成类似于集团购买的大订单。在采购过程中，消费者凭借数量优势取得价格主导权，同商家进行价格谈判，以获得最优惠的折扣，从而能以批发价格购买单件商品。

（2）C2B 电子商务模式的分类

① 聚合需求模式。在这种电子商务模式中，数量庞大的消费者通过聚合需求形成强大的购买能力，从而改变了在 B2C 电子商务中所处的弱势地位。聚划算推出的反向团购就属于这种模式。

② 邀约模式。这种电子商务模式又称为逆向拍卖模式，由消费者发布有关自己所需要的商品及可接受价格的邀约，然后由商家决定是否接受该邀约。倘若商家接受该邀约，则交易成功；若不接受该邀约，则交易失败。Priceline 网站就属于这种模式。

③ 商家认购模式。在这种电子商务模式中，商家让用户通过电子商务平台提供原创数字化内容，如视频、图片、动画、设计等，然后根据用户标价来认购这些原创数字化内容。微图网站 Fotolia 就属于这种模式。

（3）C2B 电子商务模式的特点

① 能提供个性化定制。个性化定制是 C2B 电子商务模式最主要的特点。在这种电子商务模式中，电子商务平台所提供的产品和服务要能满足消费者的个性化需求，但前提是这些需求是可批量化的。过于个性化的需求会导致以下两个问题：一是消费者的隐私无法得到保障；二是成本高，背离了 C2B 电子商务模式的本质。

② 具有较强的数据处理能力。在 C2B 电子商务中，电子商务平台可以对消费者

数据进行大规模的收集、整理和分析，使商业决策能够随需而定，进而使商业运作的成本结构发生变化，降低个性化生产的成本。

③ 具备全产业链。C2B 电子商务除了能够满足消费者的个性化需求外，还能够通过减少中间环节、降低库存等方式提高利润率，同时将减少的中间环节损耗让利给消费者。可以说，C2B 电子商务的关键，在于具备以消费者为核心的全产业链。

3. 消费者对制造商电子商务

消费者对制造商（consumer to manufacturer，C2M），是基于社交网站（social network service，SNS）及 B2C 电子商务的一种新型的电子商务模式。

C2M 电子商务模式是在工业互联网的背景下产生的，它的提出源于德国在 2011 年汉诺威工业博览会上提出的工业 4.0 概念，是指现代工业的自动化、智能化、网络化、定制化和节能化。它的终极目标是借助于互联网将不同的生产线连接在一起，利用庞大的计算机系统进行实时的数据交换，并按照客户的产品订单设定供应商和生产工序，最终生产出个性化的产品。工业 4.0 也被称为继蒸汽机、电气化、自动化之后的人类第四次科技革命。C2M 电子商务模式的主要应用就是 C2M 定制。C2M 定制是指将消费者的需求直接反馈给制造商，省去所有的中间渠道，实现按需求进行定制生产的过程。

4. 新零售

（1）新零售的含义

新零售是指企业以互联网为依托，运用大数据、人工智能等先进的技术手段，对商品的生产、流通和销售过程进行升级改造，进而重塑业态结构和生态圈，并对线上销售、线下体验以及现代物流进行深度融合的零售新模式。它是通过大数据分析精准掌握消费者的个性化需求，并且以消费者良好体验为宗旨的数据驱动的电子商务模式。

（2）新零售的特点

① 线上线下一体化。新零售将电子商务平台与实体店打通，使电子商务和实体店之间的差别逐渐变小。例如，阿里巴巴旗下的盒马，不但有电子商务平台，而且有实体店，消费者只要在盒马门店的 3 km 范围内就可以在网上下单，盒马门店会在 30 min 内送货（送餐）上门。同时，消费者也可以到附近的盒马门店消费。

② 先进技术支持。新零售的本质是对传统零售行业进行深度改造，要实现对传统零售行业的深度改造，就要对其进行数字化改造和升级。新零售利用大数据、云计算、人工智能、区块链等先进技术来改造传统零售行业，并通过这些改造来获得数据。新零售在对数据进行分析的基础上挖掘消费者的需求，以尽可能地接近消费者，提升其消费体验。随着大数据、云计算、人工智能、区块链等技术的不断成熟与完善，它们必将从整个供应链的角度对传统零售业进行深度改造和升级，从而使零售业更好地应对互联网时代的新挑战。

③ 传统零售行业的业态重塑。在新零售模式下，新技术的应用将重构实体店的运作方式和业态布局。例如，人工智能分拣、大数据赋能、区块链溯源等与新零售相

关的流程和环节，都是新技术在新零售行业中应用的具体例证。

以上介绍的几种新型电子商务模式尚不能涵盖目前所有的新型电子商务模式，随着电子商务的不断发展，还将出现更多的电子商务模式。

6.3　电子商务技术

电子商务的基础是电子商务系统。电子商务系统最基础的技术是因特网，可以说电子商务是在因特网的发展与推动下产生和发展的。本节介绍主要的电子商务技术，包括网站构建技术、电子数据交换技术、电子支付技术和电子商务安全技术。

6.3.1　网站构建技术

电子商务系统的核心是电子商务网站建设，它是企业实施电子商务的物质基础。电子商务网站开发的技术基础是 Web 技术，它采用客户-服务器、浏览器-服务器及混合结构等 Web 应用系统结构，涉及超文本标记语言（HTML）、可扩展标记语言（XML）、活动服务器页面（ASP）、超文本预处理器（PHP）、Java 服务器页面（JSP）等。

1. Web 应用系统结构

Web 应用系统结构一般有三种：客户-服务器结构、浏览器-服务器结构和混合结构。

① 客户-服务器（client-server）结构，是软件系统的一种体系结构。采用客户-服务器结构的信息系统，简单地讲就是基于企业内部网的信息系统。这种系统结构不依赖企业外部网络环境，即无论企业是否联网，都不影响这种系统结构的应用。

② 浏览器-服务器（browser-server）结构，是随着互联网技术的兴起而对客户-服务器结构进行的扩展。在这种结构中，用户的工作界面是通过 Web 浏览器来呈现的。浏览器-服务器结构的最大优点是运行和维护起来比较简便，能使不同的人员在不同的地点以不同的接入方式（如局域网、广域网、因特网/企业内部网等）访问和操作共同的数据。但是这种结构对企业外部网络环境的依赖性太强，由任何原因引起的企业外部网络中断都会造成系统瘫痪。

③ 混合结构。利用客户-服务器结构和浏览器-服务器结构的优点来构建电子商务系统，即利用客户-服务器结构的高可靠性来构建企业应用（包括输入、计算和输出等），利用浏览器-服务器结构的广泛性来构建服务或延伸企业应用（包括查询和数据交换等）。

2. 超文本标记语言

超文本标记语言（hypertext markup language，HTML）是一种简单标记语言，主要利用基本语法来描述文本和其他媒体格式，它独立于各种操作系统平台。HTML 文档的扩展名为 .html 或 .htm。HTML 利用各种标记（tag）来表示文档的结构及标识超链接（hyperlink）的信息。

3. 可扩展标记语言

可扩展标记语言（extensible markup language，XML），是一种对电子文件进行标记，使其具有结构性的标记语言。XML 主要有三个要素：模式（schema）、可扩展样式表语言（extensible stylesheet language，XSL）和可扩展链接语言（extensible link language，XLL）。其中，模式规定了 XML 文档的逻辑结构，定义了 XML 文档中的元素、元素的属性以及元素和元素的属性之间的关系，它可以帮助 XML 的分析程序对 XML 文档标记进行合法性校验。可扩展样式表语言用于规定 XML 文档的样式。借助于它，客户端的 Web 浏览器可以根据用户的不同需求改变文档的表示方法，而不必再与服务器进行交互通信。可扩展链接语言可进一步扩展目前 Web 上已有的简单链接。

良好的数据存储格式、可扩展性、高度结构化、便于网络传输，是 XML 的四个主要特点，也是其卓越性能的表现。由于 XML 能针对特定的应用定义自己的标记语言，因此它在电子商务等领域得到了广泛的应用。

4. 活动服务器页面

活动服务器页面（active server pages，ASP）是微软（Microsoft）公司开发的服务器端脚本环境，可以用来创建动态交互式网页并建立功能强大的 Web 应用程序。服务器接收到对 ASP 文件的请求后，会对生成发送给浏览器的网页代码的服务器端脚本进行处理。除了服务器端脚本外，ASP 文件还包含文本、HTML（包括相关的客户端脚本）和 COM 组件调用。ASP 简单、易于维护，是开发小型页面应用程序的选择。

5. 超文本预处理器

超文本预处理器（hypertext preprocessor，PHP）是在服务器端执行的脚本语言，适用于 Web 应用程序开发并可嵌入 HTML。PHP 的语法混合了 C、Java 和 Perl 的语法以及 PHP 本身的语法，其主要目标是让 Web 应用程序开发人员快速编写动态网页。PHP 的源代码是完全公开的，其函数库不断有新函数加入并不断更新，使 PHP 拥有更多的功能。

6. Java 服务器页面

Java 服务器页面（Java server pages，JSP）是一种动态网页技术标准。JSP 部署于网络服务器上，可以响应客户端发送的请求，并根据请求的内容动态生成 HTML、XML 或其他格式文档的 Web 网页，然后将其返回给客户端。JSP 将 Java 作为脚本语言，为客户端的 HTTP 请求提供服务，并能与服务器上的其他 Java 程序共同处理复杂的业务需求。

6.3.2 电子数据交换技术

最早的电子商务应用是基于电子数据交换（EDI）的电子商务系统。作为最早应用于商务领域的数据通信标准，电子数据交换的发展促进了信息技术在商务领域的应用，为基于因特网的电子商务系统的发展打下了坚实的基础。

1. 电子数据交换的特点

电子数据交换是一种在企业之间传输订单、发票等商业文件的工具。它可以通过计算机网络将贸易、运输、保险、银行和海关等行业信息，用一种国际公认的标准格式进行交换与处理，并完成以贸易为中心的业务过程。它是计算机、电子数据交换通信网和现代管理技术相结合的产物。

在贸易领域，不少文献把 EDI 译为"无纸贸易"，这一名称很形象地说明了电子数据交换的效果。严格来讲，无纸贸易是电子数据交换在贸易领域的应用。有的学者指出，电子数据交换的实质在于"数据不落地"，用技术语言来说，就是将信息存储及传送的介质由纸张转变为电磁设备。它允许直接在计算机之间进行信息交换，并且能实现信息的自动处理，整个过程不需要人工介入。然而，事实上，信息电子化以后，纸质票据并没有取消，人们在使用电子票据的同时仍然需要将纸质票据作为辅证，只是纸质票据从以前的主要地位下降到了次要和辅助地位。也就是说，电子数据交换的优势并不在于节约纸张，而在于快速、高效、避免重复劳动和减少错误。因此，电子数据交换强调的并不是无纸化，而是快速传输、节约时间、减少错误，从而提高效率，降低成本。

2. 电子数据交换系统

（1）电子数据交换系统的构成

电子数据交换系统由电子数据交换软件和硬件、数据标准化、文件传送协议三个要素构成，如图 6-6 所示。

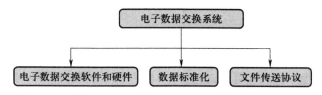

图 6-6　电子数据交换系统的构成

① 电子数据交换软件和硬件。电子数据交换软件具有将用户数据库系统中的数据转换成符合电子数据交换标准的格式来进行数据交换的能力。每个企业都有自己的数据格式，因此在发送电子数据交换报文时，必须用某些方法从企业的专有数据库中提取信息，并将其转换成符合电子数据交换标准的格式，然后再进行传输，这就需要电子数据交换软件的支持。电子数据交换硬件主要包括计算机、网线（或专线）等。

② 数据标准化。数据标准化意味着进行电子数据交换的数据需要以标准的格式在发送方和接收方之间传输。电子数据交换标准是由各组织的代表共同讨论和制定的标准，它可以使各组织不同格式的文件遵循共同的标准，以达到彼此之间交换文件的目的。电子数据交换标准是整个电子数据交换系统中最关键的部分，由于电子数据交换以特定的报文格式进行数据传输和信息交换，因此制定统一的电子数据交换标准至关重要。电子数据交换标准主要包括基础标准、代码标准、报文标准、单证标准、管理标准、应用标准、通信标准、安全标准等。

③ 文件传送协议。电子数据交换具有安全可控的文件传送方式，其文件传送协

议包括 AS2 协议、AS4 协议、OFTP v2 协议、SFTP 协议等。电子数据交换文件需要在因特网上传输，而上述协议则可以为进行安全、可靠的数据传输提供保障。

（2）电子数据交换系统的业务流程

图 6-7 描述了电子数据交换系统的业务流程。首先，发送方从其数据库中抽取单证数据；其次，由电子数据交换软件对该单证数据进行格式转换，将其映射和翻译为标准的电子数据交换报文；最后，由发送方发出电子数据交换报文，接收方收到该报文后再通过电子数据交换软件将其转换成接收方可识别的单证数据，并存入自己的数据库。

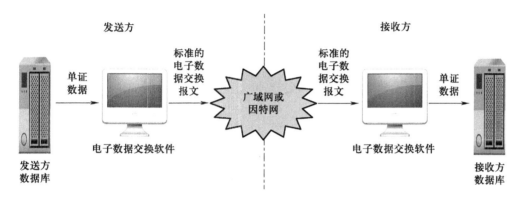

图 6-7　电子数据交换系统的业务流程

6.3.3　电子支付技术

1. 电子支付系统

电子支付是电子商务的重要组成部分，它是指客户、商家和金融机构之间使用安全电子交易手段把支付信息通过网络安全地传送至银行或相应的处理机构，以实现货币支付或资金流转的行为。电子支付系统是基于因特网的，将购物流程、支付工具、安全技术、认证体系、信用体系以及金融体系融为一体的综合系统。电子支付系统的基本构成如图 6-8 所示。

（1）客户

客户是与某商家有交易关系并存在未清偿的债权债务关系（一般是债务关系）的一方。客户用自己所拥有的支付工具（如电子现金、信用卡、电子钱包、电子支票、第三方支付等）来发起支付，是电子支付系统运作的原因和起点。

（2）商家

商家是拥有债权的商品交易的另一方，他可以根据客户发起的支付指令向金融机构请求结算。商家一般用专门的服务器来处理这一过程，包括认证以及不同支付工具的处理。

（3）客户开户行

客户开户行是客户在其中拥有账户的银行，客户所拥有的支付工具就是由其开户

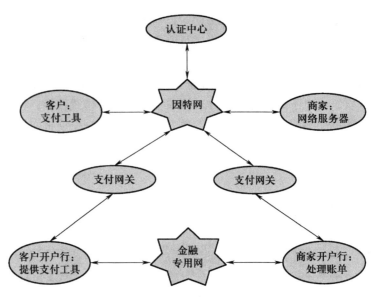

图 6-8　电子支付系统的基本构成

行提供的。客户开户行在向客户提供支付工具的同时也提供了一种银行信用，即保证支付工具的兑付。在支付体系中，客户开户行又称为发卡行。

（4）商家开户行

商家开户行是商家在其中开设账户的银行，其账户是整个支付过程中资金流向的地方，商家将客户的支付指令提交给自己的开户行后，由开户行进行授权支付，以及行与行之间的清算工作。商家开户行是依据商家提供的合法账单（客户的支付指令）进行工作的，因此又称为收单行。

（5）支付网关

支付网关是因特网和金融专用网之间的接口，支付信息只有通过支付网关才能进入银行支付系统，进而完成支付的授权和获取。支付网关的建设关系着支付结算的安全以及银行自身的安全，关系着网上支付结算的安排以及金融系统的风险，必须十分谨慎。由于在电子商务交易中同时传输着两种信息：交易信息与支付信息，因此必须保证这两种信息在传输过程中不被无关的第三者阅读，如商家不能看到其中的支付信息（如信用卡号、授权密码等），银行不能看到其中的交易信息（如商品种类、商品总价等）。

因此，一方面支付网关必须由商家、客户以外的银行或其委托的银行卡组织来建设，另一方面支付网关也不能分析交易信息，只能对支付信息起保护与传输的作用，即这些保密数据对网关而言是透明的。

（6）金融专用网

金融专用网是银行内部以及银行之间进行通信的网络，具有较高的安全性。金融专用网包括中国现代化支付系统、全国电子联行系统、电子汇兑系统、银行卡授权系统等。我国的金融专用网发展迅速，为电子商务的发展提供了必要的条件。

（7）认证中心

认证中心负责为参与电子商务活动的各方（包括客户、商家与支付网关）发放数字证书，以确认各方的身份，保证电子支付的安全性。由于认证中心必须确认参与方的资信状况（如银行账户状况、银行信用记录等），因此认证过程也离不开银行的参与。

除了以上构成部分外，电子支付系统还包括支付过程中所使用的支付工具以及所遵循的支付协议。

2. 支付工具

（1）电子现金

① 电子现金的定义。电子现金是以数字化形式存在的电子货币，它使用起来灵活、简便，用户无须直接与银行连接便可使用。电子现金的特点是不与任何账户相对应，用户只要事先预付资金，便可以获得相应的货币价值，因此它可以离线操作，是一种预支付系统。

电子现金的发行方式包括存储性质的预付卡和纯电子系统形式的用户号码数据文件等。预付卡，如银行发行的具有数字现金功能的智能卡、各种储蓄卡等，一般用于小额支付，很多商家的 POS 机都支持预付卡受理。纯电子系统形式的电子现金没有实体形式，以用户号码数据文件的形式存在，这使它适用于买方和卖方处于不同地点的支付活动。

② 电子现金的特点。一是灵活性。电子现金与现实中的现金一样，可以存、取和转让，适用于小额交易。二是对软件的依赖性强。使用电子现金的三方（客户、商家和银行）都需要使用电子现金软件。三是协议性。电子现金的应用要求银行和商家之间具有协议和授权关系，由银行负责客户和商家之间的资金转移。四是匿名性。客户在使用电子现金时是匿名的，除了商家外，没有其他人知道客户的身份或交易细节。五是可靠性。电子现金可以把现金数值转换成系列的加密序列数，然后用这些序列数表示现金的金额。客户在开展电子现金业务的银行开设账户并在账户内存钱后，就可以凭借口令和个人识别码到接受电子现金的商家处购物了。

电子商务活动中的各方对电子现金有不同的要求。客户要求电子现金使用灵活，但同时又要求其具有匿名性；商家要求电子现金具有高度的可靠性，它所接收的电子现金必须能兑换成真实的货币；金融机构则要求电子现金只能使用一次，它不能被非法使用，不能被伪造。

（2）电子信用卡/电子钱包

随着技术的发展，信用卡由磁条卡发展为能够读写大量数据、更加安全可靠的智能卡，人们称其为电子信用卡或电子钱包。在电子信用卡支付系统中，每张电子信用卡只代表一个账户，资金的支付最终通过转账实现。由于在消费中采用"先消费，后付款"的方式，因此对信用卡账户的处理是滞后于货款支付的。也就是说，货款支付是通过银行提供的消费信贷来完成的，对信用卡账户的处理是之后的事情，因此属于"延迟付款"，与电子转账有着本质的不同。电子信用卡支付系统需要进行在线操作,可以透支,但不支持离线支付。

在电子商务中,进行信用卡支付的常用方式,是让客户提前在某个商家登记一个信用卡账号和口令,当客户通过网络在该商家处购物时,他只需将口令发送给该商家即可。购物完成后,客户会收到商家发送的一个用于确认的电子函件,询问其购买行为是否有效。若客户确认该电子函件,商家就从客户的信用卡账户上扣除这笔交易的费用。现在更安全、更先进的方式是客户在因特网环境下通过安全电子交易协议进行网络支付。其具体过程是,客户在通过因特网向商家订货后,将自己的信用卡账号和口令等信息加密发送至银行进行支付。当然在此过程中要进行客户、商家及付款要求的合法性验证。

电子钱包也可以说是一种基于 Web 浏览器或与 Web 浏览器结合的支付工具,它可以显示客户智能卡的余额,并且在相互认可的情况下,实现多个电子钱包之间的资金划拨。有的电子钱包还具有无线数据通信功能,使电子支付更加灵活、快捷。使用电子钱包时,通常要将电子钱包接入银行网络,还要综合应用电子钱包软件、电子钱包管理器、电子钱包记录器和电子钱包系统等多个软件。

使用电子钱包的客户要先在银行设立账户,然后利用电子钱包系统把自己的各种电子货币或电子金融卡上的数据输入进去。电子钱包可以存放电子现金、电子信用卡、所有者的身份证书、所有者的地址以及其他所需的信息。电子钱包是电子商务活动中常用的支付工具,电子商务活动中的电子钱包软件通常都是由电子商务平台免费提供的。

在使用电子钱包进行购物的过程中,虽然信用卡公司和商业银行等之间要多次进行身份验证、授权,以及财务数据交换和账务往来等,但这些都是在极短的时间内完成的。因此,对于客户来说,用电子钱包购物更加便捷、安全和可靠,效率更高。

(3) 电子支票

支票一直是银行广泛采用的支付工具。将传统支票变为带有数字签名的电子报文,或者利用数字电文完全代替传统支票,就是电子支票。电子支票,可以实现支票支付业务和支付过程的电子化。电子支票是网上银行常用的一种电子支付工具。网上银行通过电子支票支付系统向客户提供电子支付服务。

电子支票系统包含三个实体:销售方、购买方及金融机构。销售方在和购买方做完一笔交易后,要求购买方付款。购买方从金融机构那里获得唯一的一个付款证明(相当于一张电子支票),付款证明是一个由金融机构出具的电子证明。购买方在购买商品时把这个电子形式的付款证明交给销售方,再由销售方交给金融机构,这一过程就像传统的支票查证过程。需要说明的是,付款证明的传递、账户的负债和信用几乎是同时发生的,这样就避免了销售方接收传统支票时可能遇到的无效或空头支票的问题。

(4) 第三方支付

第三方支付是指具备一定实力和信誉保障的独立机构,通过与中国银联的银联跨行交易清算系统,或由网联清算有限公司运营的网络支付平台对接来促成买卖双方交易的网络支付模式。在第三方支付中，客户选购商品后，使用在第三方支付平台设立的账户进行货款支付（支付给第三方支付平台），并由第三方支付平台通知商家货款到账，要求商家发货；客户收到货物，检验货物并确认后，通知第三方支付平台付款；第三方支付平台收到客户通知后就将货款转至商家账户。

第三方支付具有以下特点。

① 第三方支付平台提供了一系列的应用程序接口，将多种银行卡支付方式整合在一个界面上，实现交易结算以及与银行的对接，使网上购物更加快捷、便利。第三方支付有助于客户降低网上购物的成本，商家降低运营成本，银行节省网关开发费用，并为银行带来一定的潜在利润。

② 与安全套接字层协议和安全电子交易协议相比，利用第三方支付平台进行支付更加简单。在第三方支付中，客户和商家之间的支付交易由第三方支付平台来完成，这使网上购物更加容易进行。

③ 第三方支付平台往往依附于大型电子商务平台，并且用合作银行的信用作为信用担保，因此第三方支付平台能够较好地解决网上交易中的信用问题，有利于推动电子商务快速发展。

3. 电子支付协议

电子支付协议是指在电子交易过程中用于实现交易各方支付信息正确、安全、保密传输的规范和约定。常用的电子支付协议有安全套接字层协议和安全电子交易协议。

（1）安全套接字层协议

安全套接字层（secure socket layer，SSL）协议是由网景（Netscape）公司开发的一种用于在持有证书的浏览器和 Web 服务器之间的安全通道中传输数据的协议。安全套接字层协议可以提高应用程序之间数据传输的安全性；可以用来对用户和服务器进行认证；可以对传送的数据进行加密和隐藏；可以确保数据在传送过程中不被改变，即保持数据的完整性。

安全套接字层协议的体系结构包括两个协议子层，即安全套接字层记录协议层和安全套接字层握手协议层。前者记录和封装各种高层协议，为高层协议提供基本的安全服务。后者用于在支持安全套接字层协议的客户端和服务器之间建立安全通道，并提供了一系列消息，以实现以下功能。

① 在客户端验证服务器。

② 允许客户端和服务器选择双方都支持的数据加密算法和数据加密密钥。

③ 在服务器端对客户端的用户身份进行认证（可选的）。

④ 用公钥加密算法产生共享密钥。

⑤ 建立加密安全套接字层连接。

安全套接字层协议作为目前保护 Web 应用安全和基于 HTTP 的电子商务交易安全的协议，被许多厂商的互联网产品所支持。

（2）安全电子交易协议

安全电子交易（secure electronic transaction，SET）协议是维萨卡（VISA）公司和万事达卡（MasterCard）公司联合推出的规范，主要用于保障网上交易信息的安全性。安全电子交易协议是一个开放的标准，它使用对称密钥加密、公开密钥加密、哈希算法、数字签名等技术，能够实现以下功能。

① 使信息在因特网上安全传输。

② 使订单信息和信用卡信息相隔离。在将包含信用卡号码等支付信息的订单发送给商家时，商家只能看到订单信息，而看不到信用卡号码等支付信息。

③ 使持卡人和商家能够相互认证，以确认双方的身份。通常由认证中心为双方提供信用担保。

安全电子交易协议的体系结构包括五个要素：持卡人、发卡机构、商家、收单机构和支付网关。在电子商务活动中，持卡人通过发卡机构颁发的支付卡（如信用卡、借记卡）向商家付款，在此过程中安全电子交易协议可以保证持卡人的支付信息不泄露。发卡机构是一个金融机构，它为每一个设立了账户的客户发放支付卡，并保证对其每一笔认证交易进行支付。商家向持卡人提供商品或服务，他接收持卡人通过支付卡支付的款项，并在收单机构开设有账户。收单机构负责处理持卡人支付卡的认证和支付。支付网关将因特网上传输的数据转换为金融机构的内部数据，或由指派的第三方处理商家的支付信息和持卡人的支付指令。

安全电子交易协议的运作过程如下。

① 持卡人通过客户端浏览器在商家的 Web 主页上浏览和选择要购买的商品。

② 持卡人确认购买后，客户端浏览器就会把一个初始化信息发送给商家的 Web 服务器。

③ 商家的 Web 服务器向客户端浏览器发送响应信息，确认商家的数字证书和持卡人的身份。

④ 客户端浏览器检查该响应消息，然后产生一个购买订单，持卡人填写购买订单。

⑤ 持卡人向商家发送购买订单及支付指令。在安全电子交易协议中，购买订单和支付指令由持卡人进行数字签名；同时利用双重签名技术保证商家看不到持卡人的支付信息。

⑥ 商家接收到购买订单后，向持卡人的发卡机构发送支付认可请求。支付认可请求通过支付网关到收单机构，再到发卡机构；发卡机构确认后批准交易，并将确认信息返回给商家。

⑦ 商家将购买订单确认信息发送给持卡人，持卡人的客户端浏览器可记录交易日志，以备后期查询。

⑧ 商家向持卡人发送商品，或完成持卡人订购的服务。

到此为止，一个购买过程已经结束。商家可以请求收单机构将款项从持卡人的账户转移至商家账户。

6.3.4 电子商务安全技术

为了满足电子商务的安全要求，电子商务系统必须利用安全技术为电子商务活动的各参与方提供可靠的安全服务。

1. 电子商务系统的安全需求

（1）电子商务系统所面临的主要威胁

电子商务系统构建在因特网之上。因特网具有全球性、开放性、连通性、共享性和动态性等特点，它在为人们交换信息提供便利，促进科学、技术、文化、教育等发展的同时，也给人们带来了信息安全威胁。电子商务系统面临的主要威胁如下。

① 系统穿透。未经授权的人运用一定的手段对真实性（authenticity）进行攻击，假冒合法人接入系统，或篡改文件，或窃取机密信息，或非法使用资源等。系统穿透一般通过冒充（masquerade）或利用系统的薄弱环节（如绕过检测）以及收集情报（如口令）等方式实现。

② 违反授权原则。一个被授权进入系统做某件事的用户，在系统中做了未经授权的其他事情，从表面上看这是系统内部的误用或滥用问题，但这种威胁与系统穿透有关联。一个攻击者可以通过破译一个非特许权限账号的口令进入系统，进而利用系统的薄弱环节取得特许权限，危及系统的安全。

③ 植入。入侵者在通过系统穿透或违反授权原则攻击成功后，一般会在系统中植入一种程序或代码，为以后的攻击提供条件，如向系统中注入蠕虫病毒、木马病毒、陷门、逻辑炸弹等来破坏系统的正常工作。例如，一个表面上合法的字处理软件能复制所有文档并将其存入一个隐蔽的文件夹，供攻击者检索。

④ 通信监视。通信监视是指在通信过程中通过信道进行无线窃听或搭线窃听。它或者通过搭线和电磁泄漏等对机密信息进行攻击，造成信息泄露；或者对业务流量进行分析，获取有用情报。侦察卫星、监视卫星、预警卫星、间谍飞机、隐形飞机、预警飞机、装有综合孔径雷达的高空气球、微型传感器等均可用于截获和跟踪信息。

⑤ 通信干扰。通信干扰是指攻击者对通信线路或者通信数据进行干扰，对数据的完整性进行攻击，篡改系统中数据的内容，修改消息的次序和时间，注入伪造信息。

⑥ 中断。中断是指对系统的可用性进行攻击，破坏系统中的硬件，或者破坏信息和网络资源，使系统不能正常工作。

⑦ 拒绝服务。拒绝服务是指使合法接入的信息、业务或其他资源受阻。

⑧ 否认。否认是指一个实体在完成某种通信活动或交易活动后，否认曾进行过这一活动。

（2）电子商务系统安全需求的内容

电子商务系统的安全需求包括交易环境的安全需求、交易对象的安全需求、交易过程的安全需求和支付的安全需求。

① 交易环境的安全需求。这种需求是指电子商务系统对所处的软件和硬件环境

的安全需求，包括对系统平台、网络通信、数据以及应用软件的安全需求。

② 交易对象的安全需求。这种需求是指电子商务系统涉及的持卡人、发卡机构、商家、收单机构和支付网关等实体的真实性和可信性。

③ 交易过程的安全需求。这种需求是指各交易参与方进行网上交易时的可信性和不可抵赖性。

④ 支付的安全需求。这种需求可以为电子货币的应用和发展铺平道路。

2. 电子商务系统的安全措施

电子商务活动涉及的大量数据需要在网络上传输，其中包括支票、订单、合同、身份证明、法律文件等敏感信息。这些信息从纸质信息转化为电子信息后，其生成、传输、保存、验证等方面会遇到各种安全问题。

为了保护电子商务系统的安全，可以采取多种安全措施，包括信息加密技术、认证技术、防火墙技术等，详细内容见第 9 章。

6.4　社交电子商务

近年来，以微信、QQ、微博、知乎、抖音等社交媒体为载体的社交电子商务开始引领电子商务进入新时代。社交电子商务是社交和电子商务有机结合的产物。与传统电子商务相比，其本质特征是具有社交属性。

6.4.1　社交电子商务的概念

1. 社交电子商务的定义

社交电子商务（social commerce）是电子商务在社交网络环境下的一种衍生模式，它以信任为核心。具体地说，社交电子商务基于人际关系网络，借助于社交网络等传播途径，通过社交互动、用户生成内容等手段来辅助商品的销售和购买，同时将关注、分享和互动等社会化的元素应用于交易过程之中，是电子商务和社交媒体的融合，是新型电子商务的重要表现形式之一。

社交电子商务又称为社会化电子商务，是指通过社交媒体实现的电子商务交易。有人认为社交电子商务是电子商务的一个子集，但更准确地说，它是由基于 Web 2.0/社交媒体的电子商务和网络营销两类商务活动整合而成的，如图 6-9 所示。这种整合是在社会学、社会心理学、消费者行为理论和协同理论等的支撑下完成的。

Web 2.0 是一种新的互联网模式，它通过 Web 应用促进网络上人与人之间的信息交换和协同合作。Web 2.0 促进了社交网络和社交媒体等的应用，并逐渐进入了商业领域。社交电子商务的一个重要驱动力是商业的全球化发展，这使得企业员工、合作伙伴和用户之间进行合作成为必然。而 Web 2.0 则为社交电子商务提供了一个高效的合作平台。

网络营销是社交电子商务的重点。20 世纪 90 年代中期，企业开始使用电子邮件为线下销售的产品做广告，标志着传统营销活动开始关注网络营销。随着万维网应用

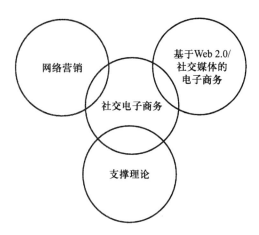

图 6-9 社交电子商务是整合的结果

的普及，企业开始建立网站或通过搜索引擎促成电子商务交易。而社交媒体的涌现，改变了依赖搜索引擎的网络营销模式。基于社交媒体的网络营销更注重在与用户对话和交互的过程中完成对产品或服务的营销，也促进了社交电子商务的发展。

对于社交电子商务而言，从用户的角度看，它既体现为购物前的店铺选择、商品比较等，又体现为购物过程中通过即时通信软件、网上论坛等与商家进行的交流与互动，也体现为购物后的评价及购物体验分享等；从商家的角度来看，它体现为借助于Web 2.0/社交媒体，通过网络营销完成产品的销售。

2. 社交电子商务的特征

与传统电子商务相比，社交电子商务体现出以下特征和优势。

① 依托"社交裂变"进行高效、低成本的引流。社交电子商务依托社交流量，在从用户拉新到用户留存的全生命周期中进行高效、低成本的运营。这一过程主要分为三个阶段：第一个阶段为拉新阶段，依靠"社交裂变"实现用户流量增长，降低获客成本；第二个阶段为转化阶段，一方面可以借助于熟人之间的信任关系提高转化率，另一方面可以通过社群标签对用户进行结构划分，从而实现精细化运营；第三个阶段为留存阶段，用户既是购买者也是推荐者，在进行二次营销的过程中实现更多的用户留存。

② 基于用户个体的去中心化传播网络，为长尾商品的销售提供了广阔的空间。在传统电子商务中，用户进行网上购物有统一的入口，使得网上购物呈现"中心化"的特征。在商品供给极其丰富的情况下，商品的搜索排名会对用户的选择产生决定性的影响。在马太效应下，流量不断向头部商品汇聚，长尾商品则容易淹没在海量的商品中。社交电子商务以社交网络为纽带，基于用户个体传播商品信息，每个社交节点均可以成为流量入口并产生交易，从而呈现出"去中心化"的特征。产品只要性价比足够高，就容易通过口碑传播。他人的推荐，会使用户在购物过程中减少对品牌的依赖，给长尾商品的销售带来空间。

③ 从搜索式购物到发现式购物，快速促成用户购买，提升转化率。在用户进行

网上购物的整个流程中，社交电子商务的作用主要体现在三个阶段：第一个阶段为产生需求阶段，通过社交分享激发用户非计划性购物需求；第二个阶段为购买决策阶段，通过信任机制快速促成用户购买，提高转化率；第三个阶段为分享传播阶段，激发用户主动分享意愿，降低获客成本。

表 6-7 给出了传统电子商务和社交电子商务的主要区别。

表 6-7　传统电子商务和社交电子商务的主要区别

比 较 项 目	传统电子商务	社交电子商务
主要目标	达成交易	社会交往
主要活动	发布信息	参与交流
内容主体	企业生成信息	用户生成信息
问题解决方式	企业专家、咨询顾问	众包
协作方式	传统的、统一的沟通方式；中心化	依托 Web 2.0/社会媒体；去中心化
产品信息	网络上的产品说明	用户的产品评论
交易市场	电子零售商和直营店	社交网络、协作市场
定位	大众营销、细分市场	消费者行为与目标定位、微细分市场
客户关系管理	由商家或制造商提供支持	由用户、供应商以及员工等提供支持
网络营销策略	网络销售；搜索式购物	多渠道销售策略；在社交网络上直销，发现式购物
集成方式	系统集成	混搭和系统集成
数据管理	报告	分析

3. 社交电子商务的主要功能

社交电子商务的主要功能如下。

① 提供更舒适的购物体验。社交电子商务以用户为中心，让购物与人们的社交生活结合得更加紧密，为用户提供了更加流畅的购物体验。

② 分享和评论。用户可以通过社交媒体对所购买的商品进行评分和评价，可以与其他客户交流商品的信息及使用情况。

③ 推荐产品。社交电子商务通过提供一个围绕特定主题、任务或商品类别的精心策划的环境，帮助用户发现和选择产品，从而达到推荐产品的目的。

④ 社交媒体优化。社交媒体的内容是由社交网络的成员发布的，然后在社交网络的不同人群中传播。社交媒体优化就是利用社交媒体进行公共传播的一整套方案，包括优化社交媒体的内容，提升产品知名度、品牌影响力等。社交媒体优化是网络营销的一种形式。

⑤ 社交广告和营销。在社交电子商务中，付费广告可以通过应用程序或插件嵌入社交媒体。

6.4.2 典型的社交电子商务

这里主要介绍两类典型的社交电子商务：一类是针对用户开展营销和传播的社交广告；另一类是针对消费者购买活动的社交购物。

1. 社交广告

广告是社交电子商务的一个主要的收益来源。用户在社交媒体中花费的时间较长，成为广告主在社交媒体中投放广告、开展促销活动的主要动机。

（1）社交广告的概念

社交广告是企业、媒体或个人等发布者，将理念、产品或服务以文字、语音或视频等形式，直接或隐含地通过社交媒体发布的一种信息传播方式。社交广告包括门户网站、电子邮件等一切具备社交属性的网络应用上的广告。

（2）社交广告的主要形态

① 病毒营销。病毒营销（virus marketing）又称为口碑（word of mouth）营销，是指以类似病毒自我复制的传播方式，利用已有的社交网络去提升品牌知名度或达到品牌产品市场营销的目的。病毒营销从信息源开始，依靠用户自发的口碑宣传，达到快速滚雪球式的传播效果，将信息传播给数以千计、数以万计甚至更多的受众。在病毒营销中，信息传播是用户彼此之间自发进行的、几乎不需要费用的网络营销手段。

病毒营销的显著特点如下。

● 信息源极具吸引力。病毒营销充分利用用户的参与热情，让营销信息像病毒一样传播和扩散。

● 传播速度呈几何级数增长。病毒营销可以将营销信息以呈几何级数增长的速度向大众传播。

● 接收效率高。在病毒营销中，一些有趣的营销信息，是受众从熟人那里获得或是主动搜索而来的，他们会以自然、积极的心态接收这些信息，接收效率较高。

● 更新速度快。病毒营销要在受众对营销信息产生"免疫力"之前将其转化为购买行为。

② 位置营销。位置营销（location-based marketing）是指商家基于自己的位置，针对进入其商业半径范围、具有位置属性的目标用户进行精准营销。目前常用的位置营销方法是在用户进行位置搜索时触发关键词推广和位置轮播。关键词推广是指在用户进行位置搜索时为其呈现由该关键词锁定的推广内容，不受用户所在位置的限制。位置轮播是指商家设定营销半径，一旦用户进入所设定的范围，就会触发轮播的精准呈现。用户点击感兴趣的轮播即可进入推广详情，再点击相应的地址，即可进入地图模式，这样就可以方便地找到商家的位置。位置营销可以节省商家的营销资源，提升其营销效果。

2. 社交购物

（1）社交购物的概念

社交购物集社交与购物于一体，是指用户使用社交媒体平台或工具在线购物并分享购物体验和产品使用心得的过程。用户通过社交媒体（如讨论组、博客、推荐、评论等）了解商品特性，在购物过程中分享购物体验，在购物后分享商品使用心得。社交购物是电子商务和社交媒体的融合。商家部署社交购物一般有两种方法：① 将社交媒体的功能（如投票、点赞等）添加到现有的电子商务平台中；② 将电子商务功能（如电子目录、支付网关、购物车等）添加到社交媒体中，商家在社交媒体中销售自己的商品。

社交购物具备两个基本特征：一是为用户解答买什么、在哪里买的问题，即具有导购的作用；二是用户之间或用户与商家之间能够进行互动与信息分享，即具有社交化元素。典型的社交购物网站有小红书、蘑菇街等。

对用户而言，社交购物可以带来诸多好处。

① 在购物时结交有共同兴趣的朋友。

② 发现从未听说的商品或服务。

③ 轻松地与商家进行交流和沟通。

④ 与其他用户更好地互动，增加对网络购物的信任感。

⑤ 用户可以通过团购、特价等活动获得较大的优惠。

⑥ 与其他用户交流购物经验。

⑦ 构建和分享心愿单。

（2）社交购物的新形态

① 社区团购。社区团购又称为社群团购（community group buying），就是实体社区内居民团体进行的一种线上到线下的购物行为，是依托实体社区的一种区域化、小众化、本地化的团购形式。社区团购的对象多为日常家居用品和果蔬等。社区团购需要三方参与：第一方是社区团购平台，其负责提供产品、物流仓储和售后支持；第二方是团长或社区商铺，其负责社群运营、商品推广和货品分发；第三方是社区居民，其加入社群后通过社区团购平台下订单。社区居民在社区团购平台下订单后，社区团购平台将商品统一送至团长或社区商铺处，社区居民上门自取或由团长配送。

② 直播带货。直播带货（live streaming e-Commerce），是商家或者职业主播通过电子商务平台或社交媒体，使用直播技术进行近距离的商品展示、咨询答复、导购等的新型社交购物方式。

与传统电子商务不同，直播带货具有显著的优势：

● 互动性更强、亲和力更强，用户可以像在大型综合超市中购物一样，跟商家进行交流甚至讨价还价；

● 往往能做到全网最低价，它绕过了分销商等传统中间渠道，实现了商品和消费者的直接对接，因此能以最大的优惠力度吸引用户，增加用户黏性。

● 可以提升用户的购物体验，为许多质量有保证、服务有保障的商品打开销路。

6.4.3 我国社交电子商务的发展

1. 我国社交电子商务的分类

目前，我国社交电子商务主要有四类，分别是拼购类社交电子商务、会员制社交电子商务、社区团购类社交电子商务和内容类社交电子商务，如表6-8所示。

表6-8 社交电子商务的分类

比较项目	拼购类社交电子商务	会员制社交电子商务	社区团购类社交电子商务	内容类社交电子商务
概念	联合两个或两个以上的用户，通过拼团减价的模式，促使用户分享，形成自传播	社交电子商务平台负责从选品、配送到售后等的全供应链流程。通过销售提成使用户成为分销商，并使其利用自有的社交关系传播商品信息，实现"自购省钱，分享赚钱"	以社区为基础，社区居民加入社群后通过微信小程序等工具下单，社区团购平台将商品统一配送至团长处，用户上门自取或由团长进行"最后一公里"配送	通过形式多样的内容引导用户购物，实现商品与内容的协同，提升电子商务的营销效果
模式特点	以低价为核心吸引力，每个用户都是一个传播点，再通过大额订单降低上游供应链及物流成本	通过分销机制，让用户主动邀请熟人加入，形成关系链，社交电子商务平台统一提供货物、仓储、配送及售后服务	以团长为基点，降低获客、运营及物流成本；采用预售制及集采集销的模式，提高供应链运作效率	形成发现—购买—分享的商业闭环，通过内容运营激发用户的购买热情，同时进一步了解用户偏好
流量来源	关系链（熟人社交）	关系链（熟人社交）	关系链（熟人社交）	内容链（泛社交）
目标用户	价格敏感型用户	有分销能力及分销意愿的人群	家庭用户	容易受关键意见领袖影响的消费人群/有共同兴趣的人群
适用商品	适用于个性化弱、普遍适用、价格较低的商品	适用于有一定毛利空间的商品	适用于复购率高的家庭生活用品	平台内容的特征不同，适用的商品品类也不同

2. 我国社交电子商务的发展趋势

（1）政策监管趋严，推动行业规范化发展

随着社交电子商务行业快速发展，国家对该行业的重视程度也在不断提高，陆续出台了一系列政策（如表6-9所示），在鼓励行业发展的同时明确了相关部门的责任，规范了社交电子商务的行业发展。相关政策的颁布，一方面为社交电子商务行业从业者合规经营提供了参考依据，另一方面也有助于树立行业的正面形象，增强公众对该行业的信心。

表 6-9　中国社交电子商务行业的监管政策

时　　间	发展变化	政策名称	颁布单位	重点内容
2015 年 11 月	首次纳入监管	《关于加强网络市场监管的意见》	国家工商行政管理总局	积极开展网络市场监管机制建设前瞻性研究。研究社交电子商务、跨境电子商务、团购、线上到线下（O2O）等商业模式，新型业态的发展变化，有针对性地提出依法监管的措施和方法
2016 年 11 月	首次提倡鼓励发展	《"十三五"国家战略性新兴产业发展规划》	国务院	加快重点领域融合发展。推动数字创意在电子商务、社交网络中的应用，发展社交电子商务、"粉丝经济"等营销新模式
2016 年 12 月	鼓励发展	《电子商务"十三五"发展规划》	商务部等	积极鼓励社交网络电子商务模式。鼓励社交网络发挥内容、创意及用户关系优势，建立链接电子商务的运营模式，支持健康规范的微商发展模式，为消费者提供个性化电子商务服务
2017 年 4 月	首部微商行业规范出台	《微商行业规范》（征求意见稿）	中国电子商会微商专业委员会等	研究和规范微信等社交网络营销行为。研究社交电子商务等新型业态的发展变化，有针对性地提出监管的措施和办法
2018 年 7 月	首部社交电子商务经营规范进入征求意见阶段	《社交电商经营规范》（征求意见稿）	商务部	旨在为社交电子商务发展建立良好的生态环境，加快创建社交电子商务发展的新秩序。促进社交电子商务市场健康有序发展，落实互联网相关法律法规及标准规范，夯实行业自律基础，界定相关主体的责任。加快建设社交电子商务信息基础设施，健全社交电子商务发展支撑体系
2018 年 12 月	建设电子商务诚信体系和健康市场环境	《关于做好电子商务经营者登记工作的意见》	国家市场监督管理总局	在法律法规层面正向鼓励电子商务发展，为合规经营者提供主体登记便利

时　　间	发展变化	政策名称	颁布单位	重点内容
2019 年 1 月	电子商务领域的首部综合性法律正式实施	《中华人民共和国电子商务法》	全国人民代表大会常务委员会	国家鼓励发展电子商务新业态，创新商业模式，促进电子商务技术研发和推广应用
2020 年 7 月	支持新业态、新模式健康发展	《关于支持新业态新模式健康发展激活消费市场带动扩大就业的意见》	国家发展和改革委员会	在"鼓励发展新个体经济，开辟消费和就业新空间"部分，提出支持微商电商、网络直播等多样化的自主就业、分时就业
2021 年 2 月	推动行业自律，促进其健康有序发展	《社交电商企业经营服务规范》	中国服务贸易协会	规定了社交电子商务服务体系、社交电子商务服务要求、基础保障服务要求、交易过程服务要求和客户关系服务要求等
2021 年 3 月	将社交电子商务、直播带货纳入监管	《网络交易监督管理办法》	国家市场监督管理总局	通过网络社交、网络直播等网络服务开展网络交易活动的网络交易经营者，应当以显著方式展示商品或者服务及其实际经营主体、售后服务等信息，或者上述信息的链接标识

（2）围绕社交电子商务的生态体系逐渐形成

社交电子商务行业的快速发展催生了新的创业机会，社交电子商务领域的创业者越来越多，而创业者在经营发展过程中遇到的问题及出现的需求，催生了一批围绕社交电子商务的服务商，为品牌方、商家和中小型电子商务企业进军社交电子商务领域提供了便利条件。

（3）社交化营销方式将成为电子商务企业的标配

社交电子商务的快速发展，让产业链上下游各方看到了社交流量的巨大价值，品牌方、商家、电子商务平台都开始尝试通过社交化营销方式来降低获客成本，增加用户黏性。拼购类社交电子商务、会员制社交电子商务和内容类社交电子商务逐渐成为电子商务营销的一种常规手段。

（4）不断提升精细化运行与供应链能力

社交电子商务从本质上说是电子商务营销模式的一种创新，它通过以社交网络引流的模式，在中短期内为企业电子商务的高速发展提供了保证。但这种模式难以复制，无法成为企业核心竞争力的壁垒。社交电子商务的流量相对碎片化且受限于社交媒体平台，社交媒体平台政策或规则一旦发生变化，就可能对其流量造成毁灭性打击。此外，社交媒体平台的流量来得快去得也快，用户在社交媒体平台上产生了交易流水，并不代表两者之间有了黏性，而要将这些流量沉淀下来，激发用户的购买力，就需要提升社交媒体平台的精细化运营能力。

思考题

1. 什么是电子商务系统？它是由哪几部分组成的？
2. 什么是电子商务商业模式？电子商务企业要盈利，选择商业模式时需要考虑哪些因素？
3. 新型电子商务模式有哪些？试举例说明。
4. 企业对企业电子商务有什么特征？
5. 谈谈你对电子支付的认识。
6. 社交电子商务的概念是什么？它有什么特点？
7. 试分析共享经济的商业模式特征。
8. 谈谈你对管理信息系统发展趋势的认识。

第7章 管理信息系统开发

本章学习要求
1. 了解管理信息系统的生命周期及开发过程。
2. 了解管理信息系统规划的内容、步骤及方法。
3. 了解管理信息系统分析的任务、步骤及方法。
4. 了解管理信息系统设计的目标、内容、方法与工具。
5. 了解管理信息系统实施的内容、方法以及系统的测试与运行。

管理信息系统开发是一项复杂的系统工程，它涉及的知识领域广泛，涉及的单位和部门众多，需要在计算机技术、管理业务、组织及行为等方面全面把握，并与企业的战略目标相结合。管理信息系统开发有很多方法，如传统的结构化方法、原型法、面向对象方法等，每种方法都有自己的适用范围，不能简单地说哪种方法最好或明显比其他方法优越。每种方法也都会在管理信息系统开发的不同方面和不同阶段为其提供有益的帮助，提高系统开发质量和效率。因此，采用科学的系统开发方法、选择符合需求的系统设计工具以及制定系统实施方案，对于管理信息系统的开发与建设来说是至关重要的。

7.1 管理信息系统开发概述

7.1.1 管理信息系统的开发过程

如果用结构化方法开发一个管理信息系统，则可以将整个开发过程划分为五个首尾相连接的阶段，一般称之为管理信息系统的生命周期（life cycle），如图 7-1 所示。

管理信息系统生命周期的各个阶段如下。

1. 系统规划阶段

系统规划是将组织战略目标、达成组织战略目标所必需的信息、提供这些信息的信息系统，以及这些信息系统的实施等诸要素集成起来的信息系统方案，是面向组织中信息系统发展愿景的系统开发计划。系统规划是管理信息系统生命周期的第一个阶段，也是系统开发的第一步，其质量好坏直接关系着管理信息系统开发的成败。系统规划阶段的工作成果是系统规划书。

2. 系统分析阶段

为了使开发出来的管理信息系统满足实际需要，必须认真考虑以下问题：

① 管理信息系统所要解决的问题是什么？

② 为了解决这些问题，管理信息系统需要做什么？

③ 管理信息系统应该如何实现？

系统规划回答了第一个问题，回答第二个问题是系统分析的任务，第三个问题则由系统设计来回答。

要回答"系统需要做什么"的问题，

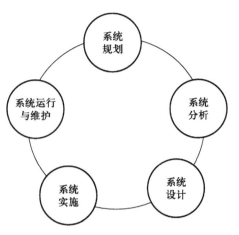

图 7-1　管理信息系统的生命周期

系统分析人员必须与用户密切交流，并根据现行系统与要开发的管理信息系统（即目标系统）各自的特点，认真调查和分析用户需求。所谓用户需求，是指目标系统必须满足的要求和约束，通常包括功能要求、性能要求、可靠性要求、安全保密要求以及开发费用、开发周期、可使用的资源等方面的约束。在这一阶段，确定将哪些工作交由计算机完成，哪些工作仍由人工完成，以及计算机可以提供哪些新功能与服务。这样就可以在逻辑上规定目标系统的功能，而不涉及其具体的物理实现，也就解决了"系统需要做什么"的问题。

系统规格说明书是系统分析阶段的工作成果，它通过一组图表和文字说明描述了目标系统的逻辑模型。逻辑模型包括业务流程、数据与数据流程图、数据字典、基本加工说明等。它不仅从逻辑的角度描述了目标系统所具备的各种功能，还描述了目标系统的输入、输出、数据存储、数据流程和系统环境等。逻辑模型只告诉人们目标系统要"做什么"，而暂不考虑系统应该如何实现。

简单地说，系统分析将系统目标具体化为用户需求，再将用户需求转换为系统的逻辑模型，系统的逻辑模型是对用户需求的明确、详细的表示。

3. 系统设计阶段

系统设计又称为物理设计，是系统设计人员进行的工作，他们将系统分析阶段得到的目标系统的逻辑模型转换为目标系统的物理模型，该阶段得到的工作成果——系统设计说明书是系统实施阶段的工作依据。系统设计通常分为两个环节，第一个环节是总体设计，其任务是设计系统的框架和概貌，并向用户和管理部门汇报，在得到认可的基础上进行第二个环节——详细设计，这两个环节是互相联系、交叉进行的。

（1）总体设计

总体设计包括系统总体布局设计和系统模块结构设计。其中，系统模块结构设计的任务是将系统划分为若干个子系统，然后确定子系统的模块结构，并画出模块结构图。在这个过程中必须考虑以下几个问题：如何将一个系统划分成多个子系统；如何将一个子系统划分成多个模块；如何确定子系统之间、模块之间传送的数据及其调用关系（模块接口设计）；如何评价并改进模块结构的质量。

（2）详细设计

详细设计是在总体设计的基础上进行的，主要是处理过程设计，以确定每个模块的内部特征，即模块的内部执行过程。一般来说，处理过程设计的难度并不大，关键是用一种合适的方法来描述每个模块的内部执行过程。常用的描述模块内部执行过程的方法有系统流程图、输入-处理-输出（IPO）图等。除了处理过程设计外，详细设计还包括代码设计、输入输出设计、数据库设计等。

（3）编写系统设计说明书

作为系统设计阶段的工作成果，系统设计说明书主要由系统配置方案、模块设计和其他详细设计组成。

4. 系统实施阶段

在完成系统分析与系统设计工作以后，系统开发人员的工作重点就从系统分析和设计阶段转入系统实施阶段。系统实施主要包括硬件配置、程序设计、系统测试、系统试运行与转换等一系列工作。

在系统分析与系统设计阶段中，系统开发人员为目标系统设计了逻辑模型和物理模型。系统实施阶段的目标就是把系统设计阶段得到的物理模型转换成可实际运行的目标系统。系统实施阶段是成功实现目标系统，取得用户对目标系统信任的关键阶段。

5. 系统运行与维护阶段

（1）系统运行

系统运行是指进行系统日常运行管理，并分析和评价系统运行结果。分析系统运行结果能够得到反映组织生产经营状况的信息。如果系统运行结果良好，则将其提交给组织的管理部门，用于指导组织的生产经营活动。如果系统运行有问题，系统开发人员就要对系统进行修改、维护或局部调整；如果系统运行出现了不可调和的问题（这种情况一般是在系统运行若干年后，系统运行环境发生了根本性变化时出现的），则用户会提出开发新系统的要求，这标志着现行系统生命周期即将结束。

（2）系统维护

系统维护是指在将管理信息系统交付使用后，为了改正错误或满足新的需要而修改系统。管理信息系统是一个复杂的人机系统，系统内外环境以及各种人为的、机器的因素都在不断变化。为了使系统能够适应这些变化，产生良好的社会效益和经济效益，就要进行系统维护。

另外，大中型管理信息系统的开发周期一般为一至三年，其运行周期则可达五至十年，在这么长的时间里，除了要改正系统中残留的错误外，还要多次更新系统的版本，以改善系统运行环境和提高系统性能，这些工作都属于系统维护的范畴。能不能做好这些工作，将直接影响系统的使用寿命。

管理信息系统质量的高低，不仅与系统分析和系统设计有很大关系，也与系统维护有很大关系。不过，系统维护工作中常见的问题，绝大多数都是由系统分析与设计存在缺陷引起的。在系统分析与设计阶段没有按照严格而科学的管理和规划开展相关工作，必然会导致系统维护阶段出现问题。例如，理解他人编写的程序通常非常困难，而且困难程度随着软件配置项的减少而迅速增加。如果仅有程序代码而没有说明文档，则会增大维护工作的难度。

7.1.2　管理信息系统开发方法

管理信息系统开发是一项艰巨的工作，需要投入大量的人力、物力、财力和时间。管理信息系统开发的效率、质量、成本及用户满意度，除了受管理和技术等方面因素的影响外，还在很大程度上取决于系统开发方法的选择。传统的系统开发方法，不重视系统分析与设计，不重视系统开发文档的完善与管理。20 世纪 70 年代以来，人们在经历了"软件危机"以后，开始重视对系统开发方法的研究，提出了许多系统开发方法。目前，常用的管理信息系统开发方法有结构化方法、原型法、面向对象方法等。

1. 结构化方法

结构化方法（structured method）是迄今为止最成熟、应用最普遍的一种系统开发方法。

（1）结构化方法的基本思想

结构化方法的基本思想是：用系统论的思想和系统工程的方法，按照用户至上的原则，结构化、模块化、自顶向下地对系统进行分析与设计；将整个系统的开发过程划分为若干个相对独立的阶段，如系统规划、系统分析、系统设计、系统实施等；按照事先设计好的程序和步骤，使用一定的开发工具，完成各阶段所需要的文档，并在结构化和模块化的基础上进行系统开发。

采用结构化方法进行系统开发时，在系统分析与设计阶段，先把系统视为一个大的模块，再根据系统分析与设计的要求进行模块分解或模块组合；在系统实施阶段则自底向上地逐步实施，也就是先从基层模块做起，然后按照设计的系统结构，将一个个模块拼接在一起进行调试，自底向上地逐步构成系统整体。

（2）结构化方法的特点

①"自顶向下"和"自底向上"相结合。采用结构化方法开发系统的过程就是一个"自顶向下"地分析与设计和"自底向上"地逐步实施相结合的过程。即在系统分析与设计时要从全局考虑，"自顶向下"地工作（从全局到局部，从最高管理者到普通管理者）；而在系统实施时，则要根据设计的要求先编制一个个具体的功能模块，然后再"自底向上"地逐步实现整个系统。

②用户至上。用户是影响系统开发成败的关键因素，因此在系统开发过程中要面向用户，充分了解用户的需求。

③深入地调查分析。即强调在进行系统分析和设计之前，详细地进行调查分析，努力了解实际业务处理的每一个细节，以制订出科学、合理的目标系统设计方案。

④严格区分各个阶段。系统开发过程的每个阶段都有明确的目标和任务。在实

际的系统开发过程中要严格地按照划分的阶段，一步步地开展工作。

⑤ 充分考虑可能发生的变化。系统开发是一项耗费人力、财力、物力且周期很长的工作，系统开发环境（组织的内外部环境、信息处理模式、用户需求等）一旦发生变化，就会影响系统的开发工作，因此结构化方法强调在进行系统开发时充分考虑将来可能发生的变化，强调所开发的系统对环境变化具有一定的适应能力。

⑥ 开发过程工程化。即强调系统开发的每一个阶段都要规范化和标准化。

（3）结构化方法的优缺点

结构化方法属于一种预先严格定义需求的方法，这种系统开发方法能够及早地发现系统开发过程中存在的错误，提高系统开发的成功率。但是结构化方法也存在一定的缺点，如开发周期较长，难以适应环境的变化；开发过程严格，难以适应需求的变化；难以应对非结构化的问题；难以让用户尽早建立起目标系统的概念结构。

2. 原型法

所谓原型（prototype），是指系统开发人员与用户合作，在定义用户基本需求的基础上，短期内开发出来的一个只具备基本功能、实验性的、简易的应用软件。原型法（prototyping）也称为渐进法（evolutionary）或迭代法（iterative），是 20 世纪 80 年代随着计算机软件技术的发展，特别是随着关系数据库系统、第四代程序设计语言和各种系统开发环境的产生，提出的一种设计思想、工具、手段都与以往不同的系统开发方法。与结构化方法相比，它摒弃了那种先一步步周密细致地调查分析，再逐步整理出不同阶段的文档，最后才让用户看到结果的烦琐做法。原型法一开始就凭借着系统开发人员对用户要求的理解，在强有力的系统开发环境的支持下，给出一个可运行的系统原型，然后与用户反复协商修改，最终形成实际的系统。

（1）原型法的工作流程

原型法的工作流程如图 7-2 所示。用户先提出需求，系统开发人员识别和归纳用户需求，并根据识别和归纳的结果，构造出一个系统原型（即程序模块），然后同用户一起分析和评价这个系统原型。如果这个系统原型运行不成功，则重新构造原型；如果用户对这个系统原型不满意，则修改这个系统原型，直到用户满意为止。如果用户对这个系统原型满意，则试运行该系统原型。

（2）原型法的特点

从上述工作流程来看，原型法从原理到流程都是十分简单的，并无高深的理论和技术，然而它在实践中却获得了巨大的成功。这是因为与结构化方法相比，原型法具有以下特点。

① 从认识论的角度来看，原型法更多地遵循了人们认识事物的规律，因而更容易为人们所接受，这主要表现在：

● 人们在认识事物时不可能一次就完全了解，也不可能把相关工作都做得尽善尽美。

● 人们认识和学习的过程都是循序渐进的。

● 人们对于事物的描述，往往都是在环境的启发下不断完善的。

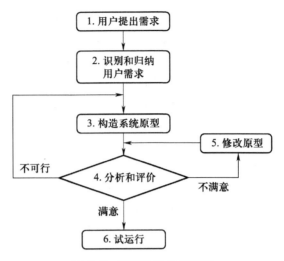

图 7-2　原型法的工作流程

● 人们批评和指责一个已有的事物，要比空洞地描述自己的设想容易得多，改进一个事物要比创造一个事物容易得多。

② 原型法将模拟手段引入系统开发的初期阶段，有利于人们彼此之间沟通思想，从而缩短了用户和系统开发人员之间的距离，解决了结构化方法中最难以解决的一环。这主要表现在：

● 所有关于问题的讨论都是围绕着某一个确定的系统原型进行的，这大大降低了用户和系统开发人员之间发生误解和答非所问的可能性，为准确认识问题创造了条件。

● 系统原型可以启发人们，使其对原来想不起来或不易准确描述的问题有一个比较确切的描述。

● 能够尽早暴露系统中存在的一些问题，促使人们在系统实施之前就解决这些问题。

（3）原型法的优缺点

原型法具有以下优点。

① 原型法可以缩短系统开发周期，降低系统开发成本和风险，提高系统开发效益。

② 原型法是以用户为中心来开发系统的，用户的参与度高。采用这种方法开发的系统能够精准挖掘用户需求，提高用户满意度。

③ 在原型法中，用户参与度高，有利于系统的验收、运行和维护。

原型法具有以下缺点。

① 对系统开发环境的要求高。原型法需要系统开发环境的支持，强有力的系统开发环境是原型法成功实施的第一要素。

② 对管理水平的要求高。如果缺乏统一的规划和标准，系统开发人员就难以对系统开发过程进行控制。而要有统一的规划和标准，就要做好系统开发人员与用户之

间、系统开发的各个环节之间的协调工作，这就需要较高的管理水平。

原型法的优势主要在于能够更有效地确认用户需求，因此它适用于那些用户需求不明确的中小型系统的开发，然而在以下几种情况下不适合使用原型法。

● 对于大型系统来说，如果不经过规范的分析与设计，直接构造系统原型是很困难的。

● 对于需要进行大量运算的、逻辑性较强的程序模块，也很难构造出系统原型供用户评价。

● 对于一个批处理系统，由于其所涉及的处理大部分属于内部处理，因此用原型法也很困难。

总之，原型法适用于分析层面难度大、技术层面难度不大的系统的开发，不适用于技术层面的难度远大于分析层面的系统的开发。

严格地说，原型法不是一种独立的系统开发方法，而是一种开发思想，它支持在系统开发的初期快速生成系统原型，但并没有规定在原型构建的过程中必须使用哪种方法。因此，原型法要与其他系统开发方法结合使用，以发挥各自的优势，相互补充、相互促进。

3. 面向对象方法

面向对象方法（object-oriented method）是 20 世纪 80 年代以后在各种面向对象程序设计方法（如 Smalltalk、C++等）的基础上发展而来的，它从面向对象的角度认识事物，为系统开发提供了一种新的方法。

（1）面向对象方法的基本思想

面向对象方法认为，客观世界是由各种各样的对象组成的，每种对象都有自己的内部状态和运动规律，不同对象之间的相互作用和联系构成了不同的系统。当设计和实现一个客观系统时，如果能够在满足需求的条件下，把系统设计成一些不可变的（相对固定的）部分的最小集合，那么这个设计就是最好的，而这些不可变的部分就是所谓的对象。

对象是面向对象方法的主体，它具有以下基本特征。

① 模块性。模块性即对象是一个独立存在的实体，人们可以从外部了解它的功能，但其内部细节是"隐蔽"的，不受外界干扰。对象彼此之间的依赖性很小，因而可以独立地被其他各个系统选用。

② 继承性。对象之间存在属性与方法上的共性，在面向对象方法中称之为继承性，即子类继承了父类的属性与方法。

③ 动态连接性。动态连接性是指各种对象之间具有统一、方便、动态的消息传递机制。可以简单地将以对象为主体的面向对象方法解释如下。

● 客观事物都是由对象（object）组成的，对象是对客观事物的抽象。任何复杂的事物都可以由对象的某种组合构成。

● 对象由属性和方法组成。属性（attribute）反映了对象的信息特征，如特点、值、状态等。而方法（method）则是用来改变属性状态的各种操作。

• 对象之间的联系主要通过消息（message）传递来实现。消息传递是通过消息模式（message pattern）和方法所定义的操作过程来完成的。

④ 分类。对象可以按照属性进行分类（class）。类有一定的结构，类之上可以有超类（super class），类之下可以有子类（subclass）。这种对象或类之间的层次结构是靠继承关系维系的。

⑤ 封装。封装（encapsulation）了的对象满足软件工程的一切要求，可以直接被面向对象的程序设计语言所接受。

（2）面向对象方法的工作流程

按照上述思想，可以用面向对象方法将系统开发过程分为四个阶段。

① 系统调查和需求分析。对系统要解决的具体问题以及用户对系统开发的需求进行调查分析，即先知道系统要做什么。

② 分析问题的性质并求解问题。在繁杂的问题域中识别并抽象出对象及其行为、结构、属性、方法等。这一阶段被称为面向对象分析（object-oriented analysis，OOA）。

③ 整理问题。对面向对象的分析结果做进一步的整理，并以范式的形式将它们确定下来。这一阶段被称为面向对象设计（object-oriented design，OOD）。

④ 编程实现。使用面向对象的程序设计语言将上一步整理的范式直接映射为应用软件。这一阶段一般被称为面向对象程序设计（object-oriented programming，OOP）。

（3）面向对象分析

面向对象分析是指系统开发过程中在进行了系统调查以后，按照面向对象的思想来分析问题。与结构化分析（structured analysis）不同，面向对象分析强调的是在系统调查的基础上，对面向对象方法所需要的元素进行分析和整理，而不是对系统需求进行分析。

① 面向对象分析的主要原则。在进行面向对象分析时要遵循以下原则。

抽象。从许多事物中舍弃个别的、非本质的属性，抽取共同的、本质的特征，这一过程就称为抽象。

封装。封装就是把对象的属性和方法结合为一个不可分的系统单位，并尽可能地隐蔽对象的内部细节。

继承。特殊类（子类）的对象拥有的一般类（父类）的全部属性与方法，称为特殊类对一般类的继承。

分类。就是把具有相同属性和方法的对象划分为一类，用类作为对这些对象的抽象描述。分类原则实际上是将抽象原则应用于对象描述时的一种表现形式。

聚合。聚合又称为组装，聚合原则是把一个复杂的事物看成若干个比较简单的事物的组装体，从而简化对复杂事物的描述。

关联。关联是人类思考问题时经常运用的方法，即通过一个事物联想到另外的事物。人类发生联想的原因是事物之间确实存在某些联系。

消息通信。消息通信原则要求对象之间只能通过消息进行通信，而不允许在对象之外直接存取对象内部的属性。消息通信原则是由封装原则引起的。面向对象分析要求用消息连接表示对象之间的动态联系。

粒度控制。一般来讲，人在面对一个复杂的问题域时，不可能在同一时刻既能纵观全局，又能洞察秋毫。因此，需要控制自己的视角：考虑全局时，要注意大的组成部分，暂时不考虑每一个组成部分的细节；考虑某个组成部分的细节时则暂时不考虑其他组成部分。这就是粒度控制原则。

行为分析。现实世界中事物的行为是复杂的，在由大量的事物构成的问题域中，各种行为往往是相互依赖、相互交织的。

下面重点介绍抽象和继承。

抽象是形成概念的必要手段。抽象原则有两层意义：第一，尽管事物及其之间的关系是很复杂的，但是系统分析人员并不需要了解和描述所有这些内容，只需分析和研究其中与系统目标有关的事物及其本质特征即可。第二，舍弃个体事物在细节上的差异，抽取它们的共同特征，得到一批关于事物的抽象概念。抽象是面向对象方法中使用最为广泛的原则，它包括过程抽象和数据抽象两个方面。过程抽象是指任何一个能完成确定功能的操作序列，使用者可以把它看作一个单一的实体，尽管实际上它是由一系列更低层次的操作组成的。数据抽象根据施加于数据之上的操作来定义数据类型，并限定数据的值只能由这些操作来修改和观察。数据抽象是面向对象分析的核心原则。它强调把数据（属性）和操作（方法）结合为一个不可分的系统单位（即对象），使用者只需要知道它做什么，而不必知道它如何做。

在面向对象分析中运用继承原则，就是一次性地在一般类中，对一般类的对象实例和特殊类的对象实例共同具有的属性和方法进行显式定义；而在特殊类中不再重复定义一般类中已定义的东西。在语义上，特殊类自动地、隐含地拥有它的一般类所定义的全部属性和方法。

② 面向对象分析的基本步骤。面向对象分析大致可以分为以下几个步骤。

● 确定对象和类。这里所说的对象是对数据及其处理方式的抽象，它反映了系统保存和处理关于客观世界中某些事物的信息的能力。类是对多个对象的共同属性和方法集合的描述，它包括关于如何在一个类中创建一个新对象的描述。

● 确定结构（structure）。结构是指问题域的复杂性和连接关系。结构包括一般与特殊结构，以及整体与部分结构，其中一般与特殊结构反映了一般类与特殊类之间的关系，整体与部分结构反映了整体和局部之间的关系。

● 确定主题（subject）。主题是指事物的总体概貌和总体分析模型。

● 确定属性（attribute）。属性就是数据元素，是用来描述对象或一般与特殊结构的实例。

● 确定方法（method）。方法是指在收到消息后必须进行的一些处理。

（4）面向对象设计

面向对象设计是面向对象方法中的一个过渡环节，其主要作用是对面向对象分析的结果做进一步的规范化处理，使其能够直接被面向对象程序设计所接受。在面向对象设计过程中，要进行的工作主要有以下几项。

① 对象定义求精。对象定义求精是指对于面向对象分析所抽象出来的对象和类，以及汇集的分析文档，根据设计要求进行整理，使之更符合面向对象程序设计的要求。这一过程主要包括两个方面：一是根据面向对象的概念与模型，对所确定的对象、结构、属性和方法等内容进行分析，改正错误的内容，删去不必要和重复的内容等；二是进行分类，以满足数据模型设计的需要。分类主要是指对类和对象、属性、方法、结构、主题进行分类。例如，通过对学校管理信息系统进行分析，抽象出若干个类和对象，它们反映的都是人（如学生、教师、职工等），因此应考虑将它们归为一类，然后从人的描述开始，将人的属性通过继承原则加到学生、教师和职工的定义中去。

② 数据模型和数据库设计。在设计数据模型时需要确定类与对象的属性、消息连接的方式、系统访问数据库的方法等。每个对象实例的数据最后都必须落实到面向对象的数据模型中。

③ 优化。面向对象设计的优化包括对象和结构的模块化、抽象化和集成化。

对象和结构的模块化表明面向对象设计提供了一种范式，这种范式符合模块化的所有要求，如信息隐蔽性好、模块内部聚合度高和模块之间的耦合度低等。抽象化表示对规格说明的抽象（abstraction by specification）和参数化抽象（abstraction by parameterization）。集成化是使得各个组成部分有机结合在一起，相互支持。

（5）面向对象方法的特点和所面临的问题

面向对象方法以对象为基础，利用特定的软件工具实现从对象客体描述到软件结构的转换，缩短了系统开发周期。这是面向对象方法最主要的特点。但是，与原型法一样，面向对象方法只有在一定软件的支持下才能应用。此外，在开发大型管理信息系统时如果不先进行自顶向下的划分，而是一开始就使用面向对象方法自底向上地开发系统，就会造成系统结构不合理、各部分之间的关系失衡等问题。因此，面向对象方法和结构化方法目前在系统开发领域是相互依存、彼此不可替代的。

7.1.3　系统开发建模工具

1. 统一建模语言的概述

（1）统一建模语言的定义

统一建模语言（unified modeling language，UML）是一种定义良好、易于表达、功能强大且普遍适用的建模语言。它融入了软件工程领域的新思想、新方法和新技术，不仅支持面向对象的分析与设计，更重要的是支持从需求分析开始的软件开发全过程。需要说明的是，统一建模语言是一种建模语言，而不是一种方法。

统一建模语言由面向对象领域的三位方法学家格雷迪·布奇（Grady Booch）、伊瓦尔·雅各布森（Ivar Jacobson）和吉姆·朗博（Jim Rumbaugh）提出，并得到了业界的广泛支持，被对象管理组（object management group）采纳作为业界标准。统一建模语言取代了众多的分析与设计方法，成为软件业的第一个统一的建模语言。

① 统一建模语言是一种可视化语言。统一建模语言采用一组图形符号作为建模

语言，其中的每个符号都有明确的语义。一个开发者可以用统一建模语言建立一个模型，而另一个开发者（甚至工具）则可以无歧义地解释这个模型。

② 统一建模语言是一种构造语言。UML 模型可以直接与各种编程语言建立关联，这意味着可以直接将 UML 模型映射成编程语言，如 Java、C++ 等，甚至映射成关系数据库中的表或面向对象数据库中的永久存储对象。除了直接映射之外，统一建模语言具有丰富的表达力，以及无歧义性，可以实现模型的执行、系统的模拟以及对运行系统的操纵。

③ 统一建模语言是一种文档化的语言。统一建模语言不仅可以为系统体系结构及其所有细节建立文档，还可以用于表达需求和测试，以及对项目进度计划等进行建模。

（2）统一建模语言的作用

① 易于使用，表达能力强，能进行可视化建模。

② 与具体的实现无关，可应用于任何程序设计语言平台和工具平台。

③ 与具体的过程无关，可应用于任何软件开发过程。

④ 具有扩展机制和专有化机制，简单且便于扩展，无须对核心概念进行修改。

⑤ 为面向对象方法中高级概念（如协作、框架、模式和构件）的形成提供支持，强调在软件开发过程中对框架、模式和构件的重用。

⑥ 与最好的软件工程实践经验集成。

⑦ 可升级，具有广泛的适用性和可用性。

2. 统一建模语言的内容

统一建模语言的目的是建模，UML 模型有以下三个要素。

① 事物。事物是对 UML 模型中最具有代表性的成分的抽象，是 UML 模型最基本的构成元素。

② 关系。关系把事物结合在一起。

③ 图。图聚集了相关的事物。

（1）统一建模语言中的事物

在统一建模语言中有 4 种事物，即结构事物、行为事物、分组事物与注释事物。

① 结构事物。结构事物是 UML 模型中的静态部分，用于描述概念或物理元素。统一建模语言中共有 7 种结构事物。

类（class）：是对一组具有相同属性、相同操作、相同关系和相同语义的对象的描述。

接口（interface）：是一组操作的集合，其中的每个操作都描述了一个类或构件的一个行为。一个接口可以描述一个类或构件的全部行为或部分行为。需要说明的是，接口只是定义了一组操作规约（即特征标记），而不是操作的实现。

协作（collaboration）：是由一组共同工作以提供某协作行为的角色及其他元素构成的群体，这些协作行为大于所有元素各自行为的总和。协作有结构、行为和维度。

用况（use case）：是对一组动作的描述，系统执行这些动作将产生一个对某个特定的参与者有价值且可观察的结果。用况用于将模型中的行为事物结构化。

主动类（active class）：是其对象至少拥有一个进程或线程的类，它能够启动控制活动。主动类的对象所描述的元素的行为与其他元素的行为并发，这是它与一般类的唯一区别。

构件（component）：是可重用的系统片段，是具有良好定义的接口的物理实现单元。每个构件都包含了系统设计中某些类的实现。

结点（node）：是仅在系统运行时存在的物理元素，表示一种可计算的资源，它通常具有一定的记忆能力和处理能力。一个构件既可以驻留在一个结点内，也可以从一个结点迁移至另一个结点。

② 行为事物。行为事物是 UML 模型的动态部分，用于描述跨越时间和空间的行为。统一建模语言中主要有两类行为事物。

交互（interaction）：由一组在特定语境中共同完成一定的任务、在对象之间交换的消息组成。一个对象群体的行为或单个操作的行为可以用一个交互来描述。交互涉及消息、动作序列（由一个消息引起的行为）和链（对象间的连接）等元素。

状态机（state machine）：描述了一个对象或一个交互在其生命周期内因响应事件而经历的状态变化序列。单个类或一组类之间的协作行为可以用状态机来描述。状态机涉及状态、转换（从一个状态到另一个状态的流）、事件（触发转换的事物）和活动（对一个转换的响应）等元素。

③ 分组事物。分组事物是 UML 模型的组成部分，是一些由模型分解成的"盒子"。最主要的分组事物是包。

包（package）是把元素组织成组的机制，这种机制具有多种用途。结构事物、行为事物甚至其他分组事物都可以放进包内。包不像构件那样仅在系统运行时存在，而纯粹是概念上的，即它仅在系统开发时存在。

④ 注释事物。注释事物是 UML 模型的解释部分。这些注释事物用于描述、说明和标注模型的元素。注解是一种主要的注释事物，它是一个依附于一个元素或一组元素之上，对其进行约束或解释的简单符号。

（2）统一建模语言中的关系

统一建模语言中有以下 4 种关系。

依赖（dependency）：表示两个事物之间的语义关系，其中一个事物（独立事物）发生变化会影响另一个事物（依赖事物）的语义。

关联（association）：表示一种结构关系，它描述了一组链，链是指对象之间的连接。聚合是一种特殊类型的关联，它描述了整体和部分之间的结构关系。

泛化（generalization）：表示一种特殊与一般的关系，可以用特殊元素（子元素）的对象替代一般元素（父元素）的对象。利用这种方法，子元素共享了父元素的结构和行为。

实现（realization）：表示类之间的语义关系，其中的一个类指定了由另一个类保证执行的契约。在两种场合会遇到实现关系：一种是在接口与实现它们的类或构件之间；另一种是在用况与实现它们的协作之间。

（3）统一建模语言中的图

图（diagram）是一组元素的图形化表示，在大多数情况下把图画成由顶点（代表事物）和弧（代表关系）构成的连通图。为了使系统可视化，可以从不同的角度画图，这样得到的图是对系统的投影。对于所有的系统（除了微小的系统外），图是指系统组成元素的省略视图。统一建模语言中的图可以分为以下几类。

① 用况图：从用户角度描述系统功能，并指出每个系统功能的操作者。

② 静态图（static diagram）：包括类图、对象图和包图。

类图：用于描述系统中类的静态结构。它不仅定义系统中的类，表示类之间的关系，如关联、依赖、泛化等，也定义类的内部结构（类的属性和操作）。类图描述的是一种静态关系，在系统的整个生命周期内都是有效的。

对象图：是类图的实例，它使用与类图几乎完全相同的标识。两者的不同点在于对象图显示类的多个对象实例，而不是实际的类。由于对象存在生命周期，因此对象图只是在某一时间段内存在。

包图：由包或类组成，表示包与包之间的关系。包图用于描述系统的分层结构。

③ 行为图（behavior diagram）：用于描述系统的动态模型及其组成对象之间的交互关系，包括状态图和活动图。

状态图：用于描述类的对象的所有可能状态以及事件发生时状态的转换条件。状态图是对类图的补充。在实际应用中并不需要为所有的类画状态图，只需要为那些有多个状态、行为受外界环境影响且发生改变的类画状态图。

活动图：用于描述满足用况要求所要进行的活动以及活动之间的约束关系，活动图有助于识别并行活动。

④ 交互图（interactive diagram）：用于描述对象之间的交互关系，包括序列图和协作图。

序列图：用于显示对象之间的动态合作关系，它强调对象之间的消息发送顺序，同时显示对象之间的交互。

协作图：用于描述相互协作的对象之间的交互关系。如果强调时间和顺序，则使用序列图；如果强调上下级关系，则使用协作图。这两种图被合称为交互图。

⑤ 实现图（implementation diagram）包括构件图和配置图。

构件图：用于描述代码部件的物理结构及各部件之间的依赖关系。一个部件可能是一个资源代码部件、一个二进制部件或一个可执行部件。构件图有助于分析和理解部件之间相互影响的程度。

配置图：用于定义系统中软件和硬件的体系结构。配置图可以显示实际的计算机和设备（用结点表示）以及它们之间的连接关系，也可以显示连接的类型及部件之间的依赖性。在配置图的结点内部放置可执行部件和对象，以显示结点与可执行软件单元之间的对应关系。

使用用况图、类图、对象图、包图、构件图和配置图建立的模型都是静态的，是统一建模语言的静态建模机制；使用状态图、活动图、序列图和协作图建立的模型或者可以执行，或者可以表示执行时的时序状态或交互关系，是动态的，是统一建模语言的动态建模机制。因此，可以将统一建模语言的建模机制分为静态建模机制和动态建模机制两大类。

3. 统一建模语言的应用

统一建模语言的目标是用图的方式来描述任何类型的系统，它的应用领域广泛，既可以用于建立软件系统的模型，也可以用于描述非软件领域的系统，如机械系统、企业业务流程，以及处理复杂数据的信息系统、具有实时要求的工业系统等。总之，统一建模语言是一个通用的标准建模语言，可以对任何具有静态结构和动态行为的系统进行建模。

此外，统一建模语言适用于系统开发过程中从系统分析到系统实施的各个阶段。统一建模语言在系统开发相关阶段的应用如下。

（1）系统分析阶段

在系统分析阶段，系统分析人员可以使用用况来捕获用户需求。借助于用况模型，可以描述对系统感兴趣的外部角色及其对系统（用况）的功能要求。用况模型中的每个用况都指定了用户的需求，即用户需要系统做什么。此外，在系统分析阶段，系统分析人员关心问题域中的主要概念（如抽象、类和对象等）和机制，他需要识别类及其之间的相互关系，并用类图来描述它们。为了在系统内部实现用况所描述的动作，类之间需要协作，这可以用统一建模语言的动态模型来描述。需要说明的是，在系统分析阶段，只对问题域中的对象（客观世界中的概念）建模，而并不考虑定义软件系统中涉及技术细节的类（如用户接口、数据库、通信和并行性等问题域中的类）。这些涉及技术细节的类将在系统设计阶段引入。

（2）系统设计阶段

在系统设计阶段，系统设计人员把系统分析阶段的工作成果扩展成技术解决方案，并加入新的类，以提供技术基础结构，用户接口、数据库等系统分析阶段问题域中的类被嵌入这个技术基础结构。系统设计阶段的工作成果是系统实施阶段的详细规约。

（3）系统实施阶段

系统实施是一个独立的阶段，其任务是用面向对象程序设计语言把来自系统设计阶段的类转换成实现相应功能的代码。在用统一建模语言建立分析与设计模型时，应当尽量避免把模型直接转换成某种特定的程序设计语言。因为在系统开发的初期阶段，模型仅仅是理解和分析系统结构的工具，过早地考虑程序设计问题不利于建立正确的模型。

在进行系统测试时，可以将 UML 模型作为系统测试的依据。系统测试通常包括单元测试、集成测试、系统测试和验收测试。

单元测试：是对几个类或一组类进行的测试，通常由程序员来完成。

集成测试：将构件和类集成起来，以确认它们之间的协作是否恰当。

系统测试：将系统当成一个黑箱，验证系统是否具备用户要求的所有功能。

验收测试：由用户完成，与系统测试类似，它验证系统是否满足用户的所有需求。

不同的测试使用不同的图作为测试依据：单元测试使用类图和类图规范作为测试依据；集成测试使用构件图和协作图作为测试依据；系统测试使用用况图来验证系统的行为；验收测试由用户来完成，以验证系统测试的结果是否满足系统分析阶段所确定的需求。

7.2 管理信息系统规划

7.2.1 管理信息系统规划的作用

1. 管理信息系统规划的内涵

管理信息系统规划通常又称为管理信息系统的战略计划，属于组织对管理信息系统最高层次管理的范畴。管理信息系统规划是一个组织战略计划的重要组成部分，是关于管理信息系统长远发展的规划。

2. 管理信息系统规划的任务

管理信息系统规划是组织针对管理信息系统的建立和发展所做的一种战略计划。除了具有一般战略计划的属性外，管理信息系统规划还具有以下任务。

① 使管理信息系统的发展与组织的整体发展计划相协调，即支持组织战略计划的实施。

② 为管理信息系统的开发指出方向，确保系统开发工作支持组织的战略目标。

③ 合理地分配资源，确定系统开发的优先次序。

④ 保证系统开发工作的一体化和协调性，避免没有统一规划的"各自为战""局部优先"以及模块集成所引起的不必要的费用。

⑤ 为负责系统开发的人员，包括项目开发的负责人员和管理信息系统方面的高层管理人员的绩效考核提供质量标准和控制机制。

⑥ 为系统开发人员，如系统分析人员、系统设计人员等的发展提供保障，使组织明确对系统开发人员的数量和质量的需求。

⑦ 使管理信息系统能自动进行调整，为组织发展提供有效的支持。

7.2.2 管理信息系统规划的内容和步骤

1. 管理信息系统规划的内容

管理信息系统规划的复杂性随着组织规模和复杂程度的不同而有所不同。管理信息系统规划的时间跨度一般为五年并且至少有前两年的详细计划。管理信息系统规划的内容主要包括以下几个方面。

① 关于组织的战略计划和运营计划的概述。

● 关于环境的评述：对组织环境的预测及预测过程中的假设、可能的危机和机会。

● 对组织的评价：组织的优势与不足及原因分析。

● 组织的战略目标。

② 关于管理信息系统计划的概述。

● 关于管理信息系统环境的评述：对技术和用户环境的预测及预测过程中的假设、管理信息系统的危机与机会。

● 对管理信息系统的评价：管理信息系统的优势与不足及原因分析。

● 管理信息系统的战略目标。

● 数据组织结构的设计。

③ 目前所具有的能力。

● 已有的设备、通用软件、应用系统、人员和技术储备、费用和设备利用情况。

● 正在进行的项目的情况。

④ 可行性分析。

● 项目及其优先级。

● 硬件、软件和人员方面的成本效益分析。

⑤ 近期规划。

● 通用软件的购置计划。

● 应用系统的开发计划。

● 软件维护和更新安排。

● 人力资源开发计划，包括培训计划。

● 资金需求计划。

● 管理信息系统评价方法。

⑥ 系统规划有效实施所必需的行动计划。

以上所列的是比较全面的管理信息系统规划的内容，其前提是组织已经有了比较成熟的战略计划。在这样的组织中，管理信息系统规划比较容易制定。如果组织本身还没有成熟的战略计划，管理信息系统规划制定起来就比较困难。

2. 管理信息系统规划的基本步骤

管理信息系统规划一般包括以下步骤。

① 确定基本问题，包括确定规划的时间跨度、规划的方法，确定是采用集中式规划还是采用分布式规划，以及是采用进取的规划还是采用保守的规划。

② 收集初始信息。可以从组织内部各级管理者、相似的企业等处收集初始信息，也可以从各种资料中收集信息。

③ 评价现状和定义计划约束。对规划目标、系统开发方法、计划活动、现有的硬件及其质量、信息技术人员、运行和控制、资金、安全措施、程序和标准、中期和长期优先次序、外部和内部关系、现有的软件及其质量，以及组织的思想和道德状况

等进行评价，并定义计划约束。

④ 确定规划目标。规划目标应该由管理信息系统规划委员会来确定，它不仅包括管理信息系统的战略目标，还包括整个组织的战略目标。

⑤ 构建规划矩阵。规划矩阵是基于管理信息系统各项规划内容之间的相互关系构建的矩阵，构建了规划矩阵，也就确定了各项规划内容以及它们实现的优先次序。

⑥ 识别规划内容所涉及的各种项目，判断其是一次性的工程类项目，还是重复类项目。由于组织的资源有限，不可能同时进行所有项目，只能优先进行效益较好的项目，此外要合理确定工程类项目和重复类项目的比例。

⑦ 确定项目的优先级和估计项目的成本。

⑧ 编制项目进度计划。

⑨ 撰写系统规划书。

⑩ 组织最高管理者批准系统规划书并宣告系统规划任务完成。

3. 管理信息系统规划的时机

人们对管理信息系统规划必要性的认识，是随着管理信息系统的发展而逐渐加深的。这就像在工业化和城市化的进程加快，产生了诸如人口膨胀、道路拥挤、绿地骤减、环境污染等问题之后，人们才认识到城市规划的重要性。虽然关于组织进行管理信息系统规划的时机并没有统一的标准，但可以大致引用美国学者理查德·诺兰（Richard Nolan）关于组织数据处理能力发展的模型——诺兰模型，来说明组织进行管理信息系统规划的时机。

诺兰把组织从数据处理时代，经过技术转型期，到信息技术时代的过程总结为 6 个时期，如图 7-3 所示。

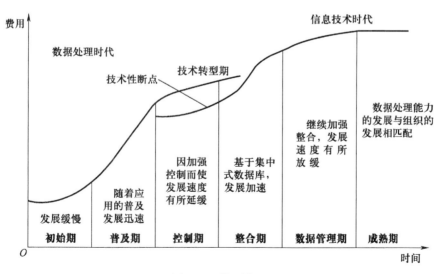

图 7-3 诺兰模型

（1）初始期

在初始期，组织开始购置计算机并开发管理应用程序。人们初步认识到计算机的作用，计算机主要应用于组织的财务部门等数据处理量较大的部门，少数人具有基本的计算机操作能力。在这一时期，组织的数据处理能力发展缓慢。

（2）普及期

在普及期，计算机的应用初见成效，管理应用程序从少数部门扩展到越来越多的部门。随着管理应用程序的普及，组织的事务处理效率有了较大的提高，数据处理能力发展迅速。但在这一时期，数据冗余性、不一致性、难以共享等问题开始出现。

（3）控制期

在控制期，所使用的计算机和管理应用程序不断增多，这就要求组织加强控制。由组织最高管理者和职能部门负责人组成的领导小组，开始对整个组织的管理信息系统建设进行统筹规划。此外，开始利用数据库技术解决数据共享问题，从以计算机管理为主向以数据管理为主转换。但在这一时期，由于组织加强了控制，其数据处理能力的发展速度有所延缓。

（4）整合期

在控制的基础上，组织开始对管理信息系统中的硬件进行重新连接，建立了集中式的数据库及能够充分利用和管理组织中各种信息资源的系统，其数据处理能力的发展速度加快。

（5）数据管理期

数据管理期主要聚焦于对数据的有效管理和利用。组织对数据进行统一管理，消除了数据的冗余性和不一致性，实现了数据共享。由于这一时期在整合期的基础上继续加强对系统的整合，因此组织的数据处理能力的发展速度有所放缓。

（6）成熟期

在成熟期，数据处理能力的发展与组织的发展相匹配，管理信息系统可以满足组织中各个管理层次（高层、中层、基层）的要求。信息资源可以被充分地共享，也得到了有效的管理。

7.2.3　管理信息系统规划的常用方法

1. 管理信息系统规划方法概述

鲍曼（B. J. Bowman）等人通过对管理信息系统规划实践的观察、对文献的研究和对相关方法论的分析，提出了一个一般性的管理信息系统规划模型。在这一模型中，管理信息系统规划由三个阶段组成。

① 制定战略规划：识别和确定组织的战略目标，分析组织所处的内外部环境，制定管理信息系统的战略规划。

② 分析组织的信息需求：识别组织关键业务的信息需求，建立战略性的管理信息系统的总体结构。

③ 资源分配：从整个组织的角度分配管理信息系统开发所需要的资源，确定系统开发的资源分配计划。

尽管这三个阶段只是对管理信息系统规划做了简单的概括，但它们对于管理信息系统规划有着非常重要的指导作用。根据该管理信息系统规划模型，鲍曼等人概括性地总结了常用的系统规划方法，并将它们分别与上述三个阶段建立了对应关系，如表 7-1 所示。

表 7-1 管理信息系统规划模型三个阶段所对应的规划方法

阶　段	规　划　方　法
制定战略规划	策略集合转化法
分析组织的信息需求	企业系统规划法 关键成功因素法 企业信息一体化分析法 目的-方法分析法
资源分配	收费制法 投资收益率法 零基预算法

在表 7-1 所示的规划方法中，比较重要的是分析组织的信息需求阶段所使用的方法，其中企业系统规划法和关键成功因素法，是两个使用得非常广泛的规划方法。

由于管理信息系统的战略目标是组织战略目标的某种映射，而这种映射是比较复杂的，它主要依赖系统分析人员的洞察力，难以按照结构化方法来完成。因此，制定战略规划阶段能使用的规范化方法很少，事实上，目前所知道的与该阶段相关的方法只有策略集合转化法。不过这一方法的结构化程度不高，主观性较强，在使用时需要管理者的参与和评价。

资源分配阶段所使用的规划方法，往往是更一般的规划方法，如收费制法、投资收益率法、零基预算法等，这些方法也可以广泛地应用在各种规划中。

下面重点介绍三种规划方法，分别是企业系统规划（business system planning，BSP）法、关键成功因素（critical success factor，CSF）法和策略集合转化（strategy set transformation，SST）法。这些方法，特别是企业系统规划法，对于大型管理信息系统规划的制定起着重要的作用。

2. 企业系统规划法

（1）企业系统规划法的作用

企业系统规划法，是一种能够帮助系统规划人员根据企业目标制定管理信息系统战略规划的结构化方法。系统规划人员通过这种方法可以做到以下两点。

① 确定目标系统的总体结构，明确组成系统的各个子系统和各个子系统开发的先后次序。

② 对数据进行统一规划、管理和控制，明确各个子系统之间的数据交换关系，保证数据的一致性。

企业系统规划法的优点，在于它能保证管理信息系统独立于企业的组织结构，也就是能使管理信息系统具有对环境变化的适应性。即使将来企业的组织机构和管理体制发生变化，管理信息系统也不会受到太大的冲击。

（2）企业系统规划法的步骤

用企业系统规划法制定系统规划是一项系统工程，其主要步骤如下。

① 准备工作。成立由企业最高管理者牵头的系统规划委员会，下设系统规划工作小组，并提出工作计划。

② 调研。系统规划工作小组通过查阅资料，深入企业的各个管理层次，了解企业的决策过程、职能部门及其主要活动，以及存在的主要问题。

③ 定义业务流程。业务流程是企业系统规划法的核心，它是指企业管理中必要且逻辑上相关的、能够完成某种管理功能的一组活动，如产品预测、物料库存控制等业务处理活动或决策活动。

④ 业务流程再造。业务流程再造是指在定义业务流程的基础上，找出哪些业务流程是正确的；哪些业务流程是低效的，需要在信息技术的支持下进行优化；还有哪些业务流程不适合使用计算机进行处理，应当将其去除。

⑤ 定义数据类。数据类是指支持业务流程的具有逻辑相关性的数据。对于数据是按照业务流程进行分类的，即从业务流程的角度，将与一个业务流程有关的输入数据和输出数据按照逻辑相关性整理出来并归纳成一个数据类。

⑥ 定义系统总体结构。其目的是刻画目标系统的架构和相应的数据类，因此其主要工作是划分子系统，具体可以利用 U/C 矩阵实现。

⑦ 确定各子系统开发的优先次序。即确定管理信息系统中各子系统开发的优先次序，并给出开发计划。

⑧ 完成系统规划书，提出系统开发计划。

（3）U/C 矩阵的应用

企业系统规划法将业务流程和数据类作为定义企业管理信息系统总体结构的基础，其具体做法是利用 U/C 矩阵（也称为业务流程/数据矩阵）来表达两者之间的关系。矩阵中的行表示数据类，列表示业务流程，并用字母 U（use）和 C（create）来表示创建业务流程和产生相应的数据类。U/C 矩阵是一张表格，在表中各业务流程与数据类的交叉处，填写业务流程与数据类之间的关系。

3. 关键成功因素法

1970 年，威廉·赞尼（William Zani）在信息系统模型中使用了关键成功变量，这些变量是决定管理信息系统成败的关键因素。之后，约翰·罗克特（John Rockart）提出了关键成功因素法，用以满足高层管理者的信息需求，特别是解决每月都收到由计算机生成的大量报表却几乎找不到任何有价值的信息之类的问题。

关键成功因素指的是对企业成功起关键作用的因素。关键成功因素法就是通过分析找出使企业成功的关键因素，然后再围绕这些关键因素来确定信息系统的需求，并进行系统规划。关键成功因素法主要包括以下几个步骤。

① 了解企业的战略目标。

② 识别企业所有的成功因素，分析影响企业战略目标的各种因素和影响这些因素的子因素。

③ 确定关键成功因素。企业所在的行业不同，关键成功因素也不同。例如，对于汽车制造企业，关键成功因素可能是制造成本控制；对于保险企业，关键成功因素可能是新项目开发成本控制；对于零售企业，关键成功因素则可能是定价与折价策略或组合销售策略等。

④ 明确各关键成功因素的性能指标和评估标准。

关键成功因素法存在以下局限性。

① 它注重特定管理者的信息需求，而不考虑整个企业的信息需求。

② 它没有推荐或采用一种数据结构来完成对管理信息系统战略目标和信息需求的分析。

4. 策略集合转化法

策略集合转化法是威廉·金（William King）于 1978 年提出的，他把整个战略目标看成是一个策略集合，由组织的使命、目标、战略和其他策略变量（如管理的复杂性、习惯变革以及重要的环境约束等）组成。管理信息系统规划是把组织的战略目标转变为管理信息系统战略目标的过程。

（1）识别组织的策略集合

这种方法的第一步是识别组织的策略集合，先考察该组织是否有成熟的战略计划，如果没有就要构造策略集合，可以采用以下步骤构造组织的策略集合。

① 描绘与组织相关的各类人员，如管理者、员工、供应商、客户、贷款者、地区社团及竞争者等。

② 识别每类人员的需求。

③ 对于每类人员识别其使命及战略。

④ 解释和验证组织的策略集合。

（2）将组织的策略集合转化为管理信息系统战略

第二步是将组织的策略集合转化成管理信息系统战略。管理信息系统战略包括管理信息系统的战略目标、约束以及设计原则等。这一转化过程包括为组织策略集合中的每个元素识别其对应的管理信息系统战略约束，确定设计原则，然后提出管理信息系统的总体结构。

策略集合的转化不能通过算法来完成，因为不同组织的策略集合的内容差别很大。

7.2.4 管理信息系统规划组织与管理

1. 高层管理者参与的必要性

高层管理者参与管理信息系统规划是确保系统成功开发的关键，其原因有以下几个方面。

① 高层管理者最了解组织各项战略决策中的信息需求，系统规划人员很难理解组织高层管理者以及其他层次管理者的看法和信息需求，所以高层管理者必须亲自参与管理信息系统规划，了解规划的内容，把握规划的方向。

② 规划中出现争议和问题时，只有高层管理者出面才能使它们得到解决。在进行管理信息系统规划时，常常会出现一些争议和问题，这些争议和问题只有凭借组织高层管理者坚定而迅速的决断力才能得到解决。

③ 规划时经常会发现现有的组织结构存在问题，因此需要对其进行调整，这种调整的最终决策权在高层管理者的手中，并且只有得到高层管理者的认可才能付诸实施。

④ 经过科学规划的管理信息系统总体结构，可以用于指导各项系统开发工作有序进行，避免浪费，提高效益和效率。管理信息系统的总体结构必须得到高层管理者的认可。

由此可见，管理信息系统规划必须在高层管理者的直接参与及管理下进行。

2. 系统规划的组织管理

要进行管理信息系统规划，就需要成立一个责权明确的管理信息系统规划委员会。这个委员会受组织最高层管理者的直接领导，下设领导小组和工作小组，领导小组由高层管理者以及组织各部门的负责人组成，工作小组则通过一批系统规划人员、系统分析人员和系统设计人员等与广大用户相联系。系统规划人员、系统分析人员和系统设计人员等应该脱产从事系统规划工作，而广大用户则是临时性或短期参与系统规划工作。

7.3　管理信息系统分析

系统分析是管理信息系统开发过程中最重要的一环。系统分析主要是对组织的整体管理状况和信息处理过程（侧重于业务流程）进行分析。了解组织的实际业务流程是系统分析的基础，只有对组织的业务流程了解得非常透彻才有可能改进现有的业务流程，并使目标系统更好地支持新的业务流程。

7.3.1　管理信息系统分析的任务

系统分析是指应用系统论的思想和方法，把复杂的对象分解成简单的组成部分，并找出这些组成部分的基本属性及其彼此之间的关系。系统分析的主要任务如下。

（1）理解用户需求

系统分析要理解和表达用户对系统的应用需求。系统分析人员通过深入调查，充分了解现行系统是如何工作的，理解用户对现行系统的改进要求和对目标系统的要求。在此基础上，把与用户达成共识的目标系统用恰当的工具表达出来。

理解用户需求最主要的困难是系统分析人员和用户对问题的理解不同。

一方面，系统分析人员有软件开发方面的知识，但缺乏关于目标系统的业务知识。管理信息系统通常规模较大，其涉及的业务资料繁多，有反映各种业务情况的报表、账簿，还有业务人员手中的各种正规的或非正规的手册、技术资料、规章制度等。此外，各种业务之间的关系复杂，不熟悉业务情况的系统分析人员往往感到理不出头绪，更难以分析制约现行系统的"瓶颈"问题。

另一方面，用户虽然了解业务知识，但往往缺乏软件开发方面的知识，不了解信息系统能做什么和不能做什么。而且许多用户不善于把业务流程明确地表达出来，不知道如何向系统分析人员介绍业务知识。对于一些具体的业务，用户认为理所当然就这样做或那样做。对于某些决策问题，用户则往往凭借经验和直觉来解决。在这种情况下，系统分析人员很难从用户那里充分地获得有用的信息，也容易为系统开发留下隐患。

为了克服这些困难，系统分析人员需要和用户密切合作。系统分析人员应当牢固树立"用户第一"的思想，同时还要借助于一定的技术和工具，如图表等，直观的图表可以帮助系统分析人员理顺思路，也便于他们与用户交流。

在管理信息系统开发中，目标系统一般不会是一个全新的系统，而是基于现行系统开发的。因此，目标系统既要源自现行系统，又要高于现行系统。也就是说，目标系统要功能更强、效率更高、使用更方便。因此，系统分析人员要在与用户紧密配合的基础上，分析现行系统的业务流程，指出现行系统的局限性和不足之处，确定目标系统的基本目标和功能要求，即提出目标系统的逻辑模型。因此，系统分析阶段又称为逻辑设计阶段。

（2）编写系统规格说明书

在系统分析阶段，系统分析人员要和用户充分交流，理解用户需求，并把双方的理解用书面文档（系统规格说明书）表达出来。系统分析阶段的工作成果就体现在系统规格说明书中，这是管理信息系统开发的基本文件之一。它既为用户理解目标系统提供方便，也是下一阶段工作的依据。因此，系统规格说明书既要通俗易懂，又要准确。用户通过系统规格说明书可以了解目标系统的功能，判断它是不是自己所期望的系统。系统规格说明书经审核通过之后，将成为系统设计以及将来验收系统的依据。

从系统分析的任务可以看到，在系统开发中系统分析人员起着十分重要的作用。系统分析人员要与各类人员打交道，是用户与信息技术人员之间的桥梁和"翻译"，并为管理者提供系统开发的手段。系统分析人员的知识水平和工作能力十分重要。一个称职的系统分析人员不但要具备扎实的软件开发知识，了解信息系统的发展趋势，而且要具备管理方面的知识。他们如果缺乏必要的管理方面的知识，就缺乏与各级管理者打交道的"共同语言"。此外，系统分析人员还应当具有系统观和较好的逻辑分析能力，善于从复杂的事物中抽象出系统模型。

7.3.2 管理信息系统分析的步骤

管理信息系统分析包括以下步骤。

1. 现行系统的详细调查

调查是系统分析与设计的基础。详细调查现行系统的情况及其具体结构，并用一定的工具对现行系统进行详尽的描述，是系统分析的第一步。在充分了解现行系统的基础上，进一步发现其存在的薄弱环节和问题，为下一步的需求分析和进行新的逻辑设计做好准备。

详细调查强调系统分析人员和用户共同参与。调查工作应当从组织的管理层开始，逐层向下调查，确保对整个组织的管理工作进行全面了解。在调查的过程中，要客观地了解组织的现状和环境，掌握其存在的问题和薄弱环节。

为了便于系统分析人员与用户进行交流及分析问题，应当尽可能使用形象直观的图表工具。对于调查工作的每一步都要事先计划好；对于调查所使用的表格和图例要进行规范化处理；对于所有调查结果都要进行整理并归档，以便在后续的工作中使用；对于系统开发的重点部分及近期内要优先开发的部分要进行重点调查。

2. 进行需求分析

需求是指用户要求目标系统具有的功能和特性，包括功能需求、性能需求、可靠性需求、安全保密需求，以及开发费用、开发周期和可使用的资源等方面的约束等。需求分析是在详细调查的基础上进行的。

3. 建立目标系统的逻辑模型

建立目标系统的逻辑模型，对目标系统应具备的功能进行全面、系统、准确、详细的描述。建立系统逻辑模型时需要用到许多工具，如数据流图、数据字典等。

此外，建立目标系统逻辑模型的过程还是进一步发现问题、解决问题以及深入分析问题的过程。对于在逻辑模型建立过程中发现的情况不明、数据不全或有矛盾与冲突等问题，要做进一步的调查，以对模型进行完善和修正。

在这一过程中，用户的参与起着关键作用。用户对逻辑模型的理解和确认不仅是系统分析工作成功的关键，也是系统开发后续阶段用户与系统开发人员相互支持和配合的基础。

4. 编写系统规格说明书

系统规格说明书用比较形式化的语言对软件功能结构进行详细的描述，系统规格说明书是系统设计和实施的基础，也是系统测试和验收的依据。

7.3.3　结构化分析

结构化分析（structured analysis，SA）由美国尤顿（Yourdon）公司于20世纪70年代提出，是一种简单实用、使用很广的方法。该方法通常与结构化设计配合使用，适用于大型信息系统的开发。

结构化分析是一种单纯的自顶向下、逐步求精的功能分解方法，它根据系统内部的数据传递和变换关系建立抽象模型，然后自顶向下、逐层分解，由粗到细、由复杂到简单，直至找到满足功能要求的所有模块。结构化分析的核心特征是分解和抽象。分解就是把大问题分解成若干个小问题，然后分别解决，从而简化对复杂问题的处理。抽象就是对于一些具有某些相似性质的事物，将它们的相同之处概括出来，而暂时忽略它们的不同之处。或者说，抽象是找出事物的本质特性而暂时不考虑它们的细节。

分解和抽象实质上是一对有机联系的概念。自顶向下的过程，即从顶层到第

1层、第2层再逐步到底层的过程，被称为分解；自底向上的过程，即从底层逐步到第2层、第1层再到顶层的过程，被称为抽象。也就是说，下层是上层的分解，上层是下层的抽象。这种层次分解使人们不必考虑无关的细节，而是一层层地了解系统内部的情况，逐步考虑更多的相关细节。对于顶层，则不考虑任何细节，只考虑系统对外部的输入和输出。结构化系统分析的主要指导原则如下。

① 邀请用户共同参与系统开发。

② 在为用户编写有关文档时，要考虑到他们的技术水平，以及阅读与使用资料的目的。

③ 使用适当的图表工具作为通信媒介，尽量降低与用户交流时出现问题的可能性。

④ 在进行系统详细设计之前，建立一个系统的逻辑模型。

⑤ 采用自顶向下的方法进行系统分析，将系统的主要功能逐级分解成具体的、比较单一的功能。

⑥ 采用自顶向下的方法对系统进行测试，先从最高一级的功能开始测试，解决主要问题，然后逐级向下测试，直到对最低一级的具体功能测试完毕为止。

⑦ 把一个大的、复杂的系统逐级分解成小的、易于管理的系统，并在系统验收之前，让用户看到系统的某些主要输出，使用户能够尽早看到结果，及时提出意见。

⑧ 对系统的评价，不仅包括对系统开发和运行的评价，还包括对系统整个生命周期中所花的费用和所获得的收益的评价。

结构化分析利用图或表来表达需求，这种方法清晰、简明、易于学习和掌握。此外，结构化分析采用自顶向下、逐层分解的方式，这使得不论系统有多复杂、规模有多大，分析工作都可以有条不紊地展开。对于大型信息系统只要多分解几层即可，系统分析的复杂程度并不会随之增大。这也是结构化分析的特点。

常用的结构化分析工具有数据流图、数据字典、结构化语言、决策树和决策表等。

1. 数据流图

数据流图（data flow diagram，DFD）是一种最常用的结构化分析工具，它从数据传递和处理的角度，以图形的方式刻画系统内部数据的运动情况。数据流图是一种能全面描述系统逻辑模型的工具，它可以用少量符号综合地反映信息在系统中流动、处理和存储的情况。数据流图具有抽象性和概括性。抽象性表现在它完全舍去了具体的物质，只剩下数据的流动、处理和存储；概括性表现在它可以把信息中各种不同的业务处理过程联系起来，形成一个整体。无论是手工操作部分还是计算机处理部分，都可以用数据流图来表达，因此可以用数据流图这一工具来描述管理信息系统的各项业务处理过程。

（1）数据流图的基本成分

数据流图有四个基本符号，即外部实体、数据流、数据处理和数据存储，如图 7-4 所示。

外部实体　　数据流　　　数据处理　　　　数据存储

图 7-4　数据流图符号

① 外部实体。外部实体（external entity）简称 S，也称为数据源，是指系统之外的人或者单位，它和系统之间有信息传递关系，是系统输入信息的信源和输出信息的信宿。在绘制某个子系统的数据流图时，凡在本系统之外的人或者单位，都被列为外部实体。

② 数据流。数据流（data flow）简称 D，表示流动着的数据，该数据可以是表示各种输入和输出的报表、单据、凭证、信件等，也可以是对数据文件的存储操作。其符号中的箭头指示数据流动的方向，一般会在数据流符号上标明数据流的名称。

③ 数据处理。数据处理（process）简称 P，也称为数据加工，用于描述对数据进行的操作。在数据处理符号中，下方的矩形用于填写数据处理的名称，如开发票、出库处理等，上方的矩形用于填写与该数据处理唯一对应的标识。例如，图 7-5 中的"P1"表示"检查订单"这一数据处理。数据处理既要接收输入数据流，又要输出数据流，如果一个数据处理仅有输入数据流，而没有输出数据流（有输入，无输出），就称之为黑洞；如果一个数据处理仅有输出，没有输入，则称之为奇迹。这些都是由于疏忽或考虑不周而造成的。

④ 数据存储。数据存储（data store）简称 F，是指通过数据文件、文件夹或账本等存储数据，它用一个右边开口的长方形框表示。长方形框的右边填写数据存储的名称，左边填写该数据存储的标识。

从数据存储中流入或流出数据，可以表示数据的使用、移动、创建、修改等，要根据具体情况具体分析。需要注意的是，流入或流出数据时，数据流的方向很重要，如果是读文件，则数据流应当从文件流出，写文件时则刚好相反；如果是既读文件又写文件，则数据流是双向的。如图 7-6 所示，检查库存时，需要从库存文件中读数据，并将其与领料单进行核对，所以数据流向从"库存文件"流出。

图 7-5　数据处理示例　　　　图 7-6　数据存储示例

图 7-7 所示的为某销售过程的数据流图，其流程为：用户将订货单交给某企业的业务经理检查，检查不合格的订单由用户重填，检查合格的订单由仓库保管员在查阅库存台账的基础上做出库处理，如果有货则向用户开票发货，如果缺货则通知采购员进行采购。

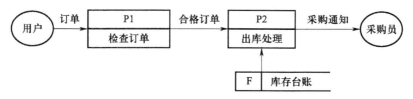

图 7-7 某销售过程的数据流图

（2）数据流图的绘制

由于数据流图完全舍弃了具体的物质，描述的是数据的流动、处理和存储，所以在绘制数据流图时，要注重把握数据的流动方向、处理过程和存储介质。

绘制数据流图应当遵循"由外向里"的原则，即先确定系统的边界，再考虑系统的内容；先画数据输入和数据输出，再画数据处理过程，这可以概括为 16 字原则"自上而下，逐层展开，输入输出，保持平衡"。其具体的绘制步骤如下。

① 确定系统的外部实体，即系统数据的来源和去向。

② 确定系统的输入数据流和输出数据流。系统内部的数据流应当按照从输入端到输出端的顺序绘制，并通过数据存储和数据处理连接起来。当某处的数据流的组成或值发生变化时，就在该处画一个数据处理框；如果某处需要反映数据存储或者在进行数据处理时需要用到其他文件，就在该处画一个表示该文件的数据存储框。

③ 由外向里进行分解。如果一个数据处理的内部还有数据流，则可以将该数据处理分解成若干个子处理，并用数据流把这些子处理连接起来。在分解子处理的过程中，要注意以下问题。

合理编号。数据流图的顶层称为 0 层，称它是第 1 层的父图，第 1 层是第 0 层的子图。为了便于管理，子图的编号规则为：子图的编号由父图的编号+小数点+局部号组成。如果父图（第 1 层处理）的编号为 P1，则子图（第 2 层处理）的编号为 P1.1，P1.2……这种编号规则既能反映子图所属的层次关系，也能说明它的父图编号等信息。

子图与父图的平衡。子图和父图的数据流必须平衡，这里的平衡是指子图的输入数据流与输出数据流，必须与父图中对应数据处理的输入数据流和输出数据流相同。在图 7-8 中，父图 P2 这个数据处理的输入数据流是"订货单"，输出数据流是"提货单"，则 P2 的子图不论对该数据处理进行了怎样的细化，其输入数据流与输出数据流都要与父图保持一致。但以下两种情况是允许的：一是子图的输入数据流与输出数据流，比父图中相应数据处理的输入数据流与输出数据流表达得更加详细。例如，如果图 7-8 所示的父图的"订货单"数据流是由客户、账号、品种、数量等组成的，则图 7-9 中的子图和父图是平衡的。二是为了达到平衡，可以忽略枝节性的数据流。例如，在图 7-9 中，如果在子图的数据处理中增加了一个输出数据流，表示出错的数据流，则仍可以将子图和父图看作平衡。

分解的程度。对于规模较大的系统的数据流图，如果一次性把每个数据处理都分解成基本处理单元，则整个数据流图看起来就会非常复杂，让人难以理解。因此，对

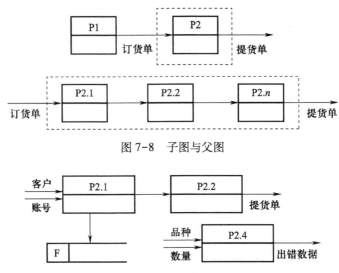

图 7-8　子图与父图

图 7-9　子图与父图的平衡

于一个复杂的数据处理，一般将其子图单独绘制出来，数据流图分解的深度一般不超过 7 个。

图 7-10 至图 7-12 所示的为某订货系统的数据流图。该系统的功能说明如下：假设某个企业的采购部门每天都需要一张订货报表，订货报表中列出所有需要再次订货的材料。材料入库或出库称为事务，通过放在仓库中的计算机终端把事务报告传给订货系统。当某种材料的库存量少于库存量临界值时就再次订货。

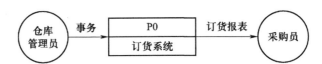

图 7-10　订货系统的顶层数据流图

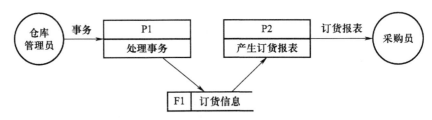

图 7-11　订货系统的第 1 层数据流图

2. 数据字典

数据流图描述了系统的分解，即描述了系统由哪几部分组成、各部分之间的联系等，但没有说明系统中各要素的含义。只有对于数据流图的每一个要素都给出定义，也就是使数据流图上数据流的名称、数据处理的名称等都有确切的解释，才能真正完整、准确地描述一个系统。为此，还需要用其他工具对数据流图加以补充说明。

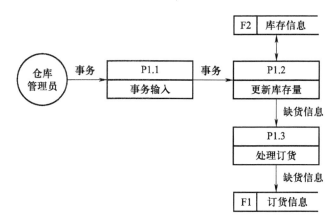

图 7-12 订货系统的第 2 层数据流图

数据字典是以特定格式记录下来的、对系统数据流图的各个基本要素（数据流、数据处理、数据存储和外部实体）的内容和特征所做的完整的定义和说明。它是结构化分析的重要工具之一，是对数据流图的重要补充和说明。建立数据字典的工作量很大，而且相当烦琐，但这是一项必不可少的工作。数据字典在系统开发中具有十分重要的意义，不但在系统分析阶段，而且在整个系统开发过程以及今后的系统运行中都要使用它。

数据字典可以用人工方式建立。例如，事先做好表格，填好表格内容后将其按照一定的顺序排列，就形成了一部字典。数据字典也可以用计算机建立，它实际上是一个数据库，使用和维护起来都比较方便。编写数据字典是系统开发的一项重要的基础工作，从系统分析到系统设计和实施都要使用它。在数据字典建立、修正和补充的过程中，要始终保持数据的一致性和完整性。

数据字典中有 6 类条目：数据项、数据结构、数据流、数据处理、数据存储和外部实体。不同类型的条目有不同的属性，下面分别进行说明。

（1）数据项

数据项又称为数据元素，是系统最基本的数据单位，也是不可再分的数据单位，如学号、姓名、成绩等。一般从静态和动态两个方面去分析数据项的特性，但在数据字典中，仅定义数据项的静态特性，具体包括以下内容。

① 数据项名称：要尽量反映该数据项的含义，以便于人们理解和记忆。

② 数据项编号：一般由字母和数字组成。

③ 别名：一个数据项的名称可能不止一个，若其有多个名称，则要分别加以说明。

④ 简述：当数据项的名称不能确切地反映元素的含义时，可以给该数据项加一些描述信息。

⑤ 长度：指出该数据项由几个数字或字母组成。

⑥ 数据类型：说明数据是字符型数据还是数值型数据等。

⑦ 取值范围：某一特定范围内的所有数值的集合。

表 7-2 就是一个数据字典中对"订单编号"数据项描述的示例。

表 7-2　数据项示例

数据项编号	数据项名称	别　　名	简　　述	数据类型	长度	取 值 范 围
I1	订单编号	OrderNO	订单的唯一标识，由 8 位日期与 4 位流水码组成	字符型	12	"190001010001" — "205012319999"

（2）数据结构

数据结构用于描述某些数据项之间的关系。一个数据结构可以由若干个数据项组成，也可以由若干个数据结构组成，还可以由若干个数据项和数据结构组成。在数据字典中，数据结构包括数据结构编号、数据结构名称、简述、数据结构的组成。例如，表 7-3 和图 7-13 所示的订货单就是由三个数据结构组成的数据结构，表中用 DS 表示数据结构，用 I 表示数据项。对于一个简单的数据结构，只要列出它所包含的数据项即可。对于一个嵌套的数据结构（即数据结构中包含数据结构），则需要列出它所包含的数据结构的名称，因为这些数据结构在数据字典的其他部分已有定义。

表 7-3　数据结构示例

数据结构编号	数据结构名称	简　　述	数据结构的组成
DS3.1	用户订货单	用户所填的用户信息，以及订货要求等信息	DS3.2+DS3.3+DS3.4

DS3.1：用户订货单

DS3.2：订货单标识	DS3.3：用户情况	DS3.4：配件情况
I1：订货单编号	I3：用户代码	I10：配件代码
I2：日期	I4：用户名称	I11：配件名称
	I5：用户地址	I12：配件规格
	I6：用户姓名	I13：订货数量
	I7：电话	
	I8：用户开户银行	
	I9：账号	

图 7-13　用户订货单数据结构示例

（3）数据流

数据流由一个或一组固定的数据项组成。定义数据流时，不仅要说明数据流的名称、组成等，还要指明它的来源、去向和流通量等。在数据字典中，数据流有如下属性（如表 7-4 所示）。

① 数据流名称：要尽量便于人们理解和记忆。

② 数据流编号：一般由字母和数字组成。

③ 简述：对该数据流的补充说明。

④ 数据流的来源：数据流可以来自某个外部实体、数据存储或某个数据处理。

⑤ 数据流的去向：某些数据流的去向可能不止一个，若有多个去向，则要分别加以说明。

⑥ 数据流的组成：是指数据流所包含的数据项。一个数据流可以包含一个或多个数据项。

⑦ 数据流的流通量：是指单位时间内数据的传输次数。

⑧ 高峰流通量。

表 7-4　数据流示例

数据流编号	数据流名称	简述	数据流的来源	数据流的去向	数据流的组成	数据流的流通量	高峰流通量
D3.8	领料单	车间开出的领料单	车间	发料处理模块	材料编号＋材料名称＋领用数量＋日期＋领用单位	10 份/时	20 份/时（上午 9:00—11:00）

（4）数据处理

数据处理用于对数据流图中底层的数据处理逻辑进行说明。在数据字典中，对数据处理的定义包括数据处理名称、数据处理编号、简述、输入的数据流、处理过程、输出的数据流，以及处理频率，如表 7-5 所示。

表 7-5　数据处理示例

数据处理名称	数据处理编号	简述	输入的数据流	处理过程	输出的数据流	处理频率
计算电费	P2.3	计算应缴纳的电费	数据流"电费价格"，来源于数据存储"价格表"；数据流"电量和用户类别"，来源于数据处理"读电表"和数据存储"用户文件"	确定该用户的类别和收费标准，得到单价；单价和用电量相乘，得到该用户应缴纳的电费	一是外部实体"用户"；二是写入数据存储"用户电费账目文件"	对于每个用户每月处理一次

（5）数据存储

数据存储在数据字典中用于描述数据的逻辑存储结构，不涉及数据的物理存储结构。在数据字典中对数据存储的定义包括：数据存储编号、数据存储名称、简述、数据存储的组成、关键字、相关的处理。表 7-6 给出了一个数据存储示例。

表 7-6　数据存储示例

数据存储编号	数据存储名称	简述	数据存储的组成	关键字	相关的处理
F3.8	库存台账	存放配件的库存量和单价	配件编号＋配件名称＋单价＋库存量＋备注	配件编号	P2, P3

（6）外部实体

外部实体是数据流的来源和去向。因此，在数据字典中，关于外部实体的条目主要用于说明外部实体产生的数据流、传给该外部实体的数据流，以及该外部实体的数量。其中，外部实体的数量对于估计系统的业务量有参考作用，尤其是那些彼此之间关系密切的主要外部实体的数量。在数据字典中，对外部实体的定义包括外部实体编号、外部实体名称、简述、输入的数据流、输出的数据流。表 7-7 给出了一个外部实体定义的示例。

表 7-7　外部实体定义示例

外部实体编号	外部实体名称	简　　述	输入的数据流	输出的数据流
S3.1	用户	购置本单位配件的用户	D3.6，D3.8	D3.1

数据字典在系统开发、运行及维护阶段是必不可少的工具。它既可以用手工方式建立，也可以用计算机方式建立。在系统开发过程中，如果用户的需求发生变化，就要对数据字典做相应的修改。一般由数据管理员对数据字典进行管理，其他人，包括系统分析人员、系统设计人员、程序员等，若要修改数据字典的内容，就必须通过数据管理员，以保证数据字典内容的完整性和一致性。

3. 描述数据处理的工具

数据字典对比较简单的数据处理进行了定义，但复杂的数据处理，则需要用专门的处理工具加以说明。常用的数据处理工具有结构化语言、决策树和决策表三种。

例如，某快递公司的收费标准如下：如果收件地址在本省，则普通件的收费标准为 4 元/kg，加急件的收费标准为 6 元/kg；如果收件地址在外省，则若货物重量在 25 kg 以内（包含 25 kg），普通件的收费标准为 6 元/kg，加急件的收费标准为 8 元/kg；若货物重量超过 25 kg，超重部分普通件的收费标准为 8 元/kg，加急件的收费标准为 10 元/kg。假设货物的重量为 W kg，采用不同的分析方法对货物收费情况进行分析。

（1）结构化语言

结构化语言是一种模仿计算机语言来描述数据处理的方法，结构化语言与程序设计语言的区别在于它没有严格的语法规定，结合了自然语言简单易懂的特点和计算机语言的规范框架。以下是"快递公司货物收费标准的数据处理"的结构化语言示例。

```
IF 收件地址在本省
    IF 货物为普通件 THEN
        快递费用为 4W
    ELSE
        快递费用为 6W
    ENDIF
ELSE
    IF W <= 25 kg
        IF 货物为普通件 THEN
            快递费用为 6W
```

```
        ELSE
            快递费用为 8W
        ENDIF
    ELSE
        IF 货物为普通件 THEN
            快递费用为 8W-50
        ELSE
            快递费用为 10W-50
        ENDIF
    ENDIF
ENDIF
```

结构化语言的主要特点是表达简单、易懂，由于模仿计算机语言，所以便于向程序设计语言过渡，但是不够直观。

（2）决策树

决策树使用一种分叉树来表示数据处理。它由两个部分组成，左侧用分叉表示条件，右侧表示所采取的行动。在图 7-14 中，用决策树的方式描述了"快递公司货物收费标准的数据处理"。

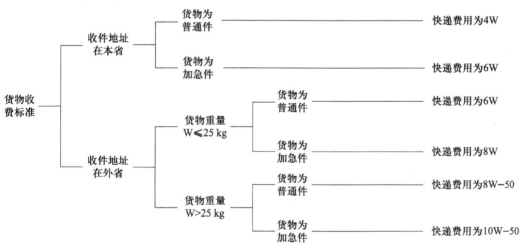

图 7-14 用决策树的方式描述快递公司货物收费标准的数据处理

（3）决策表

决策表使用表格来描述数据处理。如果用文字表达一种多元的逻辑关系，不仅烦琐，阅读起来也比较困难。采用决策表可以清晰地表达条件、决策、行动之间的逻辑关系。表 7-8 所示的决策表描述了"快递公司货物收费标准的数据处理"。

在进行决策分析时，利用决策表能非常清晰地得出不同条件下的处理结果，在使用决策表的过程中，表的化简最为关键。在表 7-8 中，处理本省货物时对货物重量的分析就是冗余，因此需要进行简化，以便于后期数据处理的设计和实现，简化后的决策表如表 7-9 所示。

表 7-8 快递公司货物收费标准的数据处理决策表

	条件和行动	1	2	3	4	5	6	7	8
条件	C1：收件地址	本省	本省	本省	本省	外省	外省	外省	外省
	C2：货物类型	普通	普通	加急	加急	普通	普通	加急	加急
	C3：货物重量	≤25 kg	>25 kg	≤25 kg	>25 kg	≤25 kg	>25 kg	≤25 kg	>25 kg
行动	A1：快递费用为 4W	▲	▲						
	A2：快递费用为 6W			▲	▲	▲			
	A3：快递费用为 8W							▲	
	A4：快递费用为 8W-50						▲		
	A5：快递费用为 10W-50								▲

表 7-9 简化后的快递公司货物收费标准处理决策表

	条件和行动	1	2	3	4	5	6
条件	C1：收件地址	本省	本省	外省	外省	外省	外省
	C2：货物类型	普通	加急	普通	普通	加急	加急
	C3：货物重量	—	—	≤25 kg	>25 kg	≤25 kg	>25 kg
行动	A1：快递费用为 4W	▲					
	A2：快递费用为 6W		▲	▲			
	A3：快递费用为 8W					▲	
	A4：快递费用为 8W-50				▲		
	A5：快递费用为 10W-50						▲

7.3.4 系统规格说明书

系统规格说明书是对系统分析工作的全面总结，它既是系统分析阶段的主要工作成果，又是管理者对是否进入系统设计阶段的决策依据，也就是说，只有系统规格说明书通过管理者审核批准才能进行下一阶段的工作。因此，系统规格说明书是整个系统开发工作中最重要的文档之一。

系统规格说明书应当达到的基本要求是：全面、系统、准确、翔实、清晰地描述系统开发的目标、任务和功能。

① 全面：就是要对整个系统的内容进行描述，而不是只对某个局部的内容进行描述。

② 系统：就是要描述系统各部分之间的相互联系、相互作用，正确处理整体与部分之间的关系。

③ 准确：就是要对系统的目标、任务以及逻辑模型中的各种成分进行准确的、符合实际的描述，避免出现错误与疏漏。

④ 翔实：就是要详细、具体地描述用户需求与系统逻辑功能，为系统的设计与实施提供依据。

⑤ 清晰：就是要表述清楚、无二义，总体上一目了然，每个具体问题都有详细的说明。整个系统规格说明书要结构合理、形式简洁、可读性强，便于系统开发人员之间、系统开发人员与用户之间的交流。

作为系统分析阶段的技术文档，系统规格说明书通常包括引言、项目概述和实施计划三个方面的内容。

1. 引言

（1）摘要

说明系统开发项目的名称、目标和功能。

（2）背景

① 项目的承担者。

② 用户。

③ 本系统与其他系统或机构之间的关系。

（3）参考和引用资料

① 本项目的经核准的计划任务书或合同、上级机关的批文。

② 属于本项目的其他已发表的文件。

③ 本项目引用的文献资料，列出上述文献资料的标题、编号、发表日期和编制单位，并说明这些文献资料的来源。

（4）专业术语

列出本文件所使用的专业术语。

2. 项目概述

（1）项目的主要内容

简要说明本项目在系统分析阶段所进行的各项工作的主要内容，这些工作是建立目标系统逻辑模型的必要条件，而逻辑模型是编写系统规格说明书的基础。

（2）系统需求说明

目标系统是在现行系统的基础上建立起来的。在设计目标系统之前，必须对现行系统进行调查，掌握现行系统的实际情况，了解用户的要求和存在的问题。

① 现行系统的调查说明。列出现行系统的目标、主要功能、用户要求等，并简要指出现行系统中存在的主要问题。

② 业务流程说明。简要说明现行系统的工作流程和事务流程等业务流程的概况。若需要反映这些业务流程的系统流程图，可另附。

（3）系统功能说明

在现行系统调查的基础上，利用相关工具分析组织内信息和数据流动的路径及过程，弄清用户要解决什么问题，明确系统的功能要求。

① 系统的目标。说明目标系统有哪些目标。

② 目标系统的功能要求。数据流图是对系统需求的高度概括，是调查研究的重

要产物，它源于现行系统，又高于现行系统。这里主要利用数据流图来说明系统的功能要求。

③ 验收。系统分析人员和用户一起讨论系统是否达到验收要求。

（4）系统的数据要求说明

根据数据流图、数据字典、决策表等定义数据结构，标识每个数据结构的数据项以及它们之间的关系。

① 系统的数据要求。这里的数据是指静态数据，即在系统运行过程中起参考作用的数据，它们一般不随系统运行而改变。

● 数据项的定义。说明数据项定义中出现的例外情况，列出用于控制或参考的主要数据项。

● 容量。本系统所有数据项的总长度。

● 用户。

● 验收。指出验收情况。

② 系统数据的粗略估计。粗略估算系统运行过程中动态数据的类型和数量。

3. 实施计划

（1）工作任务的分解

对于系统开发中应当完成的工作任务，按照系统功能（或子系统功能）进行分解，并指明每项工作任务的负责人。

（2）进度

给出每项工作任务的开始日期和完成日期，规定各项工作任务完成的先后次序以及每项工作任务完成的标志。

（3）预算

逐项列出本项目的经费（包括劳务费、办公费、差旅费、资料费等）预算。

7.4　管理信息系统设计

系统分析阶段要回答的中心问题是系统需要"做什么"，即要明确系统的功能和用途，为系统的设计和实施提供一个逻辑模型。而系统设计阶段要回答的中心问题是应当"怎么做"，即如何实现系统规格说明书所规定的系统功能，满足业务处理的需求。在进行系统设计时，要根据实际的技术、人员、经济和社会条件确定系统的实施方案，建立系统的物理模型。

7.4.1　管理信息系统设计的目标与内容

1. 管理信息系统设计的目标

一般来讲，系统设计的目标是在实现系统分析阶段建立的逻辑模型的基础上，尽可能地提高系统的可靠性、运行效率、可变更性和经济性。系统设计的目标主要体现在以下几个方面。

（1）系统的可靠性

系统的可靠性是指保障系统正常工作的能力，这是对系统的基本要求。系统在工作时，应当对所有可能发生的情况都予以考虑，并采取适当的防范措施，提高系统的可靠性。系统的可靠性主要包括硬件可靠性和软件可靠性。衡量系统可靠性的重要指标是平均无故障时间（mean time to failures，MTTF）和平均维修时间（mean time to repair，MTTR）。前者是指针对不可维修的产品，发生故障前正常工作时间的平均值；后者是指针对可维修的产品，发生故障后所需维修时间的平均值。系统的平均无故障时间越长，其可靠性就越高；系统的平均维修时间越短，其可维护性就越高。

（2）系统运行效率

系统的运行效率包括以下三个方面。

① 处理能力。处理能力是指在单位时间内能够处理的事务数。

② 处理速度。处理速度是指处理单个事务所耗费的时间的平均值。

③ 响应时间。响应时间是指从客户端发出处理要求到系统返回处理结果所用的时间。

（3）系统的可变更性

系统在投入运行之后，会因为环境的不断变化而遇到这样或那样的问题，进而不可避免地有一些设计上的缺陷和功能上的不完善之处。因此，在进行系统设计时要充分考虑系统的可变更性，降低修改和维护系统的难度。是否可以方便地对系统进行变更，直接关系到系统生命周期的长短。

（4）系统的经济性

系统的经济性是指系统的成本与收益之间的比例关系。系统设计不是为了追求最佳的设计效果，而是一个寻求经济效益和系统投入及产出平衡的、可接受的设计方案的过程。

上述这几个方面既相互联系，又彼此制约，甚至在一定程度上还会相互冲突。例如，对于一个对安全性要求较高的涉及机密信息的系统，为了提高该系统的可靠性，就要采取一些校验和控制措施，但这会导致成本增加、经济性下降。另外，为了增强系统的可变更性，通常会采用模块化的结构，但这会导致系统运行效率降低。在进行系统设计时，应当根据系统的具体情况做出权衡：对于涉及机密信息的系统，要不惜增加一定的成本，以及损失一定的系统运行效率来保障系统的可靠性和安全性；而对于对实时处理要求较高的订票系统，则不妨增加其存储方面的开销，优先保证系统的运行效率。

2. 管理信息系统设计的内容

尽管系统设计的内容随系统目标的不同和处理问题方式的不同而有所不同，但一般而言，系统设计都可以分为总体设计（又称为概要设计）和详细设计两个部分。在实际的系统设计工作中，这两个部分的内容往往是相互关联的。

（1）总体设计

总体设计又称为概要设计，是系统开发过程中非常关键的一步。系统的质量及其一些整体特性是由这一步的成果决定的。总体设计的主要任务是完成对系统总体结构和基本框架的设计。

（2）详细设计

详细设计是指在总体设计的基础上，将设计方案进一步详细化、条理化和规范化，为每个具体任务选择适当的技术手段和处理方法。系统的详细设计一般包括如下内容。

① 代码设计。代码设计实际上是对信息的分类和编码，它将系统中有共同属性或特征的信息归并在一起，并用便于计算机和人识别及处理的符号来表示这些信息。

② 数据库设计。数据库设计就是指构建既能客观、准确地反映外部世界，又便于人类大脑认识的概念模型，并在此基础上对数据进行建模，将其转化为数据库管理系统所支持的数据模型，然后选择合适的存储结构和存储方法，最终完成数据库的设计工作。

③ 输入输出设计。输入输出设计主要是对以记录为单位的各种输入输出报表的格式进行描述。另外，人机对话方式的设计和输入输出装置的选择也是在这一步完成的。

④ 处理过程设计。总体设计将系统分解为许多模块，并基本确定了每个模块的功能和接口。而处理过程设计则定义每个模块的内部执行过程，包括数据组织、控制流、每一步的具体处理要求和实施细节。通过处理过程设计，可以制订出一个周密的程序编写计划。一般来说，对于每一个功能模块都要设计一个处理过程。

（3）其他设计任务

详细设计完成以后，还要完成其他设计任务，相关的设计任务包括用户界面设计、系统标准化设计、描述系统设计的结果、拟定系统实施方案等。

① 用户界面设计。用户界面设计在用户与系统之间架起一座桥梁，其主要内容包括：定义界面形式；定义基本的交互控制形式；定义图形和符号；定义通用的功能键和组合键的含义及其操作内容；定义帮助策略，等等。

② 系统标准化设计。系统标准化设计是指在对各类数据编码、数据库（文件）和功能模块进行命名时要依据相应的规则，要符合标准化的要求。另外，为了保证系统安全可靠地运行，还要对数据进行保密设计和可靠性设计。

③ 描述系统设计的结果。描述系统设计的结果是指编制系统设计说明书、程序设计说明书、系统测试说明书以及各种设计图表，并将它们汇集成册，交给有关部门和人员审核批准。

④ 拟定系统实施方案。拟定系统实施方案是指在系统设计结果得到有关部门和人员认可之后，拟定系统实施计划，确定系统实施阶段的工作内容、工作时间和其他具体要求。系统实施方案得到批准后，就可以正式进入系统实施阶段。

7.4.2　结构化设计的方法与工具

结构化方法规定了一系列模块分解的原则和技术，提出了结构化设计的基础是模块化，即将整个系统分解成若干个相对独立的模块，通过设计模块和协调模块之间的关系来实现整个系统的功能。

1. 系统流程图

系统流程图是用于描述系统执行过程的工具。由于它主要描述数据在系统中传输时所经过的存储介质和工作站点，因此它与物理系统有着密切的联系。系统流程图的缺点在于它不能反映系统的总体结构及每个模块的功能，无法评价系统是否符合用户的要求，也无法知道系统的大小，以及系统是否易于维护和修改。

绘制系统流程图的主要依据如下。

- 信息处理的步骤和内容。
- 每一个步骤所涉及的物理过程。
- 各个步骤之间的物理和逻辑关系。

图 7-15 所示的是一个描述仓库发料业务流程的系统流程图。

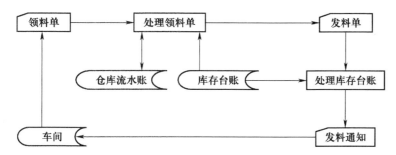

图 7-15　仓库发料业务流程的系统流程图

2. 模块

模块（module）是通过一个名字就可以调用的一段程序代码，它包括输入输出、逻辑功能、内部数据及运行程序四个部分。输入输出、逻辑功能是模块的外部特征，说明了系统如何从外界获得数据，然后如何处理、如何反馈的过程。内部数据和运行程序是模块的内部特征，其中内部数据是指仅供该模块引用的数据，模块则由运行程序实现。

在系统流程图中，模块一般用长方形框表示，模块的名称写在长方形框中。模块名称应当恰如其分地表达一个模块的功能。模块最显著的两个特点是抽象性和信息隐蔽性。

（1）抽象性

从系统规划到系统分析和设计是一个抽象层次不断降低的过程。系统分析阶段的抽象层次最高，人们以概括的方式来叙述问题的解决方案；在较低的抽象层次，人们采用过程性的方法对系统进行描述；在系统实现之后，人们直接用专业术语来对系统进行表述，这时的抽象层次最低。

（2）信息隐蔽性

模块的信息隐蔽性是指一个模块所包含的信息（过程和数据），对于其他那些不需要这些信息的外部模块来说具有不可获取性和不可访问性。可以通过定义一组独立的模块来实现模块的信息隐蔽性。这些独立的模块之间仅仅交换那些为了完成系统整体功能而必须交换的信息。

3. 分层输入-处理-输出技术

（1）输入-处理-输出图

输入-处理-输出（input-process-output，IPO）图是一种反映模块输入、处理和输出的图形化表格，其中 I、P、O 分别指输入（input）、处理（process）和输出（output）。它描述了模块的输入输出关系、处理内容、模块的内部数据和模块的调用关系，是系统设计的重要成果，也是系统实施阶段编制程序设计说明书和进行程序设计的出发点和依据。IPO 图的内容和形式如图 7-16 所示。

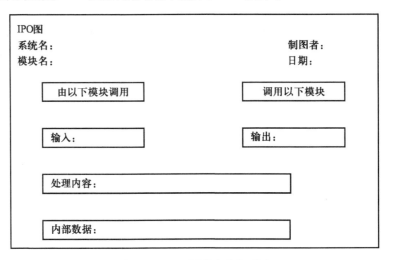

图 7-16　IPO 图的内容与形式

（2）分层输入-处理-输出图

自顶向下地分层次分解系统，将每个模块的输入、处理和输出关系表示出来，就得到了分层输入-处理-输出（hierarchical input-process-output，HIPO）图，如图 7-17 所示。

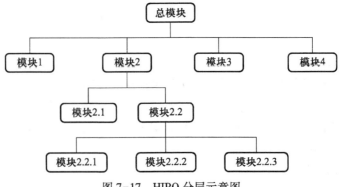

图 7-17　HIPO 分层示意图

7.4.3　系统总体设计

1. 系统总体设计的原则

系统总体设计是指整个系统由哪些部分组成，以及各部分之间在逻辑上和在物理上的相互关系。

系统总体设计的主要原则有以下几个。

（1）分解–协调原则

复杂系统设计的一个重要原则是把一个复杂的系统分解成多个易于解决、易于理解的子系统分别进行处理，并在处理过程中根据系统的总体要求协调各子系统之间的关系。对系统进行分解的依据如下。

① 按照系统的功能进行分解。

② 按照系统运行和管理活动的客观规律进行分解。

③ 按照信息处理的方式和手段进行分解。

④ 按照系统的工作规程进行分解。

⑤ 按照用户的特殊需求进行分解。

⑥ 按照系统开发、维护和变更的方便性进行分解。

协调各子系统之间关系的主要依据如下。

① 目标协调。

② 工作进程协调。

③ 工作规范和技术规范协调。

④ 信息协调。

⑤ 业务内容协调。

（2）信息隐蔽和抽象原则

上层模块只规定下层模块做什么，以及所属模块之间的协调关系，而不规定具体怎么做，来保证各模块的相对独立性和内部结构的合理性，使得模块之间层次分明、易于理解、易于实施和维护。

（3）自顶向下原则

明确系统总的功能目标，然后逐层对系统进行分解，先确定上层模块的功能，再确定下层模块的功能。

（4）一致性原则

要保证在整个系统设计过程中具有统一的规范、统一的标准和统一的文件模式。

（5）面向用户原则

明确每一个模块的功能和模块之间的接口，清除冗余功能和无用的接口。

2. 系统总体布局设计

系统总体布局设计是指系统的平台设计，即系统选型、计算机处理方式设计、数据存储设计、数据库管理系统选型、网络系统设计，以及软件和硬件配置。

设计出来的系统总体布局应当满足系统处理功能和存储功能的要求，以及系统易用性、可维护性、可扩展性、可变更性和可靠性好的要求，并兼顾系统的经济性。在进行系统总体布局设计时，应当考虑以下问题。

- 系统选型，是集中式系统还是分布式系统。
- 计算机处理方式设计，根据实际情况使用一种计算机处理方式，或者混合使用多种计算机处理方式。
- 数据存储设计及数据库管理系统选型，根据数据的规模和类型决定采用何种数据存储方式及数据库管理系统。
- 网络系统设计，选择网络计算模式，进行网络拓扑结构设计和逻辑设计，确定网络操作系统。
- 软件和硬件配置，从功能要求、性能要求和容量要求等方面进行系统的软件和硬件配置。

（1）系统选型

从信息资源管理的集中程度来看，可以将系统分为集中式系统和分布式系统。

① 集中式系统。集中式系统是一种集硬件设备、软件资源和数据于一体的系统。集中式系统的主要优点如下。

- 管理、控制与维护方便。
- 安全性、保密性较好。
- 能够集中使用。
- 资源利用率高。

其缺点如下。

- 应用范围与功能会受到限制。
- 可变更性、灵活性和扩展性较差。
- 对于终端用户来说，由于集中式系统对用户需求的响应不及时，所以不利于调动他们的积极性。

② 分布式系统。分布式系统是一个虽然在若干个地方分散设置，在逻辑上具有独立的处理能力，但在统一的工作规范、技术要求和协议的指导下工作、通信和控制的一些相互联系且资源共享的子系统。根据网络的规模和组成方式，可以将分布式系统分为局域网形式、广域网形式以及局域网和广域网的混合形式。

分布式系统的主要优点如下。

- 资源分散管理与共享使用，不但能减轻主机的压力，而且能与应用环境较好地匹配。
- 具有一定的独立性和自治性，有利于调动各结点所在部门的积极性。
- 并行工作可以使负载分散，因而对主机性能的要求降低。
- 可行性高，个别结点的故障不会导致整个系统瘫痪。
- 可变性、灵活性高，易于调整。

分布式系统也有缺点，主要体现在以下几个方面。

- 资源分散管理降低了系统的安全性，并给系统数据的一致性维护带来了困难。

- 地理上的分散设置，使得系统维护起来比较困难。
- 管理分散，加重了管理工作的负担。

（2）计算机处理方式设计

对于计算机处理方式，可以根据系统功能、业务处理的特点、性能价格比等因素来进行选择。主要的计算机处理方式如下。

- 脱机批处理。
- 联机实时处理。
- 联机批处理。
- 分布式处理。
- 混合使用各种方式。

（3）数据存储设计及数据库管理系统选型

① 数据存储设计。进行数据存储设计时需要考虑的原则包括数据结构的合理性、数据存储的安全性以及数据维护和管理的方便性。数据存储设计的内容主要如下。

- 数据存储方式的设计，包括各类数据项的规范化逻辑设计、各类数据文件的组织方式设计以及各类数据文件之间的逻辑关系设计。
- 数据存储的规模设计。
- 数据存储空间的分布。

② 数据库管理系统选型。数据库管理系统选型是一个十分关键的问题，因为信息系统的核心任务是数据的采集、存储和处理。在选择数据库管理系统时，应当着重考虑所选数据库管理系统在以下方面是否具有优势。

- 数据存储能力。
- 数据查询速度。
- 数据恢复与备份能力。
- 分布处理能力。
- 与其他数据库的互联能力。

（4）网络系统设计

① 网络计算模式。网络计算模式是指采用的是客户–服务器模式，还是浏览器–服务器/数据库服务器模式。

② 网络拓扑结构设计。网络拓扑结构一般有总线型、星形、环形、混合型等结构，应当根据信息系统的地域分布、信息流量综合考虑使用哪种网络拓扑结构。

③ 网络的逻辑设计。先将系统从逻辑上分为若干个分系统或子系统，然后按照需要配备设备，如主服务器、主交换机、分交换机、集线器、通信服务器、路由器和调制解调器等，并考虑各个设备之间的连接结构。

④ 网络操作系统。常见的网络操作系统有 UNIX、Linux、Windows Server 等。

（5）软件和硬件配置

软件包括系统软件、数据库管理系统和其他一些应用软件及中间件产品，硬件包括主机、外围设备、网络设备等。系统软件和硬件配置的原则是，技术上具有先进性，实现上具有可行性，使用上具有灵活性，发展上具有可扩充性，投资上具有受益性。

从系统需求的角度看，进行软件和硬件配置时要考虑以下内容。

① 功能要求。系统配置能够满足目标系统的各种功能要求，包括联网要求。

② 性能要求。根据用户对系统处理速度、精确度等提出的要求，确定计算机的运行速度、网络的数据传输速率等指标。

③ 容量要求。根据系统要处理的最大数据量以及系统的发展规划，配置计算机的内存和外存容量。

软件和硬件配置的具体项目包括如下内容。

● 操作系统，如单机操作系统、网络操作系统。

● 网络协议，如 TCP/IP 等协议。

● 数据库产品，说明系统所使用的数据库管理系统，常见的有 Oracle、DB2、Sybase、Microsoft SQLServer、Informix 等。

④ 应用软件。列出系统所使用的其他应用软件或中间件产品，说明其功能和相关支持技术。

3. 模块结构设计

（1）模块独立性

① 模块化。模块化是指将系统划分为若干个模块。模块化设计可以使整个系统结构简单、层次清晰、可维护性强。模块化设计的目标是：每个模块都能完成一个相对独立的功能；模块之间的关系简单。简言之，就是提高每个模块的独立性。

② 模块独立性的度量。功能独立且和其他模块之间没有过多相互作用和消息传递的模块被称为独立的模块。模块的独立性可以由两个定性标准度量：内聚性（cohesion）和耦合（coupling）。内聚性用于度量模块内部各元素结合的紧密程度。耦合则用于度量不同模块之间相互依赖的程度。在进行模块结构设计时，应当尽可能地提高模块的内聚性，使每个模块都执行单一的功能，以降低模块间的联系，提高模块的独立性。此外，还应当追求模块功能内聚，如果有可能，要将非功能内聚的模块转化为功能内聚的模块。模块的高内聚性往往意味着模块之间的松耦合。要想提高模块的内聚性，必须减少模块之间的联系。

（2）模块结构设计原则

提高模块的内聚性、降低模块之间的耦合程度，是模块结构设计要遵循的重要原则。除此之外，在进行系统模块结构设计的过程中，还应当遵循以下原则。

① 系统分解有层次。首先，从系统的整体出发，根据系统目标按照功能划分模块。各个模块既互相配合，又各自具有独立的功能，共同实现整个系统的目标。其次，对于每个模块再进一步逐层向下分解，直至分解到最小的模块为止。

② 适宜的系统深度和宽度比例。系统深度表示系统结构中的控制层次。系统宽度则表示控制的总分布，即同一层次模块总数的最大值。系统的深度和宽度之间往往有一个较为适宜的比例关系。深度过大说明系统划分得过细，宽度过大可能会导致系

统的管理难度加大。

③ 模块的规模适中。模块的规模一般用模块所包含的语句的行数来衡量。有这样一个参考数据，即模块的语句行数最好为 50~100，最多不超过 500 行。

④ 适度控制模块的扇入和扇出。模块的扇入是指模块的直接上级模块的个数，模块的直属下级模块的个数即为模块的扇出。模块的扇入一般来说越大越好，说明该模块的通用性较强。对于模块的扇出而言，过大可能导致系统控制和协调起来比较困难，过小则说明该模块本身规模过大。模块扇出一般为 3 或 4，不超过 7。

⑤ 较小的数据冗余。模块分解不当，会造成大量的数据冗余，并且使得相关数据分布在不同的模块中，进而需要调用大量的原始数据、保存和传递大量的中间结果，以及重复进行大量的计算工作，导致系统的工作效率降低。

7.4.4 系统详细设计

1. 代码设计

代码是代表系统中客观存在的事物的名称、属性或状态的一个或一组有序符号，它应当易于计算机和人识别及处理。代码由数字、字母或者两者的混合组成。代码设计是一个科学管理的问题，设计出一个好的代码方案有利于系统开发工作的进行。

（1）代码的功能

① 唯一标识功能。唯一标识功能是代码最基本的功能。在一个信息分类和编码标准体系中，一个代码只能唯一表示一个对象，而一个对象只能对应于一个唯一的代码。对于具有相同名称的人或物，则用不同的代码加以区分，以便于信息的存储和检索。

② 分类功能。代码可以作为区分对象的标识，这是利用计算机对对象进行分类统计的基础。

③ 排序功能。代码还可以作为对象排序的标识。也就是说，当按照对象产生的时间、所占用的空间或其他方面的顺序对其进行分类，并为不同的分类赋予不同的代码时，代码可以作为对象排序的标识。

（2）代码的种类

根据编排方式，可以将代码分为以下几种。在实际应用中，常常会根据需要使用两种或两种以上代码的组合。

① 顺序码。顺序码又称为系列码，它用一串连续的数字来代表系统的实体或实体属性。顺序码是一种无实际意义的代码，这种代码只是作为对象的唯一标识使用，而不提供对象的任何其他信息。

顺序码的优点是短小简单，易于管理。其缺点是不能反映对象的特征，代码本身无任何含义。此外，由于代码按顺序排列，新增加的对象只能排在最后，删除对象就会造成空码，缺乏灵活性，所以通常将其作为其他代码的一个组成部分。

② 区间码。区间码把代码分成若干个区段，一个区段表示对象的一个类别。它的优点是对信息的处理比较可靠，排序、分类、检索等操作易于进行，但这种代码的

长度与其属性的数量有关，有时可能会使代码很长。

③ 助忆码。助忆码用字符、数字或字符和数字的组合来描述对象。这些字符、数字或字符和数字的组合有助于人们记忆。助忆码的优点是直观，便于记忆和使用；其缺点是不利于计算机处理，当对象较多时也容易出错，所以这种代码主要用于对象数量较少（一般少于 50 个）的人工处理系统。此外，太长的助忆码占用的存储空间过大，也不易于使用。

④ 缩写码。缩写码是指把人们习惯使用的缩写词直接作为代码，它简单、直观，便于人们记忆和使用。根据所选用的符号类型，可以将缩写码分为字符码、数字码和混合码。

（3）代码设计的原则

① 唯一性。一个对象可以有多个名称，或者有多种描述方式，但只能被赋予一个唯一的代码；而一个代码也只能唯一地代表系统中的一个对象。例如，在进行人事档案管理时，很可能会出现员工重名的问题，解决这个问题的方法就是编制员工号。

② 标准化。设计代码时要尽量采用国际标准或国家标准，如果设计行业代码还应当遵循本行业的代码标准。采用标准的代码方案，不仅能减少代码设计的工作量，还能在一定程度上减少系统更新和维护的工作量，为今后的信息共享创造条件。

③ 规范化。规范化和标准化是密切相关的。在一个代码体系中，代码的结构、类型和格式必须统一，同时要有一定的规律，以便于计算机进行处理。

④ 合理性。代码设计必须与对象的分类体系相适应，以使代码对于对象的分类具有标识作用。

⑤ 可扩展性。代码所表示的对象总是在不断的变化之中，因此代码体系本身应当留有充分的余地，如设置备用代码，以适应将来不断扩展的需要。当然，备用代码也不能预留得过多，否则会增加处理的难度。

⑥ 简单性。代码的结构要尽可能地简单，要尽量缩短代码的长度，以方便使用，提高处理效率，并减少各种差错。

⑦ 实用性。代码应当尽可能地反映对象的特点，以便于人们记忆和书写。例如，数据库对象可以用其中文名称的拼音简写作为代码。

2. 数据库设计

数据库设计的质量对整个系统的功能和运行效率都有很大的影响。数据库设计的核心问题是：从系统的观点出发，根据系统分析和设计的要求，结合所使用的数据库管理系统，建立数据模型。数据库设计的基本要求如下。

- 符合用户需求，能正确反映用户的工作环境。
- 与使用的数据库管理系统所支持的数据模型相匹配。
- 数据组织合理，易于操作、易于维护、易于理解。

数据库设计的过程可以分为四个阶段，即用户需求分析、概念结构设计、逻辑结构设计和物理结构设计。图 7-18 反映和分析了这一设计过程，其中：

- 用户需求分析是指对客观世界的调查和分析。

● 概念结构设计是指从客观世界向信息世界的转换。它根据用户需求来设计数据库的概念结构，常用实体-联系图表示。

● 逻辑结构设计是指从信息世界向数据世界的转换。它将概念结构转换为某种数据库管理系统所支持的数据模型。

● 物理结构设计是指为数据模型选择合适的存储结构和存储方法。

（1）用户需求分析

在进行用户需求分析时，需要结合系统应用环境，分析系统各类使用者和管理者的数据处理需求，以及系统约束条件。用户需求分析包括以下三个方面的内容。

① 系统应用环境分析。系统应用环境是指系统所运行的特殊组织环境。不同的组织有不同的结构和业务流程。系统应用环境决定了数据库的整体设计思路和设计风格。

② 用户数据处理需求分析。根据用户希望从数据库中获得哪些信息以及对信息的处理要求，决定应该在数据库中存储哪些数据以及对数据进行哪些处理，并在此基础上编制数据字典。数据处理要求包括数据处理过程中特定的查询要求、响应时间要求，以及数据安全性、保密性、完整性和一致性等方面的要求。

③ 系统约束条件分析。分析现行系统

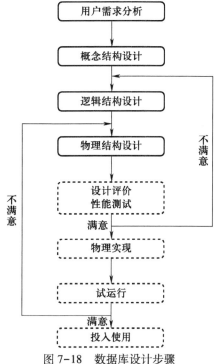

图 7-18 数据库设计步骤

的规模、结构、资源和地理分布，明确现行系统存在的限制或约束条件，以使系统设计不至于脱离实际，确保系统开发工作顺利进行。

（2）概念结构设计

概念结构设计是指将客观世界的各种事物及其之间的联系转换为信息世界中的信息模型，即为数据库设计概念结构。实体-联系（E-R）图是描述数据库概念结构的有力工具。下面结合实例说明实体-联系图的构建。

假设一个学院有多个系，每一个系有若干名教师，教师为学生开设课程。下面画出整个系统的实体-联系图。

该学院的结构如下。

① 实体：即院长、系、教师、学生。

② 实体-联系：院长与系之间的联系是一对多的领导关系，系与教师之间的联系是一对多的组成关系，教师与学生之间的联系是多对多的任课关系。

③ 各个实体所具有的属性。

● 院长的属性包括工号、姓名、年龄、学历。

- 系的属性包括系号、系名称。
- 教师的属性包括工号、姓名、专业、职称。
- 学生的属性包括学号、姓名、所在系、所在班级。
- 任课的属性包括开课班号、上课时间、成绩。

通过以上分析，可以得到如图 7-19 所示的实体-联系图。

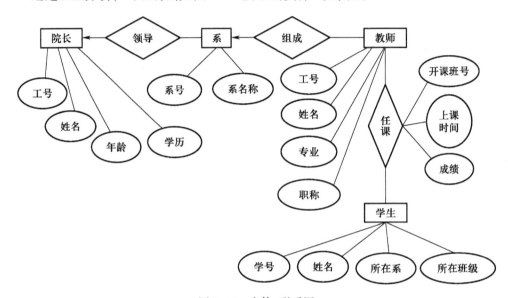

图 7-19　实体-联系图

（3）逻辑结构设计

逻辑结构设计的任务是将概念结构设计阶段描述的概念结构转换成能被所使用的数据库管理系统支持的数据模型。现行的数据库管理系统一般支持网状数据模型、层次数据模型和关系数据模型，其中关系数据模型是主流的数据模型。

在用户视角下，关系数据模型中数据的逻辑结构是一张二维表，即每个关系为一张二维表格。将实体-联系图转换为关系数据模型的规则如下。

① 将实体类型转换为关系。

- 实体：对应于一个关系。
- 关系名：与实体同名。
- 属性：实体的所有属性。
- 键：能够唯一地标识一个实体的属性或属性组。
- 主键：如果一个实体有多个键，则选定其中一个为主键；如果一个实体只有一个键，则该键即为主键。

② 将联系转换为关系模式。在将联系转换为关系模式时，要根据联系类型的不同采用不同的转换方法。

- 1 对 1（1:1）联系的转换方法。在两个由实体转换成的关系模式中，在其中一个关系模式的属性中加入另一个关系模式的键和联系的属性。

● 1 对多（1:N）联系的转换方法。在由 N 端实体转换成的关系模式中，加入由 1 端实体转换成的关系模式的键和联系的属性。

● 多对多（M:N）联系的转换方法。将联系转换成一个新的关系模式，其属性为两端实体的键加上联系的属性，而其键为两端实体键的组合。

将图 7-19 所示的实体-联系图转化为对应的关系模式，具体如下。

● 院长（工号，姓名，年龄，学历），工号为主键。

● 系（系号，系名称），系号为主键。

● 教师（工号，姓名，专业，职称），工号为主键。

● 学生（学号，姓名，所在系，所在班级），学号为主键。

● 任课（学号，工号，开课班号，上课时间，成绩），学号+工号+开课班号为主键。

由于不同的数据库管理系统的性能不同，因此必须结合具体的数据库管理系统的性能要求，将一般的数据模型转换成所使用的数据管理系统支持的数据模型，若所使用的数据库管理系统支持层次或网状数据模型，则还要完成从关系数据模型向层次或网状数据模型的转换。

（4）物理结构设计

在进行数据库的物理结构设计时，应当将逻辑结构设计的结果作为输入，结合关系数据库系统的功能、应用环境、存储设备等具体条件，为数据模型确定合适的存储结构、存储路径、存储位置、存储参数等，从而提高数据库的效率。物理结构设计的主要任务如下。

① 确定存储结构。根据用户对数据结构和数据处理的要求，权衡数据存取时间、空间利用率和维护代价这三个方面的利弊，综合考虑存储效率、维护成本等相关因素，从数据库管理系统提供的各种存储结构（如顺序存储结构、索引存储结构等）中，选取合适的存储结构并加以实现。

② 选择和调整存储路径。数据库要能够支持多个用户的多种应用，就要提供多个存取入口、多条存储路径，建立多个辅助索引。在这一过程中，需要考虑一些问题。例如，如何选取合适的数据项建立索引，如何建立辅助索引以使检索效率和存储空间达到平衡等。

③ 确定数据存储位置。按照应用的不同可以将数据分为若干个组。根据各组数据的存取频率和存取速度要求，确定其存储位置、存储设备以及区域划分。应当把对存取频率和存取速度要求较高的数据存储在高速缓冲存储器上，把对存取频率和存取速度要求较低的数据存储在低速的存储器上。

④ 确定存储参数。大多数据库管理系统会提供一些存储参数，如溢出区大小、块大小、缓冲区大小及个数等，系统设计人员应当全面考虑这些参数，以对数据存储进行物理优化。

⑤ 确定数据的完整性与安全性约束。在进行数据库物理结构设计时，不仅要考虑数据库管理系统所提供的完整性与安全性约束，还要考虑用户管理制度、应用程

序、计算机系统等涉及具体应用的问题。

⑥ 考虑数据恢复方案。在数据库的物理结构设计阶段，还要考虑数据库的恢复问题，要采取必要的物理措施和手段，为应对突发事件和故障恢复做好准备。

3. 输入设计

一个好的输入界面可以为用户提供良好、便捷、人性化的工作环境，提高人机交互的效率。数据输入是整个数据处理过程的基础，它将直接影响数据处理结果的正确性和获得的信息的可靠性。在进行输入设计时要确保将不合法、不完整和不正确的数据拒之于系统之外。

（1）输入设计的原则

① 输入量最小原则。与计算机处理数据的速度相比，数据输入的效率低、成本高、出错概率大。因此，在进行输入设计时必须对数据输入量进行控制，在满足数据处理要求的前提下使数据输入量最小。

② 输入延迟最低原则。数据输入速度往往是制约系统运行效率的瓶颈，要提高数据输入速度，降低输入延迟是关键。

③ 输入数据早校验原则。为了保证输入数据的正确性，在进行输入设计时必须进行校验，以防止发生错误。需要注意的是，对输入数据的校验应当在原始数据的生成环节进行，以尽早发现错误，及时纠正错误。

④ 少步骤少转换原则。为了提高系统运行效率，要在保证现有步骤完备、高效的基础上，尽量减少输入步骤。同时，应当避免不必要的数据转换，并且在输入数据时采用数据处理所要求的格式，以避免因数据转换而发生错误。

⑤ 输入过程简单化原则。在为用户提供输入校验功能的同时，应当简化数据输入过程，以减轻用户的负担，减少发生错误的可能性。

（2）输入设计的内容

① 确定输入内容。系统分析阶段基本明确了系统需要输入哪些数据。因此，输入设计的主要任务是，在系统分析的基础上进一步确定所需输入数据的数据项名称、数据类型、取值范围等，使输入的数据满足处理要求。

② 确定输入方式。数据输入方式与数据生成位置、时间和处理要求等因素有关。数据输入主要有脱机输入和联机输入两种方式。所谓脱机输入，就是将数据的输入过程与处理过程相分离，此时所输入的数据只是存储在一定的载体上，并没有进入系统数据库。这种方式适合非实时处理和批处理。

联机输入则是一种将数据输入过程和数据处理过程合为一体的输入方式。这种方式将数据直接输入系统数据库，系统立即对其进行处理，并将处理结果更新到数据库中。实时系统一般采用这种输入方式。

③ 确定输入格式。输入格式必须按照便于填写、便于归档保存和便于操作的原则进行设计。为了保证输入的准确性，设计输入格式时可以使用设置选择框、设置颜色和提供说明等方法。

④ 确定输入数据的校验和纠错机制。只有输入的数据正确，才能保证数据处理

和输出的正确。因此，对输入的数据必须进行校验，以保证输入数据的正确性。此外，还要考虑对出错数据的改正问题，建立纠错机制。

（3）输入设备

在进行输入设计时，应当根据所要输入的数据的类型，从方便用户使用的角度出发，选择合适的输入设备。常用的输入设备有键盘、读卡器、磁带机和磁盘机、模数转换机、光学字符阅读器以及磁条阅读机、语音输入设备、图形数字化仪、黑白和彩色扫描仪等。

选择输入设备时应当考虑以下因素：输入数据的数量与频率、数据的来源和形式、数据收集环境、输入数据的类型和格式、数据输入的速度和准确性、数据输入的校验方法、纠错的难易程度、可用的设备与相应的费用等。

（4）数据校验和纠错

在进行输入设计时必须考虑整个输入过程中可能发生的错误，并建立相应的校验和纠错机制。

① 输入错误的类型。常见的输入错误类型如下。

数据错误：由于原始数据填写错误或其他原因而引起的输入错误。

数据冗余或不足：由于数据丢失、遗漏或重复等而产生的输入错误。

数据延迟：虽然数据的内容和数量都是正确的，但由于传输等环节的延误而造成的数据延迟，可能导致输出的结果毫无价值。

② 数据校验的方法。数据校验可以由人工直接校验，也可以由计算机程序校验，或者由人工与计算机分别处理后再交叉校验。常用的校验方法有重复校验、视觉校验、分批汇总校验、控制总数校验、数据类型校验、格式校验、逻辑校验、界限校验等。

③ 差错纠正。差错纠正比数据校验更困难，也更重要。数据出错的原因不同，使用的纠错方法也不同。如果是原始数据错误，则应当返回原始数据的生成环节进行修改，不能由数据输入人员想当然地予以修改。

④ 设计出错表。建立动态跟踪机制，对数据处理过程进行全程记录。这就要求系统在发现错误时能自动打印出错表。出错表可以由两种程序打印：一种是以数据校验为目的的程序，另一种是边处理、边做数据校验的程序。此外，在系统运行过程中，还要由专人对出现的错误及其改正情况进行收集和记录，以便后期进行查找和核对。

4. 输出设计

输出是指系统对原始数据进行处理后产生的结果或提供的信息。输出的结果要符合用户的需要，其对用户需要满足程度的高低是决定系统成败的关键因素。从系统开发的角度看，输出决定了输入，输入的数据必须满足输出的各种要求。

（1）输出设计的内容

① 确定输出内容。用户是信息的主要使用者，因此设计输出内容时首先要确定输出信息的使用方式，包括信息的使用者、使用目的、输出速度、使用频率、使用周

期，以及安全性、有效期、保管方法等。其次，根据用户的使用要求，进一步确定输出信息的名称和形式、数据结构、数据类型、数据长度、数据取值范围、数据精度、数据完整性，等等。

② 选择输出设备。输出信息必须通过输出设备才能为用户所接受和利用，输出设备的选择应当根据实际情况综合考虑。常用的输出设备有打印机、显示器、绘图仪、影像输出系统、语音输出系统、磁记录设备等。

③ 确定输出信息的格式。在系统设计阶段，应当对输出信息的格式做出说明。在设计输出信息的格式时必须考虑用户的要求和习惯，满足用户在清晰、美观、易于理解和阅读等方面的要求。常用的输出信息格式有以下几种。

报表：以表格的形式提供，常用来表示较为详细的信息，如月终/年终的汇总、上级部门要求上交的统计数字等。

图形：主要有直方图、饼图、曲线图、地图等，适合表示事物的现状和发展趋势。例如，饼图可以利用大量的历史数据对事物进行多方面的比较，具有表示方式直观等优点。

图标：被赋予特定含义的小图例，常用来表示数据之间的比例关系和比较情况，具有易于辨认、无须过多解释等优点。

其中，报表是最常用的一种输出信息格式，其具体的形式因用途不同而有所不同，但一般都是由表头、表体和表尾三个部分组成的。表头是标题；表体为表格主体，反映了报表的具体内容；表尾则是补充说明或脚注。报表的形式应当与系统的总体风格相一致。

报表的输出可以采用不同的方式。例如，供单个用户一次性使用的表格，由于其缺乏保留价值，可以直接在显示器上输出。供多个用户多次使用的表格，为了满足重复利用的需要，应当打印输出。在打印报表时，要考虑保存时间、装订、归档等的要求，确定保存形式、保存份数、存储介质等。

（2）输出设计评价

输出设计质量的好坏，直接关系到系统能否提供令用户满意的信息服务。因此，对输出设计的评价也应当从用户的角度进行。在进行输出设计评价时，应当考虑以下内容。

- 输出设计能否为用户提供及时、准确、全面的信息服务。
- 输出设计是否充分考虑和利用了各种输出设备的功能。
- 输出信息的格式是否与现行系统相一致，所进行的修改是否有充足的理由并征得了用户的同意。

5. 处理过程设计

处理过程设计是系统模块结构设计的展开和具体化，它要确定各个模块的实现算法和处理过程，并要精确地表达这些算法和过程，所以其内容更为详细。进行处理过程设计，可以为程序设计做好准备。当然，对于一些功能比较简单的模块，也可以直接进行程序设计。

（1）程序流程图

程序流程图（flow chart），是指通过对输入输出数据和处理过程的详细分析，将计算机的主要运行步骤和内容用程序框图表示出来。程序流程图是进行程序设计的基本依据，因此它的质量直接关系到程序设计的质量。

为了规范绘制符号和绘制方法，程序流程图定义了很多基本的符号和结构。程序流程图包括三种基本成分：处理步骤，用方框表示；逻辑条件，用菱形框表示；控制流，用箭头表示。

此外，还规定用结构化的程序设计方法，即用三种基本逻辑结构来绘制程序流程图，如图 7-20 所示。

① 顺序结构。顺序结构是一种线性有序的结构，由一系列依次执行的语句或模块构成。

② 循环结构。循环结构由一个或几个模块构成，在程序运行过程中重复执行，直到满足某一条件为止。

③ 选择结构。选择结构是根据条件成立与否选择执行路径的结构。

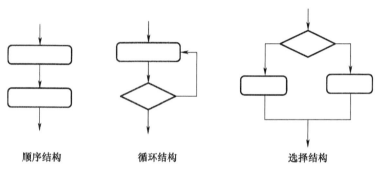

顺序结构　　　　　循环结构　　　　　选择结构

图 7-20　基本逻辑结构

（2）盒图

盒图又称 N-S（Nassi-Shneiderm，纳西-施耐德曼）图，是一种符合结构化设计原则的图形描述工具。在盒图中，每个处理步骤都用一个盒子表示。盒子可以嵌套，而且只能从上面进入盒子，从下面走出盒子，除此之外再无其他出入口。因此，盒图限制了控制的随意转移，保证了程序具有良好的结构。

与程序流程图中的三种基本逻辑结构相对应，盒图规定了相应的图形构件，如图 7-21 所示。程序流程图也可以用盒图来表达。

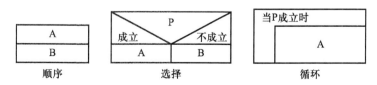

顺序　　　　　　选择　　　　　　循环

图 7-21　盒图的图形构件

与程序流程图相比，盒图的优点在于：

- 它强制系统设计人员按照结构化程序设计方法进行思考并描述方案。
- 直观，易于让人们理解系统设计人员的设计意图，为程序设计、走查、测试和维护等工作带来方便。
- 简单易学。

（3）过程设计语言

过程设计语言（procedure design language）是用来描述模块内部具体算法和处理细节的非正式的、比较灵活的语言。其外层语法是确定的，符合一般程序设计语言的语法规则，用来描述控制结构；而其内层语法是不确定的，可以使用自然语言中的简单语句、短语和数学符号来描述程序的功能。通常情况下，程序流程图和盒图都可以用过程设计语言来表达。

7.4.5　系统设计说明书

系统设计阶段的工作成果是系统设计说明书。该说明书作为系统实施的重要依据，由系统设计人员提交给系统实施人员，以便其进行程序设计和其他系统实施工作。只有在系统设计说明书经审批通过后，系统才可以付诸实施。系统设计说明书主要包括系统设计引言和系统总体技术方案。

1. 系统设计引言

（1）摘要

说明系统设计项目的名称、目标和功能。

（2）背景

① 项目的承担者。

② 用户。

③ 本项目与其他系统或机构之间的关系。

（3）工作条件及限制

说明本项目设计过程中已具备的工作条件及所受到的限制。

① 硬件、软件和运行环境方面的限制。

② 保密和安全方面的限制。

③ 有关部门业务人员提供的数据及其定义。

④ 有关的系统软件。

⑤ 网络协议与标准。

⑥ 国家有关安全保密的条例。

（4）参考和引用资料

① 本项目的经核准的计划任务书或合同、上级机关的批文。

② 属于本项目的其他已发表的文件。

③ 本项目引用的文献资料，列出这些文献资料的标题、编号、发表日期和编制单位，并说明其来源。

（5）专业术语

列出本文件所使用的专业术语。

2. 系统总体技术方案

（1）系统配置方案

① 系统选型。

② 计算机处理方式设计。

③ 网络系统设计。

④ 软件和硬件配置。

（2）模块结构设计

模块结构用模块结构图来表示。模块结构图是以 HIPO 图的形式绘制而成的框图。

（3）代码设计

① 代码的种类：说明代码的种类。

② 代码的功能：说明代码所具有的功能。

③ 代码设计评价：从识别信息、信息标准化、节省存储空间、提高运算速度、降低处理费用等角度对代码设计进行评价。

④ 代码设计验收。

（4）输入设计

① 输入项目：说明本系统的主要输入项目。

② 输入工作的承担者：说明对数据输入工作承担者的安排，并指出对操作人员、维护人员的教育水平和技术能力的要求。如果输入的数据同某一接口软件有关，应当说明该接口软件的来源。

③ 功能要求：从正确性、快速、简单、经济、便于使用等方面来说明。

④ 输入要求：说明各输入数据的类型和来源，以及所使用的输入设备等。

⑤ 输入校验和纠错：说明所使用的数据校验和纠错方法及其效果。

⑥ 输入设计评价。

⑦ 输入设计验收。

（5）输出设计

① 输出项目：说明本系统的主要输出项目。

② 输出接收者：说明输出信息的接收者。

③ 功能要求。

④ 输出要求：说明输出信息的数据类型及所使用的输出设备、存储介质、数据格式、数据取值范围、数据精度等。

⑤ 输出设计评价。

⑥ 输出设计验收。

（6）数据库设计

① 数据库设计概述：包括目标、主要功能、最终用户等。

② 数据库设计要求：包括精度、有效性、时间等方面的要求。

③ 运行环境要求：包括设备、支撑软件、安全保密等方面的要求。

④ 数据库设计内容：包括逻辑结构设计和物理结构设计。

⑤ 数据库设计评价：说明在对时间效率、空间效率、维护代价和各种用户要求进行权衡的基础上产生的方案的性能。

⑥ 数据库设计验收。

（7）模型库及方法库设计

（8）安全保密设计

7.5　管理信息系统的实施

在系统设计说明书经审核通过之后，系统开发工作进入实施阶段。在这一阶段，要把系统设计阶段得出的物理模型转换为能够实际运行的物理系统。一个好的系统设计方案，只有经过精心实施，才能为组织带来效益。因此，系统实施阶段的工作对系统的最终质量有着直接的影响。

7.5.1　管理信息系统实施的特点

与系统分析和系统设计阶段相比，系统实施阶段的特点是工作量大，投入的人力、物力多。因此，这一阶段的工作十分繁重。对于系统实施阶段而言，合理的调度安排非常重要。

7.5.2　管理信息系统实施的内容与方法

1. 管理信息系统实施的主要内容

系统实施的任务是根据系统设计阶段提出的物理模型，建立一个可以实际运行的信息系统，并交付用户使用。系统设计说明书详细规定了系统的结构、各个模块的功能、系统的输入和输出，以及数据库的物理结构等，这是系统实施的依据和出发点。如果说开发管理信息系统是盖一幢大楼，系统分析与设计是根据盖楼的要求画出各种蓝图，那么系统实施就是调集各种人员、设备、材料等，按照蓝图把大楼盖起来。

具体来讲，这一阶段的工作包括以下几个方面的内容。

（1）硬件配置

根据系统设计阶段确定的硬件配置，对相应的硬件设备进行购置、安装和调试。这方面的工作需要花费大量的人力、物力和财力，而且将持续相当长的时间。

（2）软件编制

系统设计阶段确定的软件包括系统软件、数据库管理系统以及一些应用程序。这些软件有的需要购买，有的需要组织人力去编写。无论是购买的软件，还是组织人力编写的软件都要进行系统测试，并在试运行的基础上实现从现行系统到目标系统的转换。程序设计和系统测试是软件编制的主要任务。后面将对这些内容进行详细阐述。

（3）人员培训

人员培训主要是指用户培训。用户包括组织的管理人员和业务人员。目标系统投入运行后，他们将基于该系统进行工作。这些人多数来自现行系统，他们精通业务，但往往缺乏信息技术方面的知识。为了保证目标系统测试和运行顺利进行，应当根据他们的基础，提前对他们进行培训，使他们逐步熟悉并适应新的工作方式和操作方法。

（4）数据准备

数据准备即要为系统测试准备一定的基础数据，它包括数据的收集、整理和录入，是一项烦琐的工作。如果没有一定的基础数据，系统测试就不能很好地进行。一般说来，在确定数据库的物理结构之后，就应当进行数据的收集、整理和录入工作。这样既可以分散工作量，又可以为系统测试提供真实的数据。在实际工作中，这方面的工作往往容易被人忽视。

上述几个方面的内容是相互联系、彼此制约的，它们之间的关系如表 7-10 所示。

表 7-10 系统实施阶段的主要内容及其相互关系

比较项目	硬 件 配 置	软 件 编 制	人 员 培 训	数 据 准 备
硬件配置	—	提供硬件设备支持	培训有关人员使用设备	提出对存储容量和内存等方面的要求
软件编制	提供测试和运行设备	—	培训有关人员试用软件	提供试验数据测试程序
人员培训	提供培训设备	提供程序设计培训	—	为人员培训提供试验数据
数据准备	提供数据收集、整理和录入设备	规定数据的类型、格式等	提供数据收集、整理和录入培训	—

2. 系统实施的方法

对于大型的管理信息系统来说，系统实施阶段的任务比较复杂，风险较大。系统实施过程中出现的一些问题，如组织因更换管理者而对系统开发不重视、购置的设备不能正常运行、软件开发环境不好、人员培训不到位、基础数据不准确或不规范、管理制度变化等，往往会导致系统开发失败。因此，在系统实施过程中，组织最高管理者要亲自参与、做好人员的组织与培训工作，抓好系统硬件的选型与采购工作，做好基础数据规范及管理制度制定等基础性的工作。在此基础上，制订系统实施计划，确定系统实施进度以及所需的费用。同时要监督计划的执行情况，并保证资金到位。

为了降低风险，在系统实施阶段上要注意以下两点。

（1）要尽可能选择成熟的软件产品，以保证系统的高性能及高可靠性

在选择系统软件或应用软件产品时，需要考察软件的功能，软件的可扩充性、模块性、稳定性，以及软件为二次开发所提供的工具、售后服务与技术支持等，在此基

础上再考虑软件产品的价格因素及所需的运行平台等。

（2）选择系统开发工具

选择合适的系统开发工具，是快速开发系统且保证系统开发质量的前提。在选择系统开发工具时，要考虑如下因素：

① 保证开发环境及开发工具符合系统运行环境的要求，最好支持跨平台的工作环境。

② 开发工具的功能及性能，如数据管理能力、能否处理多媒体信息、用户界面生成能力、报表制作能力、与其他系统接口的能力、对事务处理的开发能力等。

③ 支持系统扩展。当系统要扩展时，开发工具应当能支持对系统的修改与功能拓展，同时要使用符合国际标准的接口和协议，使该系统能与其他系统集成为一个整体。

④ 采用面向对象方法，减少程序设计的工作量，提高系统开发效率，缩短系统开发周期，使开发出的系统便于测试和维护。

7.5.3　程序设计

程序设计就是为各个模块编写程序，这是系统实施阶段的核心工作。在系统开发的各个阶段中，程序设计是最容易，也是人们掌握得较好的一项工作。

1. 程序设计的基本要求

（1）程序设计的标准

对于什么是好程序，20 世纪 50 年代与现在人们的观点有很大不同。20 世纪 50 年代，计算机的内存小、运行速度慢，人们常常把程序的长度和执行速度放在很重要的位置上，想方设法缩短程序的长度，降低程序占用的存储空间，提高程序的执行速度。现在情况则有了很大的不同，一般认为好程序应当具备下列特点。

① 能够工作。

② 测试代价低。

③ 易于维护。

④ 易于修改。

⑤ 不复杂。

⑥ 效率高。

⑦ 可读性好。

其中，"能够工作"是最基本的。一个不能工作的程序当然谈不上"好"，再谈执行速度、程序长度等指标也毫无意义。"测试代价低"，就是使人们花费在系统测试上的时间少，测试代价是衡量程序质量以及程序员水平的一个重要指标。"易于维护""易于修改""不复杂""效率高""可读性好"则要求程序易于理解。

在相当长的时期里，人们认为程序是给机器执行的而不是给人阅读的，因而程序员中存在严重的低估程序设计方法、不注意程序设计风格的倾向，认为可以随意编写程序，只要结果正确就行了。可读性（readability）是20世纪70年代提出的新概念，它主张程序应当便于人们阅读，程序设计的目标是编写出逻辑正确而又易于阅读的程序。如果程序可读性好，自然易于人们理解和维护，从而大大降低出现错误的可能性，提高程序的可靠性。

要使程序的可读性好，程序员应当具有一定的写作能力，也就是他应当能写出结构良好、层次分明、思路清晰的文章。程序员在编写程序时要记住：程序不仅是给计算机执行的，也是供人阅读的。

要使程序的可读性好，就要使程序简单、清晰。20世纪70年代以来，人们总结了一些使程序简单、清晰的方法和技巧，例如：

- 用结构化方法进行详细设计。
- 程序包含说明性材料。
- 良好的程序书写格式。
- 良好的程序设计风格。

（2）程序设计风格

良好的程序设计风格可以提高程序的可读性，下面举例说明。

① 能够简单、直接地反映设计意图。设计的程序要逻辑正确，流程清晰，让人一目了然。

② 变量名、过程名、文件名应当规范化。一个系统涉及的变量、过程、文件很多，因此在进行程序设计之前应当对变量、过程、文件等的名称进行统一和规范。例如，主模块用 M 表示，第一层模块可以表示为 M_1，M_2，…，第二层可以模块表示为 M_{11}，M_{12}，…，M_{21}，M_{22}，…。变量名、过程名、文件名易于理解是程序逻辑易于理解的关键。

需要说明的是，同一变量名不要有多种含义。如果同一个变量名在不同的程序段中表示不同的含义，则不便于人们阅读和理解，在修改程序时也容易出现错误。

③ 表达式应当尽量在同一行。

④ 合理使用 GOTO 语句。按照结构化程序设计的原则，程序中一般不使用 GOTO 语句。但是，在某些情况下，使用 GOTO 语句比较直截了当。所谓合理使用，需要注意以下三个原则。

- 在一个程序中不要多用 GOTO 语句。
- 只有在其他结构形式难以控制程序流向的情况下才使用 GOTO 语句。
- 不要使 GOTO 语句交叉使用。在程序中两个 GOTO 语句交叉使用，容易引起混乱。

（3）程序的内部文档

程序的内部文档，是指程序附带的说明性材料，可以用注释语句书写。为程序适当添加注释，是提高程序可读性的有力手段，这样人们在阅读程序时就不必再看其他材料了。注释可以出现在程序的任何位置，但要与程序结构配合起来才有好的效果。在为程序添加注释时需要注意以下几点。

　　① 注释必须与程序相一致，否则它毫无价值，甚至会使人感到莫名其妙。此外，在修改程序时，也要对注释进行相应的修改。

　　② 注释不是重复程序语句，而是为人们提供难以从程序本身得到的信息。

　　③ 要对程序段做注释，而不只是对每个语句做注释。

　　如果处理过程设计是用过程设计语言描述的，则在程序设计时可以将该语言所描述的内容作为注释嵌在程序中。

　　除了为程序添加注释之外，采用缩排方式书写程序也有助于人们阅读。

2. 程序设计的方法

（1）结构化程序设计

　　结构化程序设计被称为软件发展的第三个里程碑，其影响比前两个里程碑（子程序、高级语言）更为深远。结构化程序设计的概念和方法，以及支持这些方法的一整套软件工具，构成了结构化革命。

　　对于结构化程序设计，至今还没有被人们普遍接受的定义。人们通常认为结构化程序设计包括以下四个方面的内容。

　　① 限制使用 GOTO 语句。从理论上讲，只用顺序结构、选择结构、循环结构这三种基本结构就能表达任何一个只有一个入口和一个出口的程序逻辑。这种程序易于阅读、易于验证。但在某些情况下，如在循环体内遇到例外情况需要跳出时，使用 GOTO 语句描述更加直截了当。因此，一些结构化程序设计语言还提供了 GOTO 语句。但是无限制地使用 GOTO 语句，会使程序结构杂乱无章，难以阅读和理解，甚至引起错误。

　　② 逐步求精的设计方法。对于一个模块，先从该模块的功能描述出发，然后一层层地细化，直到将其分解、细化成一个个语句。

　　③ 自顶向下地设计、编码和调试。这是逐步求精的方法在程序设计中的应用。

　　④ 主程序员制的组织形式。这是程序设计小组的组织形式。一个程序设计小组的固定成员是一名主程序员、一名辅助程序员和一名程序资料员（或秘书），其他技术人员按照需要随时加入程序设计小组。其中，主程序员负责系统整体的程序设计，以及关键模块的程序设计、编码和调试。辅助程序员在细节的实现上给主程序员以充分的支持。这种组织形式的好处在于可以显著减少各子系统之间、各模块之间的通信和接口问题。把程序设计的责任集中在少数人身上，有利于提高程序设计的整体质量。

　　在这种组织形式中，程序员不仅应当具备程序设计的基本知识，还应当对系统所在的领域有比较深入的了解，熟悉系统开发的技术环境，能将自己的工作融入整个系统。此外，他要有高度的组织纪律性和团队精神，能够与组内其他成员协调一致地工作。程序员在进行程序设计时必须严格遵守以下几点。

　　● 不使用可能干扰其他模块的命令或函数。

　　● 按照总体设计的要求传递参数，不随意修改其内容与含义。

　　● 按照规定的统一格式对公用文件或数据库进行操作。

　　● 按照统一的原则使用标识符。

- 按照统一的要求编写文档。

- 保持程序风格的一致性。

（2）面向对象程序设计

传统的结构化程序设计随着软件危机和应用系统的不断膨胀越来越无法满足应用的需求，随着 20 世纪 70 年代面向对象程序设计语言（object-oriented programming language，OOPL）的出现，以及 C++的发展与成熟，面向对象程序设计的思想得到了广泛的认同和普及。到了 20 世纪 90 年代，各种程序设计语言或工具都引入了这一思想。面向对象程序设计的优越性是有目共睹的，它已成为软件产业的主体技术之一。在面向对象程序设计中，一个对象就是一个独立存在的实体，每个对象都有自己的属性和行为，各个对象彼此之间以消息的形式进行通信。对象的属性只能由其自身的行为来改变，这便是对象的封装性。而相关对象在经过合并和分类后，可以共享某些性质，利用抽象使这些相关对象具有一定的组织层次，低层对象继承高层对象的特性，这便是对象的继承性。另外，作用于不同对象的某一种操作在不同的条件和环境下可以实现不同的处理，产生不同的结果，这就是对象的多态性。现有的面向对象程序设计语言都不同程度地实现了对象的以上三个性质。

① 封装性。一般用类（class）来创建一个对象，类表现为一种数据结构，它对外提供的接口包括一组数据以及操作这些数据的方法（函数或过程），而隐藏了其内部实现细节，操作者只需要了解该类的接口即可。这样大大增强了软件的模块化程度，很好地实现了软件重用和信息隐藏。

为了更好地保持类的安全性和独立性，可以将某个类的部分数据定义为私有数据，其他类的对象或过程不能直接访问这些私有数据。此外，可以利用消息发送机制向对象发送消息，因此对象的所有类都需要定义对应的消息响应函数，主动接收消息并对其进行处理，这也是面向对象程序设计语言的一大特点。

② 继承性。通过继承可以将类定义成不同的层次结构，将相关类的特点抽象出来作为父类，在子类继承了父类的结构和方法后，再对它们各自的数据和操作进行定义；还可以通过重载对父类的某些特殊操作重新进行定义。如果最多只能有一个父类则称为单继承。如果有两个或两个以上的父类则称为多继承。这样不仅体现了软件重用技术，还最大限度地精简了程序，减少了冗余代码，提高了程序的开发和运行效率。

③ 多态性。多态性允许类中名称相同的某些操作具有多种语义。面向对象程序设计的这些特点，使得它与结构化程序设计有很大的不同，这主要体现在以下几个方面。

- 不采用顺序结构，而是利用对象本身的属性与方法来设计程序。

- 在解决问题的过程中，可以直接在对象中设计事件处理程序（接收事件消息），而不用严格地按顺序调用子过程，让用户可以根据需要自由地操作。

- 数据与程序不是分离的，数据是特定对象的数据，只有该对象的函数或过程才能对其进行处理。一个对象中的函数或过程可以共享对象的数据，解决了因调用子过程而出现的大量数据传递（如函数返回值和较多参数）的情况。

● 不需要设计公用模块，因为很难对基于特定方法设计的公用模块的处理方式进行扩展。在面向对象程序设计中，只要设计了类就可以实现重用，而且类库提供了大量基类，掌握它们之后就可以加快开发进程，程序员还可以将自己设计的基类放入类库共享。

● 面向对象程序设计，可以充分利用 Windows 的各种资源来构造应用程序，因此非常适合 Windows 环境下的程序开发，这也就要求程序员熟悉 Windows。

（3）可视化程序设计技术

可视化程序设计技术的主要思想是用图形工具和可重用部件来交互式地编写程序。这种技术把现有的或新建的模块代码封装于具有标准接口的封包中，作为可视化程序设计工具中的一个对象，并用图符来表示和控制它。可视化程序设计中的封包具有高度的平台独立性和可移植性。在可视化程序设计环境中，用户还可以自己构造可视化控件，或引用在其他环境中构造的符合封包接口标准的可视化控件，从而增加了程序设计的效率和灵活性。

可视化程序设计一般基于事件驱动原理。在用户界面中，有各种类型的可视化控件，如按钮、列表框、滚动条等，每个可视化控件都对应着多个事件和事件驱动程序。发生于可视化控件上的事件触发对应的事件驱动程序，完成各种操作。程序员首先在可视化程序设计工具的帮助下，利用鼠标或菜单建立、复制、缩放、移动或清除各种控件；其次使用该可视化程序设计工具提供的语言编写每个控件对应的事件驱动程序；最后用解释方式来执行程序。通过这一系列的交互式设计就能很快地完成一个系统的程序设计工作。

另外，可视化程序设计工具一般由应用专家或应用向导提供模板，对用户进行交互式指导，让用户按照一定的步骤定制自己的应用程序，并据此生成相应的框架代码，用户可以在适当的地方添加或修改相关代码以适应自己的需要。

面向对象程序设计和可视化程序设计相结合，改变了过去应用软件只有专业编程人员才能开发的状况。它使软件开发变得容易，从而扩大了软件开发队伍。随着模块重用和可视化控件的引入，程序员能够更有效地开发应用软件，从而缩短了开发周期，降低了开发成本，并且使应用软件的界面具有统一的风格和较好的易用性。

7.5.4　管理信息系统的测试

对系统进行测试，旨在发现系统和程序中可能存在的错误并及时予以纠正，系统测试是系统开发过程中非常重要且漫长的阶段。系统测试的重要性表现在它是保证系统质量和可靠性的关键，是对系统分析、系统设计和系统实施的最后走查。人们在系统开发过程中不可能完全不出现错误，如果系统中隐藏的错误在系统正式投入运行之前没有被发现并纠正，那么等这些错误暴露出来时再纠正就会付出很高的代价，甚至会造成生命和财产的重大损失。系统测试的漫长性表现在系统测试的工作量往往占系统开发总工作量的 40% 以上，而对于一些特别重要的大型系统，系统测试的工作量和成本会更大。

1. 测试的概念

人们常常有一种错觉，认为程序编写出来之后系统开发工作就接近尾声了。但是事情并没有这么简单。据统计，一个水平较高的程序员交付的程序，其错误率为1%，而一个水平较低的程序员编写的程序，其中的每个语句都可能含有错误。随着信息技术在社会各个领域，尤其是国民经济的重要领域的应用日益广泛，系统中的任何错误都可能造成生命财产的重要损失。因此，尽早发现和纠正这些错误，减少错误造成的损失，避免重大损失，十分重要。

（1）系统测试的方法

目前，系统测试的方法有三种：正确性证明、静态测试和动态测试。

① 正确性证明。正确性证明技术目前处于初级阶段，还不能应用于大型系统。设置命题及证明命题需要大量的脑力劳动，而且推导过程冗长。

② 静态测试。静态测试是指人工评审软件文档或程序，以发现其中的错误。这种方法程序简单，是一种行之有效的测试手段。据统计，有 30%~70% 的错误是通过人工评审发现的，而且这些错误往往影响很大。因此，静态测试是系统开发过程中必不可少的质量保证措施。系统开发的每一个阶段都要对所产生的文档进行静态测试，这有利于错误早发现、早纠正，大大降低系统的开发成本。静态测试强调有外部专家参加，这样可以取各家之所长。由于静态测试是直接检查软件文档，因此易于发现错误，以及产生错误的原因。

③ 动态测试。动态测试就是指有控制地运行程序，通过从多种角度观察程序运行时的行为，来发现其中的错误。也就是说，动态测试是为了发现错误而运行程序，它只能证明程序有错误，而不能证明程序没有错误。有人认为，测试能没问题就说明程序没有错误。在这种认识的指导下，人们往往会潜意识地寻找那些容易使程序通过的测试数据，而忽视那些容易暴露程序错误的数据，从而使隐藏的错误不容易被发现，不能达到测试的目的。

测试的目的是发现程序中的错误。因此，测试的关键问题是如何设计测试用例，即设计一批测试数据，通过有限的测试用例，在一定的时间和经费的约束下，尽可能多地发现程序中的错误。

（2）系统测试的类型

系统测试有单元测试、集成测试、验收测试和系统测试四种类型。

① 单元测试。单元测试是指根据模块的功能说明，对一个模块进行测试，检验模块是否有错误。这种测试在各个模块的程序设计工作完成之后进行。

单元测试一般由程序员自己进行，包括以下项目。

模块接口测试：调用参数（输入数据）的数目、类型和顺序等。

内部数据结构测试：初始值是否正确、变量名称是否一致、公用数据是否有错误等。

独立路径测试：是否存在不正确的计算、不正确的循环及不正确的判断控制等。

错误处理测试：预测错误产生的原因，防止错误处理产生的错误。

边界测试：对数据大小和判断条件的边界进行跟踪运行。

② 集成测试。集成测试即通常说的联调，利用集成测试可以发现系统设计中存在的错误，如模块接口问题。各个模块单独运行时可能没有错误，但它们集成起来就可能相互产生影响，出现意想不到的错误，因此要将系统作为一个整体进行联调。集成测试的方法有两种，即根据模块结构图由上到下和由下到上进行测试。

由上到下测试。如果将下层模块设置为假模块，检查控制流，则既可以较早地发现错误，也不会影响下层模块。但这种方法要制作的假模块太多，而且不能送回真实数据，因此可能无法发现系统内存在的错误。

由下到上测试。这种测试方法将上层模块设置为假模块，测试下层模块执行的正确性，然后逐步向上扩展。它设计简单，操作方便，但要到最后才能窥得全貌，有一定的风险。

较好的测试方法是两者结合，高层由上到下进行测试，低层由下到上进行测试，两者在中间层会合。

③ 验收测试。验收测试就是检验系统规格说明书的各项功能与性能是否已实现，是否能满足用户的要求。

验收测试一般是列出一张清单，清单的左边是所需要的功能，清单的右边是所发现的错误或缺陷。常见的验收测试有 Q 测试和 P 测试，这两种测试都是由用户进行的。前者由用户在系统开发现场与开发者一同对系统运行进行观察和记录；后者由用户在系统运行环境中独立进行。

④ 系统测试。系统测试是对整个系统的测试，即将硬件、软件和操作人员看作一个整体，检验其是否有不符合系统规格说明书的地方。这种测试可以发现系统分析和设计中存在的错误。

2. 测试的原则

对系统进行测试时应当遵循以下基本原则。

① 测试数据应当包括输入数据和预期的输出结果。

② 不仅要选用合理的输入数据作为测试用例，还要选用不合理的输入数据作为测试用例。例如，在程序中输入表示三角形边长的三个整数，判断其是否构成等腰三角形、等边三角形及不等边三角形。对这个程序进行测试时，不仅要选用"5，5，6"和"6，6，6"这样一些"合理"的数据作为测试用例，还要选用"1，2，3"和"1，2，4"这样一些"不合理"的数据作为测试用例，以证实程序不会把这些不可能构成三角形的边长误认为是"不等边三角形"的边长。

③ 既要检查程序是否完成了应做的工作，还要检查程序是否做了不应做的工作。例如，对于工资管理程序，要检查它是否为每个职工都产生了一个正确的工资单，还要检查它是否产生了多余的工资单。

④ 应当长期保留测试用例，直到这个程序被废弃。精心编制的测试用例可以为今后的测试带来方便。程序一旦被修改和扩展，就需要重新测试。保留测试用

例，既可以验证发现的错误是否已经得到改正，也可以发现因修改或扩展而产生的新错误。

3. 测试的方法

传统的测试方法分为白箱测试法和黑箱测试法。

（1）白箱测试法

白箱测试法是指针对一个软件部件的内部控制结构，测试其是否能正确地执行。

（2）黑箱测试法

黑箱测试法是指根据从外部观察到的一个软件部件的功能效果，测试其是否能与其他软件部件正确地沟通。一般是指当输入正确时，是否有正确的输出。

4. 测试用例设计

既然测试工作不可能采用穷举的方法进行，那么测试用例的选择就是测试的关键问题。好的测试用例能以尽量少的测试数据发现尽可能多的错误。下面介绍几种测试用例的设计方法。

（1）语句覆盖法

一般来说，程序的某次运行并不一定执行所有的语句，因此如果某个含有错误的语句在测试并没有被执行，这个错误便不可能被发现。为了提高发现错误的可能性，应当在测试时执行程序中的每一个语句。语句覆盖法就是要选择这样的测试用例，使得程序中的每个语句都至少被执行一次。

（2）判断覆盖法

判断覆盖法是指设计测试用例，使得程序中每个判断所有取"真"值和取"假"值的分支都至少通过一次。

（3）条件覆盖法

条件覆盖法是指执行足够多的测试用例，使得判断中的每个条件都能获得所有可能的结果。一般来说，条件覆盖法比判断覆盖法的要求严格，因为判断覆盖法针对的是每个判断的结果，而条件覆盖法考虑的则是每个判断中的每个条件的结果。但是，由于条件覆盖法分别考虑每个条件而不考虑同一判断中诸条件的组合情况，因此测试用例有可能满足条件覆盖的要求但不满足判断覆盖的要求。

（4）条件组合覆盖法

在设计测试用例时，条件组合覆盖法可以使判断中的每个条件的所有可能的结果都至少出现一次，并且每个判断本身的结果也至少出现一次。条件组合覆盖法综合了判断覆盖法和条件覆盖法的要求，因此比单纯的判断覆盖法或条件覆盖法都有效。

（5）路径覆盖法

路径覆盖法可以使测试用例覆盖程序中的所有可能的路径。路径覆盖法的测试功能很强，但在实际问题中，一个不太复杂的程序的路径数都有可能非常庞大而难以完全覆盖。

以上五种测试法均属于白箱测试法，下面介绍黑箱测试法，即边界值测试法。

（6）边界值测试法

程序往往在处理边界问题时容易犯错误，因此对边界进行测试的效率是比较高的。例如，某个输入条件说明了数据的取值范围是 $-1.0 \sim 1.0$，则可以选择 -1.0，1.0，-1.001 和 1.001 作为测试用例。再如，一个文件有 $1 \sim 255$ 条记录，则可以分别设计有 0 条、1 条、255 条、256 条记录的输入文件。

将边界值的概念扩大，可以设计出多种测试用例。例如，对于文件，只处理其第一条记录、位于中间的一条记录、最后一条记录、不存在的记录等。下面是一些测试用例示例。

① 新记录。

- 在文件的第一条记录之前增加一条记录。
- 在文件的最后一条记录之后增加一条记录。
- 插入的新记录所对应的实体是不存在的。
- 考虑记录的域不全的情况。

② 处理业务。

- 处理文件的第一条记录。
- 处理文件的最后一条记录。
- 处理位于中间的一条记录。
- 处理同一个程序刚建立的记录。
- 连续处理相邻记录。
- 试图处理一条不存在的记录。
- 使某个数据的取值超过常规值（如库存量为负值）。
- 向某些关键业务输入有错误的数据。
- 给同一个业务处理过程造成多重例外和错误。

③ 记录删除。

- 删除文件的第一条记录。
- 删除文件的最后一条记录。
- 试图删除不存在的记录。
- 连续删除多条记录。
- 删除一条记录，并试图处理这条记录。

④ 试验逻辑。

- 检查所有能产生最大值、最小值、平均值的计算。
- 除式中除数为零的情况。
- 在数据域填入最小数或最大数。
- 在数据域填入允许值之外的数。

⑤ 报告程序。

- 符号是否全部打印出来。
- 如果是全 9，看是否能打全。

● 如果是全 0, 看看高位压缩情况如何。

从上述测试用例可以看出, 边界值测试从表面上看很简单, 但许多程序的边界情况极其复杂, 要找出适当的测试用例, 就要有一定的经验和创造性。如果使用得当, 这种测试方法是相当有效的。

7.5.5 管理信息系统的试运行与转换

系统的试运行和系统转换是系统实施的最后环节, 它们容易被人忽视, 但是对于系统运行的安全性、可靠性和准确性来说又十分重要。其中, 系统转换也称为系统切换, 是指用新开发的系统替换旧的系统, 并使之投入使用的过程。为了保证将现行系统有条不紊地转换为目标系统, 在系统转换前应当拟订详细的方案和措施, 确定具体的步骤。

这一环节的工作包括系统交付前的基础数据准备、人员培训、系统试运行和系统转换等。

1. 基础数据准备

基础数据准备是一项基础性工作, 应当按照系统实施的要求准备数据。要对现行系统中的数据进行分类与整理, 即把现行系统中的数据加工成符合目标系统要求的数据, 如数据的整理、格式化、分类、代码设计, 以及统计口径的调整、个别项目的增删等。若在整理过程中发现数据缺少、数据不一致等情况, 则应当由有经验的管理者来补充或完善。只有基础数据完善, 系统才能回答组织在经营管理过程中最关心的问题。表 7-11 所示的为基础数据与组织经营管理之间的关系示例。其中, "√"表示组织在某个经营管理环节需要某项目的基础数据。

表 7-11 基础数据与组织经营管理之间的关系示例

基础数据项目	物料清单	工作中心	工艺路线	库存信息	需求信息	会计科目	供需双方信息
生产什么	√				√		√
生产多少	√			√	√		√
生产过程	√	√	√				√
供应周期	√	√	√				√
资源能力	√	√	√				√
成本费用	√	√	√	√	√	√	√

基础数据准备应当遵循以下原则。

① 对基础数据的处理要科学化和程序化。

② 所使用的计量工具、计量方法、数据采集渠道等都应当是固定的, 以确保目标系统运行时有稳定、可靠的数据来源。

③ 各类统计报表和数据采集报表要标准化、规范化。

2. 人员培训

管理信息系统是一个人机系统，它的正常运行需要有很多人参与。这些人通常来自现行系统，为了保证目标系统的顺利使用，必须提前对有关人员进行培训。

需要进行培训的人员主要有以下两类。

（1）事务管理人员

目标系统是否能顺利运行并达到预期目标，与事务管理人员有很大的关系。因此，可以通过讲座、报告会的形式，向他们说明目标系统的功能、结构、运行过程，以及对组织结构、工作方式等产生的影响。在对事务管理人员进行培训时，要通俗、易懂，尽量不采用与组织业务领域无关的计算机专业术语。

例如，可以就他们最关心的问题展开对话：

- 管理信息系统能为我们做些什么？
- 采用目标系统后，组织的员工必须学会什么新技术？
- 采用目标系统后，组织的机构和人员将会发生什么变化？
- 今后如何衡量员工的任务完成情况？

大量事实说明，许多管理信息系统不能发挥预期的作用，其原因之一就是没有对相关事务管理人员进行培训，因而没有得到他们的理解和支持。因此，在进行目标系统试运行和转换时必须对事务管理人员进行培训。

（2）系统操作人员

系统操作人员是管理信息系统的直接使用者。统计资料表明，管理信息系统在运行期间发生故障，大多数是由于使用方法错误而造成的，所以系统操作人员的培训是人员培训工作的重点。

3. 系统试运行

系统试运行是系统测试的延续。系统测试很难发现系统在实际运行中可能出现的问题。因此，一个系统在正式运行前应当实际运行一段时间，即试运行。系统试运行阶段的主要工作如下。

① 对系统进行初始化，设置系统的起始运行时间。

② 输入数据，记录系统的运行状态。

③ 对目标系统的输出结果和现行系统的输出结果进行比较。

④ 在系统实际运行过程中，对系统操作方式进行考察，看其是否方便、效率如何、是否安全可靠、是否有误操作保护等。

⑤ 对系统的运算速度、响应速度、传输速度、输出速度等进行实际测试。

4. 系统转换

系统转换即系统交付使用，既包括把现行系统的文件转换成目标系统的文件，以及数据的整理和录入，也包括人员、设备、组织机构等的改造和调整，以及有关资料档案的建立和移交。系统转换的最终结果是将系统的控制权全部移交给用户。

系统转换有四种方式，如图 7-22 所示。

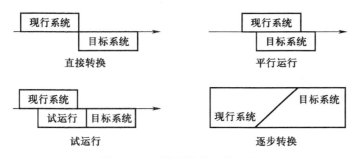

图 7-22　系统转换的 4 种方式

（1）直接转换

这种方式是指直接用目标系统替换现行系统，其优点是转换简单、费用低。但是由于目标系统还没有承担过组织日常的业务工作，可能出现意想不到的情况，因而风险较大。在实际应用中应当采取一定的措施，使得一旦目标系统出现问题，现行系统就能代替其工作。

（2）平行运行

在这种方式下，现行系统和目标系统并行运行一段时间，既可以使系统在转换期间不间断工作，还可以对两个系统进行比较。但是这种方式的成本较高。

（3）试运行

这种方式类似于平行运行方式。在系统试运行期间，现行系统照常运行，目标系统承担部分工作，等用户对系统试运行结果感到满意时再全面运行目标系统，停止现行系统的运行。

（4）逐步转换

这种方式是指用目标系统一部分一部分地替代现行系统，直到全部代替现行系统。逐步转换方式的危险性比直接转换方式小，成本也比平行运行方式低。但是这种方式的接口复杂，当目标系统和现行系统的差别很大时，不宜采用这种方式。

在实际工作中，通常将上述两种或两种以上方式结合起来使用。例如，对于系统中不重要的部分采用直接转换方式，对于重要部分采用平行转换方式。这样，各种方式取长补短，可以使现行系统平稳地过渡到目标系统。

案例分析

某茶叶公司信息系统建设

其茶叶公司是具有悠久历史的老字号茶叶集团，它以生产、加工、供应各个门店零售茶叶为主，兼营茶社。为了满足规模日益扩大以及连锁经营的需求，提高市场竞争力和经济效益，全面实现计算机管理，达到统一管理、信息共享的目的，该茶叶公司准备利用信息系统完成采购、销售、库存、调拨、配送、拼单等业务流程，实现多家门店的异地商务、集中化管理以及跨部门的信息流通和管理。

该茶叶公司的信息系统项目主要涉及公司管理层、培训部、行政人事部、财务部、运营部、采购部、配送部、开发部等部门以及门店。

公司管理层：负责公司整体业务的监控与公司战略的制定，对于信息系统的需求主要是信息查询和辅助管理决策。

培训部、行政人事部：主要负责公司的人力资源管理，包括档案管理、工资管理，以及培训等事宜。

采购部、运营部：主要负责原料茶的采购、原料茶及成品茶的质量检验、茶叶的拼配、原料茶及成品茶的定价及结算等业务。此外，还负责管理直营店和加盟店。

配送部：主要负责的工作包括：执行相关部门的加工与拼配；对各个门店进行产品配送；对实物进行库存管理，包括采购入库、销售出库、其他出入库及盘点业务；存货核算等业务。

财务部：负责公司的财务管理，包括资金、费用、利润等的管理。

开发部：负责开发直营店，发展加盟店，加强对公司设备器材的维护与保养，保证所有设备器材符合运营标准。

各个门店：负责产品的销售。

在项目开始阶段，该茶叶公司对各主要的业务管理模块进行了梳理，之后对业务流程进行了再造，建立起既符合业务管理的特点，又符合电子化管理的流程结构。信息系统的业务管理模块主要包括以下几个。

采购管理：请购管理、采购管理、收货检验、入库管理等；

销售管理：总部销售、门店销售、销售退货、商品调价等；

库存管理：出入库管理、预入预出库管理、调拨单管理、盘点管理等；

拼配拆分管理：拼配单管理、拼配流程卡管理、拆分订单管理等；

人员管理：门店员工管理、总部员工管理、考勤管理、家属信息管理等；

设置管理：对商品信息、人员信息、单据信息等的所有属性进行定义。

本项目采用的是集中式与分布式相结合的管理方案，即在公司总部设立 Web 服务器，安装解决方案主程序，在公司部分门店和分部安装实时传输工具，通过网络连接公司总部的 Web 服务器，进行日常业务单据的录入、查询和核算。同时，在公司部分门店和分部安装离线传输工具，通过离线程序进行日常业务单据的录入、查询和核算。

在项目实施阶段，主要进行了以下工作：系统应用方案的设计、评审和确定；系统安装和调试；人员培训；期初数据的录入、校对；模拟运行；对操作人员的再培训；系统应用方案的调整；系统试运行；系统正式运行等。

本项目一期完成后，该茶叶公司门店、分部之间的货物调配都在总部的统一管理之下进行，总部可以随时查询各门店的库存情况，保证各门店的茶叶得到准确及时的配送，避免了茶叶的库存积压。此外，总部可以及时进行账务处理，使门店的账务管理透明化，从而提高了管理效率，节省了人力、物力和财力。

结合上述案例，在收集相关资料的基础上，分析和回答以下问题。

1. 对该茶叶公司的业务管理模块进行分析，试讨论有没有更优化的方案。

2. 说明上述系统采用了什么系统开发方法，并阐述该系统开发方法的基本思想和基本步骤。

3. 这种系统开发方法适合解决哪一类问题？

4. 管理信息系统开发包括哪些阶段？每个阶段的主要任务是什么，如何对其进行评价？

思考题

1. 管理信息系统的生命周期是什么？

2. 常用的管理信息系统开发方法有哪些？ 每种管理信息系统开发方法的主要特征是什么？

3. 简述管理信息系统分析的任务与步骤。

4. 简述管理信息系统设计的目标和内容。

5. 管理信息系统开发的相关文档有哪些？

6. 管理信息系统实施主要包括哪些内容？

7. 对管理信息系统进行测试的原则是什么？

第 8 章　管理信息系统管理

本章学习要求
1. 了解管理信息系统管理的十大知识领域及过程。
2. 了解管理信息系统的运行管理与维护。
3. 了解管理信息系统的安全管理需求及安全策略。
4. 了解管理信息系统评价的主要内容及指标体系。

管理信息系统是一种基于现代信息技术对组织进行全面管理的综合系统。事实证明，对管理信息系统管理得好坏，在很大程度上决定了管理信息系统是否能充分发挥作用，是否能真正满足组织进行管理决策与开展业务活动的需求，因此必须对管理信息系统进行科学管理。本章将从管理信息系统的开发管理、运行管理、安全管理与评价等方面，介绍管理信息系统管理的基本知识。

8.1　管理信息系统的开发管理

管理信息系统的开发是一项涉及面广、技术难度大的综合性系统工程，需要投入大量的人力、财力、物力和时间等资源，会对整个组织的改革与发展产生很大的影响。因此，只有按照系统的观点，使用现代项目管理理论和方法对管理信息系统的整个开发过程进行控制，才能以较小的投入取得较为理想的效果。

8.1.1　项目管理概述

项目管理是指在项目活动中运用专门的知识、技能、工具和方法，使项目能够达到或超过项目利益相关者的要求和期望。这不仅说明了项目管理需要运用专门的知识和技能等，还强调了项目管理中各参与者的重要性。

1. 项目管理的概念

项目管理是指在一定的资源（如时间、资金、人力、设备、材料、能源、动力等）约束条件下，为了高效率地实现项目的既定目标（即项目完成时应当达到的质量、投资、进度），按照项目的内在规律和程序，运用系统科学的基本原理对项目的全过程进行计划、组织、协调、领导和控制等。项目是具有明确目标的一次性活动，阶段性强，具有明显的生命周期。项目管理要解决的基本问题就是如何按照所选择的管理方法，对项目进行有效的计划、组织、协调、领导和控制。

项目管理是"一把手"工程，领导参与是关键。项目经理必须合理配备项目参加人员，制定项目管理的有关规范，及时生成详尽的报表，正确评价项目的开展情况。

此外，在项目管理过程中还可以使用项目管理软件。这些项目管理软件主要用于编制项目进度计划，并通过资源分配和成本管理，合理配置资源，使项目进度计划更加合理，同时对进度进行动态跟踪与控制等。

2. 管理信息系统项目的特点

管理信息系统项目是特殊的项目，它所创造的产品或服务是逻辑载体，没有具体的形状和尺寸，只能通过软件的运行发挥作用并产生效益。因此，管理信息系统项目既具有项目的一般属性，也具有其自身的特殊性。其主要特点表现在以下几个方面。

（1）明确的目标

每一个项目最终都会有可以交付的成果。项目的成果可能是一种期望的产品，也可能是一种希望得到的服务，这个成果就是项目的目标。而一系列的项目计划和实施活动都是围绕项目目标进行的。项目目标一般包括：项目可交付成果的列表；设定项目最终完成及中间里程碑的截止日期；指定项目可交付成果必须满足的质量准则；项目的成本限制等。

（2）独特性

项目是一项为了创造某种独特的产品、服务或结果而进行的临时性工作。因此，项目所涉及的某些内容甚至全部内容是以前没有的，也就是说，这些内容是独特的。例如，一个项目所要开发的新办公自动化系统的用户、功能及设计要求，与现有的办公自动化系统都不同，因此具有较强的独特性。

（3）时限性

时限性是指每个项目都有明确的开始和结束时间或标志，而且项目不能重复实施。当项目目标达到时，该项目就结束了；或者当确认项目的目标无法达到时，该项目就会被中止。不管项目的结果如何，只要项目结束了，其结果也就确定了，是不可逆转的。不过，项目所创造的产品或服务通常是不受项目时限性影响的，大多数项目的实施是为了创造一个具有延续性的成果。例如，企业的管理信息系统就能够支持企业的长期运作。

（4）时效性

随着信息技术的发展，管理信息系统的生命周期越来越短。对于有的项目来说，时间甚至是决定性因素，因为市场机会稍纵即逝，如果项目实施的时间过长，市场份额就会被竞争对手抢占。项目的时效性是由两个因素决定的：一是技术的有效性；二是用户需求的不断变化，这就要求企业必须适时地推出新的管理信息系统。

（5）高风险性

管理信息系统项目的技术性很强，受人力资源的影响很大。人力资源，包括项目成员的知识结构、责任心、工作能力和团队的稳定性，对项目的质量、进度以及是否能成功具有决定性的影响，是管理信息系统项目的一个重要的风险因素。此外，管理信息系统项目的另一个重要的风险因素就是新技术的应用。用户往往被新技术的宣传所吸引，从而要求项目的开发者使用新技术。由于信息技术的发展很快，项目开发人员能否在短时间内掌握相关技术，以及新技术的不成熟、不稳定等因素，也使得管理信息系统项目的风险增加。

（6）智力密集型

管理信息系统项目是智力密集型项目。项目的各个阶段都需要大量的脑力劳动。为了高质量地完成项目，项目负责人必须充分发挥项目成员的智力、才能和创造精神。项目成员不仅要具有较高的技术水平和丰富的工作经验，还要具有良好的心理素质和较强的责任心。

3. 管理信息系统项目管理的意义

管理信息系统项目涉及管理信息系统规划、分析、设计和实施的整个过程。它由项目负责人（项目经理）负责，利用可获得的资源为用户进行系统建设。从技术的角度看，项目管理是保证管理信息系统开发任务顺利、高效完成的一种过程管理技术，它贯穿于管理信息系统项目实施的整个过程。

管理信息系统项目管理的重要性体现在以下四点。

① 可以在系统思考的基础上，对项目做出切合实际的全局性安排。

② 可以为项目的人力资源规划提供确切的依据。

③ 通过合理的计划安排对项目进行最优化控制。

④ 能够提供准确、一致、标准的文档和数据。

4. 管理信息系统项目管理的知识领域

管理信息系统项目管理的知识领域，包括项目整体管理、项目范围管理、项目时间管理、项目成本管理、项目质量管理、项目人力资源管理、项目沟通管理、项目风险管理、项目采购管理和项目利益相关者管理。每个知识领域都包括若干个过程组和过程，其中，项目的过程组有启动过程组、规划过程组、执行过程组、控制过程组和收尾过程组，如表 8-1 所示。下面对各个知识领域分别进行介绍。

表 8-1　项目管理十大知识领域以及相应的过程组和过程

知识领域	启动过程组	规划过程组	执行过程组	控制过程组	收尾过程组
项目整体管理	确定项目章程	制订项目管理计划	指导和管理项目执行	1. 监控项目工作 2. 整体变更控制	结束项目或阶段
项目范围管理		1. 规划范围管理 2. 收集需求 3. 定义范围 4. 创建工作分解结构		1. 确认范围 2. 控制范围	

续表

知识领域	启动过程组	规划过程组	执行过程组	控制过程组	收尾过程组
项目时间管理		1. 制订进度管理计划 2. 活动定义 3. 活动排序 4. 活动工期估算 5. 制订进度计划		进度控制	
项目成本管理		1. 制订成本管理计划 2. 成本估算 3. 成本预算		成本控制	
项目质量管理		制订质量管理计划	质量保证	质量控制	
项目人力资源管理		制订人力资源管理计划	1. 人员获取 2. 团队发展	管理项目团队	
项目沟通管理		规划沟通管理	管理沟通	控制沟通	
项目风险管理		1. 风险管理规划 2. 风险识别 3. 风险定性分析 4. 风险定量分析 5. 风险应对分析		风险监控	
项目采购管理		规划采购管理	实施采购管理	控制采购管理	结束采购管理
项目利益相关者管理	识别利益相关者	规划利益相关者管理	管理利益相关者	控制利益相关者参与	

8.1.2　项目整体管理

　　项目管理包括范围、进度、成本、质量、人力资源、沟通、风险和采购等方面，这些方面是相互影响和相互制约的。一般情况下，在进行项目管理时先制订一个初步计划，然后再进一步制订各个分计划，最后将这些分计划综合成一个整体计划，在这一过程中所进行的工作就是项目整体管理。

　　项目整体管理知识领域，包括为了识别、确定、综合、统一与协调各项目管理过程组内不同过程及项目管理活动而进行的各种活动。从项目管理的角度来看，整体管理是指为了完成项目，以及满足用户与其他利害相关者的要求，管理他们的期望所采取的贯穿整个项目的至关重要的行动，它具有统一、协调、综合的特征。整体管理要在多种选择中做出决定，以确定应当集中管理的资源和应当努力的方向；要对潜在的问题进行预测并加以处理，避免日后恶化，以确保项目的整体利益。整体管理还必须在各个相互冲突的目标与方案之间进行权衡和取舍。例如，如果追求高的项目质量，就要增大成本，因此在进行项目管理时要在"成本"与"质量"之间进行权衡。

由于项目的各个过程之间往往是相互影响并相互作用的，整体管理在项目管理中发挥着十分重要的作用。例如，在进行应急计划成本估算时就需要将项目成本管理、项目时间管理以及项目风险管理中的相关过程结合为一个整体。此外，项目的可交付成果也需要与组织的日常业务或者战略规划结合为一个整体。

整体管理的基本任务就是为了实现项目目标，将项目管理过程组中的各个过程有效地结合成一个整体。项目整体管理包括 6 个过程：确定项目章程；制订项目管理计划；指导与管理项目执行；监控项目工作；整体变更控制；结束项目或阶段。

1. 确定项目章程

项目章程是由项目启动者或发起人签发的，用于正式批准项目，并授权项目负责人动用组织资源开展项目活动的文件。项目章程记录了业务需求、假设条件、制约因素、对用户需求的理解，以及需要交付的产品、服务或成果等内容。某些组织，只有在完成了需求估计、可行性研究、初步计划或其他相关分析之后，才正式签发并启动项目章程。项目章程应当包括以下内容（直接列入或援引其他文件）。

- 项目目的或批准项目的原因。
- 可测量的项目目标。
- 项目的总体要求。
- 概括性的项目描述。
- 项目的主要风险。
- 总体里程碑进度计划。
- 总体预算。
- 项目审批要求（用什么标准判断项目成功，由谁负责对项目是否成功下结论，由谁来宣布项目结束）。
- 委派的项目经理及其职责和职权。
- 发起人或其他批准项目章程的人员的姓名和职权。

在多阶段项目的后续各个阶段，确定项目章程这一过程是为了验证最初签发项目章程这一决策的正确性。该过程在必要时还能批准进入下一个项目阶段并更新项目章程。

2. 制订项目管理计划

制订项目管理计划是指将确定、协调与综合所有分计划所需要的行动形成文件，使其成为项目管理计划。它是编制、确定各个分计划并将它们综合和协调为项目管理计划的必要过程。项目管理计划确定了执行、监控及收尾项目的方式和方法。制订项目管理计划的依据如下。

（1）项目章程

项目章程内容的多少取决于项目的复杂程度及所获取的信息数量。在启动过程组中，项目经理把确定项目章程作为项目管理的起点。

（2）其他过程的输出结果

制订项目管理计划需要对诸多过程的输出结果进行整合。其他过程所输出的任何有关基准和子管理计划的文件，都是本过程的输入。需要注意的是，在对这些文件进行变更时也要对项目管理计划进行相应的更新。

（3）事业环境因素

影响项目管理计划制订的事业环境因素包括：政府或行业标准；纵向市场（如建筑）或专门领域（如环境、安全、风险或敏捷软件开发）的项目管理知识体系；项目管理信息系统；组织的结构、文化、管理实践和可持续发展；基础设施（如现有设施和固定资产）；人事管理制度（如人员招聘和解聘指南、员工绩效评价、员工发展与培训记录）。

（4）组织过程资产

在确定项目章程及其他项目文件时，所有影响项目成功的资产都可以作为组织过程资产。所有参与项目的组织都可能有正式或非正式的方针、程序、计划和原则等。组织过程资产的组织方式因行业、组织和应用领域的类型不同而不同。

制订项目管理计划时所采用的技术主要是专家判断和引导技术。

（1）专家判断

专家判断用于：根据项目需要对项目管理过程进行裁减；编制项目管理计划应当包括的技术与管理细节；确定项目所需的资源与技能水平；定义项目的配置管理级别；确定哪些项目文件受制于正式的变更控制过程；确定项目工作的优先级，确保把项目资源在合适的时间分配给合适的工作。

（2）引导技术

引导技术用于指导项目管理计划的制订。头脑风暴、冲突处理、问题解决和会议管理等，都是可以用来帮助团队和个人完成项目活动的关键技术。

3. 指导与管理项目执行

指导与管理项目执行，要求项目经理和项目团队采取多种行动执行项目管理计划，完成项目范围说明书中明确的工作。这些行动包括：

- 开展活动实现项目目标。
- 付出努力与资金，实现项目目标。
- 配备、培训并管理分派给本项目的项目成员。
- 根据具体情况取得报价、标书、要约或建议书。
- 对潜在的卖方进行比较，选定卖方。
- 取得、管理并使用资源，包括材料、工具、设备与设施。
- 实施已列入计划的方法和标准。
- 创造、控制、核实并确认项目可交付成果。
- 管理风险并实施风险应对措施。
- 管理卖方。
- 将批准的变更纳入项目的范围、计划和环境。

- 建立并管理项目团队内部和外部的沟通渠道。
- 收集项目数据并报告成本、进度、技术与质量绩效，以及有助于预测的状态信息。
- 收集与记载需要吸取的教训，并实施经过批准的过程改进活动。

项目经理与项目团队一起指导和实施已计划好的项目活动，并管理项目内的各种技术接口与组织接口。

4. 监控项目工作

监控项目工作是指对启动、规划、执行和结束项目所需的各个过程进行监视和控制。它采取纠正或预防措施提升项目的实施效果。监控贯穿于项目始终，它收集、测量并发布绩效信息，并评价测量结果，估计趋势，改进过程。持续地监控使项目团队能够观察项目的状态是否正常，并识别需要特别关注的地方。监控项目工作的作用是：

- 对照项目管理计划检查项目的实际表现。
- 评价项目的绩效，判断是否出现了需要采取纠正或预防措施的迹象，并在必要时提出采取行动的建议。
- 分析、跟踪并监控项目风险，确保能够及时识别风险，报告状态，并执行适当的风险应对计划。
- 建立有关项目产品及相应文件的准确且及时的信息库，并将其一直保持到项目结束。
- 为状态报告、绩效测量和绩效预测提供信息支持。
- 为更新当前的成本和进度信息提供预测信息。
- 在实施经过批准的变更时进行监控。

5. 整体变更控制

整体变更控制也贯穿于项目的始终。由于项目很少会严格地按照项目管理计划进行，因而变更控制必不可少。项目管理计划、项目范围说明书，以及其他可交付的成果必须通过不断的变更才能得以维持。在批准变更请求时，应当保证将经过批准的变更反映到基准之中。整体变更控制包括下列活动，这些活动的详细程度取决于项目的执行情况。

- 确定是否需要变更，或者变更是否已经发生。
- 对妨碍整体变更控制的因素施加影响，确保只有经过批准的变更才能被执行。
- 审查和批准变更请求。
- 控制申请变更的流程，在发生变更时对经过批准的变更进行管理。
- 仅允许将经过批准的变更纳入项目产品或服务，以确保基准的完整性，并维护与项目产品或服务有关的配置和规划文件。
- 审查和批准所有的纠正与预防措施及建议。
- 根据经过批准的变更控制与更新范围、成本、预算、进度和质量要求，协调整个项目的变更。例如，提出的进度变更通常会影响项目成本、风险、质量与人员配备。

- 对请求的变更的所有影响进行记录。
- 确认缺陷补救。
- 根据质量报告并按照标准控制项目质量。

请求的变更可能是编制新的成本估算或者修改成本估算，重新安排计划活动的顺序，确定新的进度安排，提出新的资源要求，以及重新进行风险分析，提出新的应对办法。这些变更可能导致项目管理计划、项目范围说明书或其他项目可交付成果的调整。附带变更控制的配置管理系统可以提供标准化、效果好和效率高的方式，来集中管理已批准的变更与基准。配置管理重点关注可交付成果及各个过程的技术规范，而变更控制则着眼于识别、记录和控制对项目及产品基准的变更。变更控制的实施程度取决于项目的应用领域、项目的复杂程度、合同要求，以及项目所处的环境。

在项目中使用附带变更控制的配置管理系统，可以实现以下三个目标。

① 规范地识别与提出对既定基准的变更，并评估这些变更的价值和有效性。

② 分析各项变更的影响，为持续验证和改进项目创造机会。

③ 建立一种机制，使项目团队可以规范地向利益相关者沟通变更的批准和否决情况。

整体变更控制的配置管理活动如下。

① 配置识别。选择与识别配置项，为确定与核实产品配置、标识产品与文件、管理变更，以及保持信息公开提供基础。

② 配置状态记录。捕捉、记录和报告有效管理产品和产品信息所需的配置项信息。

③ 配置核实与审计。核查配置文件所规定的性能与功能要求是否已经达到。

每一个记入文件的变更请求，必须由项目团队的最高管理者，或者代表某一外部组织的发起人或用户来认可或否决。整体变更控制通常涉及一个负责批准或否决变更请求的变更控制委员会。配置管理与变更控制程序明确规定了该委员会的角色与责任，并得到了发起人、用户和其他项目利益相关者的同意。许多大型组织都设立了具有多层次组织结构的变更控制委员会，并明确了其各个委员会的责任。如果项目是根据合同进行的，则提出的变更必须经过用户的批准。

6. 结束项目或阶段

结束项目或阶段是指完结所有项目管理过程组的所有活动，以正式结束项目或阶段。这一过程的主要作用是，总结经验教训，正式结束项目工作，为开展新工作而释放组织资源。

在结束项目时，项目经理需要审查以前各阶段的收尾信息，确保所有的项目工作都已经完成、项目目标已经实现。由于项目范围是依据项目管理计划来确定的，项目经理需要审查范围基准，以在项目工作全部完成之后宣布项目结束。如果项目在完工前终止，结束项目或阶段过程还需要制订程序，以调查和记录提前终止的原因。为了实现上述目的，项目经理应当邀请所有利益相关者参与本过程。

结束项目或阶段涵盖进行项目或阶段管理（又称为行政管理）收尾所需的全部计划活动。在这一过程中，应当逐步实施以下活动：项目或阶段完工或退出所需进行的活动；向下一个阶段或向生产和运营部门移交项目产品、服务或成果所需进行的活动；收集项目或阶段记录、审核项目成败、收集经验教训和存档项目信息（供组织未来使用）所需进行的活动。

8.1.3 项目范围管理

项目范围是指为了达到项目目标、交付具有某种特质的产品和服务而需要做的工作。项目范围管理就是要确定哪些工作是项目应当做的，哪些工作不是项目应当做的。项目范围是对项目目标更具体的表述。

如果项目范围不明确，那么项目解决的就可能不是需要解决的问题，或者项目成员可能会将时间浪费在不属于他们职责的工作上。因此，项目范围管理必须清晰地定义项目目标，而且项目利益相关者必须就所定义的项目目标达成一致。

项目范围管理（scope management）是指要做项目范围内的事，而且只做项目范围内的事。既不少做也不多做，如果少做，会影响项目既定功能的实现；如果多做，又会造成资源浪费。具体来说，项目范围管理需要进行以下三个方面的工作。

① 明确项目边界。即明确哪些工作在项目范围之内，哪些工作不在项目范围之内。

② 对项目执行工作进行监控，确保所有该做的工作都做了，而且没有多做。对不在项目范围内的额外工作说"不"，即杜绝做额外工作。

③ 防止项目范围蔓延。项目范围蔓延是指未经控制的产品或项目范围的扩大（未对时间、成本和资源做相应的调整）。

1. 项目范围管理的重要性

项目范围一般来自项目投资方或用户所确定的项目目标或具体需求，任何一个项目都有明确的目标，因此在讨论项目范围管理时，不能脱离项目目标。项目目标是项目范围管理规划的一个基本依据。

既然明确项目范围是为了实现项目目标，那么如何有效地完成项目范围内的各项工作，是每个项目经理都必须思考的问题。项目范围管理及控制是否有效，是衡量项目是否成功的一个重要标准。在项目实施过程中不断重申项目范围，可以避免项目偏离既定轨道，是项目管理的一个重要手段。

项目范围管理不仅仅是让项目成员知道为达到预期目标需要完成哪些具体的工作，还让他们清楚项目各相关方在每项工作中的责任和分工界面。详细、清楚地界定责任和分工界面，不但有利于项目实施中的变更控制、推进项目发展、减少责任不清等问题的发生，也有利于在项目结束时对项目范围进行核实。例如，一旦项目的某个工作包出现工期延迟的现象，就可以很快地找到具体的责任人并及时提出解决方案。

进行项目范围管理能够确定项目的边界，明确项目的目标和项目可交付的主要成果，进而提高估算项目成本、进度和所需资源的准确性。人们预测复杂事务比预测简单事务要困难得多，预测误差也大得多。项目范围管理使用工作分解结构（work breakdown structure，WBS）将项目分解成可管理的工作包，对工作包的估算更容易，更准确。虽然人们对每个工作包的估算都存在误差，但由于这些误差可以相互抵消，即便误差叠加，最终的误差也不比总体估算的误差大。

项目范围管理对项目实施有很大的影响。范围蔓延是项目失败最常见的原因之一，人们往往在项目启动、计划、执行甚至收尾时不断加入新功能。无论是用户的要求还是项目成员的创新或者新技术的出现，都可能导致项目范围失控，从而使项目在进度、成本和质量上受到严重影响。

2. 项目范围管理的过程

项目范围管理主要是通过规划范围管理、收集需求、定义范围、创建工作分解结构、确认范围和控制范围 6 个过程来实现的。项目范围管理的各个过程如表 8-2 所示。

表 8-2　项目范围管理的各个过程

管 理 过 程	所属过程组	解　　释
规划范围管理	规划过程组	编制范围管理计划，以书面的形式描述如何定义、确认和控制项目范围
收集需求		为了实现项目目标而确定、记录并管理利益相关者的需要和需求
定义范围		确定项目和产品的详细描述
创建工作分解结构		将项目可交付成果和项目工作分解为较小的、更易于管理的活动
确认范围	监控过程组	正式验收已完成的项目可交付成果
控制范围		监督项目和产品的范围状态，以及管理范围基准变更

项目范围管理各个过程的输入、输出、工具与技术如表 8-3 所示。

表 8-3　项目范围管理各个过程的输入、输出、工具与技术

过　　　程		输入、输出、工具与技术
规划范围管理	输入	项目管理计划、项目章程、事业环境因素、组织过程资产
	输出	范围管理计划、需求管理计划
	工具与技术	专家判断、会议

续表

过　程		输入、输出、工具与技术
收集需求	输入	范围管理计划、需求管理计划、利益相关者管理计划、项目章程、利益相关者登记
	输出	需求文件、需求跟踪矩阵
	工具与技术	访谈、焦点小组、引导技术、群体创新技术、群体决策技术、问卷调查、观察、原型法、标杆对照、系统交互图、文件分析
定义范围	输入	范围管理计划、项目章程、需求文件、组织过程资产
	输出	项目范围说明书、项目文件更新
	工具与技术	专家判断、产品分析、备选方案生成、引导技术
创建工作分解结构	输入	范围管理计划、项目范围说明书、需求文件、事业环境因素、组织过程资产
	输出	范围基准、项目文件更新
	工具与技术	分解、专家判断
确认范围	输入	项目管理计划、需求文件、需求跟踪矩阵、确认的可交付成果、工作绩效数据
	输出	验收的可交付成果、变更请求、工作绩效信息、项目文件更新
	工具与技术	检查（审查、产品评审、审计、调查、巡检），群体决策技术
控制范围	输入	项目管理计划、需求文件、需求跟踪矩阵、工作绩效数据、组织过程资产
	输出	工作绩效信息、变更请求、项目管理计划更新、项目文件更新、组织过程资产更新
	工具与技术	偏差分析

8.1.4　项目时间管理

时间是一种特殊的资源，因其具有单向性、不可重复性、不可替代性而有别于其他资源。如果项目的资金不够可以贷款和集资，但如果项目的时间不够则无处可借，而且时间也不像其他资源那样具有加和性。项目管理者应当对所有的项目任务进行定义，识别和跟踪关键任务，并及时发现造成项目进度拖延的因素。为此，项目管理者必须制订详细的进度计划，以加强对项目进度的监管和控制。

1. 项目时间管理的过程

项目时间管理主要是通过制订进度管理计划、活动定义、活动排序、活动工期估算、制订进度计划和进度控制等过程来实现的。

（1）制订进度管理计划

进度管理计划用于确定制订项目进度计划的准则，它是项目管理计划的组成部分，为编制、监管和控制项目进度建立准则和明确活动。进度管理计划涉及完成项目所需的各个过程。

（2）活动定义

对于项目，可以按照系统的模块或子系统分解为多个子项目，也可以按照工作内容分解为多个小的、更易于管理的工作包。一般将这些工作包称为活动。活动是能够保障完成项目可交付产品和服务的可实施的详细任务。在项目实施过程中，要将所有的活动列成一个明确的活动清单，并让所有的项目成员都清楚有多少工作需要处理。需要注意的是，完成活动定义后，要对项目工作分解结构进行更新。

（3）活动排序

在活动定义的基础上，要找出项目各项活动之间存在的相互联系和相互依赖关系，并根据这些关系安排各项活动的先后顺序，以便制订可行的进度计划。此外，设立项目里程碑是活动排序的一项重要工作，是项目成功的重要保障。

（4）活动工期估算

活动工期估算是指根据项目范围、资源约束条件等列出项目活动所需的工期。在估算活动工期时要充分考虑活动清单、资源需求、人力资源因素及环境因素等对活动工期的影响。在对每项活动进行工期估算时应当充分考虑风险因素的影响。

（5）制订进度计划

制订进度计划，即在活动排序、活动工期估算的基础上，结合资源需求及相关制约因素等确定进度计划。制订进度计划是一个反复进行的过程，它要确定项目各项活动的开始时间与完成时间。

（6）进度控制

进度控制主要是指监督进度计划的执行情况，及时发现和纠正偏差、错误。在进行进度控制时要考虑影响项目进度的因素、项目进度变更所产生的影响等。

2. 进度管理方法

项目进度管理的方法有很多，如甘特图、网络图、里程碑图等。

（1）甘特图

甘特图（Gantt chart）是20世纪初由亨利·甘特开发的。它是一种线条图，用横轴表示时间，用纵轴表示要安排的活动，用线条表示项目实施过程中活动计划和实际的完成情况。

甘特图是一种常用的对简单项目进行进度安排与活动排序的工具，它可以直观地反映活动的开始、持续与结束时间，以及活动实际进展与计划要求的对比，在解决负荷分配问题和排序问题时较为直观。甘特图能使管理者先为项目的各项活动做好进度安排，然后再随着时间的推移，对计划进度与实际进度进行对比，及时发现问题，并将资源配置到最需要加快进度的地方，以确保整个项目按期完成。

甘特图的制作步骤如下。

① 明确项目涉及的各项活动，具体包括活动名称、活动顺序、活动开始时间、活动工期、活动类型（是依赖性活动，还是决定性活动）和依赖于哪一项活动。

② 创建甘特图草图。将所有的活动按照开始时间、工期标注在甘特图上。

③ 确定各项活动之间的依赖关系及进度安排。使用甘特图，可以按照活动的类型将活动联系起来，并安排活动进度。

④ 计算单项活动的工时数。

⑤ 确定活动的执行人员，并按需调整工时。

⑥ 计算整个项目的时间。

其中，步骤③可以确保在计划有所调整的情况下，各项活动仍然能够按照正确的时序进行，也就是确保所有依赖性活动能且只能在决定性活动完成之后按计划展开，同时避免关键路径过长。关键路径是完成项目时间最短的路径，它是由贯穿项目始终的关键活动决定的。需要注意的是，关键路径会由于单项活动进度的提前或延期而发生变化。此外，对于进度计划上的不可预知事件要安排适当的松弛时间（slack time）。但是，松弛时间不适用于关键活动，因为时序是关键路径的一部分，对整个项目来说是至关重要的。

（2）网络图

网络图（network diagram）是项目活动排序的一个输出，用于展示项目中的各项活动以及各项活动之间的逻辑关系，表明项目活动将以什么顺序进行。网络图能够描述工作分解情况，以及每项活动的开始时间和结束时间，使人们能够容易地识别出关键路径和关键活动，是制订进度计划的有力工具。

常用的网络图有单代号网络图、双代号网络图、条件网络图等。

① 单代号网络图。单代号（activity-on-note）网络图又称为紧前关系绘图法。单代号网络图的基本单元是节点，节点表示活动，箭头表示活动之间的逻辑关系。图 8-1 所示的是一个管理信息系统项目的单代号网络图示例。

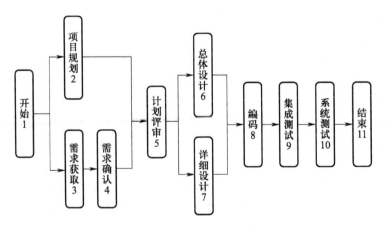

图 8-1　单代号网络图示例

② 双代号网络图。在双代号（activity-on-arrow）网络图中，箭头表示活动；节点表示前一个活动的结束，同时也表示后一个活动的开始。将图 8-1 所示的单代号网络图用双代号网络图表示，如图 8-2 所示。

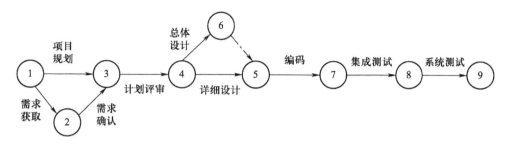

图 8-2　双代号网络图示例

③ 条件网络图。条件网络图又称为条件绘图法（conditional diagramming method），它允许活动序列，如一个循环（例如，某个试验需要重复多次）或条件分支（例如，一旦在检查中发现错误，就修改设计）循环与反馈，因而在绘制网络图的过程中形成许多条件分支，而这在单代号网络图和双代号网络图中是不允许的。这种网络图在实际的项目实施中使用得很少。

（3）里程碑图

里程碑图是由一系列里程碑事件组成的，里程碑往往是一个时间要求为零的活动，即它并非一项要实实在在完成的活动，而是一个标志性的事件。例如，在管理信息系统开发项目中，"系统测试"是一项活动，"撰写测试报告"也是一项活动，但"完成测试报告"就不是一项要实实在在完成的活动，但是在制订进度计划以及跟踪进度计划时，往往要加上"完成测试报告"，不过会将其工期设置为"0 工作日"，以检查这个时间点，因为这是"测试"结束的标志。

里程碑图显示了项目实施中重大工作的完成情况。里程碑不同于活动，活动需要消耗资源并且需要花费时间来完成，但里程碑仅仅是表示事件的标记，不消耗资源和时间。例如，图 8-3 所示的是一个系统开发项目的里程碑图。项目进度计划以里程碑为界限，将整个系统开发工作划分为若干个阶段。根据里程碑的完成情况，适当地调整每一个阶段的工作量和完成时间，这种方式有利于项目进度计划的动态调整。

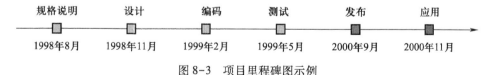

图 8-3　项目里程碑图示例

8.1.5　项目成本管理

项目成本管理一直是一个难题，项目成本超支是很常见的现象。成本估算不精确有很多原因，既有主观的原因，也有客观的原因。信息技术的飞速发展使得项目不断采用新的技术和新的流程，这也加大了成本估算的难度。项目成本与项目规模密切相关，是完成相应的项目规模所付出的代价。项目成本管理主要是通过制订成本管理计划、成本估算、成本预算和成本控制等过程来实现的。

1. 制订成本管理计划

成本管理计划列出了模板并制订了项目成本的结构、估算、预算和控制的标准。此外，成本管理计划还记录了成本管理过程及所使用的工具和技术。

2. 成本估算

成本估算是指预测开发一个管理信息系统所需要的总工作量。与其他领域（如建筑行业等）项目的成本估算不同，它不包括原材料和能源的消耗，主要是人的劳动消耗。由于管理信息系统项目不存在重复制造的过程，其成本是按照一次性开发所花费的代价来计算的，因此其成本估算应当以系统项目管理、需求分析、设计、编码、测试等过程所花费的代价为依据。

在项目管理过程中，为了使时间、费用和工作范围内的资源得到最佳利用，人们设计了不少成本估算方法。常用的成本估算方法有代码行估算法、功能点估算法、用例点估算法、类比估算法、自下而上估算法、参数模型估算法、专家估算法、猜测估算法等。

3. 成本预算

成本预算是指将项目的总成本按照项目的进度分摊到各个工作单元中，即将总的成本安排到各项活动中，这些活动是管理信息系统功能结构划分的结果，每项活动的成本估算、进度、资源日历等都可以作为成本预算的输入。因此，为项目活动编排好执行次序并分配了资源后，项目中每一项活动的成本预算就可以确定了。成本预算是根据项目各项活动以及分配给它的相应资源计算的。成本预算是一种控制实际成本的机制，为项目管理者控制项目提供了一把有效的尺子。

4. 成本控制

成本控制是指控制项目预算的变更并及时对其进行调整，具体来讲，就是指采用一定的方法对项目形成全过程所耗费的各种费用的使用情况进行管理。成本控制主要包括监控成本执行，以发现实际成本与计划成本的偏差；确保所有的变更都能够被准确记录在成本预算计划中；防止将不正确、不恰当或未经审核的变更纳入成本预算计划；将核准的变更告知有关的项目利益相关者等。

8.1.6　项目质量管理

项目质量管理是指对整个项目质量进行把控。其中，质量是指满足要求的程度，这里的要求包括符合规定的要求和满足用户的要求。

1. 质量模型

质量问题是贯穿项目生命周期的一个极为重要的问题，管理信息系统开发所采用的各种开发技术和检验方法最终体现为管理信息系统的质量。人们通常把影响系统质量的因素用质量模型来描述，常见的质量模型是贝姆（Boehm）质量模型、麦考尔（McCall）质量模型、ISO/IEC 9126 质量模型、ISO/IEC 25010 质量模型。

2. 质量管理的过程

时间、成本、质量在项目管理中常常相提并论，如何从时间、成本、质量这三个方面找到各方均满意的模型，并遵守这种模型，是质量管理的最终目标。质量管理主要就是监控项目的可交付成果和执行过程，以确保它们符合相关标准。作为项目管理者，必须掌握质量管理的方法。质量管理的主要过程包括制订质量管理计划、质量保证和质量控制。

（1）制订质量管理计划

制订质量管理计划是指确定项目应当达到的质量标准，以及为达到这些质量标准而做出的质量管理方面的计划与安排。只有做出精准的质量管理计划，才能做好质量管理，保障项目实施。

（2）质量保证

质量保证是为了证明项目能达到质量标准而开展的有计划、有组织的活动。质量保证是贯穿整个项目生命周期的系统性活动，它经常性地对项目质量计划的执行情况进行评估、检查与改进等，以向管理者、用户或其他相关方提供信任，使其确信项目质量能够与计划保持一致。

（3）质量控制

质量控制是指确定项目产品质量是否符合标准，同时确定不符合标准的原因及消除方法，以控制项目产品的质量，及时纠正缺陷。质量控制对阶段性的项目成果进行检测、验证，为质量保证提供了依据。高质量的项目产品应当尽可能地达到零缺陷。

8.1.7 项目人力资源管理

项目中的人力资源一般是以团队的形式存在的。项目团队是由一定数量的个体组成的集合，包括系统开发人员、产品供应商、承包商、用户等，它将具有不同潜质的人组合在一起，形成一个具有团队精神的队伍来进行项目的开发。高效的项目团队是项目顺利实施的保证。项目人力资源管理主要包括制订人力资源管理计划、人员获取、团队发展、管理项目团队等过程。

人力资源管理是保证参加项目的人员能够被最有效利用的过程，是针对项目组织所储备的人力资源开展的一系列科学规划、开发培训、合理调配、适当激励等方面的管理工作。它可以使项目各相关方的主观能动性得到充分发挥，做到人尽其才、事得其人、人事相宜，同时保持项目团队高度的团结性和战斗力，从而成功地实现项目的既定目标。

在进行项目人力资源管理时要先明确项目的组织结构。组织结构要有助于提高项目团队的工作效率，避免出现摩擦，因此，一个理想的组织结构应当适应项目成员的不断变化，有利于项目成员之间的信息交流和项目中各项活动的协调。项目的组织结构可以总结为三种类型：职能型、项目型和矩阵型。

1. 职能型组织结构

职能型组织结构是目前使用最普遍的项目组织结构，它是一个标准的金字塔形组织结构，如图 8-4 所示。

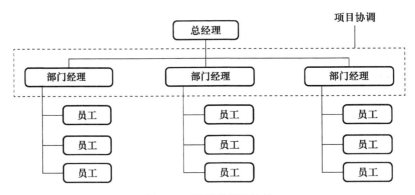

图 8-4　职能型组织结构

职能型组织结构是一种常规的线性组织结构，采用这种组织结构时，项目是以部门为主体来承担项目的，一个项目由一个或者多个部门承担，一个部门也可以承担多个项目，所以项目成员有两个负责人，既有部门经理也有项目经理。这种组织结构适用于主要由一个部门完成的项目，或者技术比较成熟的项目。

2. 项目型组织结构

与职能型组织结构相对应的另一种组织结构是项目型组织结构，在项目型组织结构中部门完全是按照项目设置的，这是一种单目标的垂直组织结构，如图 8-5 所示。在项目型组织结构中，有一个项目就有一个类似于部门的项目组，在一个项目完成之后，这个项目组所代表的部门就解散了。在这种组织结构中，不存在传统意义上的部门的概念，每个项目都以项目经理为负责人，项目经理具有高度的独立性和权利，而且完成每个项目目标所需的全部资源都被分配给该项目，完全为该项目服务。

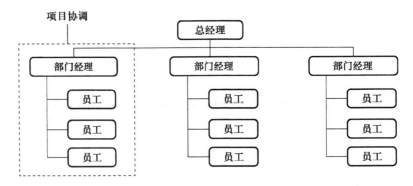

图 8-5　项目型组织结构

3. 矩阵型组织结构

矩阵型组织结构是职能型组织结构和项目型组织结构的混合体，它既具有职能型组织结构的特点，又具有项目型组织结构的特征，如图 8-6 所示。它根据项目的需要，从不同的部门中选择合适的项目人员组成一个临时项目组，项目结束之后，这个项目组也就解散了。这种组织结构的关键是项目经理要具备良好的谈判和沟通技能，项目经理和职能经理之间要建立友好的工作关系。项目成员需要与两个负责人协调工作。这种组织结构所具有的横向联结强，资源整合充分、信息共享、反应速度快等优势，恰恰符合当前的发展要求。采用该组织结构可以对人员进行优化组合，引导聚合创新，同时避免了原有组织结构中组合固定、相互限制的现象。这种组织结构适用于管理规范、分工明确的企业或者跨职能部门的项目。

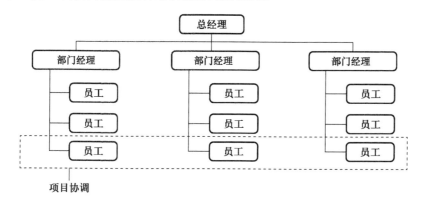

图 8-6　矩阵型组织结构

8.1.8　项目沟通管理

沟通（communication）是人们分享信息、思想和情感的过程。沟通旨在让互动的双方建立关系，彼此了解，相互回应，并能经由沟通的行为和过程相互接纳及达成共识。许多学者都认为，任何项目，特别是管理信息系统项目失败的主要原因是沟通的失败。与管理信息系统项目成功有关的四个主要因素是：管理层的支持、用户的参与、有经验的项目经理和清晰的业务目标。所有这些因素都与项目经理和团队具有良好的沟通能力有关。

项目沟通管理旨在确保及时、正确地生成、收集、分发、存储、检索和最终处理项目信息。项目沟通管理揭示了为了成功进行沟通，人员、观点、信息三个要素之间彼此联络的过程。项目经理常常要花费大量的时间与项目团队、项目利益相关者、用户和发起人沟通。项目中的每个成员都应当了解沟通是如何在整体上影响项目的。

项目经理将绝大多数时间都用于与团队成员和其他利益相关者沟通，无论这些成员或利益相关者是来自组织内部（分布在组织的各个层级上）还是来自组织外部。有效的沟通在项目利益相关者之间架起了一座桥梁，把具有不同文化和组织背景、不同技能水平、不同观点和利益的各类利益相关者联系起来。这些利益相关者能够对项目的执行或项目结果产生影响。

项目沟通管理包括规划沟通管理、管理沟通和控制沟通三个过程。

1. 规划沟通管理

规划沟通管理是指根据利益相关者的信息要求及组织的可用资产情况，确定合适的项目沟通方式和制订沟通管理计划。本过程主要用于识别和记录与利益相关者的最有效率且最有效果的沟通方式。

（1）规划沟通管理：输入

① 项目管理计划。项目管理计划提供了有关如何执行、监控和结束项目的信息。

② 利益相关者登记册。利益相关者登记册为规划与项目利益相关者的沟通提供信息。

③ 事业环境因素。规划沟通管理与事业环境因素有着密切的关系。原则上，所有的事业环境因素都可以作为规划沟通管理的输入，因为沟通需要适应项目环境。

④ 组织过程资产。原则上，所有组织过程资产都可以作为规划沟通管理的输入。其中，经验教训和历史信息尤为重要。它们有助于人们深入了解以往类似项目的沟通决策及其实施结果，并为当前项目的沟通活动规划提供指导。

（2）规划沟通管理：输出

① 项目文件更新。可能要更新的项目文件包括项目进度计划、利益相关者登记册等。

② 沟通管理计划。沟通管理计划是项目管理计划的一个组成部分，描述如何对项目沟通进行规划、结构化和监控。

沟通管理计划还包括关于项目状态会议、项目团队会议、网络会议和电子邮件信息等的指南和模板，以及关于项目所用网站和项目管理软件的使用说明。

2. 管理沟通

管理沟通是指根据沟通管理计划，生成、收集、分发、存储及最终处理项目信息。本过程主要用于促进项目利益相关者之间进行有效率且有效果的沟通。本过程不仅要发布相关信息，还要确保信息被正确地生成、接收和理解，并为利益相关者获取更多的信息、进行澄清和讨论创造机会。有效的沟通管理需要借助于相关技术，并考虑相关事宜，具体包括：

① 发送—接收模式：包括反馈回路，为各方互动和参与提供机会，有助于清除沟通障碍。

② 媒介选择：可以根据实际情况选择媒介。例如，何时用书面沟通或口头交流，何时使用非正式备忘录或正式报告，何时进行面对面沟通或通过电子邮件沟通。

③ 写作风格：合理使用主动动态或被动语态、句子结构，以及合理选择词汇。

④ 会议管理技术：准备会议议程和处理会议中的冲突。

⑤ 演示技术：知晓形体语言和视觉辅助设计的作用。

⑥ 引导技术：建立共识和克服障碍。

⑦ 倾听技术：能够主动倾听、告知收悉、主动澄清和确认理解，清除妨碍理解

的障碍。

（1）管理沟通：输入

① 沟通管理计划。

② 工作绩效报告。工作绩效报告汇集了项目绩效和状态信息，可用于促进讨论和建立沟通。工作绩效报告全面、准确和及时，对有效开展沟通管理非常重要。

③ 事业环境因素。影响管理沟通过程的事业环境因素，包括组织文化和组织结构、政府或行业标准及规定、项目管理信息系统。

④ 组织过程资产。影响管理沟通过程的组织过程资产，包括有关沟通管理的政策、程序、过程和指南；相关模板；历史信息和经验教训。

（2）管理沟通：输出

① 项目沟通记录。项目沟通记录包括工作绩效报告、可交付成果的状态、项目进展情况和已发生的成本。受信息的紧急性、信息传递方法和信息机密程度等因素的影响，项目沟通可能会变动很大。

② 项目管理计划更新。项目管理计划包括项目基准，以及与沟通管理、利益相关者管理有关的信息。一般将项目的当前绩效与绩效测量基准做对比并据此更新这些内容。绩效测量基准是经过批准的项目工作计划，用来与项目的执行情况进行比较，测量偏差，以及时采取管理控制。绩效测量基准通常是项目的范围基准、进度基准和成本基准的综合，有时还包括技术基准和质量基准。

③ 项目文件更新。需要更新的项目文件一般包括问题日志、项目进度计划、项目资金需求等。

④ 组织过程资产更新。需要更新的组织过程资产一般包括给利益相关者的通知、项目报告、项目演示资料、项目记录、利益相关者的反馈意见、有关经验教训的文档等。

3. 控制沟通

控制沟通是指在整个项目生命周期中对沟通进行监管和控制，以满足项目利益相关者对信息的需求。本过程可以确保所有沟通参与者之间的信息流动始终是最优化的。

控制沟通可能重新引发规划沟通管理或管理沟通过程。这种过程的重复体现了项目沟通管理各过程的持续性。关于某些特定信息，如问题或关键绩效指标（即实际的进度、成本、质量、绩效与计划相比的结果）的沟通，可能会立即引发修正措施，而关于其他信息的沟通则可能不会。应当仔细评估和控制项目沟通的影响及受众对影响的反应，以确保在正确的时间把正确的信息传递给正确的受众。

（1）控制沟通：输入

① 项目管理计划。项目管理计划描述了项目如何被执行、监督、控制和收尾。它为控制沟通过程提供了有价值的信息，包括利益相关者的沟通需求、发布信息的原因、发布信息的时限和频率、负责发布信息的个人或小组，以及接收信息的个人或小组。

②　项目沟通。在控制沟通过程中，需要开展活动来监督沟通的情况，并向利益相关者通知相关情况。项目沟通有多种形式、详细程度、正式程度和保密等级等各不相同的来源。项目沟通涉及可交付成果的状态、项目进展情况、已发生的成本等内容。

③　问题日志。问题日志用于记录和监督问题的解决。它能够促进沟通，确保人们对问题形成共同的理解。问题日志记录了由谁来负责在目标日期前解决某个特定问题，以及影响项目团队实现目标的障碍。问题日志中的信息对于控制沟通过程而言十分重要，因为它记录了已经发生的问题，并为后续的沟通提供了支持。

④　工作绩效数据。工作绩效数据包括从每个正在执行的活动中收集到的原始观察结果和绩效测量基准。

⑤　组织过程资产。影响控制沟通过程的组织过程资产包括：报告模板；定义沟通的政策、标准和程序；可用的沟通技术；允许的沟通媒介；记录保存政策；安全要求等。

（2）控制沟通：输出

①　工作绩效信息。工作绩效信息包括对绩效数据的组织和总结。这些绩效数据通常按照利益相关者要求的详细程度来展示项目状况和项目进展信息，并向利益相关者传达。

②　变更请求。控制沟通过程会导致对沟通管理计划所定义的沟通活动进行调整、采取行动和开展干预，因此会生成变更请求这个输出。变更请求需要通过整体变更控制过程来处理。

③　项目管理计划更新。控制沟通过程可能引起对沟通管理计划及项目管理计划其他组成部分（如利益相关者管理计划和人力资源管理计划）的更新。

④　项目文件更新。作为控制沟通过程的结果，有些项目文件可能需要更新。需要更新的项目文件包括预测、绩效报告、问题日志等。

⑤　组织过程资产更新。需要更新的组织过程资产包括有关经验教训的文档等。这些文档一般记录问题的成因、采取特定纠正措施的理由以及项目期间的其他经验教训，它们是该项目或项目执行组织的其他项目的历史数据库的一部分。

8.1.9　项目风险管理

1. 项目风险管理的过程

项目风险管理涉及风险管理规划，以及风险识别、分析、应对和监控。项目风险管理的目标在于增加积极事件的发生概率和影响，降低消极事件的发生概率和影响。项目风险管理包括以下过程。

①　风险管理规划：决定如何规划和实施项目风险管理活动。

②　风险识别：判断哪些风险会影响项目，并以书面形式记录其特点。

③　风险定性分析：对风险概率和影响进行评估和汇总，进而对风险进行排序，以便进行进一步的分析或行动。

④ 风险定量分析：就识别的风险对项目总体目标的影响进行定量分析。

⑤ 风险应对分析：针对项目目标制订增加机会、降低威胁的方案和措施。

⑥ 风险监控：在项目实施过程中，跟踪已识别的风险、监测残余风险、识别新风险和实施风险应对措施，并对其有效性进行评估。

项目风险是一种不确定性事件（风险事件）或状况（风险状况），一旦发生就会对至少一个项目目标，如时间目标（即按照商定的进度表交付）、成本（即在商定的成本范围内交付）、范围目标或质量目标产生积极或消极的影响。风险的起因有一种或多种，风险一旦发生，就可能产生一种或多种影响。例如，风险起因是项目需要申请环境许可证，或者是分配给项目的设计人员有限。而风险事件则是获得环境许可证所需要的时间比原计划长，或者所分配的设计人员不足无法完成项目任务。这两个不确定性事件无论哪一个发生，都会对项目的成本、进度或者绩效产生影响。风险状况则包括项目环境或组织管理环境中可能引发项目风险的各个方面，如项目管理方式欠佳，缺乏整合的管理系统，并行开展多个项目或者过分依赖无法控制的外部参与者等。

项目风险源于任何项目都存在的不确定性因素。已知风险是指已经被识别并分析过的风险，可以对这些风险进行管理。对于未知风险，则无法主动进行管理，项目团队应当为未知风险分配应急储备。

组织通常从给项目带来威胁或机会的角度来看待风险。风险给项目带来的威胁只要能与冒此风险所得到的收获相抵消，就属于可接受的风险。例如，"快速跟进"可能造成预算超支，但它却是为提前完成项目而冒的风险。凡是属于能给项目带来机会的风险（如通过分配额外人员来加快工作进度）都不妨为之一搏，使项目从中受益。

人们对风险的态度（延伸到组织对风险的态度），将影响其对风险认知的准确性，也将影响其应对风险的方式。对于人们对风险的态度，应尽可能地明确表述。应当为每个项目制订满足组织要求的风险应对方法，并开诚布公地就风险及其应对措施进行沟通。风险应对方法可以反映组织在冒险与避险之间的权衡。要想取得成功，组织就必须承诺在整个项目实施过程中积极并一贯地进行风险管理。

2. 项目风险管理与项目管理其他过程的关系

项目风险管理是项目管理的一部分，其目的是保证项目目标的实现。项目风险管理与项目管理其他过程的关系如下。

① 从项目的成本、时间和质量目标来看，项目风险管理与项目管理的目标一致。项目风险管理可以把风险所导致的各种不利影响降至最低，这符合项目各相关方在时间和质量方面的要求。

② 一个项目之所以被批准并付诸实施，无非是市场和社会对该项目的产品和服务有需求。项目风险管理通过风险分析，对这种需求进行预测，指出市场和社会需求的可能变动范围，并计算出需求变动时的项目盈亏。这就为项目的财务可行性研究提供了重要依据。项目在实施过程中，各种各样的变更是不可避免的。变更会带来某些新的不确定性，项目风险管理正是通过风险分析来识别、估计和评价这些不确定性，

为项目范围管理提出任务。

③ 从项目管理的计划职能来看，项目风险管理为项目管理计划的制订提供了依据。项目管理计划考虑的是未来，而未来充满着不确定性。项目风险管理的职能之一恰恰是减少整个项目生命周期中的不确定性。这一工作显然对提高项目管理计划的准确性和可行性有极大的帮助。

④ 从项目成本管理来看，项目风险管理通过风险分析，指出有哪些可能的意外费用，并估计意外费用有多少。此外，还可以计算出虽不可避免但能接受的损失数量，并将其列为一项成本，这就为在项目成本预算中列入必要的应急成本提供了重要依据，从而提高了项目成本预算的准确性，避免因项目超支而引起项目各相关方的担心，有利于坚定人们对项目的信心。因此，项目风险管理也是项目成本管理的一部分。没有项目风险管理，项目成本管理就不完整。

⑤ 从项目实施的过程来看，许多风险都是在项目实施过程中由潜在变成现实的，无论是机会还是威胁，都在项目实施中见分晓。项目风险管理就是在认真进行风险分析的基础上，拟定各种具体的风险应对措施，以在风险事件发生时采用。

⑥ 在项目所有的可支配资源中，人是最重要的。项目人力资源管理通过科学的方法激励项目成员，调动项目各相关方的积极性，推动项目顺利实施。项目风险管理通过风险分析，指出哪些风险与人有关，以及项目成员身心状态的哪些变化会影响项目实施。

3. 项目风险管理的作用

① 有利于加深人们对项目和风险的认识与理解，权衡各种方案的利弊，了解风险对项目的影响，以减少或分散风险。

② 有利于明确项目的各种前提和假设条件，以及发生的变化，为项目应急计划的制订提供依据，并使应急计划更有针对性。

③ 有利于提高项目各种计划的可信度，还有利于改善项目执行组织内部和外部之间的沟通方式。

④ 能够将各种风险处理方式更灵活地组合起来，降低项目管理的被动性，提高项目管理的主动性。

⑤ 有利于在项目管理中抓住机会，利用机会。

⑥ 为项目的后续工作提供反馈，以便及时采取措施防止和避免风险损失。

⑦ 对于无法避免的风险，可以让项目经理清楚项目到底能够承受多大损失或损害。

⑧ 使项目管理决策更准确，更符合项目的方针和目标，从总体上减少项目风险，保证项目目标的实现。

⑨ 有助于项目执行组织和管理团队积累有关风险的资料及数据，改进项目管理。

8.1.10　项目采购管理

项目采购管理包括规划采购管理、实施采购管理、控制采购管理和结束采购管理四个过程。

1. 规划采购管理

（1）规划采购管理：输入

规划采购管理的输入包括项目管理计划、需求文件、风险登记册、活动资源需求、项目进度计划、活动成本估算、利益相关者登记册、事业环境因素、组织过程资产。

（2）规划采购管理：工具与技术

规划采购管理所采用的工具与技术包括自制或外购分析、专家判断、市场调研、会议等。

（3）规划采购管理：输出

规划采购管理的输出包括采购管理计划、采购工作说明书、采购文件、供方选择标准、自制或外购决策、变更请求、项目文件更新等。

2. 实施采购管理

（1）实施采购管理：输入

实施采购管理的输入包括项目管理计划、采购文件、供方选择标准、供方建议书、项目文件、自制或外购决策、采购工作说明书、组织过程资产。

（2）实施采购管理：工具与技术

实施采购管理所使用的工具与技术包括投标人会议、建议书评价技术、独立估算、专家判断、广告、分析技术、采购谈判。

（3）实施采购管理：输出

实施采购管理的输出包括选定的供方、协议、资源日历、变更请求、项目管理计划更新、项目文件更新。

3. 控制采购管理

（1）控制采购管理：输入

控制采购管理的输入包括项目管理计划、采购文件、协议、经过批准的变更请求、工作绩效报告、工作绩效数据。

（2）控制采购管理：工具与技术

控制采购管理所采用的工具与技术包括合同变更控制系统、采购绩效审查、检查与审计、报告绩效、交付系统、索赔管理、记录管理系统。

（3）控制采购管理：输出

控制采购管理的输出包括工作绩效信息、变更请求、项目管理计划更新、项目文件更新、组织过程资产更新。

4. 结束采购管理

（1）结束采购管理：输入

结束采购管理的输入包括项目管理计划、采购文件。

（2）结束采购管理：工具与技术

结束采购管理所使用的工具与技术包括采购审计、采购谈判、记录管理系统。

（3）结束采购管理：输出

结束采购管理的输出包括结束的采购、组织过程资产更新。

8.1.11 项目利益相关者管理

项目利益相关者管理是指对项目利益相关者的需要和期望进行识别，并通过沟通管理来满足其需要、解决其问题。项目利益相关者管理可以使项目管理获得更多人的支持，以确保项目取得成功。具体来说，项目利益相关者管理具有以下作用。

① 能够获得更多有影响力的利益相关者的支持，使项目管理得到更多的资源。

② 有助于理解项目利益相关者的需要和期望。从某种意义上说，需求管理是项目利益相关者管理的一部分。

③ 使项目团队能够预测项目利益相关者对项目的影响，尽早与其进行沟通并制订相应的行动计划，以免受到项目利益相关者的干扰。

项目利益相关者管理包括以下内容：识别影响项目或者受项目影响的所有人员、群体或者组织；分析利益相关者对项目的需要和期望；制订合适的管理策略来有效地调动利益相关者参与项目的决策和执行。此外，项目利益相关者管理还关注与利益相关者的持续沟通，以了解利益相关者的需要和期望，解决实际问题，管理利益冲突。一般把利益相关者满意度作为一个关键的项目目标来进行管理。

1. 识别利益相关者

（1）识别利益相关者：输入

识别利益相关者的输入包括以下内容。

① 项目章程。提供受项目影响的各相关方，如项目发起人、用户、项目成员等的信息。

② 采购文件。如果项目涉及某个已经签订的采购合同，那么合同各方都是关键的项目利益相关者。

③ 事业环境因素。影响识别利益相关者过程的事业环境因素包括组织文化和结构、政府或者行业标准、全球或当地的发展趋势或习惯等。

④ 组织过程资产。影响识别利益相关者过程的组织过程资产包括利益相关者登记册模板、以往项目或阶段的经验教训、以往项目的利益相关者登记册。

（2）识别利益相关者：输出

识别利益相关者的输出包括利益相关者登记册。它用于记录已经识别的利益相关者的详细信息，如基本信息、评估信息、利益相关者分类等。应当定期查看并更新利益相关者登记册，因为在整个项目生命周期中，原有的利益相关者可能发生变化，新的利益相关者也可能被识别出来。

2. 规划利益相关者管理

规划利益相关者是指对利益相关者的需求、利益及其对项目成功的潜在影响进行分析，制订合适的管理策略，以有效调动利益相关者参与项目决策和执行。该过程可以为项目利益相关者之间的互动提供清晰且可操作的计划，以使项目利益最大化。规划利益相关者管理是一个反复进行的过程，由项目经理定期开展。

（1）规划利益相关者管理：输入

规划利益相关者的输入包括以下内容。

① 项目管理计划。项目生命周期及其各个阶段拟采用的过程；关于如何执行项目以实现项目目标的描述；关于如何满足人力资源需求，如何定义和安排项目的角色与职责、报告关系和人员配置管理等的描述；变更管理计划，关于如何对变更进行监控的规定；利益相关者之间的沟通需要和沟通技术。

② 利益相关者登记册。对项目利益相关者的参与方式进行规划。

③ 事业环境因素。所有的事业环境因素都是本过程的输入。其中，组织文化和组织结构特别重要。

④ 组织过程资产。所有的组织过程资产都是本过程的输入。其中，经验教训和历史信息特别重要。

（2）规划利益相关者管理：输出

规划利益相关者的输出包括以下内容。

① 利益相关者管理计划。该计划是为了有效调动利益相关者参与而制订的管理策略。它通常包括：关键利益相关者所需要的参与程度和当前参与程度；利益相关者变更的范围和影响；利益相关者之间的相互关系和潜在关系；项目现阶段的利益相关者的沟通需求；需要分发给利益相关者的信息；分发相关信息的理由，以及可能产生的影响；向利益相关者发送信息的频率和时限；随着项目的进展，更新和优化利益相关者管理计划的方法。

② 项目文件更新。可能更新的项目文件包括项目进度计划、利益相关者登记册。

3. 管理利益相关者

管理利益相关者是指在整个项目生命周期中，与利益相关者进行沟通和协作，以满足他们的需要与期望，解决他们的实际问题，促进其合理参与项目活动。该过程的作用是帮助项目经理获得来自利益相关者的支持，并最大限度地降低利益相关者的抵制，从而显著提高项目成功的概率。

通过管理利益相关者，可以使利益相关者清晰地理解项目的目标、收益和风险。这不仅能使项目利益相关者成为项目的积极支持者，还能使项目利益相关者参与及指导项目活动和项目决策。利益相关者对项目的影响力通常在项目启动阶段最大，之后随着项目的进展而逐渐降低。

（1）管理利益相关者：输入

管理利益相关者的输入包括以下内容。

① 利益相关者管理计划。该计划用于确定各个利益相关者之间的互动程度，有助于制订在整个项目生命周期中识别和管理利益相关者的策略。

② 沟通管理计划。该计划为管理利益相关者的需要和期望提供指导。其所用到的信息包括：利益相关者的沟通需求；需要沟通的信息；发布信息的原因；接收信息的个人或群体；升级流程。

③ 变更日志。变更日志用于记录项目生命周期中发生的变更。应当与适当的利益相关者就这些变更及其对项目时间、成本和风险等的影响进行沟通。

④ 组织过程资产。影响管理利益相关者过程的组织过程资产包括：组织对沟通的要求；问题管理程序；变更控制程序；以往项目或阶段的历史信息等。

（2）管理利益相关者：输出

管理利益相关者的输出包括以下内容。

① 问题日志。问题日志应当随着新问题的出现和老问题的解决而动态更新。

② 变更请求。在管理利益相关者过程中可能对产品和项目提出变更请求。变更请求包括关于项目本身的纠正和预防措施，以及关于与利益相关者互动的纠正措施或者预防措施。

③ 项目管理计划更新。对项目管理计划进行更新，以反映沟通计划的修改。当识别出新的利益相关者需求，或者对利益相关者需求进行修改时，需要更新项目管理计划。

④ 项目文件更新。项目文件更新包括利益相关者信息变化、识别出新的利益相关者、原有的利益相关者不再参与项目、原有的利益相关者不再受项目影响等。

⑤ 组织过程资产更新。组织过程资产更新包括给利益相关者的通知、项目报告、项目演示资料、项目记录、利益相关者的反馈意见、有关经验教训的文档等。

4. 控制利益相关者参与

控制利益相关者参与是指全面监督项目利益相关者之间的关系，调整相关策略和计划，以调动利益相关者参与活动。本过程的作用是，随着项目的进展和环境的变化，维持并提升利益相关者参与活动的效率和效果。

（1）控制利益相关者参与：输入

① 项目管理计划。

② 问题日志。

③ 工作绩效数据。

④ 项目文件。项目文件是指来自启动、规划、执行、控制和收尾过程组的诸多文件，可用作控制利益相关者参与的支持性输入。其内容包括项目进度计划、利益相关者登记册、问题日志、变更日志、项目沟通文件。

（2）控制利益相关者参与：输出

控制利益相关者参与的输出包括以下内容。

① 工作绩效信息。工作绩效信息是指结合相关背景和领域关系对工作绩效数据进行整合分析而得到的信息。它通过控制沟通过程进行传递，可以为项目决策提供可靠的绩效信息。

② 变更请求。在分析项目绩效及与利益相关者互动之后，可能会提出变更请求。

③ 项目管理计划更新。在控制利益相关者参与过程中，如果发现需要改变方法和策略以适应利益相关者管理策略的变化，那么就需要更新项目管理计划。

④ 项目文件更新。项目文件更新包括利益相关者登记册、问题日志的更新。

⑤ 组织过程资产更新。组织过程资产更新包括给利益相关者的通知、项目报告、项目演示资料、项目记录、利益相关者的反馈意见、有关经验教训的文档等。

8.2 管理信息系统的运行管理

管理信息系统不是"一劳永逸"的产品。在它被开发完成并交付用户使用的过程中，还有大量的运行管理工作需要做。如果运行管理不善，新的系统就不能充分发挥效益。为让系统长期高效地工作，必须加强系统的运行管理。

8.2.1 运行管理组织

管理信息系统的运行管理，是指对管理信息系统的运行进行监督和控制，记录其运行状态，保障其正常运行，并进行必要的修改和扩充，以便及时、准确地向组织提供必要的信息，满足组织进行管理决策与开展业务工作的需要。

管理信息系统的运行管理是系统开发工作的延续，相应的组织工作涉及系统运行管理的组织机构和系统运行管理制度。

1. 系统运行管理的组织机构

管理信息系统开发成功只是完成了项目的一部分，更为重要的是确保系统正常运行。要确保系统正常运行，就必须在机构、人员等方面加强管理和控制。目前，我国各组织中负责系统运行管理的机构大多是信息中心、计算中心、信息部等信息部门。随着人们对管理信息系统作用认识的深入，信息部门在组织中的地位也在逐步提高。从信息部门在组织中的地位来看，目前管理信息系统运行管理的组织机构有两种形式，即与其他部门平行和参谋中心，分别如图 8-7 和图 8-8 所示。

图 8-7 信息部门在组织中的地位与其他部门平行

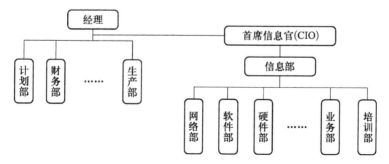

图 8-8 信息部门在组织中的地位为参谋中心

在图 8-7 中，信息部门与组织的其他职能部门平行，其特点是信息资源可以为整个组织所共享，但其信息处理能力较弱，会对系统运行过程中的协调和决策工作产生影响。在图 8-8 中，信息中心在经理之下、组织各职能部门之上，这种形式有利于信息资源的共享，而且便于在系统运行过程中开展协调和决策工作，但容易产生脱离管理或服务较差等问题。

鉴于管理信息系统自身的复杂性和变化性，系统用户必须不断提高自身素质，充实自己的业务知识，以更好地使用系统完成所负责的工作。因此，在进行管理信息系统的运行管理时，对人员的培训是不可缺少的。从长远来看，人员培训将使系统具有不断发展的巨大潜力。

2. 系统运行管理制度

新系统代替旧系统后，便进入了长期的运行和维护期。要确保系统正常运行，就必须保证系统工作环境的安全性，为此要建立和健全系统运行管理制度，下面主要介绍机房管理制度和安全运行管理制度。

（1）机房管理制度

一个较大的管理信息系统往往要基于一个网络系统，需要有中心机房和工作站。中心机房是专用机房，工作站则主要设置在业务人员的办公室里而没有专门的机房。

专用机房有一套严格的管理制度，管理制度要正式行文并张贴出来。机房管理制度主要包括以下内容。

① 关于操作人员的操作行为，如开关机、登记运行日志、异常情况处理等的规定。

② 关于出入机房的人员的规定。

③ 关于机房电力供应的规定。

④ 关于机房温度、湿度、洁净度等的规定。

⑤ 关于机房安全防火等的规定。

⑥ 为了防止计算机感染病毒，严格禁止在计算机上玩网络游戏，禁止与外界的移动设备进行信息交换。

⑦ 不得在带电的状态下拔插机器部件和电线。

⑧ 专用机房由专人管理。

（2）安全运行管理制度

系统的运行是长期的，由于系统在大多数情况下都处于正常工作状态，所以随着时间的推移，其安全运行问题常常会被人们忽略。系统的每一个操作人员都要养成遵守安全运行管理制度的习惯，对运行中出现的异常情况要做好记录、及时报告，以使其得到及时处理；否则可能酿成大错，甚至出现灾难性故障。

系统中的数据是组织极为宝贵的资源，在任何情况下都不得以非正常方式修改系统中的数据。数据备份是保证系统安全的一个重要措施，它能保证系统在发生故障后恢复到最近的时间点上。一般情况下，对于重要的数据要每天备份，并且通常使用双备份功能，以保证系统数据的绝对安全。

系统运行日志不仅可以为系统的运行情况提供历史资料，也可以为查找系统故障提供帮助。因此，对于运行日志应当认真填写、妥善保管。运行日志的内容主要包括以下几项。

① 时间。

② 操作人。

③ 异常情况：发生的时间、现象、处理人、处理过程、处理记录文件名、在场人员等。

④ 值班人签字。

⑤ 负责人签字。

无论是专用机房的机器，还是非专用机房的机器，在其运行时都要做好运行日志记录。

8.2.2 系统日常运行管理

1. 系统运行管理工作

系统运行管理工作是相当繁重的，下面列举了一些常见的系统运行管理工作。

（1）数据的收录

数据的收录主要包括数据收集、数据校验及数据录入。其目的在于保证系统数据获取和更新的及时性，以及系统数据的准确性和完整性，使系统能够正常履行职责。

（2）完成例行的信息处理及信息服务工作

例行的信息处理及信息服务工作主要包括例行的数据维护、统计分析、报表生成、数据的复制及保存、与外界定期的信息交流等。

（3）确保各种设备始终处于正常运行的状态之下

为了确保各种设备始终处于正常运行的状态之下，需要有一定数量的硬件工程师，负责计算机本身的运行和维护。

（4）系统的安全管理

系统的安全管理是系统运行管理的重要组成部分，它综合考虑各方面的安全问题，全面分析整个系统，尽可能避免因安全问题而对运行中的系统进行修改。系统安全管理通过制订并实施系统安全计划完成既定的安全任务。

不难看出，管理信息系统的日常运行管理工作是十分繁重的。需要注意的是，系统运行管理绝不仅仅是对机器的管理，更重要的是对人员、数据和软件的管理，管理上任何一点疏忽都会影响管理信息系统的功能及实际效益。

2. 系统运行情况记录

在管理信息系统的运行过程中，需要收集和积累的资料如下。

（1）有关工作量的信息

例如，开机的时间，每天、每周、每月的数据录入数量，系统中积累的数据量，修改的程序数量，数据使用频率，满足用户临时要求的次数等。这些信息反映了系统的工作负担及系统所提供的信息服务的规模，是反映管理信息系统功能的最基本的指标。

（2）工作效率

工作效率是系统为了完成规定的工作而占用的人力、物力和时间。

（3）系统所提供的信息服务的质量

信息服务质量是指信息服务能够满足用户明确和潜在需要的特征与特性的总和。

（4）系统的维护和修改情况

对于系统中的数据、软件和硬件，都要按照一定的工作规程去更新、修改和维护，并进行详细的、及时的记录，记录的内容包括维护和修改工作的内容、情况、时间、执行人员等。这不仅可以保证系统安全、正常地运行，还有利于准确地评价系统，以及对系统做进一步的扩充。

（5）系统的故障情况

系统的故障情况包括故障发生时间、故障现象、故障发生时的工作环境、处理方法、结果及原因分析等。对于系统发生的故障，无论大小，都应当及时地记录下来。

3. 应急计划落实情况审查

为了减少风险事件所引起的对管理信息系统的损害，要先制订应对风险事件的应急计划。应急计划主要针对一些突发性的、灾害性的事件，如水灾、旱灾等。然后每天要审查应急计划的落实情况。此外，还要做好资源备份工作。资源备份包括两个方面的工作：数据备份和设备备份。其中，数据备份是必需的，对于关键领域还必须对设备进行备份。

在进行数据备份时可以采用如下方法：完整备份，对文件进行完整的备份（复制）；增量备份，对每次新增加的部分进行备份（复制）；基本备份，对不易获得的数据进行重点备份，或者分类进行文件备份；通过将文件复制到远离主机或文件中心的其他主机或者存储器中进行备份。

4. 系统资源管理

在维护管理信息系统正常运行的过程中还要对系统资源进行管理。例如，对于计算机以及打印机等的耗材，都要制定相应的管理方法。

8.2.3　系统维护

1. 系统维护的特点

交付使用的管理信息系统具有"样品即产品"的特点。它不像其他工业产品，可以先生产出一个样品，经过试验、改进再正式投入批量生产。管理信息系统需要在使用过程中不断完善。一方面，精心设计、精心实施、经过调试的系统，也难免有不尽如人意的地方，或者有的地方的效率还可以进一步提高，或者使用不够方便，甚至还有错误。这些问题只有通过实践才能暴露出来。另一方面，组织环境的变化，也会对管理信息系统提出新的要求，管理信息系统只有适应这些要求才能生存下去。因此，系统维护是系统生存的重要条件。

2. 系统维护的内容

系统维护包括以下几个方面的内容。

（1）程序维护

在对系统进行维护时，经常需要对一部分程序进行改动。例如，根据系统运行情况的记录，发现程序中存在错误；或者用户在使用系统的过程中有了新的要求，需要对相应的程序进行修改；或者组织环境发生了变化，系统的部分功能已不能满足需要，要对相应的程序做出改进。

（2）文件维护

组织业务发生了变化，从而需要建立新文件，或者对现有文件的结构进行修改。

（3）代码维护

随着系统运行环境的变化，旧的代码体系已不能适应新的要求，必须对其进行改造，编制新的代码体系或改造旧的代码体系。代码维护的主要困难不是代码体系本身的变动，而在于新代码体系能不能得到贯彻执行，为此各个部门要有专人负责代码维护工作。

（4）设备维护

设备维护是操作人员为使设备保持正常的技术状态、延长使用寿命所必须进行的工作。一旦系统运行设备发生故障，就需要对其进行修理、调整或更换，以保证系统正常运行。

3. 系统维护的类型

依据管理信息系统需要维护的原因，可以将系统维护分为四种类型。

（1）更正性维护

更正性维护是指由于发现系统中的错误而引起的维护。其工作内容包括诊断问题与改正错误。

（2）适应性维护

适应性维护是指为了适应外界环境的变化而增加或修改系统的部分功能。例如，新的硬件技术问世、操作系统版本更新、系统应用范围扩大。为了适应这些变化，需要对管理信息系统进行维护。

（3）完善性维护

完善性维护是指为了改善系统功能或满足用户需要而增加新的功能。系统经过一段时期的运行后，通常需要提高某些方面的效率或使用的便捷性，或者需要增强安全保护措施等。完善性维护在系统维护工作中占绝大部分。

（4）预防性维护

预防性维护是主动性的预防措施。对于系统中的一些使用寿命较长，虽然目前尚能正常运行，但可能会发生变化的部分进行维护，以使系统能够适应将来的修改或调整。例如，将系统的专用报表生成功能改为通用报表生成功能，以适应将来报表格式的变化。

4. 系统维护的管理

系统维护的任务是修改系统，使系统可以适应新的变化和要求，更好地运行。在对系统进行修改时，往往会牵一发而动全身。无论是程序、文件的修改，还是代码的修改，都可能影响系统的其他部分。因此，对系统的修改必须按照一定的步骤进行。通常按照以下步骤对系统进行修改。

（1）提出修改要求

操作人员或业务人员以书面形式向系统主管人员提出对系统某项功能的修改要求。这种修改要求不能直接向程序员提出。

（2）领导批准

系统主管人员对系统的修改进行调查，并根据系统和操作人员的具体情况，考虑这种修改是否必要、是否可行，做出是否修改、何时修改的答复。

（3）分配任务

系统主管人员若认为有必要进行修改，则向相关系统维护人员下达任务，说明系统修改的内容、要求和期限。

（4）验收成果

系统主管人员对系统的修改部分进行验收。验收通过后，将修改的部分嵌入系统，取代旧的部分。

（5）登记修改情况

对所做的修改进行登记，并将其作为新的版本通报给用户和操作人员，说明新的功能和修改的地方。如果涉及重大修改，则可以将其作为一个小型的系统开发项目，这时就可以按照系统开发的步骤开展相关工作。

8.3　管理信息系统的安全管理

随着信息技术的发展，管理信息系统在整个社会经济活动中的应用范围不断扩大，发挥的作用也越来越大。管理信息系统处理和存储的既有组织的日常业务信息、技术和经济信息，也有涉及组织高层的计划、决策等信息，其中有相当一部分信息属于保密信息。此外，组织对管理信息系统的依赖性越来越强，管理信息系统受到任何破坏或发生任何故障，都有可能对组织产生巨大的影响。管理信息系统安全的重要性日益凸显。

8.3.1　管理信息系统面临的威胁

管理信息系统的安全性是指为了防范意外，或人为地破坏系统运行，或非法使用信息资源，而对管理信息系统采取的安全保护措施。与管理信息系统安全性相关的因素主要有以下 7 种。

（1）自然及不可抗拒的因素

自然及不可抗拒的因素有地震、火灾、水灾、风暴以及战争等，这些因素将直接危害管理信息系统实体的安全。

（2）硬件及物理因素

硬件及物理因素是指系统硬件及环境，包括机房设施、计算机主体、存储系统、辅助设备、数据通信设施以及信息存储介质等。

（3）电磁波因素

计算机系统及其控制的信息和数据传输通道，在工作过程中都会产生电磁波辐射，在一定的地理范围内很容易用无线电接收机检测并接收到这些电磁波，这就有可能造成信息泄露。另外，电磁波也可能对系统产生电磁干扰，影响系统正常运行。

（4）软件因素

软件被非法修改、复制和窃取，会使系统遭受损失，并可能造成泄密。

（5）数据因素

管理信息系统中的数据是计算机信息犯罪的主攻对象，因此要保证数据在存储和传递过程中的安全性。

（6）人为因素

人为因素涉及工作人员的素质、责任心，以及行政管理制度和法律法规等，要加强对人为因素的管理，以防范其对系统安全造成的威胁。

（7）其他因素

这是指一旦系统安全出现问题，能将损失降到最小，把产生的影响限制在可接受的范围内，保证系统迅速恢复运行的一切因素。

8.3.2 信息系统安全等级保护及安全管理需求

根据信息系统在国家安全、经济建设、社会生活中的重要程度，受到破坏后对国家安全、社会秩序、公共利益以及公民、法人和其他组织的合法权益的危害程度等，可以将信息系统的安全等级由低到高划分为五级。

第一级，信息系统受到破坏后，会对相关公民、法人和其他组织的合法权益造成一般损害，但不危害国家安全、社会秩序和公共利益。

第二级，信息系统受到破坏后，会对相关公民、法人和其他组织的合法权益造成严重损害或特别严重损害，或者对社会秩序和公共利益造成危害，但不危害国家安全。

第三级，信息系统受到破坏后，会对社会秩序和公共利益造成严重危害，或者对国家安全造成危害。

第四级，信息系统受到破坏后，会对社会秩序和公共利益造成特别严重危害，或者对国家安全造成严重危害。

第五级，信息系统受到破坏后，会对国家安全造成特别严重危害。

1. 安全管理原则

信息系统的安全管理主要基于以下三个原则。

（1）多人负责原则

每一项与安全有关的活动，都必须有两人或多人在场。这些人应当由系统主管人员指派，他们忠诚可靠，能胜任此项工作；他们应当签署工作情况记录以证明安全工作已得到了有效的落实。以下是与信息系统安全管理有关的活动。

① 访问控制权限的发放与回收。

② 信息系统所使用的介质的发放与回收。

③ 处理保密信息。

④ 硬件和软件的维护。

⑤ 系统软件的设计、实现和修改。

⑥ 重要程序和数据的删除及销毁等。

（2）任期有限原则

一般来说，任何人都最好不要长期担任与安全有关的职务，以免使他认为这个职务是专有的或永久性的。为了遵循任期有限原则，工作人员应当不定期地循环任职，强制实行休假制度，并对工作人员进行轮流培训。

（3）职责分离原则

信息系统的工作人员不要打听、了解或参与职责以外的任何与安全有关的事情，除非系统主管人员批准。出于对安全的考虑，应当将下面每组内的两项信息处理工作分开。

① 计算机操作与计算机程序设计。

② 机密资料的接收与传送。

③ 安全管理与系统管理。

④ 应用程序的编制与系统程序的编制。

⑤ 访问权限的管理与其他工作。

⑥ 计算机操作与信息系统所使用介质的保管。

2. 安全管理的实现

负责信息系统安全管理的部门应当根据安全管理要求和所处理数据的保密性要求，制定相应的安全管理制度或采用相应的规范。其具体工作如下。

① 根据工作的重要程度，确定信息系统的安全等级。

② 根据所确定的安全等级，确定信息系统安全管理的范围。

③ 制定机房出入管理制度。对于安全等级要求高的信息系统，要进行分区控制，限制工作人员出入与其无关的区域。机房出入管理可以采用证件识别技术或安装身份自动识别登记系统，采用生物识别等技术，对人员进行身份识别、登记管理。

④ 制定严格的操作规程。操作人员要根据职责分离和多人负责的原则，按照操作规程，各负其责，不能超越自己的管辖范围。

⑤ 制定完备的系统维护制度。在进行系统维护时，应当采取数据备份等数据保护措施。以外，系统维护要经过系统主管部门的批准，并有安全管理人员在场，对于系统故障的原因、维护的内容以及维护前后的情况都要有详细的记录。

⑥ 制订应急措施。要制订使系统能在紧急情况下尽快恢复的应急措施，将损失减至最小。建立人员聘用和解聘制度，对于工作调动和离职的人员，要及时调整他们的授权。

8.3.3 管理信息系统的安全策略

安全策略是指在一个特定的环境里，为保证向系统提供一定级别的安全保护所必须遵守的规则。安全策略包括以下三个重要组成部分。

（1）法律和法规

安全的基石是法律法规，法律和法规策略用于建立一套安全管理标准和方法，即通过完善与信息安全相关的法律和法规，使不法分子受到威慑，不敢轻举妄动。

（2）技术

先进的安全技术是信息安全的基本保障，用户对自身面临的威胁进行风险评估，决定其所需要的安全服务种类，选择相应的安全机制，然后集成先进的安全技术，形成一个全方位的安全系统。

（3）管理

制定信息系统安全管理办法，加强用户管理和授权管理，建立安全审计和跟踪体系，提高整体信息安全意识。

面对系统安全的脆弱性，除了要在系统设计上增加安全服务功能、完善系统安全保密措施外，还要加强对系统的安全管理，因为诸多不安全因素恰恰反映在组织管理和人员聘用等方面，而这又是系统安全所必须考虑的基本问题，所以应当引起人们的高度重视。

8.4 管理信息系统的评价

一个花费大量人力、物力和财力建立起来的管理信息系统，其性能和效果如何，是否达到了预期的目标，是用户和系统开发人员都很关心的问题。因此，有必要对系统进行评价。对系统进行评价，一方面能使人们对系统当前的状态有一个明确的认识，另一方面也能为系统今后的发展做准备。对系统进行全面评价是在其运行一段时间后进行的，这样可以避免片面性。系统评价通常是由用户和系统开发人员共同进行的，它根据系统运行情况记录和现场检测数据，评价系统是否达到了设计要求，指出系统改进和扩展的方向，并将系统评价的结果写成系统评价报告。

8.4.1 系统性能评价

系统性能评价主要是指对系统的目标、功能及运行方式等进行评价，其主要内容是：检验系统是否达到了预期目标，其实现程度如何；根据用户提出的功能要求，在系统实际运行过程中检查其功能的完成情况及实际效果；评价系统运行的稳定性、可靠性、安全性、容错能力、响应时间、存储效率以及各类资源的利用率等。

通常从以下几个方面对系统性能进行评价。

1. 系统的完整性

系统的完整性包括系统设计的合理性、系统所具备的功能及特点、系统是否达到了用户的要求等。

2. 系统的可靠性

系统的可靠性包括系统运行的可靠性、系统是否能无故障地工作、出现故障时可以采取哪些方法与措施防止系统遭受破坏。例如，当用户输入错误数据时系统将如何反应，系统抵制非法窃取或更改数据的能力如何，系统对错误操作的反应如何等。

3. 系统的效率

系统的效率包括与旧系统相比，新系统减少了多少重复性的劳动和手工计算量，系统运行效率提高了多少。这可以用系统的处理速度或者单位时间内处理的业务量来衡量。

4. 系统的工作质量

系统的工作质量包括系统提供数据的准确性，输出结果的易读性，使用是否方便，系统的响应时间是否能满足设计要求，终端输入输出时间、数据通信时间及计算机处理时间等分配得是否合理，设备的选择是否能满足响应时间的要求等。

5. 系统的灵活性

系统的灵活性是指系统所面对的环境是不断变化的，系统本身也能不断更新和完善。系统的扩展能力与修改的难易程度如何，反映了系统的灵活性。

6. 系统的通用性

系统的通用性是指系统能否被顺利地迁移到其他应用场合。

7. 系统的实用性

系统的实用性主要包括对系统使用者的要求，以及系统使用和操作的难易程度。

8. 系统文档的完备性

系统文档的完备性包括与系统有关的文档资料的完整性、规范性与有效性。

8.4.2　系统经济效益评价

系统经济效益评价主要是指对系统效果和效益的综合评价，包括直接经济效益评价和间接经济效益评价两个方面。

1. 直接经济效益评价

直接经济效益是指系统使企业收入增加和成本下降所带来的收益。直接经济效益评价的主要内容如下。

（1）系统投资

系统投资不仅包括系统硬件及软件购置和安装，应用系统开发或购置所投入的资金，还包括企业开发系统所投入的人力、物力等。此外，企业在进行投资决策时还应当考虑资金的时间价值。

（2）系统运行费用

系统运行费用包括材料费用、折旧费、维护费用、电费、人员费用等。考虑到信息技术的发展，在计算折旧费用时，折旧年限一般取 3~5 年。

（3）系统收益

系统收益主要体现在降低成本、减少库存、加快流动资金周转速度、减少流动资金占用额、提高销售利润以及降低人力成本等方面。由于影响企业效益的因素众多，而且这些因素之间的关系错综复杂，因此很难对系统收益进行精确计算。

2. 间接经济效益评价

间接经济效益是通过改进企业组织结构及运行方式，提高企业管理水平，增强企业竞争力以及提高企业管理人员素质等途径，使企业成本降低、利润增加而间接获得的收益。其特点是成因复杂，难于计算，一般只能进行定性分析。这些收益虽然不会为企业带来直接的经济收入，但却是企业的宝贵财富，其潜在的经济效益是巨大的。间接经济效益评价的主要内容如下。

① 系统在推动企业为适应环境而进行的组织结构、管理制度与管理模式等的变革中所起的作用。

② 系统对于改善企业形象，提升客户信任度，增强员工自信心与自豪感，增强企业竞争力所起的作用。

③ 系统对于营造不断学习、不断创新的企业文化环境，全面提高员工素质所起的作用。

④ 系统对于加强企业各部门之间的联系与信息共享，培养团队精神和协作精神，增强企业的凝聚力所起的作用。

⑤ 系统对企业的规章制度、工作规范、定额与标准、计量与代码等基础管理工作的促进作用。

⑥ 系统对于提高企业的市场适应能力所起的作用。

⑦ 系统对于提高企业管理水平所起的作用。

案例分析

小张是某信息技术有限公司（N 公司）的信息主管，根据公司的要求负责一个新的电子商务平台的开发项目。小张估算了该项目按正常速度实施所需要花费的时间和成本。但 N 公司由于业务发展需要，急于启动该项目，因此要求小张准备一份关于更快启动和实施新电子商务平台开发项目的时间及成本的估算报告。在项目团队的第一次会议上，小张和项目团队的其他成员确定了与该项目相关的任务，具体如下。

第一项任务是对现有的电子商务平台进行比较，按照正常速度完成该任务需要花费 10 天，成本为 15 000 元。但是，如果按最大工作量加班，则可以在 7 天、成本为 18 750 元的条件下完成。

第二项任务是向最高管理层提交项目计划和项目定义文件，以使项目获得批准。项目团队估算完成该任务按照正常速度需要花费 5 天，成本为 3 750 元；如果加班则需要花费 3 天，成本为 4 500 元。

第三项任务是需求分析。在项目获得批准之后，开始进行需求分析。项目团队估计需求分析需要花费 15 天，成本为 45 000 元；若加班则需要花费 10 天，成本为 58 500 元。

上述任务完成后，以下三项任务需要同时进行：

① 开发电子商务平台数据库。

② 开发和编写网页代码。

③ 开发和编写电子商务平台表格代码。

开发电子商务平台数据库在不加班时需要花费 10 天，成本为 9 000 元，在加班时可以在 7 天、成本为 11 250 元的情况下完成。同样，项目团队估算在不加班的情况下，开发和编写网页代码需要 10 天、成本为 17 500 元，若加班则可以减少 2 天，成本为 19 500 元。开发和编写电子商务平台表格代码的工作外包给其他公司，需要花费 7 天，成本为 8 400 元。该外包公司并没有提供加班多收费的方案。

最后，一旦数据库开发出来，网页和表格编码完毕，就需要对整个电子商务平台进行测试和修改。项目团队估算该任务需要花费 3 天，成本为 4 500 元。如果加班，则可以减少 1 天，成本为 6 750 元。

结合上述案例，在收集相关资料的基础上，分析和回答以下问题。

1. 如果不加班，完成此项目的成本是多少？完成这一项目需要花费多长时间？

2. 完成项目的最短时间是多少？在最短时间内完成项目的成本是多少？

3. 假定比较现有电子商务平台的任务执行需要花费 13 天而不是原来估算的 10 天。小张可以采取什么行动保持项目按正常速度进行？

4. 假定 N 公司想在 35 天内启动项目，小张可以采取什么行动来达成这一目标？在 35 天内启动该项目将花费多少钱？

思考题

1. 管理信息系统项目管理主要包括哪些内容？

2. 项目管理的知识领域有哪些？ 试分别说明。

3. 简述信息系统运行管理的主要内容。

4. 简述项目安全管理原则。

5. 为什么说信息系统的安全问题会不可避免地涉及法律法规问题？

6. 系统维护主要包括哪些内容？ 简述系统维护的特点。

7. 简述管理信息系统评价的主要内容。

第9章 管理信息系统安全

本章学习要求
1. 理解信息安全的基本内容。
2. 熟悉信息安全的主流技术。
3. 了解信息安全的法律和法规。

9.1 信息安全概述

9.1.1 信息安全的基本概念

管理信息系统几乎都是以开放的互联网为基础的。开放性在使管理信息系统应用快速普及的同时，也导致了其脆弱性，进而引发了诸多的安全问题。例如，如果不对系统采取安全保密措施，任何与系统连接的人，就都可以进入并访问系统中的资源，从而给用户带来极大的威胁和损失。不法分子窃取系统中的重要数据、攻击者利用病毒进行的恶意攻击，也可能对系统中的信息资源造成重大的破坏。当前，随着信息化的发展，信息安全已经发展成为涉及国民经济和社会发展各个领域的重大战略问题，其影响不再局限于信息与信息系统本身，还扩展至国家的政治、经济、文化、军事等各个方面。

1. 信息安全的定义

信息安全本身囊括的范围很广，而且人们从不同的认识角度和发展阶段来看信息安全，也会有不同的理解。

美国 2002 年颁布的《联邦信息安全管理法案》对信息安全的定义为：为了保护网络与信息系统安全，防止网络与信息系统中信息丢失、泄露，以及未授权的访问、使用、披露、破坏、修改、检视、记录及销毁，应当做到保证信息和信息系统的完整性、保密性、可使用性。

欧盟对信息安全的定义为：在既定的密级条件下，网络与信息系统抵御意外事件或恶意行为的能力。这些事件和行为将威胁所存储或传输的数据以及由这些网络与信息系统提供的服务的可用性、真实性、完整性和保密性。

日本总务省对信息安全的解释是：所谓信息安全，虽尚无明确定义，但一般是指确保企业及机构所有信息资产的保密性、完整性和可用性。

我国关于信息安全的定义是：防止信息资产被故意地或偶然地非法授权泄露、更改、破坏或使信息被非法系统辨识、控制，即确保信息的保密性、完整性、可用性、可控性、不可否认性等。

管理信息系统安全是指信息系统的硬件、软件及其中的数据受到保护，不因偶然或者恶意因素而遭到破坏、更改、信息泄露；系统连续、可靠、正常地运行，信息服务不中断。由于管理信息系统既是一个技术系统，又是一个社会系统，因此，其安全问题不仅涉及技术，还涉及社会人文环境，如法律和法规、社会道德、伦理、文化等多方面的问题。本章主要从管理信息系统的技术层面来讨论信息安全问题。

2. 信息安全的目标

（1）信息的真实性

信息的真实性是指系统中的信息资源真实、可靠。

（2）信息的保密性

信息的保密性是指信息资源必须按照拥有者的要求保持一定的秘密性，防止信息在没有授权的情况下被访问。即保证机密信息不被窃听，或窃听者即使窃取了信息，也无法了解信息的真实含义。

（3）信息的完整性

信息的完整性是指信息在存储和传输过程中不能被非法地篡改、破坏，也不能被偶然、无意地修改。

（4）信息的可用性

信息的可用性是指在任何情况下，只有经过授权的用户才能存取相应的信息，并能够享受到系统提供的服务，即保证合法用户对信息资源的使用不会被不正当地拒绝。

（5）不可否认性

不可否认性是指信息的发送方不能否认已发送的信息，接收方不能否认已接收到的信息。即要建立有效的责任机制，防止用户否认其行为，这一点在电子商务中是极其重要的。

（6）信息的可控制性

信息的可控制性是指对信息的传播及内容具有控制能力。

（7）信息的可审查性

信息的可审查性是指为出现的信息安全问题提供调查的依据和手段。

9.1.2　个人信息安全

1. 个人信息安全的概念

个人信息安全是指公民身份、财产等个人信息的安全状况。随着互联网应用的不断普及和人们对互联网的依赖程度越来越高，个人信息受到极大的威胁。恶意程序、各类钓鱼软件和欺诈类软件不断出现，黑客攻击和大规模的个人信息泄露事件频发，由此引起的网民个人财产损失不断增加。人为倒卖信息、手机泄露、个人计算机感染、网站漏洞等是个人信息泄露的主要途径。

2. 个人信息的类型

个人信息主要包括以下几种类型。

（1）基本信息

为了完成大部分网络行为，用户常常会根据服务商的要求提交包括姓名、性别、年龄、身份证号码、电话号码、电子邮件地址及家庭住址等在内的个人基本信息，有时甚至还包括婚姻状况、职业、工作单位、收入等相对隐私的个人基本信息。

（2）设备信息

设备信息主要是指用户所使用的各种计算机终端设备（包括移动终端设备和固定终端设备）的基本信息，如位置、WiFi 列表、介质访问控制地址、中央处理器（CPU）信息、内存、操作系统版本等信息。

（3）账户信息

账户信息主要包括网上银行账号、第三方支付账号、社交账号和电子邮箱账号等信息。

（4）隐私信息

隐私信息主要包括通信录信息、通话记录、短信记录、即时通信软件聊天记录、个人视频、照片等信息。

（5）社会关系信息

社会关系信息主要包括好友关系、家庭成员、工作单位等信息。

（6）网络行为信息

网络行为信息主要是指上网行为记录，包括用户在网络上的各种活动和行为，如上网时间、上网地点、输入记录、聊天交友、网站访问行为、网络游戏行为等个人信息。

3. 个人信息安全的法律法规

2017 年 6 月 1 日起施行的《中华人民共和国网络安全法》（以下简称《网络安全法》）在信息收集使用、网络运营者应尽的保护义务等方面提出了明确要求。例如，网络运营者不得泄露、篡改、毁损其收集的个人信息，未经被收集者同意，不得向他人提供个人信息。但是，经过处理无法识别特定个人且不能复原的除外。

2020 年 10 月 1 日起实施的国家标准《信息安全技术　个人信息安全规范》（GB/T 35273—2020）规定了开展收集、存储、使用、共享、转让、公开披露、删除等个人信息处理活动应遵循的原则和安全要求，适用于规范各类组织的个人信息处理活动。

2021 年 1 月 1 日起施行的《中华人民共和国民法典》（以下简称《民法典》），从个人信息的定义、个人信息处理的原则和条件，以及个人信息处理者的安全保障义务等方面做出了对个人信息保护的规定。《民法典》规定，自然人的个人信息受法律保护，任何组织或者个人需要获取他人个人信息的，应当依法取得并确保信息安全，不得非法收集、使用、加工、传输他人个人信息，不得非法买卖、提供或者公开他人个人信息。

2021 年 5 月 1 日起施行的《常见类型移动互联网应用程序必要个人信息范围规定》提出，网络直播、在线影音、短视频、新闻资讯等 13 类应用程序无须用户提供个人信息即可提供基本功能服务。此外，该规定还明确了地图导航、网络购物、即时通信等 39 类常见类型应用程序的必要个人信息范围。

2021 年 11 月 1 日起施行的《中华人民共和国个人信息保护法》，在有关法律的基础上，进一步细化、完善了个人信息保护应遵循的原则和个人信息处理规则，明确了个人信息处理活动中的权利和义务边界，健全了个人信息保护工作体制和机制。

在使用各种信息系统时，用户一方面要关注其功能，另一方面还要注重个人信息的安全保护。

9.2 信息安全技术

为了保证管理信息系统的安全，防止非法入侵者有意破坏，管理信息系统必须采用一系列信息安全技术。常用的信息安全技术有信息加密技术、认证技术、防火墙技术等。

9.2.1 信息加密技术

1. 信息加密的基本概念

加密技术是实现信息保密性的一种重要手段，目的是防止合法接收者之外的人获取系统的机密信息。所谓信息加密技术，就是采用数学方法用加密密钥（K）对原始信息（明文 M）进行编码（加密，T），使得加密后在网络上传输的内容对于非法接收者来说是一种不可理解的形式（密文 $M'=T(M,K)$）。而合法接收者则可以用所掌握的解密密钥（K'）对密文进行加密的逆运算（解密，T'），即将密文还原成原始信息（明文 $M=T'(M',K')$）。信息加密传输的过程如图 9-1 所示。

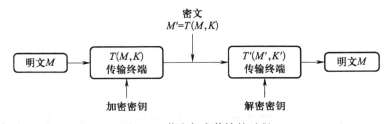

图 9-1　信息加密传输的过程

加密技术包括两个元素：算法和密钥。算法［如 $T(M,K)$ 和 $T'(M',K')$］是指将明文（M）加密或解密的一系列过程。这一系列过程中需要一串数字，这串数字就是密钥（如 K 和 K'）。算法和密钥在加密和解密的过程中是缺一不可的。由于设计加密算法很困难，因此不可能给出大量的加密算法，但是人们可以通过密钥的变化来达到向多个接收方发送密文的目的，也就是说加密技术的关键是密钥。

2. 密码体制的分类

按照加密密钥和解密密钥是否相同，可以将现有的密码体制分为两类：对称密码（又称为私钥）体制和非对称密码（公钥）体制。相应地，可以将信息加密技术分为两类，即对称加密（私钥加密）技术和非对称加密（公钥加密）技术。

（1）对称密码体制

在对称密码体制中，加密密钥和解密密钥是相同的，加密算法与解密算法互为逆运算，如图9-2所示。对称密码体制的典型代表是美国的数据加密标准（data encryption standard，DES）。

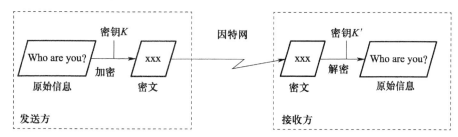

图9-2　对称密码体制的信息加密传输过程

（2）非对称密码体制

对称密码体制并不能完全解决网络信息加密问题。在电子商务环境中，企业往往要面对大量的客户（信息接收者），在这种情况下客户如何获得与企业进行信息交互的密钥？最便捷的方式就是将密钥通过网络传递给客户，但这又需要对密钥进行加密，这是对称密码体制难以解决的问题。于是就有了非对称密码体制。在非对称密码体制中，有两个密钥，一个用于加密（称为公钥），另一个用于解密（称为私钥）。非对称密码体制的典型代表是 RSA 算法，它是李斯维特（Rivest）、萨莫尔（Shamir）、阿德曼（Adleman）发明的。非对称密钥是成对出现的两个大素数，可以用其中的一个素数（公钥）对原始信息（即明文）进行加密形成密文，用另一个素数（私钥）对收到的信息（密文）进行解密恢复原始信息，如图9-3所示。而任何人都不能由一个素数求出另一个素数，也就是说非对称密码体制是不可逆的。

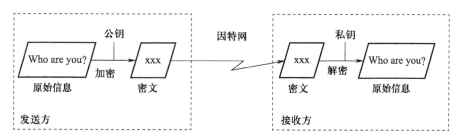

图9-3　非对称密码体制的信息加密传输过程

9.2.2　认证技术

认证是防止消息被篡改、删除、重放和伪造的一种有效方法，它能使接收者识别和确认消息的真伪，是信息安全的一个重要方面。如果说加密保证了交易信息的保密性，认证则保证了信息的真实性、完整性和不可否认性。认证技术应当能满足防伪造、防抵赖、防窃听、防篡改的要求。下面介绍几种主要的认证技术。

1. 数字摘要技术

数字摘要技术用于验证消息的完整性。数字摘要是指将单向哈希函数作用于需要加密的消息，形成一串有固定长度的密文，而且这串密文与该消息是一一对应的。数字摘要技术因为是单向加密，所以不能解密。不同的消息数字摘要不同，相同的消息数字摘要相同，因此又把数字摘要形象地称为数字指纹，以验证消息是否为真。

发送方将消息及其数字摘要一同发送，接收方收到这些信息后，用哈希函数对其进行加密产生一个数字摘要，并将该数字摘要与收到的数字摘要进行对比，若相同，则说明收到的消息是完整的，在传输过程中没有被修改过，否则就说明消息被修改过。

2. 数字签名技术

在电子商务活动中，人们希望通过数字通信网络传递贸易合同等文件，这时会出现合同真实性认证问题，于是数字签名技术就应运而生了。

数字签名技术必须保证以下三点。

① 接收方能够核实发送方对消息的签名。

② 发送方事后不能否认对消息的签名。

③ 接收方不能伪造对消息的签名。

数字签名技术是指用发送方的私钥加密数字摘要，然后将其与消息一起传送给接收方。接收方只有用发送方的公钥才能解密被加密的数字摘要，同时将哈希函数作用于所收到的消息生成一个数字摘要。将生成的数字摘要与解密的数字摘要进行对比，两者若相同，则说明收到的消息是完整的，在传输过程中没有被修改过，否则，就说明消息被修改过，不是原始消息。同样，数字签名技术也能确保发送方无法否认自己发送了信息。

3. 数字时间戳技术

在电子支付的交易文件中，时间和签名一样，是十分重要的证明文件有效性的内容，数字时间戳就是用来证明消息的收发时间的。数字时间戳的形成过程是：用户先将需要加时间戳的文件用哈希函数加密生成数字摘要，然后将该数字摘要发送给专门提供数字时间戳服务的权威机构，该机构为该数字摘要加上时间后进行数字签名（用私钥加密），并将其发送给用户。

4. 数字证书技术

（1）认证中心

公钥是在网络上发布的，那么如何证明公钥的真实性呢？即证明一个公钥确实属于发送方，而不是一个冒充发送方的非法公钥。这就需要有一个可信赖的第三方机构来证实公钥的真实性，认证中心就是这样的第三方机构。认证中心是一个权威机构，专门负责验证交易双方的身份。

认证中心构建了一套由公钥加密技术、数字证书技术、证书发放机构和关于公钥的安全策略等基本成分组成的系统，这套系统称为公钥基础设施（public key infrastructure，PKI）。公钥基础设施用数字证书来管理公钥，它把用户的公钥和用户的其他标记信息捆绑在一起，用于在因特网上验证用户的身份。认证中心的数字证书认证系统主要由以下三个部分组成。

① 位于客户端的、面向证书用户的数字证书申请、查询和下载系统。

② 位于数字证书注册审批（RA）部门的、由 RA 管理员对数字证书申请进行审批的数字证书授权系统。

③ 位于认证中心控制台的、用于向用户签发证书的数字证书签发系统。

认证中心有五种基本功能：数字证书的颁发、更新、查询、归档和作废，可以解决网上用户身份认证问题和信息安全传输问题。

（2）数字证书

数字证书又称为数字标识，是标识证书持有者身份信息的一系列数据。它提供了一种在互联网上验证身份的方式，是用来标识和证明网络通信双方身份的数字信息文件。通俗地讲，数字证书就是个人或单位在互联网上的身份证。数字证书包含以下内容。

① 证书拥有者的姓名。

② 证书拥有者的公钥。

③ 公钥的有效期。

④ 颁发数字证书的单位。

⑤ 颁发数字证书的单位的签名。

⑥ 数字证书的序列号。

（3）数字证书的类型

按照数字证书的颁发对象，可以将其分为个人数字证书、机构数字证书、设备数字证书和软件（开发者）数字证书等。

① 个人数字证书。个人数字证书仅仅为某个用户提供凭证，以帮助其在网络上进行安全交易操作。个人数字证书主要用于标识证书拥有者的身份，它包含个人的身份信息及其公钥，如用户姓名、证件号码、身份类型等。个人可以用其在网络上进行合同签订、录入审核、操作权限申请、网上支付等活动。

② 机构数字证书。机构数字证书主要用于标识数字证书机构拥有者的身份，它包含机构的相关信息及其公钥，如企业名称、组织机构代码等。机构可以用它在电子商务或电子政务中开展合同签订、网上支付、行政审批、网上办公等活动。

③ 设备数字证书。设备数字证书用于在网络应用中标识网络设备的身份，它包含设备的相关信息及其公钥，如域名、网址等。虚拟专用网（VPN）服务器、Web

服务器等各种网络设备可以用它在网络通信中标识和验证设备身份。

④ 软件（开发者）数字证书。软件（开发者）数字证书是签发给软件开发者的数字证书，它包含软件开发者的身份信息及其公钥，主要用于证明软件开发者所发行的软件代码来源于一个真实的软件开发者。该数字证书可以有效地防止软件代码被篡改。

（4）认证中心的树形验证结构

在安全认证体系中，每个认证中心的覆盖范围都是一定的。这样在一个大型的机构内就可能有多级认证中心，上级认证中心的部分事务可以由其授权的子认证中心（即下级认证中心）来代理，整个认证中心体系构成了一个多级树形验证结构。下级认证中心发布证书需要得到上级认证中心的授权，而上级认证中心又要得到更上级的认证中心授权，直到根认证中心。即在底层认证中心和根认证中心之间存在一个"授权链"。

双方在交易过程中，需要通过出示由某个认证中心签发的数字证书来证明自己的身份，如果对签发数字证书的认证中心不信任，则可以验证认证中心的身份，这种验证可逐级进行，一直到公认的权威认证中心处，从而确认数字证书的有效性。

例如，中国金融认证中心（CFCA）是由中国人民银行牵头，联合 10 余家商业银行参与建设，由银行卡信息交换总中心承建的认证中心。中国金融认证中心是为在网络购物中使用银行卡进行结算等业务而建立的。它具有三级结构，第一级为根认证中心；第二级为品牌认证中心；第三级根据证书拥有者的不同，分为持卡人认证中心（CCA）、商户认证中心（MCA）、网关认证中心（PCA）。

9.2.3　防火墙技术

1. 企业内部网的安全概念

随着因特网的快速发展，个人、企业以及政府部门越来越多地依靠网络传递信息，以提高工作效率。然而人们在获得更大的开放性与共享性的同时，也付出了安全性的代价。一旦企业内部网（intranet）接入因特网，就意味着因特网上的用户都有可能访问企业内部网，企业内部网也就容易受到外界的攻击与破坏，其内部信息资源的安全性就会受到严重的影响。为了保护企业内部信息资源的安全，需要做到以下几点。

① 防止外部入侵，控制和监视外部用户对企业内部网的非法访问。

② 控制、监视和管理企业内部网对因特网的访问。

③ 检测、记录企业内部网用户的未经授权的活动。

防火墙技术就是一种能够有效满足上述要求，保证企业内部网安全的方法。

2. 防火墙的概念

防火墙技术就是用来保护企业内部网不受来自外界的侵害的技术，它主要用来实现网络路由的安全性。网络路由的安全性包括以下两个方面。

① 限制外部网络对企业内部网的访问，从而保护企业内部网中的特定资源免受

非法侵害。

② 限制企业内部网对外部网络的访问，主要是限制对一些不健康信息及敏感信息的访问。

所谓防火墙，是指在企业内部网和外部网络之间构造的一个由软件和硬件设备组合而成的保护层。所有通信都必须在这个保护层上接受检查和进行连接，而且只有被授权的通信才能通过此保护层，从而使企业内部网与外部网络在某种意义上相隔离。防火墙可以防止非法侵入、非法使用企业内部资源，同时执行安全管制措施，记录所有可疑事件，如图9-4所示。

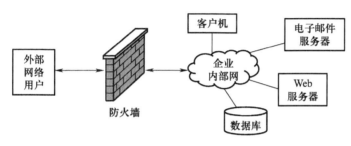

图 9-4 防火墙示意图

要建立防火墙，要先确定此防火墙采取何种安全控制模型，通常有两种安全控制模型可供选择。

（1）没有被允许访问的服务都是禁止的

除了开放希望提供的服务外，防火墙应当封锁所有的信息流。这虽然看起来非常苛刻，但却可以形成一种十分安全的网络环境，因为只有经过仔细挑选的服务才被允许使用。其特点是强调安全性，限制用户使用服务的范围。这种模型一般用于高保密性的网络以及与外部联系不多的企业内部网。

（2）没有被列为禁止访问的服务都是允许的

防火墙应当开放所有信息流，然后逐项屏蔽不希望提供的、可能有不利影响的服务。这种模型形成了一种更为灵活的应用环境，可以为用户提供更多的服务。其弊端是，在日益增多的网络服务面前，网络管理人员的工作量极大，当网络服务范围很大时，就很难提供可靠的安全保护。这种模型一般用于对保密性要求不高的企业内部网。

3. 防火墙的类型

防火墙大体上可以分为两种类型：一种是基于包过滤的防火墙，另一种是基于代理服务的防火墙。

（1）基于包过滤的防火墙

基于包过滤的防火墙可以动态检查 IP 数据包头，先检查其中的数据包类型、源 IP 地址、目的 IP 地址、源端口号等字段，然后根据规则决定允许哪些数据包通过，禁止哪些数据包通过。其工作原理如图 9-5 所示。

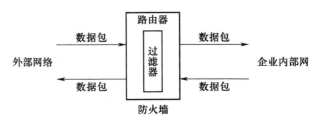

图 9-5　基于包过滤的防火墙的工作原理

基于包过滤的防火墙通常直接转发数据包，它对用户完全透明，速度快，但其过滤器不能在用户层上对数据包进行过滤，即在同一台机器上，过滤器分辨不出数据包来自哪个用户。过滤器通常安装在路由器上，大多数的路由器都默认提供包过滤功能。

（2）基于代理服务的防火墙

基于代理服务的防火墙使用一个客户代理程序与特定的中间结点（防火墙）连接，然后将中间结点与企业内部网中的服务器相连接，这样就在企业内部网和外部网络之间建立了一个物理屏障。其工作原理如图 9-6 所示。

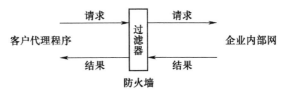

图 9-6　基于代理服务的防火墙的工作原理

使用基于代理服务的防火墙，企业内部网与外部网络之间不存在直接连接，因此即使防火墙出了问题，也无法从外部网络访问企业内部网。同时，基于代理服务的防火墙提供了强大的日志审计功能。

大部分基于代理服务的防火墙只能提供有限的基本应用服务。若需要增加新的应用服务，就必须编写新的代理程序。

（3）复合型防火墙

这种防火墙是把前两类防火墙结合起来，形成新的防火墙，以发挥各自的优势，克服各自的缺点，来满足系统更高的安全性要求。

4. 防火墙技术的优点

使用防火墙技术来保护企业内部网中的信息资源安全，具有以下优点。

（1）保护那些易受攻击的服务

防火墙能够过滤那些不安全的服务。只有预先被允许的服务才能通过防火墙，这样降低了网络受到非法攻击的风险，大大提高了网络的安全性。

（2）控制对特殊站点的访问

有些主机能够被外部网络访问，而有些主机则被保护起来，以防止不必要的访问。通常企业内部网的电子邮件服务器、文件传送服务器、Web 服务器允许外部网络访问，其他服务器则禁止外部网络访问。

（3）集中化的安全管理

使用防火墙技术可以将应用软件和附加的安全软件都放在防火墙上统一管理，否则它们就会被分散放在不同的服务器上。因此，使用防火墙比不使用防火墙更加经济。

（4）对网络访问进行记录

使用防火墙技术后，所有来自因特网的访问都要经过防火墙，防火墙可以记录这些访问，并提供有关网络运行情况的统计数据。当发现可疑动作时，防火墙能够报警并提供有关网络是否受到监控和攻击的详细信息。

9.3 信息安全法律和法规

9.3.1 国外相关法律与法规

为了应对网络安全威胁，提升综合国力，促进国家安全和发展，很多国家都制定了信息安全政策和信息安全法律，全方位提升国家信息安全战略。下面对其中的部分法律法规做介绍。

1. 美国

美国是最早制定和实施信息安全战略的国家。随着形势的变化，美国不断发展和完善信息安全战略。美国的信息安全政策萌芽可以追溯到 1946 年的《原子能法》（*Atomic Energy Law*）与 1947 年《1947 年国家安全法》（*National Security Act of 1947*）。1966 年的《信息自由法》（*Freedom of Information Act*）对信息安全保障范围进行了界定。

20 世纪 80 年代初至 20 世纪 90 年代初，美国开始实行以维护信息的安全性和保密性为核心的信息安全战略。2000 年，美国通过了《信息系统保护国家计划》（*National Plan for Information Systems Protection*），为美国政府保护国家关键信息系统的安全提供了重要的战略规划。

2001 年，美国把信息安全战略置于国家总体安全战略的核心地位，发布了《信息时代的关键基础设施保护》（*Critical Infrastructure Protection in the Information Age*）。2002 年，美国发布了《2002 年关键基础设施信息法》（*Critical Infrasturcture Information Act of 2002*）。

2008 年之后，美国发布了一系列有关网络安全审查的法律和法规：2009 年发布了《网络空间政策评估：保障可信和强健的信息与通信基础设施》（*Cyberspace Policy Review：Assuring a Trusted and Resilient Information and Communications Infrastructure*）。2013 年通过了《关于提高关键基础设施网络安全》（*Improving Critical Infrastructure Cybersecurity*）。2014 年通过了《提高关键基础设施网络安全的操作框架》（*Framework for Improving Critical Infrastructure Cybersecurity*），该框架推出了一整套帮助政府机构和

私营部门应对关键基础设施网络安全风险的标准和程序，为美国完善和建立更深入的网络安全标准建立了基础。2015 年发布了《2015 年网络安全信息共享法》（*Cybersecurity Information Sharing Act of 2015*），该法案旨在提高私营部门与联邦政府之间的网络安全信息共享能力。之后，美国还发布了一些有关网络安全的法律和法规。这些法律和法规构成了美国网络安全审查的一整套法律制度。

2. 日本

2013 年，日本政府出台了《网络安全战略》。2014 年 11 月，日本国会通过了《网络安全基本法》，旨在加强日本政府与民间在网络安全领域的协调，更好地应对网络攻击。该法案还规定电力、金融等重要社会基础设施运营商、网络相关企业、地方自治体等有义务配合网络安全相关举措或提供相关情报。此外，为了应对不断变化的网络威胁，日本政府于 2015 年、2018 年两次发布了升级版《网络安全战略》，明确了日本网络安全战略的目标、原则、措施和未来发展方向。

3. 欧盟

欧洲议会全体会议于 2016 年 7 月通过《欧盟网络与信息系统安全指令》，以加强欧盟各成员国之间在网络与信息安全方面的合作，提高欧盟应对处理网络通信技术故障的能力。这是首部欧盟层面的网络与信息安全法案。

4. 俄罗斯

2013 年 8 月，俄罗斯联邦政府公布了《2020 年前俄罗斯联邦国际信息安全领域国家政策框架》。该文件确定了俄罗斯联邦在国际信息安全领域国家政策的目标、任务、优先方向以及实现机制等。

5. 韩国

2006 年年底，韩国国会通过了《促进使用信息通信网络及信息保护关联法》，制定了信息通信网络安全保护措施指南、保护集成信息通信设施、禁止信息通信网络侵害行为，特别是建立了信息保护管理体系认证制度等信息通信网络安全保障机制。2020 年 2 月 4 日，韩国对该法案进行了大范围修订。

9.3.2 国内相关法律与法规

1. 相关法律

2000 年 12 月 28 日，第九届全国人民代表大会常务委员会第十九次会议通过了《全国人民代表大会常务委员会关于维护互联网安全的决定》（2011 年修订），保障互联网的运行安全和信息安全，利用互联网实施该决定第一条、第二条、第三条、第四条所列行为以外的其他行为，构成犯罪的，依照刑法有关规定追究刑事责任。该决定对于促进我国互联网的健康发展，维护国家安全和社会公共利益，保护个人、法人和其他组织的合法权益有着积极的意义。

2004 年 8 月 28 日，第十届全国人民代表大会常务委员会第十一次会议通过了《中华人民共和国电子签名法》（2019 年修订），这是为了规范电子签名行为、确立电子签名的法律效力、维护有关各方的合法权益而制定的法律。

2012 年 12 月 28 日，为了保护网络信息安全，保障公民、法人和其他组织的合法权益，维护国家安全和社会公共利益，第十一届全国人民代表大会常务委员会第三十次会议通过了《全国人民代表大会常务委员会关于加强网络信息保护的决定》。任何组织和个人不得窃取或者以其他非法方式获取公民个人电子信息，不得出售或者非法向他人提供公民个人电子信息。网络服务提供者和其他企业事业单位在业务活动中收集、使用公民个人电子信息，应当遵循合法、正当、必要的原则，明示收集、使用信息的目的、方式和范围，并经被收集者同意，不得违反法律、法规的规定和双方的约定收集、使用信息。网络服务提供者和其他企业事业单位收集、使用公民个人电子信息，应当公开其收集、使用规则。

2016 年 11 月 7 日，第十二届全国人民代表大会常务委员会第二十四次会议通过了《中华人民共和国网络安全法》，这是为了保障网络安全，维护网络空间主权和国家安全、社会公共利益，保护公民、法人和其他组织的合法权益，促进经济社会信息化健康发展而制定的法律。

2018 年 8 月 31 日，第十三届全国人民代表大会常务委员会第五次会议通过了《中华人民共和国电子商务法》，这部法律是调整政府、企业和个人等主体以数据电文为交易手段，通过信息网络产生的，因交易形式而引起的各种商事交易关系，以及与这种商事交易关系密切相关的社会关系、政府管理关系的法律规范的总称。2021 年 6 月 10 日，第十三届全国人民代表大会常务委员会第二十九次会议通过了《中华人民共和国数据安全法》，这部法律是数据领域的基础性法律，也是我国国家安全领域的一部重要法律。数据是国家基础性战略资源，没有数据安全就没有国家安全。《中华人民共和国数据安全法》贯彻落实总体国家安全观，聚焦数据安全领域的风险隐患，加强国家数据安全工作的统筹协调，确立了数据分类分级管理，数据安全审查，数据安全风险评估、监测预警和应急处置等基本制度。通过建立健全各项制度措施，提升国家数据安全保障能力，有效应对数据这一非传统领域的国家安全风险与挑战，切实维护国家主权、安全和发展利益。

2. 相关行政法规

《中华人民共和国计算机信息网络国际联网管理暂行规定》是为了加强对计算机信息网络国际联网的管理，保障国际计算机信息交流的健康发展而制定的。该规定于 1996 年 2 月 1 日由国务院发布并施行，1997 年修订。

《中华人民共和国计算机信息系统安全保护条例》是为保护计算机信息系统的安全，促进计算机的应用和发展，保障社会主义现代化建设的顺利进行而制定的。该条例于 1994 年 2 月 18 日由国务院发布，2011 年修订。

《计算机信息网络国际联网安全保护管理办法》是为了加强对计算机信息网络国际联网的安全保护而制定的。该办法于 1997 年 12 月 16 日由公安部发布，于 1997 年 12 月 30 日实施，2011 年修订。

《互联网信息服务管理办法》是为了规范互联网信息服务活动，促进互联网信息服务健康有序发展而制定的。该办法于 2000 年 9 月 25 日由国务院发布，2011 年修订。

《计算机软件保护条例》是为了保护计算机软件著作权人的权益，调整计算机软件在开发、传播和使用中发生的利益关系，鼓励计算机软件的开发与应用，促进软件产业和国民经济信息化的发展而制定的。该条例于 2001 年 12 月 20 日由国务院发布，2013 年修订。

《信息网络传播权保护条例》是为保护著作权人、表演者、录音录像制作者的信息网络传播权而制定的。该条例于 2006 年 5 月 18 日由国务院发布，2013 年修订。

案例分析

信息系统安全案例

背景资料 1：美国纳斯达克（NASDAQ）网络事故

1994 年 8 月 1 日，由于一只松鼠将纳斯达克位于美国康涅狄格州的数据中心主机附近的一条电话线挖断，造成电源紧急控制系统损坏，纳斯达克电子交易系统日均交易量超过 3 亿股的股票市场暂停营业近 34 min。

背景资料 2：美国纽约银行电子资金转账损失

1985 年 11 月 21 日，由于计算机软件的错误，纽约银行与美联储支付系统收支失衡，发生了超额支付，而这个问题一直到晚上才被发现，纽约银行当日账务轧差出现 230 亿美元短款。

背景资料 3：一名学生非法入侵 169 网络系统

一名高中学生出于好奇心理，在家中使用自己的计算机，利用电话拨号上了 169 网，又使用某账号登录到 169 网络中的两台服务器，从两台服务器上非法下载用户口令文件，破译了其中部分用户口令，使自己获得了服务器的超级用户管理权限，并进行了非法操作，删除了部分系统命令，造成一台服务器主机硬盘中的用户数据丢失。该学生被法院判处有期徒刑一年，缓刑两年。

背景资料 4：熊猫烧香

熊猫烧香是一种经过多次变种的蠕虫病毒，2006 年 10 月 16 日由李某编写，2007 年 1 月初肆虐网络，它主要通过下载的文件传染，对计算机程序、系统破坏严重。

背景资料 5：小甜饼（cookie）与个人隐私

在 2013 年的中央电视台"3·15"晚会上，一批国内互联网精准广告公司被曝光，这些公司被指未经用户同意，利用 cookie 跟踪用户，甚至靠 cookie 就能知道用户的兴趣、爱好、性别、月收入、登录过的网站等隐私信息，然后为其广告客户精准投放网络广告。

结合上述案例，在收集相关资料的基础上，回答以下问题。

1. 分析信息系统的运行安全威胁来自哪些方面。

2. 从技术和非技术两个方面分析产生信息安全威胁的原因。

3. 当前保障信息系统安全的措施有哪些？我们应当如何应对信息系统的安全问题？

4. 部分网站要求你同意或接受其 cookie 的使用，你如何看待？

5. 谈谈你对个人信息安全的认识，以及如何保护个人信息。

思考题

1. 什么是信息安全？信息安全的主要内容有哪些？

2. 为了保证个人信息安全，可以采取哪些技术？

3. 防火墙技术的基本类型和技术优点是什么？

4. 简述信息加密技术的基本原理。

5. 在信息系统中，认证技术的作用是什么？

6. 在"中国裁判文书网"上查找有关个人信息安全的案件，谈谈你对个人信息安全的认识。

第 10 章　信息道德和社会责任

本章学习要求
1. 理解信息道德的含义。
2. 理解隐私保护的基本概念。
3. 了解知识产权的基本内容。
4. 理解信息系统与企业社会责任之间的关系。

10.1　管理信息系统与道德

1. 信息道德的含义

信息道德是指在信息的采集、加工、存储、传播和利用等活动中，用来规范其间产生的各种社会关系的道德意识、道德规范和道德行为的总和。它通过社会舆论、传统习俗等，使人们形成一定的信念、价值观和习惯，进而自觉地通过自己的判断规范自己的信息行为。信息道德是一种自我信息管理的手段，它在自我道德意识的作用下以自觉、自发的形式潜移默化地规范人们的信息行为。在网络舆论场中，每个网民都是发布信息、传播信息、接收信息的自媒体，从而产生一对多的传播倍增效应。带有个人倾向的一次转帖，或者不加分辨的一次"围观"，都会在网络上形成"水波效应"，助长谣言呈几何级数传播。有的网民不仅缺乏对谣言的识别能力，还以联想、猜测的方式，进一步传播谣言，对社会、政府、企业和个人产生不利的影响甚至是严重的伤害。

2. 信息系统引发的道德问题

在信息时代由信息系统引发的道德问题主要涉及以下五个方面的内容。

（1）信息的权利和义务

信息的权利和义务是指个人有提供自己信息的义务，也有保护自己的信息不被侵犯或暴露的权利。随着科技的进步，特别是信息技术的发展，如何保护个人信息和个人隐私，采用何种方式保护，已经成为保护个人信息安全首先要考虑的问题。为此，欧盟发布了《通用数据保护条例》。而美国则采取政府引导下的行业自律模式，即规范行业内的个人信息处理行为，同时通过分散立法，辅以行业自律的模式，在隐私保护和促进信息产业发展之间寻求平衡，以构建良好的网络秩序，确保网络安全。

（2）财产的权利和义务

财产的权利和义务，是指在数字社会中，如何对传统的知识产权进行保护。在数字环境中，跟踪和追究知识产权是很难的，而忽视这些知识产权却很容易。知识产权是指由个人或组织创造的隐形资产。从传统意义上看，它受三种不同的法律，即商业秘密保护法、著作权保护法和专利法管制。然而，由于利用信息技术很容易实现内容复制与网上分发，因此对传统的知识产权保护实践提出了严峻的挑战。要解决信息时代知识产权保护的难题，需要进一步完善相关制度。

（3）系统质量

为了保护个人的信息权利和社会的安全，需要保障信息系统的质量。信息系统质量不高的原因主要有三个，即软件缺陷或错误；硬件或设施故障；质量不高的输入数据。因此，应当有一定的控制标准，信息系统供应商要严格执行该标准，以保障系统的质量。

（4）生活质量

生活质量，是指在以信息和知识为基础的社会中，应当具有什么样的价值观；新的信息技术支持什么样的文化价值和实践。当今，人们在最大限度地享受信息系统带来的便利的同时，又要避免它所带来的负面影响，即如何合理、善意地使用信息技术而不是利用它去制造危害，这就需要建立起相应的信息道德规范。

（5）责任和控制

责任和控制，是指对于个体和组织的信息、知识产权所受到的伤害，谁能够以及谁需要负起什么样的责任和义务。

10.2　隐私保护与职业道德

1. 隐私保护

一般而言，隐私是指个人不愿为他人所知晓和干预的私人生活。更具体地说，隐私是指私人生活的安宁不受他人非法干扰，私人生活的秘密不受他人非法收集、刺探和公开。隐私包括私人生活安宁和私人生活秘密两个方面。

在网络空间，人类实现了"数字化生存"，拥有了"数字化人格"。所谓数字化人格，是指基于从互联网上获得、汇集并共享的个人数据形成的个人公共形象，它可以成为该人的代号，以及对该人数字化行为的认知方式。有学者指出，数字化行为在一段时间内积累到一定程度，就能够构成与实际人格相似的数字化人格。在网络社会，数字化人格已经成为很多关乎个人的重大决策的基础。例如，银行会根据客户的信用记录来决定是否给予其贷款。但是，网络环境中公共事务和私人事务的交集使数字化人格具有多样性与复杂性，这不可避免地带来了数据库中的数字化人格和现实中的自然人格之间的差异。问题的关键是，数字化人格——个人信息档案往往掌握在政府机构或商业组织手里，个人通常无法知道这些信息是如何被收集、处理、利用和保存的。在尚不能控制自己的数字化人格时，数字化人格一旦出现错误，或者被片面、歪曲地理解，就会产生诸多不良后果。例如，在把数据上传至云端服务器时，如何确保云端服务器既能计算正确而又没有泄露数据？如果一个人在医院里留下了电子病历，在基因测序公司留下了基因数据，那么如何让这两个数据库在不互相提供数据的情况下实现融合。

美国是信息技术的发源地，各种新技术引起的隐私问题层出不穷。随着技术的发展，美国社会对于隐私权的保护也发生了深刻的变化，隐私权保护的重心不断转移，经历了从住宅到人再到信息的转变。纵观处于变化与扩张中的美国隐私保护体系，有以下几个特点。首先，从保护对象来看，美国隐私保护的核心是隐私权，是属于宪法层面的基本权利；其次，从立法情况来看，美国隐私权保护依托于分散的个人信息与数据保护法律和法规，宪法、联邦和各州的法规以及行业自律规则均有涉及。最重要的是，美国隐私权保护公私有别，针对公权与私权领域持明显不同的规制理念。就公权领域而言，美国个人信息保护的重点在于限制政府获取个人信息，保护其免受国家公权力的侵害，并制定了《隐私法》（1974 年）。而在私权领域，美国倡导以行业自律为中心，发挥中介组织的监督与认证作用，尽量减少政府立法的强制干预。美国学界和实务界主张，只有最少的外部规范是可以接受的，而强硬的法律结构"将不可避免地阻碍商业活动"。

近年来，美国对隐私权保护的规制理念又发生了变化。在公权领域，《爱国者法案》出台以后，美国政府对个人信息的监控力度骤增，政府利益与公民隐私之间的矛盾凸显；美国隐私保护的重点正在向规制私人领域的信息收集与利用倾斜，并不断推出针对商业领域网络隐私保护的新举措。

欧洲是最早提出个人数据处理和管理体系的地区。欧洲非常重视隐私法律的实施。德国、荷兰、意大利和瑞典等欧洲国家建立了致力于实现隐私保护目的的政府机构。例如，瑞典的数据审查委员会负责给包含用户信息的商业数据的持有人颁发许可证，并且严格监控数据库之间的数据匹配或重组。

2. 职业道德

所谓职业道德，是指人们在进行职业活动的过程中，一切符合职业要求的心理意识、行为准则和行为规范的总和。它是一种内在的、非强制性的约束机制，是用来调整职业个人、职业主体和社会成员之间关系的行为准则和行为规范。

广义的职业道德，是指从业人员在职业活动中应当遵循的行为准则，它涵盖了从业人员与服务对象、职业与职工、职业与职业之间的关系。狭义的职业道德，是指在一定的职业活动中应当遵循的、体现一定职业特征的、调整一定职业关系的职业行为准则和规范。不同的职业人员在特定的职业活动中形成了特殊的职业关系，包括职业主体与职业服务对象之间的关系、职业团体之间的关系、同一职业团体内部人与人之间的关系，以及职业劳动者、职业团体与国家之间的关系。

10.3 知识产权与计算机犯罪

1. 知识产权

知识产权是指民事主体对其创造性的智力劳动成果、商业标志及其他具有商业价值的信息依法享有的专有权利。

根据世界知识产权组织发布的《建立世界知识产权组织公约》第二条第八项的规定，知识产权包括以下内容：关于文学、艺术和科学作品的权利；关于表演艺术家的演出、录音和广播的权利；关于人们努力在一切领域的发明的权利；关于科学发现的权利；关于工业品外观设计的权利；关于商品商标、服务商标、商号和其他商业标记的权利；关于制止不正当竞争的权利以及其他来自工业、科学、文学和艺术领域的智力活动所产生的权利。

国际保护工业产权协会将知识产权划分为创造性成果权利和识别性标记权利两大类。前者包括发明专利权、植物新品种权、集成电路权、"技术秘密"权、工业品外观设计权、著作权、软件权；后者包括商标权、商号权、其他与制止不正当竞争有关的识别性标记权。

《与贸易有关的知识产权协定》规定，知识产权包括以下内容：版权与邻接权；商标权；地理标志权；工业品外观设计权；专利权；集成电路布图设计权以及未公开的信息专有权。

根据《中华人民共和国民法典》的规定，知识产权是权利人依法就下列客体享有的专有的权利：作品；发明、实用新型、外观设计；商标；地理标志；商业秘密；集成电路布图设计；植物新品种；法律规定的其他客体。

综上所述，知识产权具有以下含义：

① 知识产权的主体通常是从事创造性智力活动的人，包括自然人、法人和不具备法人资格的其他社会组织。

② 知识产权的客体是创造性智力活动所产生的非物质成果，其表现为作品、发明创造、商业标记及其他具有商业价值的信息等。

③ 知识产权的内容体现为对智力成果的直接支配和获取利益的专有权利，即主体对其智力成果享有的、依自己意志进行的归属性控制、使用与处分行为，并获得相应的经济收益。

2. 计算机犯罪

广义的计算机犯罪，是指以计算机信息系统为工具或者以计算机信息系统为侵害对象而实施的危害社会并应受到刑罚处罚的行为。根据该定义，计算机犯罪既可以是非法侵入计算机信息系统罪和破坏计算机信息系统罪，也可以是诈骗罪、贪污罪、盗窃罪等。

依据计算机犯罪的定义，可以将计算机犯罪分为两类：第一类是以计算机为对象的犯罪，具体包括：① 非法侵入计算机信息系统罪；② 破坏计算机信息系统罪；

③ 破坏计算机系统数据、他人计算机软件及硬件的犯罪。第二类是以计算机为工具的犯罪，具体包括：① 利用计算机实施金融诈骗、盗窃他人财产的犯罪；② 利用计算机实施贪污、挪用公款或公司资金的犯罪；③ 利用计算机系统窃取国家机密，危害国家安全的犯罪；④ 利用计算机系统传播淫秽物品的犯罪；⑤ 利用计算机系统伪造公文、证件的犯罪；⑥ 利用计算机伪造货币、有价证券、金融证券、金融票据和信用证的犯罪；⑦ 利用计算机进行偷逃税的犯罪；⑧ 利用计算机系统侵犯公民隐私权和毁坏他人名誉的犯罪；⑨ 利用计算机系统侵犯商业秘密和电子通信自由的犯罪；⑩ 利用计算机系统扰乱社会公共秩序的犯罪。

狭义的计算机犯罪，是指通过操作计算机实施的危害计算机信息系统（包括其内存的数据及程序）安全的行为。例如，有人将计算机犯罪定义为行为人直接或间接地以计算机为工具，非法侵入国家事务、国防建设、尖端科学技术领域的计算机信息系统，或者对计算机信息系统进行删除、修改、增加、干扰，后果严重，依法应处以刑罚的行为。

我国首次界定计算机犯罪的法律是 1997 年的《中华人民共和国刑法》。犯罪主体是指实施危害社会的行为、依法应当负刑事责任的自然人和单位。计算机犯罪的主体为一般主体。从计算机犯罪的具体表现来看，犯罪主体具有多样性，各种年龄、各种职业的人都可能进行计算机犯罪。一般来说，进行计算机犯罪的主体是具有一定计算机知识水平的行为人，而且这种水平还比较高，至少在一般人之上。《中华人民共和国刑法》第二百八十五条、第二百八十六条是对非法侵入计算机信息系统罪，非法获取计算机信息系统数据、非法控制计算机信息系统罪，破坏计算机信息系统罪的规定。

10.4　信息系统与企业社会责任

企业社会责任（corporate social responsibility，CSR）是指企业在创造利润、对股东和员工承担法律责任的同时，还要承担对消费者、社区和环境的责任，企业社会责任要求企业必须超越把利润作为唯一目标的传统理念，强调要在生产过程中对人的价值的关注，强调对环境、消费者及社会的贡献。

国务院国有资产监督管理委员会发布的《关于中央企业履行社会责任的指导意见》明确指出，履行社会责任要求中央企业必须坚持以人为本、科学发展，在追求经济效益的同时，对利益相关者和环境负责，实现企业发展与社会、环境的协调统一。履行社会责任的主要内容包括：坚持依法经营诚实守信；不断提高持续盈利能力；切实提高产品质量和服务水平；加强资源节约和环境保护；推进自主创新和技术进步；保障生产安全；维护职工合法权益；参与社会公益事业等方面的内容。

企业社会责任不是企业在经营之外的义务，而恰恰是企业的核心业务。企业是社会的器官，企业社会责任就是企业为社会承担解决哪一方面问题的责任。而这就是企业的经营使命。企业社会责任等于企业经营使命。

企业的第一社会责任，是以尽可能低的成本为公众提供产品和服务。然后，为了能够为社会提供产品和服务，企业要满足包括管理者在内的员工的需求。这是企业的第二社会责任。满足员工的需求，不仅仅是要让员工得到经济收入，还要帮助他们在企业中找到自己的发展空间。在第一社会责任和第二社会责任之后，是企业的第三社会责任。企业的第三社会责任，就是企业在与社会发生互动时需要考虑和承担的责任。当第三社会责任与企业的绩效发生矛盾时，如生产过程中产生了污染问题，这时最好的方法，就是把问题的解决方案变成一个新的企业业务。例如，把污染解决方案变成环保业务。企业要遵循一个准则，就是在完成自己使命的过程中，不对他人造成伤害。企业社会责任的第一优先级，是为公众提供产品和服务；第二优先级，是为员工创造收入和个人发展空间；第三优先级，是积极参与社区的建设。

信息系统的应用增加了利益相关者参与企业履责的途径。企业可以通过互联网技术，包括人工智能算法、内容理解等，通过各种信息系统实现"隐性"的治理。

企业董事会和高层管理团队需要认识到信息系统对社会的深远影响，努力将企业主营业务的社会价值、利益相关者的期望乃至可持续发展的趋势融入企业使命和价值观，并塑造企业文化的社会责任导向，在企业内外实现企业社会价值相关的意义构建，以促进企业战略的制定和利益相关者的参与。此外，企业决策者还要在业务设计和拓展过程中慎重考量信息系统的应用规则和底线，并且在各个利益相关者中进行披露和推广。

案例分析

外卖骑手，困在系统里

某外卖骑手清晰地记得，那是 2019 年 10 月的某一天，当他看到一个订单的系统送达时间时，握着车把的手出汗了：2 km，30 min 内送达——在他跑外卖的两年中，此前相同的距离所用的最短配送时间是 32 min，但从那一天起，那 2 min 不见了。这并不是第一次有时间从系统中消失。相关数据显示，2019 年，中国全行业外卖订单单均配送时长比 3 年前减少了 10 min。

系统有能力接连不断地"吞掉"时间，是人工智能算法深度学习能力的体现——在某外卖平台上，这种实时智能配送系统被称为超脑。

在系统的设置中，配送时间是最重要的指标，而对于外卖骑手来说超时是不被允许的，一旦发生，便意味着差评、收入降低，甚至被淘汰。外卖骑手无法依靠个人的力量去对抗系统分配的时间，他们只能用超速去挽回超时这件事。某外卖平台配送技术资深专家介绍了这种实时智能配送系统的基本运行过程——从顾客下单的那一秒起，系统便开始根据外卖骑手的顺路性、位置、方向决定派哪一位外卖骑手接单，订单通常以三联单或五联单的形式派出，一个订单有取餐和送餐两个任务点，如果一位外卖骑手承担 5 个订单、10 个任务点，系统会在 11 万条可能的路线规划中完成万单对万人的秒级求解，规划出最优的配送方案。

但在现实中，想要击碎这种最优的配送方案，一场大雨就足够了。对于雨，外卖骑手的态度都很摇摆，他们喜欢雨，因为下雨天订单会变多，但如果雨下得太大，系统虽然很容易爆单，但自己也容易出事儿。

对于一个外卖配送站来说，最重要的数据包括承接的单量、超时率、差评率、投诉率，其中，超时率是重中之重，因为很多差评和投诉都是由超时引起的。外卖骑手的超时率一般不得高于 3%，如果达不到，外卖配送站的评级就会下降，其配送单价也会下降，与站点相关的所有人员的收入都会受到影响。

根据外卖平台的公开说法，系统在预估送餐时间时，等电梯会被当作重点因素纳入考量范畴。有的外卖平台的实时智能配送系统会特别关注外卖骑手的上下楼时间，甚至专门研究了外卖骑手去低楼层和高楼层所花费的时间。只是，现实的复杂性远远超过了人工智能的预估能力。

还有的外卖平台推出了"我愿意多等 5/10 分钟"的功能，其本意是引入作为业务利益相关者的消费者共同参与治理外卖业务，通过对企业和利益相关者（外卖骑手、外卖消费者）之间业务价值和话语权进行重新分配，缓解互联网技术治理所带来的负面影响，这种在业务技术治理之中加入管理自由度的做法，在一定程度上体现了企业对业务社会责任的考量。

2021 年 7 月，国家市场监督管理总局等部门联合印发了《关于落实网络餐饮平台责任 切实维护外卖送餐员权益的指导意见》，对保障外卖骑手正当权益提出了全方位的要求。在保障劳动收入方面，要求外卖平台建立与工作任务、劳动强度相匹配的收入分配机制，确保外卖骑手正常劳动所得不低于当地最低工资标准。不得将"最严算法"作为考核要求，通过"算法取中"等方式，合理确定订单数量、准时率、在线率等考核要素，适当放宽配送时限。

结合上述案例，在收集相关资料的基础上，回答以下问题。

1. 如何看待人工智能等新兴技术对相关工作人员的影响？

2. 如何认识信息系统与社会责任的关系？

3. 分析如何有效治理上述资料中提到的问题。

思考题

1. 什么是信息道德？ 信息系统的应用会带来哪些道德问题？

2. 谈谈你对知识产权的认识。

3. 什么是计算机犯罪？

4. 企业在应用信息系统时，如何才能更好地履行企业社会责任？

参考文献

[1] 特班，奥特兰德，金，等．电子商务：管理与社交网络视角 [M].占丽，孙相云，时启亮，等，译．9版．北京：机械工业出版社，2020.

[2] 特班，斯特劳斯，黎秀龄．社交商务：营销、技术与管理 [M].朱镇，王晓川，江毅池，等，译．北京：机械工业出版社，2018.

[3] 特班，怀特塞班，金，等．电子商务与社交商务导论 [M].凌鸿，赵付春，钱学胜，等，译．北京：机械工业出版社，2020.

[4] 布尔金．信息论：本质·多样性·统一 [M].王恒君，嵇立安，王宏勇，译．北京：知识产权出版社，2015.

[5] 蔡晓妍，杨黎斌，张晓婷，等．商务智能与数据挖掘 [M].2版．北京：清华大学出版社，2018.

[6] 曹仰锋．第四次管理革命 [M].北京：中信出版社，2019.

[7] 陈晓红，寇纲，刘咏梅．商务智能与数据挖掘 [M].北京：高等教育出版社，2018.

[8] 陈文伟．决策支持系统教程 [M].3版．北京：清华大学出版社，2017.

[9] 董海，张天瑞，刘思炜．供应链管理 [M].北京：冶金工业出版社，2018.

[10] 郭捷．管理信息系统：管理视角 [M].北京：机械工业出版社，2014.

[11] 桂辉慧．客户关系管理 [M].武汉：武汉大学出版社，2020.

[12] 洪小娟，黄卫东，韩普．管理信息系统 [M].北京：北京邮电大学出版社，2020.

[13] 胡建波，王东晖．供应链管理 [M].成都：西南财经大学出版社，2020.

[14] 黄梯云，李一军．管理信息系统 [M].7版．北京：高等教育出版社，2019.

[15] 黄卫东，翟丹妮，洪小娟．企业资源规划（ERP）[M].北京：人民邮电出版社，2012.

[16] 霍明奎，封伟毅．物流与供应链管理 [M].北京：电子工业出版社，2020.

[17] 蒋定福，刘蕾，董新平．电子商务概论 [M].北京：清华大学出版社，2020.

[18] 劳顿 K C，劳顿 J P.管理信息系统 [M].黄丽华，俞东慧，译．15版．北京：机械工业出版社，2018.

[19] 沙尔达，德伦，特班．商务智能与分析：决策支持系统 [M].叶强，徐敏，方斌，译．10版．北京：机械工业出版社，2018.

［20］李文龙，徐湘江，包文夏．客户关系管理［M］．2 版．北京：清华大学出版社，2020.

［21］李欣苗．决策支持系统［M］．北京：清华大学出版社，2012.

［22］李耀华，林玲玲．供应链管理［M］．3 版．北京：清华大学出版社，2018.

［23］梁学栋，刘大成，李智，等．供应链管理［M］．北京：经济管理出版社，2020.

［24］梁郑丽，贾晓丰．决策支持系统理论与实践［M］．北京：清华大学出版社，2014.

［25］刘爱菊．管理信息系统［M］．郑州：河南大学出版社，2014.

［26］刘伟．管理信息系统［M］．大连：东北财经大学出版社，2020.

［27］刘仲英．管理信息系统［M］．3 版．北京：高等教育出版社，2017.

［28］吕力．管理学讲义：经典与当代［M］．北京：北京大学出版社，2020.

［29］马法尧，牟绍波．管理信息系统［M］．成都：西南财经大学出版社，2015.

［30］吴少雄．管理信息系统［M］．上海：上海交通大学出版社，2018.

［31］佘镜怀．企业资源规划（ERP）原理与实训［M］．北京：经济管理出版社，2015.

［32］谭跃进，黄金才，朱承．决策支持系统［M］．2 版．北京：电子工业出版社，2015.

［33］谭志彬，柳纯录．信息系统项目管理师教程［M］．3 版．北京：清华大学出版社，2017.

［34］滕佳东．管理信息系统［M］．5 版．大连：东北财经大学出版社，2016.

［35］相广萍，陆川．电子商务概论（微课版）［M］．北京：人民邮电出版社，2020.

［36］王凤彬，李东．管理学［M］．5 版．北京：中国人民大学出版社，2016.

［37］汪楠．商务智能［M］．北京：北京大学出版社，2012.

［38］王栖，王娟，吴瑞杰．客户关系管理［M］．北京：电子工业出版社，2020.

［39］王晓静．管理信息系统概论（通识教育）［M］．北京：清华大学出版社，2012.

［40］王玉珍．电子商务概论［M］．2 版．北京：清华大学出版社，2020.

［41］徐升华，沈波，舒蔚．财经管理信息系统［M］．北京：高等教育出版社，2011.

［42］严志业，王榕国．管理信息系统［M］．北京：中国农业出版社，2013.

［43］姚飞．客户关系管理：销售的视角［M］．2 版．北京：机械工业出版社，2019.

［44］易明，邓卫华．客户关系管理［M］．北京：科学出版社，2020.

［45］张公让．商务智能与数据挖掘［M］．北京：北京大学出版社，2010.

［46］张涛．企业资源计划（ERP）原理与实践［M］．3 版．北京：机械工业出版社，2020.

［47］赵芳．电子商务概论［M］．2 版．大连：东北财经大学出版社，2020.

［48］赵卫东．商务智能［M］．4 版．北京：清华大学出版社 2016.

［49］庄玉良，贺超．管理信息系统［M］．2 版．北京：机械工业出版社，2019.

郑重声明

高等教育出版社依法对本书享有专有出版权。任何未经许可的复制、销售行为均违反《中华人民共和国著作权法》，其行为人将承担相应的民事责任和行政责任；构成犯罪的，将被依法追究刑事责任。为了维护市场秩序，保护读者的合法权益，避免读者误用盗版书造成不良后果，我社将配合行政执法部门和司法机关对违法犯罪的单位和个人进行严厉打击。社会各界人士如发现上述侵权行为，希望及时举报，我社将奖励举报有功人员。

反盗版举报电话　（010）58581999　58582371

反盗版举报邮箱　dd@ hep. com. cn

通信地址　北京市西城区德外大街4号　高等教育出版社法律事务部

邮政编码　100120

防伪查询说明

用户购书后刮开封底防伪涂层，使用手机微信等软件扫描二维码，会跳转至防伪查询网页，获得所购图书详细信息。

防伪客服电话　（010）58582300

网络增值服务使用说明

一、注册/登录

访问 http://abook. hep. com. cn/1878413，点击"注册"，在注册页面输入用户名、密码及常用的邮箱进行注册。已注册的用户直接输入用户名和密码登录即可进入"我的课程"页面。

二、课程绑定

点击"我的课程"页面右上方的"绑定课程"，正确输入教材封底防伪标签上的20位密码，点击"确定"完成课程绑定。

三、访问课程

在"正在学习"列表中选择已绑定的课程，点击"进入课程"即可浏览或下载与本书配套的课程资源。刚绑定的课程请在"申请学习"列表中选择相应课程并点击"进入课程"。

如有账号问题，请发邮件至：abook@ hep. com. cn。